儿童青少年心理健康与教育译丛

总主编◎ 张大均

蒙台梭利：天才背后的科学（第3版）

Montessori
The Science Behind The Genius
Third Edition

编　著◎ [美] 安吉琳 · S.丽乐德（Angeline Stoll Lillard）

译　者◎ 陈本友　任志林　马俊明　种法娟

Montessori
The Science Behind The Genius
Third Edition

西南大学出版社
SWUP　国家一级出版社　全国百佳图书出版单位

图书在版编目(CIP)数据

蒙台梭利：天才背后的科学：第3版 /（美）安吉琳·S.丽乐德编著；陈本友等译. -- 重庆：西南大学出版社，2023.3
（儿童青少年心理健康与教育译丛）
ISBN 978-7-5697-1500-2

Ⅰ.①蒙… Ⅱ.①安… ②陈… Ⅲ.①儿童教育－早期教育 Ⅳ.①G61

中国版本图书馆CIP数据核字(2022)第196055号

蒙台梭利:天才背后的科学(第3版)

MENGTAISUOLI:TIANCAI BEIHOU DE KEXUE:DI 3 BAN

编　　著:[美]安吉琳·S.丽乐德(Angeline Stoll Lillard)
译　　者:陈本友　任志林　马俊明　种法娟

责任编辑:张　昊
责任校对:张　丽
封面设计:杨　涵
排　　版:张　祥
出版发行:西南大学出版社(原西南师范大学出版社)
　　　　　邮编:400715
　　　　　市场营销部电话:023-68868624
经　　销:新华书店
印　　刷:重庆俊蒲印务有限公司
幅面尺寸:185 mm × 260 mm
印　　张:25
字　　数:560千字
版　　次:2023年3月　第1版
印　　次:2023年3月　第1次印刷
著作权合同登记号:版贸核渝字(2020)第178号
书　　号:ISBN 978-7-5697-1500-2

定　　价:138.00元

总序

儿童青少年健康发展事关国家和民族未来、家庭幸福和个人成长成才，备受各国重视。心理健康是儿童青少年健康发展的重要方面，对此西方发达国家既有长期而深入的研究，也有丰富而系统的教育实践。随着我国素质教育和人才强国战略的全面推进，儿童青少年心理健康受到全社会的普遍关注，中共中央、国务院及各级教育行政部门也相继出台了一系列关于开展和加强学生心理健康教育的文件及政策举措。近年来，心理健康事业发展迅猛，不但学校普遍开设了心理健康课程，而且社会各行各业人员心理健康服务的需求也日趋旺盛，亟待加强心理健康研究及服务工作。儿童青少年心理健康教育是一项科学性、时代性、针对性和实践性都很强的教育工作，它既是学校教育的重要内容，又不同于学校的其他（如学科）教育，有其自身的特点和规律。我国开展儿童青少年心理健康研究及其教育起步较晚，与西方发达国家相比，无论是理论还是实践都存在一定差距，这是不争的事实。缩小这种差距的根本途径就是加快心理健康专业化服务能力和服务水平的建设，而其主要实现路径一是立足国内，开展符合中国文化、国情和教情实际的、有中国特色的科学研究和教育实践；二是放眼国际，学习借鉴西方发达国家新近相关成果，达成“洋为中用”之目的。为此，西南大学出版社组织翻译出版了这套“儿童青少年心理健康与教育译丛”，以期为广大儿童青少年心理健康研究者、教育者及相关人士提供“他山之石”，为促进我国儿童青少年心理健康及教育事业发展服务。

“儿童青少年心理健康与教育译丛”各书的遴选遵循以下三条原则。

一是前沿性。国际心理健康研究及教育促进的中心经历了从个体心理问题的消极防范向积极心理品质的发展促进的转变，本译丛选择的各书均系遵循积极心理学思想的新近研究成果，反映该领域前沿性研究水平。二是权威性。入选本译丛的图书，从作者来看，大都是长期从事本领域研究或指导工作的知名专家，其中不乏国际著名学者；从内容来看，大多是该领域新近的、有代表性的研究成果，如《学校积极心理学手册》（第2版）、《青少年心理韧性和文化：共性与复杂性》、《蒙台梭利：天才背后的科学》（第3版）等都是本领域的权威著作。三是实用性。本译丛选择的图书,首先十分注重其工具性作用,如《学校积极心理学手册》(第2版)、《茁壮成长的儿童:青少年积极发展指标的界定与测量》和《幼儿教师教育手册》等都属于各相关领域的权威工具书。其次强调操作性,如《积极教育的循证路径:学校心理健康教育的实施策略框架》、《出生至十二岁儿童的游戏:语境、视角与意义》(第3版)等都是基于自然教育情景的研究成果总结,具有较强的操作性和实践价值。

"儿童青少年心理健康与教育译丛"首批选入的如下七种著作各具特色和价值。

《学校积极心理学手册》(第2版)(*Handbook of Positive Psychology in Schools, Second Edition*)是学校积极心理学领域的权威性工具书,是了解国际积极心理学的教育理念与实践经验,开展积极心理学的本土化研究和实践的必备的、重要的参考书。该手册由美国著名心理学家、加州大学圣巴巴拉分校的Michael J.Furlong教授,美国辛辛那提儿童医院医学中心Rich Gilman教授,美国南卡罗来纳大学心理学系学校心理学研究中心E. Scott Huebner教授主编。该手册将全球学校积极心理学领域的新近研究成果汇聚到一起,主要探讨了积极情绪、人格特质和机构设置如何促成学生积极的学业成就和健康的社会情绪,探索了积极心理学在各国学校教育政策制定中的应用。

《青少年心理韧性和文化:共性与复杂性》(*Youth Resilience and Culture: Commonalities and Complexities*)是目前出版的唯一一本关注文化与心理韧性的专著,书中介绍了研究者们在心理韧性研究中心(Resilience Research Centre)、"国际心理韧性"项目(International Resilience Project)、"心理韧性研究之路"项目(Pathways to Resilience Research Project)中的重大成就与发现,为以后研究系统解释文化为什么、怎么样塑造心理韧性的过程奠定了基础。该书作者Linda Liebenberg和Michael Ungar任教于加拿大达尔豪斯大学,是心理韧性与社区发展领域中的主要研究者。该书主要讨论了文化塑造心理韧性的方式,激发各式研究展开的理论,以及研究者继续进行心理韧性调查研究时应加以考虑的注意事项。尽管研究者们对文化在韧性过程中所起的作用越来越感兴趣,但目前我国已出版的关注文化与心理韧性的专业书籍并不多,该书的出版正好可以弥补这一缺憾。

《积极教育的循证路径:学校心理健康教育的实施策略框架》(*Evidence Based Approaches in Positive Education: Implementing a Strategic Framework for Wellbeing in Schools*)主要是将积极心理学的基本原理与主张应用于教育实践之中。作者Mathew A. White博

士是澳大利亚健康与康复中心教育委员会的成员之一，于2015年被任命为国际积极教育联盟(IPEN)的全球代表。通过作者在澳大利亚阿德莱德圣彼得学院的试验，介绍了如何通过学校变革来塑造学生积极的心理品质。该书为积极心理学在学校中的实践提供了鲜活的例证，有突出的应用价值。

《茁壮成长的儿童：青少年积极发展指标的界定与测量》(*Flourishing Children: Defining and Testing Indicators of Positive Development*)是有关青少年积极发展变量测量的重要工具书，作者之一的Kristin Anderson Moore博士是国际公认的、拥有超过40年的学习和改善儿童和家庭幸福感的经验的社会心理学家。随着积极心理学的发展，青少年积极发展受到研究者们越来越多的关注，但是目前关于青少年发展状况的衡量标准缺乏统一的工具和指标。本书为青少年积极发展的19个结构变量编制了测量量表，其中囊括青少年发展的六个领域：人际关系、人际关系技巧、学校和工作发展、助人发展、环境管理和个人发展。每个量表都将单独使用或结合起来使用，以解决青少年发展中重要结构变量的现有测量工具不足问题。

《幼儿教师教育手册》(*Handbook of Early Childhood Teacher Education*)非常适合从事幼儿教师教育以及0~8岁的儿童工作的准教师和在职教师使用。本书由美国新罕布什维尔大学的教育学副教授Leslie J. Couse和美国哥伦比亚大学师范学院早期儿童中心主任Susan L. Recchia教授编著。该手册考察了幼儿教师教育的特征，分析了幼儿教师教育的优劣，描绘了幼儿教育者的未来蓝图，提供了发展幼儿教师教育的实践路径，论证了游戏情境中幼儿教师的独特身份，从而认可、识别及解释儿童的学习。该手册整合当代幼儿教师教育的理论研究与实践，关注儿童发展、家庭角色和学习者的社会支持，主要介绍了21世纪的幼儿教师教育的背景、历史和公共政策，幼儿教师教育的知识基础，幼儿教师教育的模型/取向，幼儿教师教育的当代影响。

《出生至十二岁儿童的游戏：语境、视角与意义》(第3版)(*Play from Birth to Twelve: Contexts, Perspectives, and Meanings, Third Edition*)可以作为艺术、人文、社会科学和各种专业领域的学生或教师的资源。该书由美国霍夫斯特拉大学的荣誉教授Doris Pronin Fromberg和俄亥俄州迈阿密大学著名的荣誉教授Doris Bergen编著。该书涵盖了我们现在所知道的关于游戏的知识以及它的指导原则、动态和对于儿童早期学习的重要性。而其中的新章节又包含了游戏领域当前和未来的发展，比如执行功能、神经科学、自闭症、博物馆里的游戏、“小世界”游戏、全球问题、媒体和科技等。人类学家、儿童发展专家、教育家、心理学家、社会学家、社区规划者、游戏倡导者、通信专家和公共事业专家也都能受益于本书。

《蒙台梭利：天才背后的科学》(第3版)(*Montessori: The Science Behind the Genius, Third Edition*)的亮点在于阐述时提供了大量相关研究成果，给出了科学理据，说明了运作原理，并且详细介绍了这些原理在蒙台梭利教室中是如何运用和实现的。该书作者Angeline Stoll Lillard是美国弗吉尼亚大学心理学教授、心理科学协会和美国心理学会的成员。该书文献丰富，客观详尽地介绍了蒙台梭利教育的理论基础、研究历史和应用模式；见解独特，方法有效；内容浅显易懂，富含教育智慧；受众对象广泛，是一本探索儿童教育发展的有益著作。正如美国教育心理学家Jane M. Healy博士所说：如果你想了解蒙台梭利教育的发展现状与未来，就应该阅读这本权威的、有趣的图书。我把此书强烈推荐给家长、教育工作者、教育系的学生，以及任何想看到成长中的儿童之真正需要的人们。

他山之石，可以攻玉。本译丛将上述著作翻译介绍给国内读者的目的，不仅是为了跟踪国际儿童青少年心理健康研究及教育实践的前沿，把国际学校积极心理学的最新研究成果介绍到国内，更重要的是为促进我国心理健康服务能力建设和服务水平提升提供参考，为促进我国儿童青少年心理健康及教育的科学性和有效性服务，为未来培养更多更优的高素质、创新型人才服务。

本译丛的出版，得到了西南大学出版社的大力支持，在此我谨代表全体译者表示衷心的谢意！

张大均

2022年9月于西南大学

译者序

坚守科学育人初心,践行立德树人使命,是中国特色社会主义新时代教育高质量发展的基本逻辑和根本遵循。一百多年前,玛利亚·蒙台梭利在意大利创设儿童之家,开启了蒙氏教育法的尝试,突破了传统教育教学把学校当工厂和把儿童看作一张白纸的教育观念。蒙台梭利博士历经数十年的探索,创造性地提出了一种全新的教育教学理念:让儿童置身于一种基于人类需求创设的特殊环境中学习。一百多年来,蒙台梭利博士及其思想拥趸都有着一个共同的理想:致力于儿童发展研究,探索蒙氏教育方法体系,使人类社会朝着和谐健康的方向前进。很多家长和教育工作者或许都接触过蒙氏教育,对蒙氏幼儿园或者蒙氏教育方法也非常有兴趣,然而对蒙氏教育理念的科学性并不十分了解。本书为家长和教育工作者对蒙台梭利博士教育理念及其蒙氏教育方法体系提供了全面与科学的阐释,充分展现了蒙氏教育的优势与特色,对助推当下的教育高质量发展具有重要价值。

《蒙台梭利:天才背后的科学》一书是蒙氏教育者多年研究和教育教学实践经验的结晶。本书作者安吉琳·S.丽乐德博士(Angeline Stoll Lillard)是美国弗吉尼亚大学(University of Virginia)心理学系教授,一直致力于蒙氏教育研究,成果丰硕。全书用比较中肯、客观的语言介绍了蒙氏教育的理论原理,提供了大量的相关科学研究,给出了科学理据,说明了运作原理,并且介绍了在蒙氏教室中这些原理是如何运用和实现的。对于科学研究证据不足的理论原理,作者也不避讳,而是客观明确地指出。本书曾在2006年获得认知发展协会图书奖(Cognitive Development Society Book Award),并被译成多种语言。本书见解独特,方法有效,内容浅显易懂,富含教育智慧,受众对象广泛,是教育工作者和家长了解与科学实施蒙氏教育非常有价值的工具。

本书为第三版,相对于前两版做了较多改动,例如补充了大量的相关新研究,将原本简要介绍的执行功能,加以深化编撰为独立的一章(第三章),第五章对假扮游戏(pretend play)的教育意义有了更为全面的介绍等。全书共分为十二章,主要探讨了儿童学习的本质和过程,影响儿童学习成功的诸多因素,包括活动、外在激励、成人与儿童互动方式、学习情境、环境等外在因素，以及儿童知觉、兴趣、动机、心理发展顺序等内在因素，还探讨了蒙氏教育的最新研究进展与未来。该书提出了很多关于儿童发展的重要见解，并详细介绍了如何把这些见解应用于蒙氏课堂教学中。读完此书，你会发现蒙氏教育与传统教育的不同，你会更多地关注于蒙氏课堂里会发生什么，这些现象为什么会发生，以及为什么儿童会创造出这样的作品等问题。同时也会发现，怎样的学习才是对儿童发展最有利的等有价值的见解。此书是一本不可多得的探索儿童教育发展的佳作，正如美国教育心理学家简·希利博士（Jane Healy, Ph.D）所说："如果你想了解当下蒙氏教育的发展现状与未来，就应该阅读这本权威的、有趣的图书。"

本书的翻译出版是爱好和致力于教育发展研究者集体智慧的结晶。各章的译者分别为：任志林（第一章，第一版和第二版前言，第三版前言，致谢等），马俊明、刘乐（第二章），马俊明、吴钰濛（第三章），马俊明、胡倩（第四章），种法娟、刘慧香（第五章），种法娟、沈煜珂（第六章），种法娟、罗婧（第七章），陈本友、倪长虹（第八章），陈本友、夏梦（第九章），陈本友、倪长虹、罗艳艳（第十章），陈本友、王杨（第十一章），谭松念、但鑫毅（第十二章）。全书由陈本友、任志林审校、统稿，刘慧香、刘乐、张静、李孟遥、卢瑶在本书翻译过程中做了大量的校对工作，在此深表感谢。

由于译者水平和能力有限，译文难免存在一些不当与不足之处，恳请广大读者和同仁批评指正。

陈本友

2022年5月于西南大学

第一版和第二版前言

二十年前，我曾是蒙台梭利教育方法的质疑者。在参加一门蒙台梭利教育教师培训课程学习时，我因不能区分有科学依据支撑的理念和个人观点而深感苦恼。我所认识的一些蒙台梭利教育的教师，有时让我感觉到他们与其说是致力于了解儿童的需求，不如说是更倾向于维护他们的偶像而已。因而我认为，蒙台梭利教育方法确实有其长处，但传统的其他教育方法也有它们的优点，所以最好的教育方法应该是把各种教育方法的优点融合起来的一种方法。

在我攻读发展心理学硕士学位时，我偶然读到一项研究，该研究的结论恰巧重申了蒙台梭利教育的一条重要原则。到我的孩子达到学龄时我已看过相当多的有关蒙台梭利教育的论文，要是能够找到一所优质的蒙台梭利教育学校的话(并不是所有的蒙台梭利教育学校都合格，在本书中我会阐述原因)，我会有强烈的愿望让孩子就读该所学校，这个念头使我更加深入地钻研起蒙台梭利教育方法。随着时间的流逝，我发现越来越多的研究支持蒙台梭利教育法则。我孩子学校的教育主任特丽莎·汤姆森·威林厄姆(Trisha Thompson Willingham)，邀请我为她们学校的时事通讯撰写关于现代教育研究支持蒙台梭利教育方法的专栏文章，这就是我撰写本书的缘起。

牛津大学出版社的版权经纪人要求我写一篇对蒙台梭利教育方法的客观性评价，指出哪些方面是有证据支持的，哪些方面是没有的。我已尽力而为，但确实很难。他们的看法和我原来的看法一样，认为蒙台梭利教育方法一定存在得到研究支持的方面，但也有未被证实的方面。可是，蒙台梭利教育的主要理念，包括活动与认知之间存在紧密联系，最好的学习是积极主动的学习，规则有利于儿童学习，等等，都得到发展心理学领域大量重要证据的支持。蒙台梭利教育的一些主要发展理念，当时不被人们认可，现在人们也不认为她是首创者，如今已成为主流观点，譬如儿童发展存在敏感期，以及语言能力在某种意义上是与生俱来的。迄今我认为，蒙台梭利教育的核心理念都没有被证伪，其他理念现在的研究还没有涉及。她未得到证据支撑的最重要的理念是她对假扮游戏的否定看法，这一观点我会在第五章进行讨论。跟同时代的皮亚杰及其他人一样，蒙台梭利博士把适应现实世界看作个体发展的目标,把假扮看作不成熟心智的不适应现实世界的无聊表现。

但是另外值得注意的一点是:蒙台梭利博士的灵感来自她对教室里的儿童的观察。她注意到,当同时给儿童呈现蒙台梭利教育教具和玩具时,他们往往选择蒙台梭利教育教具而忽视玩具。在教室里,他们看起来似乎对假扮不感兴趣。在蒙台梭利教育教室,假扮游戏有助于认知发展的理论可能以其他方式得以证实。譬如,在游戏中以及蒙台梭利教育教室,儿童会做出选择,如做什么、什么时候做、和谁一起做。

正是这种实效方法解释了为什么如今蒙台梭利博士比皮亚杰(Piaget)更不易被反驳。与蒙台梭利博士一样,皮亚杰根据儿童和刺激物之间的互动,对儿童做了大量详细的观察。皮亚杰的目的是通过这些观察来解释智力的个体发生论,但是对他来说,理论先于观察,所以他所做的观察与他的理论不易匹配。而蒙台梭利博士则注重实效:她寻求开发一套适合儿童的教育方法,而不是违背他们的本性。蒙台梭利博士对抽象理论不是特别感兴趣;她是一名医生,关心的是有利于个体健康快乐的方法。诚然,她的个人观点有时也不利于做客观观察,但是她的那些基于经验观察的能够带来最优学习效果和个体发展的主要教育理念基本上都得到了现代教育研究的支持。假如学校教育应该有据可循的话,我想所有学校看起来都更应该像蒙台梭利教育学校才对。然而,蒙台梭利教育方法可能经常给家长或者使用这种方法的教师带来不适感,因为这种方法与我们童年时的学习方式完全不同。心理学研究者对蒙台梭利教育方法的看法很复杂:有些研究人员很理解蒙台梭利教育方法,因而支持它欣赏它,而有的研究者则一知半解,以偏概全,还有极少数人基本不了解。

在本书中,为了方便研究人员、家长以及教师理解,我将尽力做到把蒙台梭利教育方法以及涉及的有关心理学研究论述介绍得浅显易懂。希望本书能帮助读者更好地理解人们通常是如何学习的,教育在蒙台梭利教室是如何进行的,这种方法为什么有效。我也会指出现代科学中还没有解决和证实的,需要进一步探讨的一些蒙台梭利教育理念和问题。实证性研究往往在促进孩子良好发展中发挥着决定性作用,而蒙台梭利教育方法也是如此。蒙台梭利博士自认为是实证主义者,不过她的研究方法,尽管在她那个时代得到认可,但在今天并不再是通用的标准。

我决定写一写蒙台梭利教育,是因为它是我所了解的另一种可供选择的教育方法。当然了解斯泰纳(Steiner)教育、华德福(Waldorf)教育、雷焦·埃米利奥(Reggio Emilio)教育以及其他教育方法的人,肯定清楚地知道这些教育方法与蒙台梭利教育方法之间存在的相似点和不同点。通晓其他教育方法的人能够判断出这些教育方法与有关人类学习和发展的研究哪个更胜一筹。

第三版前言

本书出版十二年来，涌现出许多新的相关研究，这次再版纳入了这些新成果。此版的一大变化是增加了一章专门介绍执行功能(executive function)，以前版本只在第三章简略提及。蒙台梭利博士特别强调注意力集中的重要性。在本书的另一示例中，执行功能已然成为发展心理学中非常重要的研究课题。近来已有研究表明，执行功能是个体人生成就的非常重要的预测指标。另外新增的一章主要阐述了接受蒙台梭利教育的儿童在学业以及非学业方面的突出成就，主要关注的是2005年以来在这方面取得的研究成果。这些研究表明，蒙台梭利教育方法有非常显著的成效，尤其是按照蒙台梭利博士书中所提出的教育原则和计划所施行的那些实践。

这次修订的另一个明显变化是关于假扮游戏的部分将在第五章进行讨论。在编撰第一版时，我与多数发展心理学家一样，认为有强力的证据表明假扮游戏有利于个体发展，因此我认为蒙台梭利博士在这一点上的看法是不准确的。我和我的研究生团队对涉及假扮游戏的那些文献进行了认真的梳理(Lillard et al.，2013)，结果发现，假扮游戏有利于个体发展的支撑证据是不充分的。然而，假扮游戏的某些方面对于个体发展来说还是具有正向作用的，譬如假扮游戏是儿童自主选择的，反映了儿童的兴趣，通常也有同伴参与活动，具有内在激励性。值得注意的是，蒙台梭利教育与假扮游戏都具有这些特征。

值得一提的是，人类学家关注到，在通常的人类历史文化中，幼儿是没有被排除在成人的日常活动之外的，相反他们是积极的参与者。在日常生活中，人们较少看到假扮游戏。然而事实是，假扮游戏通常是儿童对他们喜欢的成人活动的模仿再现(Lancy，2009；Lillard，2015)。蒙台梭利博士学过人类学，她提倡让儿童参与有意义的成人的日常实践活动。她观察到，在蒙台梭利学校的教室中，儿童更喜欢参与真实的活动而不是假扮游戏。

熟悉第一版的读者会留意到此版的其他更新，譬如涉及课堂组织、感觉分辨和智力、表观遗传学、“金发姑娘效应”以及许多其他问题的研究。

十年如一日地对这个庞大而复杂的蒙台梭利教育方法体系的研习和反复阅读有关

蒙台梭利博士的书籍,以及最新的资料,深化了我对这个完全与众不同的教育方法体系的理解,并对之充满敬意。事实上,蒙台梭利教育方法要求提供给儿童的环境是专设的、能满足人的需要的学习环境。在这种环境中,儿童会对某个事物感兴趣,通常是某个专门设计的活动,并专注于该活动。一旦专注于一项活动任务,儿童就会发生一系列的变化。伴随这些变化,该儿童获得开启宇宙的钥匙:具有一切事物性质(质量、颜色、质地、温度等)的感官教具。该儿童学着判断和分辨这些性质,知觉能力会随之得到提升。于是,世界在儿童眼中变得亲近、有趣、能被理解,儿童会接着操玩其他教具,从而开启其人生探索旅程。蒙台梭利教育方法的目标与传统教育方法的目标是如此不同,以至于常被边缘化。但是相比而言,我们今天的应试教育方法在蒙台梭利教育方法面前是那么相形见绌。

在本书中,希望我对蒙台梭利教育方法的深刻洞悉能做到浅显易懂,以帮助更多的读者在实践中探究这个运行良好的教育方法,从而有助于读者认识到蒙台梭利教育方法在提升儿童发展和创造更加健康的人类世界方面的价值。

致谢

本书的付梓出版我得向许多人致以谢意。Trisha Thompson Willingham提议我写作此书,我的妹妹Paula Lillard Preschlak 和 Lynn Lillard Jessen,以及我的父母Paula Polk Lillard 和John Lillard 在我写作此书的过程中给予了我许多暖心鼓励和帮助,为最终定稿他们提出了许多中肯的建议。Heather Donaldson和 Alice Woodard Catlin,作为我家孩子的教师,反复审读初稿,不厌其烦地给我介绍蒙氏教具,并给我家小孩们授过不少课时,他们的教学经验也是本书的部分内容。Chaney和Jessica是我了解蒙台梭利生活的绝佳窗口。我的弗吉尼亚大学同事,尤其是Judy DeLoache和Michael Kubovy,不断提醒我注意写作风格和写作意图。参加我主持的2003年春的高级认知发展研讨会的学者们指出了对蒙台梭利教育方法不甚了解的同行们的真正需要。我的研究生们对我的研究问题所保持的浓厚兴趣以及对我因忙于写书导致的缺勤所展现的宽容和理解,令我感佩。Marcia Descantis与 Laura Einbinder提供了很有价值的家长评语,蒙台梭利师资培训教师Phyllis Pottish-Lewis和Virginia McHugh Goodwin在本书成书的过程中奉献了宝贵的批评和建议。Virginia帮我联系上了An Vu。为了本书使用的照片An不知熬了多少夜。他提供的照片充分显示了儿童在蒙台梭利教室中所展现的专注天赋。同时我要感谢俄勒冈州波特兰市的Peace蒙台梭利学校以及让本书使用其照片的家长和学生。本书第三版除了An新提供的大量精彩照片外,也使用了几张Laura Joyce - Hubbard提供的Forest Bluff学校的照片。我感谢她以及让本书使用其照片的该校家长。我衷心感谢我的妹妹Lynn Lillard Jessen,她不辞辛劳、任劳任怨地收集整理这些照片,就如同她为儿童发展事业所做的诸多贡献一样。Carol Dweck也对该书稿做了一次校阅,Susan Goldin - Meadow对该书的第二章提出了很好的修改建议。我的导师,斯坦福大学的John Flavell除了多年来在我的学业上所给予的让我永远铭记在心的谆谆教诲外,对这本书稿也提出了非常有见地的修改建议。弗吉尼亚大学图书馆是莘莘学子所期盼拥有的最好图书馆之一,在我发出检索申请后几小时内,就把成百上千篇论文和图书传到我的笔记本电脑上或者我的邮箱。上面所有这些人以及许多其他人都自始至终给予我鼓励。本书的第一、二版,我的编辑牛津大学出版社Catharine Carlin负责该书的策划组稿,Steve Holt对该书的文字润色贡献良多,Christine Dahlin负责该书的编校出版。本书第三版,Joan Bossert是非常棒的责编,Lynn Luecken和 Emily Perry极好地完成了该书的编校出版。我的丈夫Bill Detmer提出该书的书名,并对该书的出版给予其一贯的支持。跟蒙台梭利一样,他思维敏捷、富于创见,尊重事实根据,充满爱心,并时刻激励着我前进。我感谢上面所有的人,没有他们的热忱帮助,单凭我个人的努力,该书不可能及时出版。我对书中存在的任何错漏承担全部责任。

本书注释说明

撰写关于以某人命名的方法体系是困难的。为便于区分,在本书中蒙台梭利女士就称为蒙台梭利博士,这个方法体系以及与这个方法有关的,就称为蒙氏教育方法或蒙氏教育。有时这会产生蹩脚的对比,但这有利于清楚地表明,我们提到的是人还是方法或教育体系。

在本书中我反复提到了某些蒙台梭利教具和课程,但是这些教具和课程仅是蒙台梭利教具和课程中很小的代表性部分。

为方便起见,我偶尔使用“方法”这个词来指代蒙台梭利教育方法。有些人会提出反对意见,因为蒙台梭利教育方法不仅仅是一种方法,还是一种生命哲学。而且,为便于表达,我有时使用课程来指代蒙台梭利教育课程体系,尽管从专业上讲它不是传统意义上的学校课程。

CONTENTS
目录

第一章　对教育危机的回应

传统学校的教学观念显然是不适当的，这些学校的教学方式一如既往，与我们的学校截然不同。

——玛利亚·蒙台梭利(Maria Montessori)(1949/1979，p.14)

在19世纪和20世纪之交，美国学校教育中有两个教育理念占主导地位：学校如同一个工厂，儿童如同一块白板。尽管研究儿童发展的人都明白这些想法已经过时，但它们仍然对学校教育方式产生着深远的影响。这些陈旧观念的持续存在解释了为什么只有很少的儿童能在学校里真正茁壮成长，以及为什么这么多儿童特别喜欢放假的下雪天而不喜欢上学。然而，对大多数人来说，要摒弃这两种根深蒂固的想法是很困难的。

20世纪初，蒙台梭利博士确实设想了一种完全不同于传统学校的教育方法，这种方法基于对儿童细致而深入的观察，而不是基于成人的方便和误解。现代心理学研究表明，蒙氏教育方法[①]比传统教育方法更适合儿童的学习和发展。在接下来的章节中，我将分别阐述蒙台梭利博士的九个基本观点、有关这些观点的最新心理学研究、这些观点融入蒙氏课堂的情况，以及它们为什么常常与传统学校教育不相容。在这一章中，我讨论了教育改革的必要性，并追溯了构成美国教育基础的两种经典错误思想的根源。最后在结尾部分，我会谈一谈对蒙氏教育的初步看法。

一、对学校教育的不满

儿童和成年人都经常对传统学校教育表示不满。威廉·布莱克(William Blake)(1794/1984)在他的诗《小学生》[②]中表达了儿童的不满：

但要在夏天的清晨上学，
唉！这把兴致都扫尽；
在那严厉昏花的眼底，

① 译者注：本书后文将蒙台梭利提倡的教育内容简称为蒙氏，如后文中的蒙氏教育、蒙氏课堂等。

② 我很感激马克·莱珀推荐这首诗和下面的爱因斯坦例子。

小同学们垂头丧气地
把一天苦熬过去。
——张炽恒译

艾伯特·爱因斯坦(Albert Einstein)雇了一个抄写员来帮自己做笔记,这样他就可以通过逃课来逃避上学的无聊(Schlip,1949)。如今,对于学校的负面情绪仍然普遍存在:儿童为他们放学的日子喝彩,成年人也经常对儿童说,他们定会感到幸运和开心,要是学校停课的话。当然,儿童并不总是知道什么对他们有益,但如果教育不是经常被人讨厌的话,它会更成功。事实上,课堂上积极的情绪氛围已被证明是学生学习动机的最有利预测因素(Stipek et al.,1998),当学生在学校更快乐,他们就会更积极主动地参与到学习之中(King,McInerney,Ganotice & Villarosa,2015)。确实,人们在生活中不断感受到幸福,生活也会更加美满(Lyubomirsky,King & Diener,2005)。积极的情绪与更广泛、综合的思维和学习以及对全球模式的检测有关(Fiedler,2001;Fredrickson,2001;Gasper & Clore,2002;Isen,2000)。一个可能的原因是情感状态提供了信息(Huntsinger,Isbell & Clore,2014)。在这种情况下,如果学生在学校感觉良好,情感就会告诉学生,他们喜欢学校,喜欢学习,就会更加积极地投入学习中,从而带来更好的表现。婴儿有强烈的学习动力,学龄儿童在校外学习时能保持这种学习动力(Bransford,Brown & Cocking,1999)。然而,从一开始上学起,儿童在学校学习的动力就不断下降(Anderman & Maehr,1994;Harter,1981;Wang & Eccles,2012)。

调查研究表明,成年人也对我们的学校感到不满意。2014年的盖洛普·菲·德尔塔卡帕(Phi Delta Kappa/Gallup)民意调查显示,48%的成年人会给他们当地的公立学校在C级到F级之间进行评级,只有12%的人会给当地的学校评A级——这些数据自2003年以来几乎没有变化。相反,在美国的公立学校里,80%的美国人给学校评的等级是C到F,几乎没有人给学校评A。公立学校的教育质量往往很差,所以只有那些负担不起私立学校学费的家庭才会选择它们,而其他家庭则要求申请代金券来扩大他们的学校选择范围。数百万儿童在等候公立特许学校的接收。这个国家的教育似乎一直处于危机之中。

二、钟摆现象

美国为了应对这种持续不断的教育危机,将教育从以保守和传统的考试为导向转变为以进步和宽容为导向,之后再次回到以考试为导向的教育,这就是我们的现状。

关键性的转折是2001年的《初等和中等教育法案》中的“不让一个儿童掉队”——这个时代一项耗费数百万美元的重大学校改革法案。它要求从2006年起，三至八年级的所有儿童每年参加标准化阅读和数学考试，如果学生的总体表现没有改善，学校将受到制裁。2009年，巴拉克·奥巴马（Barack Obama）总统发起了“力争上游”（Race to the Top）资助计划，该计划增加了共同的核心标准来作为部分基于学生考试成绩的考试与教师评估的基础。目前以考试为导向的教育计划主要是由一群完全不了解也没进行过这种考试结果研究的政治家们推动的。当考试成为核心时，教育也就成了教师教的考试和儿童学的考试（Jennings & Bearak，2014）。正如本书第六章将要讨论的，研究表明：当人们以在考试中取得好成绩为学习目标时，他们的学习仅停留在表面，且很快就会被遗忘。更不用提在亚特兰大、芝加哥和得克萨斯州发生的学校管理人员和教师在此类考试中通过篡改学生答案进行作弊的可悲的、广为人知的案件了。2013年盖洛普（Gallup）的民意调查显示，美国家长对标准化考试持强烈的反对态度。

钟摆的另一个方向是更加宽容、以儿童为中心的发现学习课程。这也是一个问题，因为在许多情况下，参与此类课程学习的儿童无法在基础知识上打好基础（Egan，2002；Loveless，2001；Mayer，2004）。发现学习是基于没有提供关键目标信息的情况下，学习者必须自己亲自去发现。在某些情况下，教师提供了广泛的指导（更加结构化的学习），而在其他情况下，则没有提供指导（单纯的发现学习）。最近的一项元分析明确表明，单纯的发现学习是失败的。儿童需要结构化的学习，事实上，相比传统的说教式课程学习，儿童在有指导的发现学习中学习效果更好（Alfieri，Brooks，Aldrich & Tenenbaum，2011）。然而，进步学校的课程往往缺乏足够的结构化，儿童的学习也因此受到影响。当人们尝试创新课程一段时间后又会注意到这一问题，这时钟摆又摆回到以传统考试为导向的教育。

这两种极端的教学方式都没有解决学校教育的根本问题。实际上，上层主导的学校改革效果并不佳，如“不让一个儿童掉队”：州政府和联邦政府主导的这一学校改革似乎对改善学生的学习未起到任何作用（Wang，Haertel & Walberg，1993）。在“不让一个儿童掉队”项目下，儿童有时似乎在国家资助的考试中表现得更好，有时是因为考试被简化了，从而变得更容易；但他们在其他一些标准指标上的表现却保持不变或有所下降［请参见最近的国际学生评估项目（Program for Internationd Student Assessment）（PISA）测试结果］。最近一项以国家教育进步评估（National Assessment of Educational Progress）（NAEP）测试为标准的分析表明，这种改革对四年级学生的数学成绩有积极影响，但对阅读没有影响，并且对八年级学生的学习总体上没有积极影响（Dee & Jacob，2011）；2012年国际学生评估项目的测试结果也显示：自2009年以来，学生的学习情况几乎没有改善（请参见NAEP，2012）。政治家鼓动的学校改革很少基于对儿童如何学习的可靠研究之上,而是通常基于个人的直觉,这绝对是一种讽刺。

然而,除此之外,还有一个更深层次的问题。当任何人——无论是教育领域的专家教授、学校管理人员还是政治家——考虑到学校改革时,人们倾向于考虑的变化往往是相当肤浅的:改革这门数学课程还是那门课程?延长上学时间还是延长学年?每班有多少儿童?15个还是24个?美国的教育改革并没有触及问题的根源,而问题根源正是美国教育体系所建立的基本模式。要真正实现变革,改革者必须解决我们学校体系赖以建立的基本模式,因为这些模式给儿童的学习造成了许多障碍。

三、两种不良模式

传统的学校教育由于其错误的两种思想基础而永远处于混乱之中。首先,传统学校是以工厂为模式的,因为大规模公立学校的诞生与当时追求效率的时代不谋而合。效率是一个值得称赞的目标,它导致了一种教育体系的建立,这种教育体系认为所有儿童都一模一样。尽管在某些方面,儿童确实都一样,但在许多方面他们又各不相同,并且工厂模式导致了一系列后果并使得学生的学习效果欠佳。我们还可能会质疑它与当今社会及经济状况的相关性,在这种情况下,个人的主动性才是进步的关键,而不是盲目地就像服从工厂的钟声一样。也就是说,如今一些最具创新性和最重要的技术端的创始人——谷歌的拉里·佩奇(Larry Paige)和谢尔盖·布林(Sergey Brin)、亚马逊的杰夫·贝索斯(Jeff Bezos)、维基百科的吉米·威尔士(Jimmy Wales)和模拟城市的威尔·赖特(Will Wright)——最早接受的教育都不是在工厂模式中:他们都是蒙氏学校的毕业生。在威尔·赖特(2007)的TED演讲中,他热情洋溢地谈论着蒙氏学校,他一直上到了六年级,在蒙氏学校所受的教育是“我所受教育的高峰。从那以后,其他一切几乎都在走下坡路”。传统教育中固有的第二种不良模式是从行为主义继承下来的早已过时的儿童学习者模式,即行为主义模式。在这种模式中,儿童是一个由积累的信息、奖励和惩罚填充和塑造的空容器。工厂模式和行为主义模式以一种相互支撑的方式共同起作用,从而创造了我们今天仍然在使用的典型传统教育。

(一)工厂学校

在1850年以前,单间校舍是美国的主要教育形式。在这种环境中,教育可以个性化,不同年龄段的儿童共用一个教室,教师在履行教学职责时有很大的独立性,且只需对地方董事会负责。从19世纪中叶开始,随着大规模公立学校席卷美国(和欧洲),学校教育开始发生变化,而这种变化恰巧与效率时代相吻合。在这个时代下,公众讨论的焦点集中在如何简化业务运营以实现最大效率。与此同时,大批移民涌入美国,加剧了大众教育的压力。此后,工厂因工业革命而成为一种重要的组织单位。

由于这种时间上的同步性,现代学校有意识地模仿工厂,并优先考虑高效运作(Bennett & LeCompte,1990)。像工厂一样,学校也应该按照当时流行的"科学管理原则"运行。雷蒙德·卡拉汉(Raymond E.Callahan)在其经典作品《教育和效率崇拜》中记录了这一点。学校被称为"工厂",儿童被称为"原材料",教师被称为"中层管理者"(Callahan,1962)。时任斯坦福大学教育学院院长的埃尔伍德·卡伯里(Elwood Cubberly)(1916/1929)直言不讳地说:"学校是将原材料(儿童)塑造成满足各种生活需求的产品的工厂。"(p.512)

1909年,波多黎各前校长伦纳德·艾尔斯(Leonard Ayers)出版了一本著作,将这种教育新方法推向了新的历史时刻。作为罗素·赛奇基金会(Russell Sage Foundation)落后儿童调查(Backward Children Investigation)的秘书长,艾尔斯按效率高低对美国各地58所学校进行了排名,标准是每年有多少儿童升了一个年级(Ayers,1909)。艾尔斯是"最早将学校描述为工厂,并系统应用工商业价值与实践的教育者之一"(Callahan,1962,pp.15－16)。他的分析非常有影响力,低效率的排名使全国各地的学校董事会和学校管理者展开了激烈的斗争。"学校即工厂"的概念,有效地利用纳税人的钱来生产受教育的最终产品,该书出版后得到了有力的支持。

与此同时,泰勒(Taylor)的管理原理也应用到美国生活的方方面面中,从工厂的高效运作开始,并迅速扩展到其他领域,如陆军和海军、家庭和学校。泰勒原理的目的是通过将科学引入传统做法的方式来增加产量。如果说艾尔斯普及了教育效率的目标,泰勒则是提供了方法。他的理论明确指出:为了最大限度地提高效率,工厂经理必须对工人的任务进行详细的分析、计划和控制。就学校而言,工厂经理就是管理者,教师就是工人,他们需要按照管理者下达的任务去做。[①]"泰勒管理原则"在1913年的监管部门会议上得到了全国认可,当时讨论的主题是"通过科学管理改进学校系统"。此后的十年里,关于教育经济、教育效率、教育标准化等方面的文章、书籍和报告层出不穷(Callahan,1962,p.23)。

芝加哥大学教育系教授约翰·富兰克林·博比特(John Franklin Bobbitt)按学校工厂的模式,制定了教师培训计划。学校管理人员首先要告诉教师培训学院他们需要什么样的教师,并期望这些培训项目能够提供帮助。他写道:学校管理人员"有权告诉大学应该输送什么产品给他们,就像运输系统有权告诉钢铁厂应该提供什么钢轨一样"(Bobbit,引自Callahan,1962,p.88)。一旦训练有素的教师走上工作岗位,管理人员就要告诉教师该教什么,该如何教。"必须向工人提供详细的指示说明,说明要做

①在有些关于工厂模式的讨论中,儿童被视为是工人,而教师则被视为是中层管理者。

的工作、要达到的标准、要使用的方法和要使用的器具”(Bobbit,1913,引自Callahan,1962,pp.89-90)。在这个时代,教学责任从教师向管理者转换,这必然从根本上改变了教师的职业,进而改变了学校的职能。管理人员被敦促把学校当作企业来经营,教师们被剥夺了人性(被比作钢轨),而儿童在20世纪初关于学校应该如何运作的讨论声中不见踪影。

这些改革衍生出了一些将成人便利置于儿童福利之上的做法。如1847年,马萨诸塞州的昆西(Nelson,2002)就开始实行单年龄班教学。如果存在一种特殊的儿童学习模式(稍后讨论),那么全班集体教学对教师来说就很方便与明智,但是这对儿童来说代价很大。因为同龄儿童在一个方面上往往处于不同的水平层次,他们可以有不同的兴趣,因而他们受益于不同的教学课程。他们可以采用不同的速度学习,并且可以通过与比自己年龄更大或更小的其他儿童互动得到极大的帮助。因此,全班教学很符合工厂模式,但不适合儿童。

另一种常见的做法是“加里”或“排”做法,即每隔50分钟敲钟一次,让儿童从一个房间转移到另一个房间。这是在20世纪初发起的,目的是提高学校空间的利用率(Bennett & LeCompte,1990),但最终却成为教师日常课程计划的组成部分。至今,传统课堂仍然不会在教师和儿童处于合适的过渡点时转移主题,而是在铃声响起时转移主题。教师负责安排上课时间以配合铃声。每个教室的儿童是不一样的,但预先制订的时间表限制了儿童需要指导的课程和时间安排的可能性。另一个缺点是,儿童很少能追求个人兴趣和活动,而必须遵循所有儿童都应遵循的由教师或管理员预先制订的计划。到了数学时间,每个人都必须做数学,不管是否有人在专注地写作。今天,我们为儿童准备的工作世界都不是这样的:受过教育的人常常会自己决定何时从一项工作转移到另一项工作。然而,传统的学校体系仍然像工厂一样运作(Bennett & LeCompte,1990)。

工厂模式及其后果源于学校管理者需要证明他们使用税收为工厂培养受过教育的公民是正当的(Callahan,1962)。这类学校像是另一个工厂,为纳税的工厂输送已毕业的生产工人。显然没有考虑对孩子来说什么是最好的。有趣的是,随着法律日益要求提高教育普及而不考虑个体差异,学校的办学效率越来越低。招收不同移民儿童群体的学校必须容纳多种语言,招收有学习障碍儿童的学校必须提供特殊课程等等。到2011至2012学年,公立学校的人均教育费用达到了11,014美元[美国国家教育统计中心(National Center for Education Statistics),2016]。虽然在过去的三十年里,学校支出已大幅增加(Camera,2016),但教育成效却没有变化。

尽管存在这些问题,工厂模式至今仍然十分盛行,泰勒管理原理仍然发挥着重要作用(Au,2011)。传统学校的儿童仍然在教育体系中步调一致,甚至每天的时间表和物理结构都反映了工厂模式。事实上,通过对比1998年和2010年幼儿园课程对游戏和学术科目的时间分配显示(Bassok, Latham & Rorem, 2016),这些模式正在被淡化(Hamre & Pianta, 2007; Zigler & Bishop - Josef, 2004)。在当前的信息时代,我们从事的更多是创意和创业的活动,而不是工厂生产,因此在教育中沿用这种模式特别值得怀疑。在某种意义上,学校制度培养的是儿童的相似性,而经济的繁荣依赖于个人的能动性,至少在大多数父母对儿童希望达到的水平上是这样。无论是从儿童如何学习的角度,还是从社会追求的角度来看,工厂模式都没有什么意义。

(二)洛克式的儿童

学校所建立的第二个不理想模式是将儿童作为容器或白板,这种观点通常与17世纪的哲学家约翰·洛克(John Locke)有关。20世纪初,这一观点的代表是行为主义,即认为个人可以通过改变其行为后果,从而在一个有机体中引出不同的行为特征。行为主义在学校教育中的持续优势是明显的:

> 我们沿用了本世纪初设计的教育体系……(该体系)支持的课程和教学规范是基于关于知识本质、学习过程和差异性能力或学习的普遍科学假设。尽管过去30年来认知科学和相关学科的研究对这些假设发起了极大的挑战,但20世纪20年代的这一假设已牢牢地嵌入到当今学校的标准操作程序中。(Resnick & Hall, 1998, pp.90 - 91)

20世纪初,洛克的空容器模式被学校所采用,一部分原因是此前这种模式在学校实践中已经根深蒂固。例如,在1900年以前的教室里,对表现好的儿童进行奖励,对表现不好的儿童进行惩罚的行为已司空见惯。这些先前的实践为行为主义成为从一室制学校向大型公立学校过渡时期的主要学习模式铺平了道路。该模式如此引人注目的另一个重要原因是其出于行为主义的伟大代表人物之一爱德华·李·桑代克(Edward Lee Thorndike)所做的贡献。

桑代克是哥伦比亚大学师范学院著名的心理学教授,从教40年来对教师教育领域产生了巨大的影响。时至今日,师范学院依然是最重要的教师教育机构,尽管当时该领域还是一个新领域。桑代克早期的博士也已成为美国国内其他新教育学院的资深教授。根据桑代克师范学院的院长詹姆斯·厄尔·罗素(James Earl Russell)所说,桑代克是一个非常有影响力的人,他不仅塑造了哥伦比亚师范学院的良好校风,也塑造了整个早期的教师教育领域(Russell, 1926,引自Jonich, 1962)。“桑代克在教育心理学的早期形成时期就进入了这一领域,且能够在某种程度上主导该领域的发展进程,这在今天的任何一个人看来几乎都是不可能的”(Jonich, 1962, p.2),他还通过写作来传播自己的影响力,发表出版了500多篇文章和书籍,其中包括一系列流行的小学教科书(Jonich, 1962)。

桑代克认为教师是教育儿童的主要力量,教师的任务是改变儿童。他说,要做到这一点,教师必须"提供某些信息"(Thorndike,1906/1962,p.59)和"控制人性"(p.60)。教师所拥有的唯一手段就是言语、手势、表情(p.60),以及一门基于所学项目和执行奖励之间关联的行为主义课程。

桑代克认为,为了巩固这种联系,每个主题都应该分解成一个个独立的学习单元,然后对学生进行训练,形成心理联结。形成良好联结结构的学生将得到"亲切的表情、糖果和认可"(Thorndike,1906/1962,p.79),而联结结构不佳的学生将受到惩罚。重复是形成良好联结的关键。桑代克反对任何发现学习的观点,他认为应该为一些必要的信息而建立联结,而不是越多越好。

这里举一个词汇量的例子来说明桑代克是如何思考必要信息的。他认为,儿童应该只关注语言中最常见的单词,因此,他出版了《教师词汇手册》,列出了英语中最常用的一万个单词(Thorndike,1921b)。他认为儿童教科书在一定程度上有助于他们使用这些单词,而其他教科书则没有用处(对桑代克而言)(Hilgard,1987)。显然,效率时代和行为主义时代是相辅相成的。

《教师词汇手册》不过是桑代克广受赞誉的作品之一。他的许多教科书都为教师提供了已经分解为独立学习单元的信息,通过学习这些独立的单元来发挥其巨大影响力。他的教科书被加利福尼亚州和印第安纳州的州立学校系统采用。据说,1924年,桑代克的教科书在全美范围内的销售收入是他教学工资的五倍(Jonich,1968,p.400,引自Hilgard,1987)。

在当今美国常见的教科书中,桑代克的教科书是去情境化材料的经典例证。例如,桑代克教科书中的一个问题是:"汤姆在他的银行里存了6美分,又存了3美分,那银行里存有多少美分?"(Thorndike,1917,p.18)读者对汤姆或他的银行一无所知,因此必须处理去情境化的信息。相反,一个人经常在校外遇到的问题往往基于一个有意义的情境。

桑代克认为,除非情境中的要素相同,否则儿童无法将学习从一种情境迁移到另一种情境,所以提供上下文情境也是没有用的。这一理念是基于他1898年发表的论文,这是美国心理学中被引用最多的研究之一(Hilgard,1987)。在他的研究中,要求成人估计不同多边形(包括矩形)的面积,然后在他们估计矩形面积时给予反馈(训练),在最后的测试阶段再次要求他们估计不同多边形的面积。桑代克发现,对成人估计矩形面积的训练并没有提高对他们所有多边形面积进行估计的成绩,而是只在估计矩形面积的成绩时有所提高。因此,他推断出一个普遍原则,即人类的学习不会迁移到不同的情境中,他还得出结论,一个人能且只能够通过加强他们所需要了解的信息之间的联结来教育儿童,而不用考虑具体情境。因此,桑代克的课文教导儿童如下："学习内容：一角硬币=十美分；一镍币=五美分；等等。"(1917，p.59)桑代克认为，作为一组去情境化的、无关联的书面事实，这种知识可以而且应该在教科书中呈现出来，儿童必须记住这些知识才算是接受教育，这种观点仍然占主导地位。

此后的心理学研究非常清楚地表明，儿童能够将学习从一个情境迁移到另一个情境之中，而更恰当的学习观是，儿童可以自己构建知识，而不是简单地形成联结(Bransford et al.，1999；Kuhn，2001；Peterson，Fenneman，Carpenter & Loef，1989)。我们如今也知道，在有意义的情境中学习可能远远优于在无关联的情境之中学习。例如，街头卖东西的儿童需要运用到他的数学理解能力，但这种实践问题却不能用书本上的知识加以直接运用(如本书第八章所述)。有时，人们可以在日常生活中使用一些知识，但离开学校的大环境，人们就不能将这些知识应用到更多的情境中了。尽管我们也知道，奖励可能会对儿童参与学习活动带来不利影响，但我们仍然会继续依据分数来奖励和惩罚儿童。如今，学校通常会使用小学生"为了吃比萨而阅读"或其他奖励(包括金钱)的项目。尽管我们对儿童学习方式的理解有所进步，但是在如今的教科书、课程，以及学校教育方法之中的行为主义遗留问题仍然十分明显。

(三)为什么不良模式会持续下去

多年来，杜威、皮亚杰、布鲁纳和蒙台梭利等教育理论家提供了几种替代行为主义观点的方法。这些理论家被称为建构主义者，因为他们把儿童看作是构建知识的主体，而不是像一个空容器一样被动地接受知识。当一个人采取建构主义的立场时，有意义的情境对学习来说就变得格外重要，因为学生需要使用情境中的工具和材料来建构知识。建构主义观点与最新的关于儿童的研究结果相一致，因此建构主义在教师教育学校中被传播与学习。有人可能会说，在学术殿堂中，建构主义已经战胜了行为主义。然而，尽管建构主义已经应用于当今的学校课程之中，但是也有研究表明，在美国学校，教师很难实施建构主义所提倡的教育方法。因此，这一方法风靡全球后，随之而来的便是衰退(Zilversmit，1993)。美国最著名的进步教育家约翰·杜威(John Dewey)在临终时哀叹自己没有对学校教育产生任何实际影响(Dworkin，1959)。鉴于建构主义是一种较好的学习模式，它之所以不能渗透到学校教育中，必然有其深层的原因。

历史学家亚瑟·齐尔弗斯米特(Arthur Zilversmit)(1993)提出的第一个原因是教育未能适应当时的社会和经济环境。他指出，建构主义的衰退发生在经济危机和社会动荡时期，比如经济大萧条和麦卡锡主义时期。在这种情况下，因为人们选择熟悉的传统教育方法所带来的舒适感，实验在许多领域都消失了。尽管传统的学校教育有种种缺点，但它总是给成年人带来亲切和熟悉感，因为他们自己也曾经接受过这种教育。

第二个主要原因是教育专业的学生很少能够完全理解建构主义，因此无法很好地实施（Renninger，1998）。当他们开始教导学生时，这种肤浅的理解就会显现出来，他们会采用他们的中小学教师所使用的常规方法。传统的教学既符合教师的记忆，又符合学校的主流文化观点，因此那些对建构主义了解较少的教师自然会退而求其次，选择向传统教学模式靠拢。

我认为还有第三个主要原因，那就是学校的组织计划，从普通的日程安排，到无处不在的课本和考试，都在体现行为主义，从而间接引导教师采取基本的行为主义方法来进行教学。如果教师在教室前面，且黑板前有一张桌子，学生们面对教师按排就座，那么小组或个人作业会显得不自然。这种教室的空间结构是为教师讲课而设计的。虽然小学教师越来越多地允许儿童成群就座而不是一排排地坐着，但其他的空间结构仍然使他们倾向于使用空容器模式来教学。在传统学校里，即使在儿童特别擅长读书的时候他们的学习内容也主要来自课本。因此，教师必须告诉儿童书本上的信息，以便儿童学习。而这只有通过全班课堂教学才能合理地完成。

50分钟的学习时间安排要求在规定的时间内传授所有的信息，而不是根据儿童的兴趣和需要进行灵活多变的学习。关于事实性知识的标准化测试要求特定的信息在特定日期前呈现。标准化测试也体现了这样一种知识观，即知识是一组可以通过考试来测量和评判的固定公式和事实。传统学校使用的教具就是为这种惰性的知识观而设计的（D.K.Cohen，Raudenbush & Ball，2002）。面对学校为传统方法提供的所有结构性支持，教师不得不非常努力地采取非传统方法进行教学。

我们不断放弃建构主义方法的第四个主要原因是，除了蒙台梭利以外，建构主义模式并没有为教师提供广泛而详细的课程。杜威的许多想法都经受住了时间的考验，但他没有留下完整课程的模式。在没有课程的情况下，想要从建构主义学习模式中进行教学的教师需要自己思考如何实施这些想法。由于没有足够多的教师能做到这一点，因此这种方法一再被贴上了不合格的标签。

如今，学校很少有真正的建构主义课程，尽管教师可能会毕业于那些精通建构主义理论的师范学校，但他们的课堂在很大程度上是按照传统方式运行的。库克（Cook）和他的同事们在一个案例研究中证明了这一点，该案例研究的对象是一所著名小学的学生，她从大学课程转到实习课程再到课堂教学（Cook，Smagorinsky，Fry，Konopak & Moore，2002）：在每一个阶段，学生们都更支持行为主义的教学法。佩内洛普·彼得森（Penelope Peterson）和同事通过对一年级教师的研究，在更大的范围内验证了对行为主义原则的认可（Peterson et al.，1989）。然而，他们也指出，在经历了大约15年的教学实践后，更多教师又转而支持建构主义观点。

虽然建构主义在学术界的影响更大，但行为主义“对传统学校的实践更有影响力,传统学校的实践总是比创新学校多”(Hilgard,1987,p.678)。尽管研究和教学经验导致了一种建构主义的儿童模式,但教育机构的要素——教科书、教室的基本结构等——都极大地强化了洛克模式,使其继续占据主导地位。除了强化洛克的容器模式的空间因素外,还有教师和家长的共同童年记忆。当他们思考应该如何教育儿童时,大部分时候他们还是倾向于采用他们童年时期曾接受过的教育方法。

今天,蒙氏教育理念在传统教育背景下的复兴也出现了同样的情况:“差异化教学”(Tomlinson,2014),它指的是基于学生需求和经验的个性化教学,而不是一刀切的工厂模式。即使教师们已经得到了明确的指导并且已经学会了如何区分,就像笔试答案所显示的那样直接明了,他们仍然无法区分,部分原因是传统的学校文化阻碍了他们的努力(Santangelo & Tomlinson,2012)。最后,行为主义方法似乎在短期内有效。正如我们将在本书第六章中所讨论的,儿童一旦接受了奖励学习,取消奖励就会对学习产生负面影响。所有这些因素共同阻碍了学校的变革。

四、影响

空容器模式和工厂模式都对学校教育产生了许多负面影响,这将在后面的章节中讨论。当儿童被视为一个向其中倾注知识然后建立联系的空容器时,儿童没有积极主动地参与学习:因为空容器本质上是被动的。然而现实情况是当学生积极参与时的学习效果最好。好的教师试图通过在课堂上多次提问来保持儿童的主动性,但是教室的空间结构是为被动学习而设的:儿童坐着听教师讲课,教师站在黑板前面传授知识。在现行的模式下,没有必要考虑儿童的兴趣,因为空容器中没有任何东西可以使其产生兴趣。即使产生了兴趣,但所有的容器里都装满了同样的东西,因此所有的容器都共享了同样的兴趣。那么空容器当然无法做出选择,而是由教师或学校管理人员来选择学生应该学习的内容,包括全州考试的细则也能供教师选择。

工厂模式对学校教育也有一定的负面影响。20世纪之初的工厂效率很高,因为所有的原材料都经过了相同的处理。工厂工人以材料为原料,而材料是被动的。材料从一个地方转移到另一个地方,并按照规定的时间进行组装。因此根据工厂模式,一个班的所有儿童都同时得到相同的信息,并且经常在铃声响起时从一个地方转移到另一个地方。但如今即使是真正的工厂也在改变做法,通过允许工人团队从头到尾开发产品,而不是把产品从一个地方运输到另一个地方来提高长期生产力,这是对工厂模式的一次重大变革(Wompack,1996)。然而学校却仍然像过去的工厂一样运作。

传统学校教育也在发生变革。一些人阅读这些章节后会回应说,他们自己的孩子所在的学校正在发生清晰可见的变化,学校采取的措施使其越来越像蒙氏学校——比如取消年级、结合各年龄段以及使用大量的小组活动等等。有人可能会认为,多年来,传统的学校教育逐渐发现并融合了蒙台梭利博士在20世纪上半叶提出的许多教学原则。然而,尽管学校教育正在发生变化,但这些变化往往是相对浅显的。从事教育研究的教授可能会开发出一个新的阅读或数学课程,然后被一些学校大张旗鼓地采用,但某一门课程变化相对于整个课程体系而言是微不足道的,儿童的洛克模式和学校环境的工厂结构仍然是儿童上学的基础。"在课堂上增加新的'技术'并不会推动一贯思想的发展。例如,通过增加儿童在'合作学习'团队中工作的技术和在教学结构中本身就固有的合作截然不同"(Rogoff, Turkanis & Bartlett, 2001, p.13)。虽然在做出的一些小的改变上确实反映了最新的关于儿童学习方式的研究,特别是在一些好的社区小学,但大多数美国学校中传统教育方式仍占主导地位(Hiebert, 1999; McCaslin et al., 2006; NICHD, 2005; Stigler, Gallimore & Hiebert, 2000)。观察者认为,这些学校的大多数课程的质量很低(Weiss, Pasley, Smith, Banilower & Heck, 2003)。采取有研究支持的方法没有触碰到学校赖以生存的根本模式。要想改善学校教育,就必须进行更深层次的改革,实施更实际的儿童教育和学校模式。但我们怎么才能知道这些新模式应该是什么样子的呢?

在医学领域中,越来越多的人呼吁将研究结果用于为患者治疗提供有力的依据和信息,同样地,教育改革必须采取更彻底、更深入的措施来研究出最有效的方法。多年来,甚至是桑代克也一再主张这一点。当然,越来越多的研究人员、教育工作者和政策制定者正在关注对教育采取循证立场的呼吁。然而,迄今为止为响应这些呼吁而做出的改变并没有设法解决这种不良模式的根本问题。现在是重新思考教育的时候了,从儿童和儿童成长的条件出发,让教育从根本上建立起依据。整体来看,心理学研究的证据表明,学校教育需要真正彻底的改变才能为儿童提供一种能够优化其社会认知发展的模式。这种模式也将改变洛克式的儿童教育模式和工厂式的教育结构,是一种不同于以往的全新的教育模式,也是一种更适合儿童实际学习的方式。

五、蒙氏教育

20世纪上半叶,玛利亚·蒙台梭利博士,一位非常聪明、有科学头脑的女性,她对已有的学校教育模式感到厌倦,并决定用一种全新的观点来解决教育问题。实际上,她从头开始重新对教育进行了设计。

(一)历史概述

蒙台梭利博士如何开发其课程始于一个有趣的故事(Kramer,1976;O'Donnell,2007;Povell,2009;Standing,1957)。她童年的大部分时间都生活在罗马,她有着不同寻常的勇气和魄力,先是攻读工程学学位,后来又攻读医学学位,这对当时的意大利年轻女子来说都是闻所未闻的。在经过医学培训后,她在精神科诊所工作,在那里她对帮助智障儿童产生了兴趣。在20世纪初,智障人士经常被关在简陋的房间里,扔食物给他们。蒙台梭利博士认为,他们抓着地上的食物残屑并不是为了食物,而是为了寻求刺激。于是她研究了让—马克·伊塔尔(Jean - Marc Itard)和他的学生爱德华·塞金(Eduard Seguin)的方法。伊塔尔曾参与过"阿韦龙野孩(Wild Boy of Aveyron)"这一项目,并寻求提供这种刺激的方法。塞金开发了一套用于教育弱智儿童的感官刺激教具,蒙台梭利博士在她的研究中采用了这些教具,用蒙氏术语将其称之为感官教具。

1901年,蒙台梭利博士教育过的智障儿童通过了为正常儿童设计的州教育考试,这一事件引起了国际关注。全世界的报刊文章都惊叹于这位了不起的意大利医生,她令"缺陷(儿童)"(当时的称呼)做到了这一壮举。蒙台梭利博士本人的反应则不同。她并没有对智障儿童的表现感到惊讶,相反,她对正常儿童在这些测试中没有表现得更好而感到惊讶,因为他们有明显的优势。然后,正如著名的瑞士心理学家皮亚杰(1970)描述的那样:"蒙台梭利博士以无与伦比的精湛技术概括了她的发现……立即将她从落后儿童那里学到的东西应用到正常儿童身上。在早期阶段,儿童通过行动而不是思考进行学习,这引导她创造出了一种对全世界产生不可估量影响的通用方法。蒙台梭利博士将她的研究转向正常发展的过程,以发现人类如何能在非传统学校中更充分地发挥他们的潜力。"

应用的过程并不像皮亚杰描述的那样迅速。首先,在成功治疗弱智儿童之后,蒙台梭利回到了学校,这次是学习教育。她观察了传统课堂里的儿童,试图解释为什么他们在那种环境下没有取得进步。当她提出新思想时,蒙台梭利要求将这些思想应用到公立小学,但当时罗马的管理机构不允许她接触这些儿童。回想起来,这种限制可能是注定的,因为她最终为年龄较大的小学生开发的方法是基于在她小学项目中研究过的三至六岁的儿童。这些儿童从一开始就拥有与其他六岁儿童不同的技能和知识,因此,这一方法是为那些已经准备好学习阅读和写作的儿童所准备的,他们知道要遵循程序,并且自己决定下一步要做什么,也知道在集体中和他人和谐相处所需要遵循的基本原则。

因为她一开始不能在小学中工作,蒙台梭利博士抓住了一个与年幼儿童一起工作的机会。当时罗马的一个贫困地区正在进行一项住房项目的整修,而那些年龄大到可以在无人监督的情况下四处奔跑但还没有到上学年龄的儿童阻碍了工程整修的进度。项目开发人员决定介入。他们知道蒙台梭利博士对正常发育的儿童很感兴趣,于是他们为她提供了一次参与其中一个项目的机会,让她照顾50到60名3至6岁的儿童,并由一位年轻女子担任教师。蒙台梭利博士在1907年1月开始了她的"实验"。她把她的学校看作研究儿童如何达到最佳学习效果的实验室(Montessori,1917/1965,p.125)。

在法律上,教室不能被称为学校,因此蒙台梭利博士不被允许订购典型的学校家具或物品,而这个限制,最终却变成有利的条件。她设计了专门为儿童制作的小家具来布置教室。这种家具是家中常见的,比如小桌子和扶手椅。她把各种教具带进教室,并指导这位年轻的教师该怎么做,然后退回到她的其他角色中去,比如罗马大学的教授、研究员、执业医师、著名的妇女权利演讲家,以及正在上教育课的学生(Kramer,1976)。但她还是会抽出时间来观察教室,教师也会在晚上向她汇报所发生的事情。据说蒙台梭利博士为了给年轻教师制作蒙氏教具而常常工作到深夜。在接下来的45年里,蒙台梭利博士和她的合作者们通过测试新的方法和教具以及观察儿童的反应,开发出了一套完全不同的教育方法。

蒙台梭利博士还开发了一套与其教育理念一致的教具,并对这些教具进行实地测试,直到她认为找到了合理的最优教具来教授既定的概念。她测试了不同年龄段的教具,经常能发现她原本为儿童设计的一种教具对年龄小得多的儿童更有吸引力。"我们看着年幼的儿童在年长的儿童中间走……我们看到他们对一些我们以前认为离他们的理解太远的事情产生了兴趣。"(Montessori,1989,p.68)她发现,年幼儿童的能力比传统课程所要求的要强得多,这一发现使她与她那个时代减轻幼儿课程的教育趋势格格不入(Egan,2002;Hall,1911)。

与其他建构主义者不同的是,蒙台梭利博士为3至12岁的儿童留下了广泛的、经过实地测试的课程,涵盖了所有主要学科领域——数学、音乐、艺术、语法、科学、历史等等。这种教育方法是在她的一生中在反复试验的基础上发展起来的,她的学生来自罗马、印度、西班牙、荷兰和美国等不同的地方。蒙台梭利博士做了很多演讲,写了很多关于她的教育方法的书,她还成立了国际蒙台梭利协会来继续她的工作,包括培训蒙氏教师。如今,位于罗马大学附近的儿童大道58号"儿童之家"仍在运营(图1.1)。

图1.1　今天的儿童之家原址，在罗马大学附近的儿童大道58号，照片由作者拍摄

（二）一幅蒙氏教室的画像

在接下来的半个世纪里，蒙台梭利博士调整了她的教育方法，以更好地满足儿童的需要，而运作良好的蒙氏教室通常有许多反映这些调整的特征。这里主要强调几个特征的重要性，后面的章节还会讨论这些特征以及更多与特征相关的心理学研究。

一个蒙氏教室通常是一个宽敞、开放的视觉空间。有低矮的架子，不同尺寸的桌子可以舒适地容纳一至四个儿童，椅子的大小也适合教室里的儿童（图1.2）。虽然这在今天并不罕见，但制作适合儿童使用的家具是蒙台梭利博士的创新之一（Elkind，1976）。传统的蒙氏教室总是有相差至少三岁的年龄组，在规模小一些的学校，所有六年制的小学教育都可以合并。

蒙氏教室被划分为多个不同的区域，这些区域通常用低矮的架子隔开。每个领域都有“教具”，是蒙氏术语中指定了特定学科领域（艺术、音乐、数学、语言、科学等等）的教育对象。这与传统教育形成鲜明对比，传统教育的学习主要来自课本。在蒙氏教育小学阶段，书籍作为学习工具变得更加重要，但即使在那里，实践教具也比比皆是。蒙台梭利博士认为，深度专注对于帮助儿童发展最好的“自我”至关重要，而儿童的深度专注来自他们的双手，即运用教具。关于专注力将在本书第四章进行详细讨论。

图1.2　蒙氏教室　照片由An Vu提供

与许多传统教室形成鲜明对比的是蒙氏教室的质朴外观。学习所需的额外教具放在儿童看不到的壁橱架上，根据儿童是否需要在教室内外轮换。每一种教具都在架子上有自己对应的位置，儿童需要在使用后把每一种教具整齐地放回原位，以方便下一个儿童使用。此外，对社区的关注和对他人需求的尊重也应该引起教师的高度重视，这种关注也反映在教师如何安排教学内容上。主题区域内外的各种教具都是通过深思熟虑后再摆放的，因此各种教具的摆放都是具有逻辑意义的。

在教室里，儿童没有规定的座位，他们可以在自己选择的桌子上自由学习，全天可以自由走动。他们也可以在铺设小地毯的地板上面学习。除了教师上课时需要所有人一起学习以外，儿童可以选择单独学习或者自己组成学习小组进行学习。除了极少数的例外，所有的课程都是针对个人（通常是3至6岁的儿童）或小组（通常是6至12岁的儿童）设计的。至于上课时间，当儿童准备好上课时，就开始上课；教师可以在黑板上写下当天安排的课程或者在一天中的早些时候宣布，这样儿童就会知道接下来会发生什么。但是我们要注意的是，这样做并不是想对儿童施加控制，而是简单地提醒他们，以便他们可以相应地规划自己的一天。

蒙氏教育的核心是组织性。然而在学前教育阶段，这种理念有时会让家长望而却步，很难理解。家长们进入蒙氏教室，与人们通常看到的学前学校不同，这里非常安静，儿童都在安静地独自或集体学习。他们的学习安排是井然有序的，按照教师或其他儿童展示给他们的一系列活动步骤那样全神贯注地开展活动。正如在后面本书第十章中即将讨论到的，研究表明，有序的环境与儿童获得最好的发展有关，但是有序的程度有可能会让父母们感到不舒服。

架子上的教具是为了吸引儿童的兴趣，并通过反复使用来传授各种概念。大多数教具都是木材制成，要么是天然的，要么就是涂上鲜艳的颜色，因为人们发现这些颜色会吸引儿童的注意力。每一种教具都有其出现在课堂上的主要原因，大多数也有一些次要原因。蒙氏学校的教师们不是通过考试来评估学生的能力，而是通过观察儿童在学习中的表现，注意儿童是否会正确地使用某一教具。能正确使用教具的儿童就被认为能理解教具所要传达的教育概念。一旦儿童不恰当地使用某一教具而无法从中吸取所想要传授的知识时，教师就会重复上课，直到儿童领会为止。当儿童已经掌握了一种教具，并准备好按顺序学习下一种教具时，新的课程也随之开启。

为了使每一种教具都能发挥其自身最大的教育价值，在使用这些教具时也有特定的方法，而教师会在课堂中向儿童展示这些教具。例如，儿童不得用铁制几何图形嵌板的教具来制作音乐（如图1.3所示的一种教具，由金属制成的标准几何形状组成，每个都装在一个方形的金属框架内）。铁制几何图形嵌板还有其他用途，教师会提供更适合制作音乐的不同教具。

图1.3 铁制几何图形嵌板 照片由An Vu提供

除了每一种教具都具有高度结构化之外，蒙氏课程的整体结构也很严密。课程领域内的教具是按层次、顺序呈现的，并且与课程中不同领域的教具之间还存在着复杂的相互关联网络。据我所知，就深度、广度和跨时间、跨主题的相互关系而言，没有任何一门教育课程能与蒙氏课程相媲美。

这些教具将重要的活动分解成一系列有组织的步骤，儿童可以在将它们组合在一起进行主要活动之前分别学习这些步骤。这些步骤通常构成间接准备，儿童并不知道这些步骤最终会导致什么结果，但是教师会指导他们并有条不紊地展示教具。有关蒙氏教学的一个很好的例子就是书写和阅读教学。

(三)蒙氏学习:书写与阅读

在蒙氏教育中,儿童在学会阅读之前要先学会书写,一般而言,阅读是在开始书写后的几个月内自发进行的。在蒙氏小学课堂上,往往只需几个步骤就可以开始引导书写。三岁的儿童首先参加一些活动,通过这些活动,他们练习握铅笔所需的拇指—食指(钳形)握法。使用这种握法的一种练习就是用手从一个长方形木箱中取出实心木制圆柱体(图1.4)。

图1.4　木制圆柱体　照片由An Vu提供

这些木制圆柱体共有四套。第一组圆筒中宽度有变化但高度保持不变;第二组在高度上变化,而宽度保持不变;第三组在高度和宽度上同时变化;第四组宽度减小,高度增加。把圆柱体拿出来,混合在一起,然后再放回合适的圆孔的这一练习,主要是想通过让儿童参与一项需要观察、比较、推理和决策的活动来训练儿童的智力(Montessori,1914/1965)。在这个训练中聚焦维度也为儿童的数学做了准备,同时也提高了儿童的观察力和注意力。此外,增加的旋钮使这些教具为书写增添了两个额外的益处:强化了手指和拇指的肌肉,发展了握笔所需的协调能力。

紧接着,通过描画几何图形橱柜上的图形,儿童继续发展与书写相关的手腕动作。几何图形橱柜是一个木制的橱柜,里面有几个托盘,每个托盘里装着六个蓝色的二维木制图形,这些图形镶嵌在天然的木头框架中(图1.5)。一个托盘容纳宽度逐渐增加的矩形;一个有着不同的三角形(等边三角形、直角三角形、等腰三角形等);另一个有一组不规则的几何形状,如椭圆体和平行四边形等等。儿童沿着图形的轮廓学习不同形状的名称,首先是用手指,发展出书写所需的轻触和手腕动作。之后,他们在植物学橱柜里触摸树叶形状的轮廓,并且用一根精致的橙色小棍让它们可以进入到图形的角落(图1.6)。这种精致的橙色木棒可以让儿童练习拿跟铅笔一样的东西,且不用担心做损坏教具的标记。儿童学习各种形状的叶子的名称,同时(不知不觉)

也在学习书写时的手腕动作和握笔动作。甚至在使用橙色的木棒之前,“触摸、感觉并知道如何遵循确定的轮廓的小手已经在不知不觉中为写作做好了准备”(Montessori,1914/1965,p.96)。准确地书写是精确的动作,通过这样的练习可以使儿童通过精确的动作来为书写做好准备。

图1.5　几何橱柜中的三角托盘　照片由An Vu提供

图1.6　植物橱柜　照片由An Vu提供

之后,儿童用带有十个铁制几何图形嵌板的教具学习拿起和使用铅笔(见图1.3)。虽然这些铅笔与几何图形橱柜中的物品具有相同的几何形状,但它们却由金属制成,外框是红色,插槽的几何形状是蓝色。蒙氏教具通常不会选择金属材料,因为金属摸起来手感冰冷,而木质材料因其让人感觉更温暖成为一种常用的选择,蒙台梭利博士认为这是一种诱人的用途。然而,金属的优点是不易被散落的铅笔画上标记,因此它成为儿童使用的第一批铅笔的制作材料。蒙台梭利博士注意到,一开始,儿童同时拿着十个铁制几何图形嵌板坐下来的时候,会激发他们的灵感,而仅有一个铁制几何图形嵌板却达不到训练效果(Montessori,1914/1965,p.144)。

每个几何图形、植物学和铁制几何图形嵌板物品都有一个小旋钮,就像儿童第一次接触到的木制圆柱体一样,因此他们再使用这些教具时,将继续锻炼手指的握力,为拿稳铅笔做准备。蒙台梭利博士希望通过锻炼这些肌肉来防止儿童开始写字时感到疲劳。当四岁的儿童在蒙氏学校开始学习书写时,就像教师们描述的那样,他们想要不停地写。如果这些练习真的能加强手指的握力,它们可能会激发儿童早期的书写热情。此外,蒙氏学校的教师们密切关注儿童是否正确地握笔,这也是可以减少因大量书写而引起的肌肉疲劳的另一种方法。

在铁制几何图形嵌板上,儿童先用十支彩色铅笔在红色边框内或沿着镶嵌形状的外部轮廓进行描画,后来,他们用线条填充插图,以练习控制铅笔(图1.7)。为了强化儿童对十进制的学习,蒙氏教育反复使用十个物体(铅笔,铁制几何图形嵌板等)。当然,在蒙台梭利博士开发这一方法时,并不使用记号笔。同样,今天许多蒙氏学校都避免使用记号笔,因为铅笔给儿童提供了更精细的反馈。儿童把铅笔压在纸上的力度会产生直接而明显的后果:如果压得太用力,铅笔尖会断裂;如果压得不够用力,铅笔尖就不会留下痕迹。此外,铅笔可以作阴影上色,使用铁制几何图形嵌板的一个练习是在其内部从最暗到最亮逐渐进行着色。因为没有即时的触觉相关反馈结果,记号笔无法为儿童提供如铅笔一样细致的颜色深浅、明暗效果。

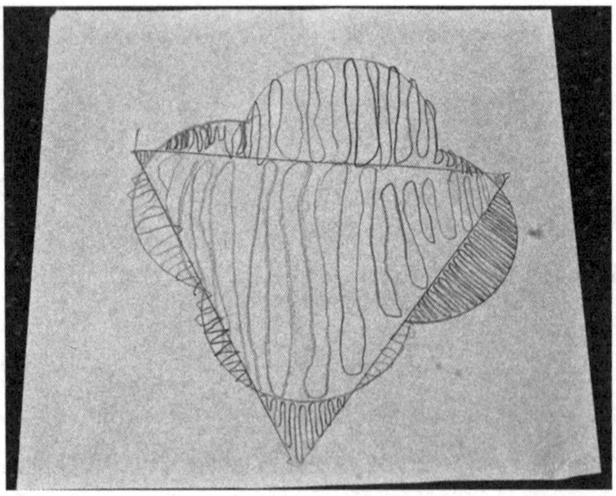

图1.7 金属插片设计 照片由An Vu提供

彩色铅笔和铁制几何图形嵌板后来用于制作各种各样的艺术创意插图,许多人错误地认为这一领域不属于蒙氏课程(Stodolsky & Karlson,1972)。尽管蒙氏教育也有完整的音乐课程,但大家对于音乐课程也同样有误解。并非所有的蒙氏教师都会讲授完整的课程,有时是因为他们的培训课程没有足够的时长来涵盖全部课程[例如,正因如此,图1.8中用于音乐创作的音条琴,有时会在小学课堂中缺失]。

图1.8 蒙氏音乐教育:在音条琴上作曲 Laura Joyce-Hubbard,2014.版权所有

确实,蒙台梭利博士用了两年的时间向教师们讲授小学课程,而目前开办时间最长的基础培训课程也只教一年。

在学习了描摹铁制几何图形嵌板后，儿童便学习在框架内绘制一系列相互连接的平行直线，这一过程可以教会儿童在自然流畅的书写中控制手与铅笔。蒙台梭利博士认为，对于儿童来说，这种流畅的动作比频繁地停下再拿起铅笔要容易得多，所以她让儿童在学习印刷体之前先学习草书体。

与此同时，当儿童以这种方式使用铁制几何图形嵌板时，他们也在学习用手指描摹草书体的砂纸字母，这与书写时的运动轨迹是一样的。儿童一边追随着字母轨迹（如图1.9所示），一边学习说出与每个字母相关的语音（而不是名字），后来，铁制几何图形嵌板和砂纸字母活动就一起进行了。儿童拿着铅笔在纸上用砂纸字母做同样的手势，念出字母的发音，最后把字母串在一起，用草书体写出单词。

图1.9　砂纸字母　照片由An Vu提供

活动字母箱的提供也有助于这一过程的进行，它是一木盒装的硬纸板做成的字母，儿童用它们来拼写单词（如图5.5所示）。

更多的蒙氏教具及其多样形式可以引导儿童书写，这恰好是为蒙氏课堂精心组织的课程的特色。在这种精心编排的课程中使用这些教具的结果是，对于大多数两岁或三岁受蒙氏教育的儿童来说，他们在四岁的时候就可以轻松地书写草书体。在他们开始写字后的几个月里，阅读也会自发出现。

研究表明，早期阅读有许多长期优势（Mol & Bus，2011）。十一年级学生的词汇量、阅读理解能力和基础知识都在十年前的一年级时得到了很好的预测，即在认知能力受到控制的情况下，其阅读能力对他们的词汇、阅读理解能力和基础知识都有很强的预测作用（Cunningham & Stanovich，1997）。也有人支持蒙氏教育的音素法，而不是不太成功的整体语言教学法（Rayner，Foorman，Perfetti，Pesetsky & Seidenberg，2001）。三年后，接受音素意识训练的学前儿童在阅读理解测试中的得分显著高于对照组的儿童（Byrne & Fielding-Barnsley，1995）。蒙氏教育关于学习阅读的触觉方法，即儿童在发出声音的同时触摸字母的轨迹，也在最近的研究中得到了支持。让法国学前儿童在发出相关声音的同时要么只看字母，要么看字母并触摸字母的轨迹，之后再进行字母—声音和伪单词识别测试（Bara，Gentaz & Cole，2007）。结果发现触觉组在测试中的表现明显优于对照组，并且呈现出更好的表现趋势。在另一项研究中，在两次阅读字母绘本的儿童中，那些触摸砂纸制成的大写印刷体字母轨迹的儿童学习识别字母的能力明显要高一些，而那些没有触摸字母轨迹或触摸普通纸上字母的儿童学习识别字母的结果具有偶然性（Chiong & DeLoache，2013）。研究还表明（不足为奇的是），当智力和受教育年限作为控制条件，一个人读得越多，知道得就越多（Stanovich & Cunningham，1993）。儿童对阅读的兴趣程度最能预测其长期阅读能力（Whitehurst & Lonigan，1998）。显然，让儿童在早期阅读时经历一个艰苦而困难的过程，这会带给他们不愉快，并不会培养其阅读的兴趣，阅读的兴趣是那些大量阅读的人才会有的。

与大多数一年级学生所经历的艰苦过程不同，在蒙氏教育中学习读写对儿童来说似乎是一个轻松的过程。蒙台梭利博士对学习过程采取的有组织的方法似乎是让它看起来比较容易的部分原因。通过对不同领域进行任务分解，蒙氏课程在每个领域为儿童提供了一系列可管理的步骤，旨在使儿童可以掌握每项任务。这些步骤源自对儿童的观察，经过精心组织，侧重于重要的技能和信息，最终达到使儿童掌握的目的。从更大的范围来看，正是这些对儿童的观察结果催生出了一种不同于传统学校教育模式的教育方法。

六、蒙氏教育中的儿童与学校

蒙氏教育的基础是将一个儿童视为一个积极的实干家，而不是一个空容器。皮亚杰常认同儿童是很活跃的这一观点，可能是受到了蒙台梭利博士的影响。皮亚杰比蒙台梭利小26岁，在他职业生涯的早期，曾在蒙氏学校为其著作《儿童的语言和思维》做过观察。1934年，他至少参加了一次在罗马举行的蒙台梭利会议，并且是瑞士蒙台梭利协会的主席。国际蒙台梭利协会早期的信笺抬头上将皮亚杰列为其赞助商之一（Kramer，1976）。因此，皮亚杰和蒙台梭利的理论中有一些相同的重要观点就不足为奇了，例如儿童是积极学习者的概念（Elkind，1967）。在蒙氏课堂上的儿童都以积极实干家的身份工作，他们通过对环境的自发行动来学习。

蒙氏教育的学校模式也是不同的。蒙氏学校似乎更像是一个小型的、兼收并蓄的大学研究实验室，而不是工厂。蒙氏学校的儿童致力于自己的项目，就像实验室里的研究人员一样。像大学里的研究人员一样，儿童根据自己的兴趣爱好选择他们想学的内容。他们在整个课程中学习,这与研究人员参加座谈会或会议学习新领域或新技术有些相似之处,儿童与他们选择的同学交谈和合作。他们通过向班级或学校的其他班级发表演讲和撰写论文的方式来传播他们的学习成果。因此,在蒙氏学校里,儿童可以被视为研究型大学里积极的实干家,而传统的学校模式则把儿童看作是工厂里的一个空容器。

本书描述了蒙台梭利博士通过对儿童的观察得出的九项原则,这些原则奠定了她的教育方法的基础。如今,这些原则也得到了心理学和教育学领域大量研究的支持。其中一些原则也可以在传统课堂中实施。事实上,一些验证这些原则有效性的研究正是在传统学校中进行的。然而,在一项原则基础上开发一种方法与将一项原则运用到一个设计时考虑到其他因素的方法中是非常不同的。我所讨论的九项原则都产生于蒙氏教育的早期,是通过蒙台梭利博士对儿童在课堂上的行为的观察得出的,这些观察与众不同,开风气之先。这些原则都涵盖于蒙氏教育方法之中。

七、蒙氏教育中的九项原则

以下各部分将要讨论的蒙氏教育九项原则是:

(一)运动和认知是紧密相连的,运动可以促进思维和学习。

(二)当人们对自己的生活有一种掌控感时,学习效果和幸福感就会得到提升。

(三)具有以持续而集中的方式管理自己的注意力的能力,可以促进一系列积极的发展,并且注意力本身是可以训练的。

(四)当人们对所学内容感兴趣时,他们会学得更好。

(五)将外部奖励与某项活动挂钩,比如用于阅读或考试取得高分的奖励,会在奖励取消时对参与该活动的动机产生消极影响。

(六)合作安排非常有利于学习。

(七)在有意义的情境中学习往往比在抽象语境中学习更深入、更丰富。

(八)特定形式的成人互动与儿童发展的最佳结果相关。

(九)有序的环境对儿童是有益的。

(一)运动与认知

第一项原则是运动与认知是紧密交织在一起的。这一观察结果是有道理的:我们的大脑是在一个运动的世界中不断进化的,而不是在一个我们坐在办公桌旁思考抽象概念的世界中进化的。蒙台梭利博士指出,思维似乎先用手表达,然后才能用语言表达出来,皮亚杰显然同意这一观点(Ginsburg & Oper,1979)。蒙台梭利博士说,对于儿童而言,思考和运动是同一个过程。皮亚杰将这一主张局限于感觉运动时期。但是,蒙台梭利博士与最近的心理学研究一致认为,思考与运动持续到两岁以后还会有着密切的关系。基于这一认识,她开发了一种教育方法,在这种方法中可以进行大量的对象操作。近年来,关于运动与认知之间联系的一系列引人入胜的研究如雨后春笋般涌现,这也印证了蒙台梭利博士关于运动对思维的重要性观点。研究结果表明,教育应该通过运动来促进学习。

(二)选择

第二项原则是自由选择。蒙台梭利博士指出,儿童会因为在自己的环境中有选择和控制能力而茁壮成长,她设想的发展是儿童在自己的环境中越来越独立的过程。尽管优秀的蒙氏课程对这种自由施加了明确的限制,但与传统课堂中的儿童相比,蒙氏学校的儿童可以自由地做出更多的决定:决定要做什么,决定要做多长时间,决定要和谁一起做,等等。心理学研究表明,如本书第三章所述,更多的自由和选择(在精心设计的、有序的结构内,参见“环境和头脑中的秩序”一章)与更好的心理发展和学习结果有关。

(三)执行功能

第三项原则是发展执行控制,尤其是集中和保持注意力的能力,它们是其他重要能力发展的关键。蒙台梭利博士早在圣洛伦索的一所学校里就注意到了这一点,当一个儿童全神贯注于一套木制圆柱体时,她可以举起儿童正在工作的扶手椅,而不会分散儿童的注意力。蒙台梭利博士意识到,发展这种集中注意力的能力与她称之为“正常化”的个性变化有关。该原则是本版的新内容,因为只在过去十年里,有关执行功能的研究才在发展心理学和有关冥想训练的积极效果的研究中迅速发展起来。这些将在本书第四章中进行讨论。

(四)兴趣

第四项原则是最好的学习发生在感兴趣的环境中。兴趣可以是更个人化的,比如当一个人对瓢虫或狗有一种持久的兴趣,这种兴趣可以是个人兴趣,也可以是情境兴趣,这种兴趣会在许多接触此类事件和活动的人身上产生。在一定程度上,蒙台梭利博士是通过设计儿童想与之互动的教具来激发他们的情境兴趣。她还培训蒙氏学校教师以一种能够激发儿童兴趣的方式来授课,例如使用足够的信息来激起儿童的好奇心,以及在演讲中使用戏剧(尤其是针对小学阶段的儿童)。蒙氏教育还利用了在特定发展时期经常出现的兴趣,比如学前儿童对学习语言的强烈兴趣。蒙台梭利博士指出，幼儿非常感兴趣为他们所处环境中的物体贴标签，所以在小学课堂里儿童学习了大量的词汇。蒙氏教育还利用儿童独特的个人兴趣。儿童追求自己感兴趣的学习，不是以上大量课程的方式，而是以目前人们所了解到的最优学习发生的方式。蒙氏小学的儿童不是死记硬背离他们很远的州立法机构所选择的学习内容，而是针对他们感兴趣的内容撰写并提交报告，并将其与基础课程结合起来。蒙氏教具和基础课程确保了跨课程领域学习的核心，但每个儿童的想象力都被投入在其追求的超越核心的特定学习途径中。这些主题将在本书第五章中讨论。

（五）避免外部奖励

蒙台梭利博士认为，诸如小红花和分数等外在奖励会干扰儿童的注意力。持续、高强度的专注是蒙氏教育的核心。蒙台梭利博士回忆了儿童可以对出现的问题连续重复数十次（例如将木制圆柱体插入大小合适的洞里），这表现出了她自己以前认为幼儿无法做到的专注程度。在学前阶段，儿童可能一次集中精力30分钟。到了小学阶段，他们可能会用一天的大部分时间甚至连续几天来制作一张图表。蒙氏教育提供的奖励是内在的而非外部的。大量研究表明，当外部奖励不是教育内容的一部分时，大多数儿童对已经喜爱的活动（比如学习）的兴趣是最容易保持的，这正是本书第六章所讨论的。

（六）与同伴学习或互相学习

在传统的学校教育中，教师为儿童提供信息，儿童之间很少互相学习或者直接从教具中学习（课本除外，因为课本通常告诉儿童信息而不是帮助他们发现信息）。合作学习在传统学校教育中逐渐流行，但在（传统的）小学课堂里仍然很少见。在传统小学教室里，考试、习题集和作文通常都是由儿童单独完成。相比之下，在传统的幼儿园教室里，儿童通常是分组玩耍。蒙氏教育在这些安排上是相反的，实际上这也更符合发展主义者对儿童的认知：幼儿园儿童更倾向于集体玩耍，但不一定在一起玩，而小学阶段的儿童则具有强烈的社交倾向。

在蒙氏小学的教室里，儿童虽然可以选择独自工作，但在小学课堂里，很少看到单独学习。他们在自我形成的群体中学习知识，动手生成从报告到立体画、图表到戏剧、时间表到乐谱的学习成果。他们以自创的小组形式一起离开教室，去采访校外的人，去参观博物馆或与当前学习项目相关的企业，这些都源于他们自己的兴趣。当被问到如果有一个儿童比其他儿童理解得更好，在这些小型学习小组中会发生什么情况时——这一问题源于一个儿童可能完成大部分工作的个人主义传统模式——我最近听到一个接受蒙氏教育的九岁儿童回答说："我们互相帮助。"本书第七章的有关研究会探讨当学生一起学习，而不是作为一个个体学习获得最高分数时会发生什么。

(七)在情境中学习

在传统的学校教育中,儿童在学习时有时并不了解他们所学的知识如何应用到学校考试之外的任何事情上。对此,蒙台梭利博士创设了一套教具和学习方法,让每个儿童都了解自己所学内容的应用和意义。接受蒙氏教育的儿童并不是主要通过教师和课文学习,而是主要通过实践来学习。因为他们在进行动手实践,而不仅仅是听和写,他们的学习是在运动和学习对象的相关情境中进行的。例如,如前所述,儿童走出小学课堂,走进世界,去研究他们的兴趣。例如,一群对桥梁感兴趣的儿童可能会找一位当地工程师并与他会面,由工程师向儿童解释桥梁是如何设计的。这种方法,有时被称为"情境认知",它反映了一种教育中的运动,与当前对文化心理学、学徒制以及人们如何通过参与文化学习的兴趣相一致。本书第八章中讨论了有关这种方法有效性的证据。

(八)教师教的方式和儿童学的方式

蒙台梭利博士关于教师应如何与儿童互动的建议,预示着以后关于父母养育和教学的研究。当成年人提供明确的限制,但在界限内让儿童自由,并对儿童的需求做出及时反应,同时对儿童保持高期望,儿童就会表现出高度的成熟、成就感、同理心和其他良好的特征。传统学校有时会对儿童过于专制而适得其反,传达一种"因为我们这么说你就得这么做"的态度,这种态度不会让儿童在学习上取得积极效果。而当进步学校对儿童的教育也失败的时候,有时可能是因为他们将传统学校以教师为中心的独裁特征换成了相反的特征:放任自流的、过度以儿童为中心的特征。蒙台梭利博士提出了第三种教育方式,这种方式与所谓的权威育儿方式相一致,被认为可以带来最佳的育儿效果。她给蒙氏教师的建议让人想起了在其他领域的与儿童取得积极学习成果相关的成人互动方式。本研究将在本书第九章"成人的互动模式与儿童的反应"中进行讨论。

(九)环境和头脑中的秩序

蒙氏学校的教室非常有组织,无论是空间上(即布局)还是概念上(即教具使用的进度)。这种组织有时会让人反感:它似乎很挑剔,甚至有强迫性。然而,心理学研究表明,秩序对学习和发展非常有帮助,蒙台梭利博士在学校创造非常有序的环境这一点是正确的。儿童在秩序混乱的环境中学习效果是不佳的。本书第十章讨论了秩序及其对儿童影响的研究。它还推测了呈现有序的教具序列对调节感官的潜在神经学上的影响。

八、蒙台梭利的更多见解

蒙台梭利博士还预见了当下发展心理学的其他观点，此处不做评论。例如，她大量借鉴了“关键期”的概念，并将其归功于荷兰园艺学家雨果·德·弗里斯(Hugo de Vries)，他以重新发现孟德尔遗传定律而闻名。发展科学家认为，在特定的环境刺激下，关键期是生物体极容易以特定方式发育的时期(Bornstein，1989)。多年以后，康拉德·劳伦兹(Konrad Lorenz)在小鹅身上推广了这一概念，并提供了强有力的证据，证明了这一特定时期的存在。行为学理论开始被纳入人类发展理论。在其他敏感期中，蒙台梭利博士认为前五年是儿童语言发展的敏感期。在诺姆·乔姆斯基(Noam Chomsky)(1959)以同样主张撼动心理语言学界之前，她甚至宣称人类语言是先天性的(Montessori，1967a/1995)。她早在神经科学研究支持这一观点之前(Bransford et al.，1999)，就多次谈到早期经验对发展的重要性(Montessori，1967a/1995)。她还认为发育会一直持续到24岁，大约在这个年龄，人脑中灰质的体积停止增长(尽管白质—神经元之间的髓鞘连接此后会继续增加)(Lebel & Beaulieu，2011；另请参见 Gogtay et al.，2004；Lillard & Erisir，2011)。在这些和其他方面，蒙台梭利博士的观点显然远远领先于她的时代。在这一点上，一个自然的问题是，她所开发的涵盖了这些原则的教育方法产生的结果，是否优于传统学校。在下一节中，我将回顾在2005年第一版之前进行的研究。本书第十一章介绍了自那时以来所做的研究，包括我自己的研究，这些研究是受我在编写这本书时得到的启发而进行的。

蒙氏教育的成效研究

大多数关于蒙台梭利的著作都显示出蒙氏教育的优越性。然而，与大多数关于教育成效的实地调查一样，由于方法上的缺陷，必须对调查结果持保留态度。对不同蒙氏学校开展蒙氏教育的效果进行有成效的研究实际上是非常困难的(Mervis，2004)。一个常见的问题就是缺乏随机分配：父母选择送他们的儿童到蒙氏学校。当谈到教育成效时，家庭教养的特点往往会掩盖学校教育的特点。碰巧喜欢蒙氏课程的家长大致上可能是优秀的家长：他们喜欢秩序，喜欢儿童能够做出选择等。这样的父母会把这些特征也融入儿童的家庭生活中，而在学校拥有这些特征的额外好处可能为零。因此，一项将此类儿童与非蒙氏学校的儿童进行比较的研究显示出具有差异性的结果，但造成差异的原因实际上可能是父母，而不是蒙氏课程。在没有随机分配的情况下，人们总是会认为父母教育或其他一些变量是差异的来源。

最早的一些关于蒙台梭利成果的研究是在20世纪60年代的启智计划中完成的(Karnes，Shewedel & Williams，1983；Miller & Bizzell，1983，1984；Miller & Dyer，1975)。

两项伟大的划时代研究解决了自我选择问题,它们将儿童随机分配到不同的启智计划中并着眼于长期结果。蒙氏教育就是其中被比较的几个项目之一。位于路易斯维尔的米勒研究追踪儿童到十年级,位于伊利诺伊州乌尔巴纳的巴恩斯研究追踪儿童到高中。结果将在以下的段落中进行详细描述,但初期结果并不有利于蒙氏教育,纵向结果却有利于蒙氏教育。

然而值得注意的是,关于课堂还原程度,这些蒙氏启智计划还有很多需要改进之处。在路易斯维尔的研究中,只有两间蒙氏教室,总共有33个儿童,所以每组大约有16个儿童;蒙氏教室预计将有30至35名儿童,按照蒙台梭利博士的描述,他们通常有50名或更多儿童。每个启智计划的教室只包括四岁的儿童,每一个儿童都是在研究开启的第一年接受教育。每个学校都只有仅仅接受了为期八周最低限度培训的教师;相比之下,为小学教师开设的国际蒙台梭利协会培训课程为期九个月。在米勒研究中,一位顾问为课程忠实程度打分,蒙氏课堂在10分制中得分为6.5分(10分最高)。卡恩斯—蒙台梭利项目的研究在年龄限制和教师培训方面也遇到了同样的问题,儿童每天仅用蒙氏教具学习30分钟,而不是三岁和四岁儿童预期的三小时以及五岁儿童预期的六小时。总而言之,两项蒙氏启智计划研究都涉及课程还原程度较低的项目,因而并没有显示出立竿见影的效果。尽管如此,随着时间的推移,两者都显示出了一些蒙氏课程的优势(Karnes et al.,1983;Miller & Bizzell,1983,1984;Miller & Dyer,1975)。

在这两项研究中,儿童在四岁时接受不到一年的蒙氏教育的学习结果一般,但是与其他类型的学前启智计划中的儿童相比,蒙氏学校的儿童取得了一些积极的效果,并且这些优势能一直持续到高中,即研究追踪结束时。例如,在卡恩斯和同事(1983;Illinois)的研究中,蒙氏儿童辍学或留级的人数较少。在米勒(肯塔基州)的研究中,接受蒙氏教育的男孩(尤其是)的标准化测试分数高于启智计划其他项目中的儿童[比如当时流行的传统学前教育、贝雷特—英格曼(Bereiter - Engleman)和达西(Darcy)学校项目]。尽管这两项在不同州进行的研究结果都有利于蒙氏教育,但由于研究中存在的一些缺陷,因此必须谨慎行事。

这两项伟大社会计划研究的一个问题是参与抽样的蒙氏教室很少。正因如此,我们无法将个别教师的效果与课程效果区分开来。在一项研究中,蒙氏教室被抽样调查的一到两位蒙氏教师可能是优秀的教师,而在另一项研究中,被抽样调查到的可能是不太合格的教师。这将分别产生积极和消极的结果,导致教师质量的影响被错误地归因于蒙氏课程的影响。在传统教育中,教师互动质量是儿童学习效果的主要预测因素(Early et al.,2007;Pianta,Hamre & Allen,2012)。教师对学生需求做出及时反应的能力对蒙氏教育来说也至关重要,在被抽样调查的蒙氏教室很少的情况下,教师专业素质的差异可能会对研究产生较大的影响。

对于这些研究和其他许多研究而言，另一个现实的问题是，蒙氏思想和蒙氏教具的实施效度很差。所谓的蒙氏学校并没有试金石。即使采用学校认证，不同的蒙氏教育组织也有非常不同的认证标准，其中一些组织比其他组织更接近蒙台梭利博士的方法。研究人员通常不知道如何确定一个项目是否严格遵循蒙氏教育的原则和课程，以被视为蒙氏学校的一个好例子。相反，他们倾向于相信，如果一所学校自称为蒙氏学校，那么这就是一个检验蒙氏教育是否对儿童学习结果有影响的好地方。在这本书中，我阐述了蒙台梭利博士的著作和国际蒙台梭利协会培训课程所传达的蒙氏教育。尽管大多数蒙氏学校肯定支持其中的许多原则，但具体实施情况却大相径庭（蒙氏学校之间的差异将在本书第十一章和第十二章中讨论）。

在这些和许多其他蒙氏教育成效研究中的另一个问题是，研究涉及的儿童人数很少。由于这些问题和其他问题，从现有研究中得出的关于蒙氏教育影响的结论通常是非常具有试探性的初步结论。尽管自第一版（见本书第十一章）以来取得了一些进展，但良好的研究仍有待完善，这需要使用随机分配的儿童、大样本、多名教师、蒙台梭利教育方法的良好实施以及长时间跨度和各种各样的结果测量。在本书的第九章中，我将采用不同取向来评估蒙氏教育及其研究支持的各组成部分的证据。

九、本章小结

传统学校之所以表现不佳，是因为它们所建立的儿童和学校的教育模式——工厂里的空容器——与人类的学习方式不相符合。美国人为解决传统学校问题而设计的解决方案屡屡失败，因为它们没有改变这些基本模式。相反，教育方法应该利用对儿童学习方式的科学研究结果。采用这种方法着重指出修正这些基本模式的价值所在。

蒙台梭利博士在20世纪初就采用了这种方法，她主张的教育原则的意义体现在其与现代心理学研究所产生的教育原则的相似性上。本书讨论了蒙台梭利博士关于人们如何更好地学习和发展的九条教育原则。其他作者可能会得出不同的九条原则：这显然不是蒙台梭利博士的全部洞见。这里讨论的教育原则得到了现代心理学研究的充分支持，并将对更理想的儿童教育方式研究产生显而易见的影响。

第二章　运动对学习和认知的影响

当代最大的错误之一就是把(人的)运动与其他高级功能相分离……心智的发展必须与运动联系起来,并且依赖于运动。从事教育理论研究和教育实践时认识到这一关系,是至关重要的。

——玛利亚·蒙台梭利(1967a/1995,pp.141-142)

运动和学习在蒙氏教育中一直有着紧密的联系。在家或者日间托儿所里,婴儿不是睡在婴儿床里,而是睡在地板上。这样,婴儿就可以在整间屋里四处爬动、探索,拿取房间里的东西。在学前和小学教室里,儿童可以选择擦洗桌子,描砂纸字母,或者通过玩大颗粒木质地图拼图学习地域名称,演奏音阶,在音乐铃上创作音乐。年长些的儿童执行写在卡片上的口头命令,既是为了发展语义的精确性,也是为了体验所写词语的含义。他们将带有颜色的符号卡片放在单词旁,来表示单词的词性。用可数的正方形和立方体来阐述数学概念:儿童可以通过看、摸和摆弄那些形状来体验为何 3^3 等于27。儿童通过自己动手操作数学教具来弄明白为什么同一个计算面积的公式既可以用于规则的形状,也可以用于不规则的形状。类似的例子不胜枚举。在蒙氏课堂中,学习是通过运动来实现的。

而传统课堂里,大多数学习都是通过听和读、背和写来实现的。儿童在校期间,大部分时间都坐在课桌前,理解讲课内容、书写作业,或者在不同的课堂主题间切换。除了书写中涉及的符号化的翻译,儿童的学习几乎脱离了肢体运动。比如,儿童学习动词时采用的方法往往是读句子、在句子中找动词,而不是通过肢体动作来演绎动词。他们学习立方的方法通常是先看教师在黑板上写出一个关于立方体的问题,然后再自己写,而不是自己动手摆弄立方体、分解立方体。在传统的学校教育中,身体运动是有限的,而且大多只是把所学的概念用抽象的数字和字母书写出来。如今,传统学校的一些教师采用了动手实践的练习,这是好的。然而,那些动手实践的练习只是以讲授与背诵为主的教育的附加品,并未真正融入主科教学。

缺乏运动的传统教育符合洛克模式。该模式认为,学习之所以发生是因为儿童吸纳并已记住新信息。行为主义者认为,儿童的行为是因为外界奖励(如取得好成绩或者获得星星),或者惩罚(如记过或者低分)。行为主义者不关心儿童的内心在想什么,只关心结果:能在考试中正确地记忆答案。以此观点来看,运动对于学习来说并不重要。实际上，如果容器或者白板是静止不动的，那么将东西倒入空的容器或者在白板上写东西就会更容易。

因为所有的儿童同步学习同一课程，所以对于工厂模式的教育来说，缺少运动的传统教育也是省事的。如果工厂模式的教育让儿童通过亲手操作教具这样的运动来学习，那么就得为每位儿童提供一套教具。这样的话，费用会陡增，难以执行，而且也无法同时储存如此之多的教具。相对而言，给儿童提供概念堆砌的教材，让他们一起学习，显然要方便许多。因此，工厂模式和空容器模式的学校教育摒弃了大部分的运动学习。

蒙台梭利博士认为让儿童保持静止不动是有问题的，因为她认为运动和思维有着非常紧密的联系。她把运动融入教育项目中。这一观点得到了近年来的心理研究和理论推断的支持。如今，许多理论家认为，认知是通过身体的体验及其活动方式形成的（Barsalou，2002；Lakoff & Johnson，1999；Shapiro，2011）。我们使用的隐喻，反映了我们的身体如何构建和运作（Lakoff & Johnson，1999），有机体为了更好地回应或者说适应它们的环境，成为不断变化的系统（Thelen，2001），这些观点为具身认知（embodied cognition）提供了广泛基础。

这一章，我会介绍一些支持运动与身心发展密切相关的研究，也会介绍蒙氏教育如何通过运动来开展教育。本章将先介绍这些研究以使读者了解基本的心智发展过程以及发展与运动的密切联系。

一、运动与基本发展过程

到目前为止，绝大多数教育者认为，运动有助于呼吸、循环，是强健体魄的一种手段。但是，现在我们认为，只要运动与心智活动联系起来，运动对心智的发展就有非常重要的作用……观察儿童时，就可以明显地看到，儿童的心智发展是通过他的运动来实现的……心智和运动都是组成同一实体的不同方面。

——玛利亚·蒙台梭利（1967a/ 1995，p.142）

在本节中，我将首先讨论那些认为运动对婴儿最基本的心智发展过程具有重要意义的研究，然后再讨论蒙台梭利博士对婴儿运动的看法以及她在幼儿与学前教室中开展的日常生活活动。

1963年，理查德·赫尔德（Richard Held）与艾伦·海因（Alan Hein）发表了一篇经典文章，该文章介绍了自我运动对最基本的发展——视觉的影响。他们以小猫为研究对象，是因为小猫和人一样，也是在出生后的数月经历关键的视觉发展期。参加实验的猫咪共计有10对,每对中一只带路,另一只跟随。所有猫咪每天有21个小时待在黑暗中,还有3个小时待在正常照明的房间里。在正常照明的房间里,带路的小猫会被套上一辆小车,拖着跟随的小猫在房间里四处走动。这样的设计让领头小猫在自身视觉的引导下主动探索环境,而跟随的小猫则被动地体验相同的事物。虽然跟随的小猫在被拖动中有相同的视觉经历,但是并没有主动探索。三个月后,研究人员检测了小猫的视力。结果显示,视觉引导下的主动行动对正常的视觉发展有着关键作用。带路的小猫对若隐若现的物体和明显的陡坡有反应,而跟随的小猫对这些环境特征可能造成的影响并未做出回应。赫尔德与海因的这一经典研究触发了运动对人类婴儿发展影响的研究。学习运动逐渐被视为发展的重要部分。儿童必须学习计划每一个动作,连续的动作会伴随一连串的心理发展(Adolph & Robinson,2015)。大脑与运动有着如此密切的联系或许不足为奇。多伊奇(Doidge,2015)指出植物因为缺乏运动而没有大脑时,提到了海鞘(一种简单的海洋生物)本来长着大脑,可是当它在海里找到一个居所,决定在那里度过余生时,它就不再需要大脑,便会把自己的大脑吃掉(Llinas,2001,p.15)。关于大脑或心智与运动的关系的基本认识是蒙氏教育的根本,而在传统的教育体系里却是完全缺失的。在本章中,我先讨论"抓握"这一早期发展运动,然后再谈人类婴儿的爬行。

(一)抓物的作用

学习抓住物体对婴儿探索和感知客观世界有着重要影响。首先,用手积极探索环境的婴儿在感知物体边界的能力上更强,他们能够感知区分物体之间的边界(Needham,2000)。我们之所以知道这一点,是因为在三至四个月的婴儿中,那些在前测试阶段更积极地用牙咬玩具的婴儿,在看到两个物体一起移动时,比看到它们分开移动时显得更吃惊。与之相比,那些没那么积极探究物体的婴儿,则表现相反。这说明,与物体的互动有可能获得关于客观事件和物体行为方式的知识。研究者特别指出,一旦婴儿开始伸手去拿物体,他们就会对客观世界表现出越来越强的兴趣(Fogel,Dedo & McEwen,1992),这种兴趣可能会成为后来学习的基础(见本书第五章)。

一旦婴儿能够伸手抓物,他们就会对事物更加感兴趣。近来对猴子和成人的实验也有这样有趣的发现。猴子触碰空间内的物体能够唤起它的某些神经元。当给猴子提供工具(耙子)时,工具可能帮它扩大可触及的空间,那些放置于远处的物体会唤起相同的神经元(Iriki,Tanaka & Iwamura,1996)。同样的过程在成年人的空间认知方面也有发生:当成人用工具碰到更远的物体时,他们对自己与那些物体之间的距离的判断,要比没有工具时所做的距离判断更接近一些(Witt,Proffitt & Epstein,2004)。与容易抓到的物体相比,难以抓到的物体被视为更远(Linkenauger,Witt,Stefanucci,

Bakdash & Proffitt,2009)。我们会对能与之互动的事物做出反应,婴儿一旦开始伸手去拿物体,他们就可以与一个更大的世界互动。他们一旦能伸手抓住物体,也就对那些物体更加注意。

心理学家艾米·尼德姆(Amy Needham)与她的同事们感到好奇的是,人为诱发的抓物经历是否可以提早诱发婴儿对物体更强的兴趣。如果可以,那就说明是抓取物体的能力而不是发育时间上的巧合增加了婴儿对物体的兴趣。在3至5个月大的婴儿身体协调能力发展足够充分之前,让他们带着有魔术贴的手套抓取物体。结果是让人吃惊的。与其他同龄的婴儿相比,用维可牢手套抓取物体10至12次的婴儿,后来对新物体展现出更多的视觉关注,更喜欢去拿那些物体,甚至比同月龄婴儿更倾向于将新物体放进嘴巴里(Needham,Barrett & Peterman,2002)。抓物能力很大程度上影响了婴儿对客观世界的兴趣和感知。

关于手控制力的发展也与智力有广泛的联系。在一项针对18至62岁成年人的研究中,我们发现手指灵巧度与一般智力明显相关(Dreary,Bell,Bell,Campbell & Fazal,2004)。儿童的精细运动技能(fine motor skills)能够较好地预测儿童未来的学业状况(Cameron et al.,2012;Grissmer,Grimm,Aiyer,Murrah & Steele,2010)和智力。

其他研究表明,婴儿手部动作的发展与他们的社会认知发展有关联。5月龄的婴儿就表现出目标归因。一些实验中,婴儿看人反复伸手抓取两件物体中的一件(Woodward,1998)。当婴儿减少对这一行为的关注,表明他们似乎对这一行为不再感兴趣时,研究者就会交换两件物体的存放位置。然后,研究者要么伸手到新位置抓取相同的物体,要么伸手到老位置拿取新的物体。当抓取的是新物体时,婴儿通常看的时间长一些,貌似重获兴趣,这表明他开始认识到人的行为是有目的的。近来,使用模仿任务的实验研究(Thoermer,Woodward,Sodian,Perst & Kristen,2013)也证实了这一推断。在预测他人行为方面也有相似的发现,能够成功地将物体放入其他物体中的婴儿往往更能预测他人的类似行为。这一点可以从婴儿的注视点观察到(Cannon,Woodward,Gredebäck,von Hofsten & Turek,2012)。有趣的是,那些具有人为诱导的早期抓取经验的婴儿(即用有魔术贴的手套抓物)能更早地进行目标归因(Sommerville,Woodward & Needham,2005)。婴儿在使用工具与看他人使用工具的对比实验中的目标归因也有差异。10个月大的婴儿,如果之前有使用工具的经历,会将目标归因于使用工具的那个人。如果之前只是看过他人使用工具,婴儿则不会做此归因(Sommerville,Hildebrand & Crane,2008)。

除开抓物,手部的其他动作也有相似发现。心理学家阿曼达·伍德沃德(Amanda Woodward)与她的同事们采用了类似的范式。研究发现,婴儿发展到能够自己进行指向控制时,往往能够理解他人的指向控制(Woodward & Guajardo,2002)。此外,能够较早地、更好地进行手段与目的的活动的婴儿(例如,用布把玩具拖向自己),可以更好地理解他人的手段与目的(Sommerville & Woodward,2005)。6个月大的婴儿经过敲鼓练习后,比仅仅经过听力练习的婴儿更容易感知到同步的鼓点(即声音与视觉匹配)(Gerson,Schiavio,Timmers & Hunnius,2015)。显然,手部运动的发展与对客观世界和社会的认知的发展是相联系的。

(二)爬行的作用

有些婴儿在很小的时候就会到处乱跑,大多数婴儿在出生后都会经历一个爬行阶段,最终所有的婴儿都会学会走路。虽然那些没有经历过爬行阶段的儿童并没有表现出明显的劣势(Adolph & Robinson,2015),但有过爬行经历的婴儿,其爬行的运动与其身体和社交的发展有着诸多联系。这些发展包括对距离的理解、对自身运动的理解、对空间布局的理解、用手指物的能力和其他社交与情感发展(Campos et al.,2000)。

其中一个关于人类自我运动发展的例子是对婴儿找寻隐藏物体的能力的研究。参加实验的婴儿中,有些已经会自己移动(或爬行,或扶物慢走),还有一些还没能自己移动的婴儿只是从远处看着实验人员将玩具藏在两个彩色杯子中的一个下面。随后,所有的婴儿被带到藏物体的地方。虽然所有的婴儿都是同龄的(7到8个月大),但是他们找到隐藏物的情况却不同。那些自主移动时间最长的婴儿明显比那些移动得少的或者根本没动的婴儿更容易找到隐藏物(Bai & Bertenthal,1992)。这说明自我运动与自我和空间理解方面的发展进步是相联系的。

自发的运动也和婴儿避开陡坡有关。这一点与之前赫尔德和海因对小猫所做研究的发现一致。婴儿通过自发的运动来获得如何在环境中安全运动的认知(Adolph & Berger,2006;Campos et al.,2000)。凯伦·阿道夫(Karen Adolph)的研究(见 Adolph & Berger,2006;Adolph & Robinson,2015)表明,这一认知发展是特定模式的。也就是说,虽然婴儿爬行时知道避开陡坡,但是当婴儿开始学习走路时,他们还需要重新了解陡坡。

与抓握一样,随着自我运动的开始而逐渐累积的发展也会延伸到社会领域。其中一个与自我运动相关的社会发展是目光跟随。目光跟随至少表明婴儿对他人的精神生活有基本的敏感性,因此是其社会认知的一个重要里程碑。随后,在中国也开展了一些自我运动与目光跟随的研究。中国城市的婴儿醒着的大部分时间都是坐在柔软的床上,周围有厚厚的枕头,以防跌落。家长不让儿童爬行,担心把手弄脏。与常常爬行的中国乡村婴儿相比,这些城市婴儿开始爬行的时间要晚一些。乡村婴儿和城市婴儿参加目光跟随的测试,前者大约有75%的会目光跟随,而后者只有50%。其他在中国和美国开展的研究显示，即使婴儿都爬行，婴儿目光跟随的趋势也与其爬行时长明显相关（Campos et al.，2000）。因此，自我运动可以开启分享他人精神经验的大门。

学习走路引起社交的巨大变化。在地上爬行的婴儿与放在学步车里直立行走的婴儿相比（为了消除可能的姿势混淆），学步车里的婴儿会花更多的时间与他们的母亲互动，发出声音，做出社交导向的手势（Clearfield，2011）。

（三）目标性行动的重要性

空间移动和用手行事这些方面运动能力的发展，必然对个体的自我认知产生影响。支持这一观点的研究显示，婴儿体验了偶发事件，如踢腿导致悬挂的风铃转动，之后会比其他婴儿踢腿的次数多（Rovee - Collier & Hayne，2000）。让风铃转动成了目标，从而激发了更多的行动。在另外一个例子中，让早产婴儿伸手去摸他们可触及的物体，他们会比其他婴儿更早有伸手的动作（Heathcock，Lobo & Galloway，2008）。对老鼠的研究表明，更具挑战性的行动会改变其神经基础。实验训练老鼠穿过一个升高的障碍物，或者让老鼠滚动轮子。实验人员仅在穿过升高障碍物的老鼠那里观察到增强的神经联系（例如 Kleim et al.，1998，另请参见 Lillard & Erisir，2011）。

这不是说自我运动起不到发展的作用。研究表明，老鼠胎儿的肢体会自发地交叉运动，并与它们后来的运动动作相似。如果给老鼠胎儿的腿都系上绳子，使它们一起动，绳子取走后，这种新的运动模式仍会延续。如此看来，胎儿也从它们自发的运动中学习（Robinson，Kleven & Brumley，2008）。睡梦中抽搐等自发运动也能促进神经发育（Blumberg，Marques & Iida，2013）。人类婴儿最初不自觉地乱动，可能成为后面的有目的行为，就如婴儿乱动的手不小心打到了风铃那样，他后来会有目的地重复那个动作（Adolph & Robinson，2015）。

有目的活动不断地强化，自我产生的运动与心智发展的基本过程显著相关。甚至是自发产生的运动对心智发展也是重要的。这些研究支持了蒙台梭利博士的观点，即为了促进心智发展，应该鼓励儿童从小活动他们的双手和身体。

二、学前和小学教育中的运动

运动与蒙氏教育有着密切联系。第一章描述了用于学习书写的一系列教具，每一种教具都有特定的使用方式：描绘砂纸字母、用手指绘制几何图形，在此过程中产生手腕动作；用细木棍沿着树叶边缘勾画其形状、凭借圆柱体的小把手将圆柱体拿起，锻炼钳形肌肉；描画铁制几何图形嵌板，锻炼手对铅笔的支配能力；整理物品，并将写有物品名字的板子与物品对应;移动纸板字母凑词;等等。以上描述了儿童在小学课程中所做的各种各样的动作,这与传统教育中通过识读字母来记忆字母,为阅读打基础(传统教学中阅读先于书写)的方法形成了鲜明对比。然而,在小学教育开始之前,蒙氏教育对运动的重视就已经很明显了。

(一)蒙氏教育鼓励抓物

首先,蒙台梭利博士建议给婴儿一些物体,让他们自主探究。这个观点如今看起来很平常无奇。但蒙台梭利博士鼓励婴儿应该自主探究物体,如风铃、拨浪鼓和铃铛,借此激发婴儿伸手和抓物,这一观点在她所在的时代是革命性的。虽然在此之前,已经有给婴儿拨浪鼓的做法,但是那样做明显是出于医学原因:因为拨浪鼓含有珊瑚,人们认为使用珊瑚可以让孩子不生病。当然,人们肯定也留意到了这些玩具的娱乐价值。不过,能意识到玩具有引导儿童发展的作用的研究者,在那个年代并不多见。事实上,对儿童的研究在20世纪早期还处于起步阶段。近来,关于"丰富的"环境对实验室老鼠的大脑的影响的研究结果引发了美国人一个劲儿地给婴儿床塞各种物品,让婴儿探索。不过,蒙台梭利博士建议,给小孩提供的物品需经过精心挑选,数量不宜过多(见本书第三章)。

蒙台梭利博士给儿童提供物品,是想促进儿童的手和心智发展。"为了发展儿童的心智,在儿童的成长环境中必须有他能听到和看到的物品。由于儿童需要通过他的行动、他的手部动作发展自身,所以儿童需要他能操作的物品,为他的行动提供动力。"(Montessori,1966,p.82)物品的益处会持续到婴儿期以后,正如七个国家的研究结果所表明的那样,给学前儿童提供多样的、可操纵的物品,与更好的认知发展有关联(Montie,Xiang & Schweinhart,2006),从婴儿期就开始强调这一点的重要性是非常有先见之明的。

随着婴儿活动能力的增强,蒙氏教育的婴儿课程会给婴儿提供一系列物品(Lillard & Jessen,2003)。这些物品用于鼓励婴儿使用他们的双手和身体。例如,婴儿成长到能够向上挥舞手臂时,蒙氏教师会在婴儿头部的上方,用有弹力的带子系上一个可供抓拿的环。只要离得足够近,婴儿就可以抓住它,咬到那个悬挂的环,然后让它弹回去,产生一个有趣的结果。课程鼓励保育员在婴儿伸手可及的地方放置一些有吸引力的物品,比如色彩鲜艳的木质摇铃,从而诱发儿童的运动。

(二)蒙氏教育鼓励自我运动

虽然摇铃已成寻常玩物,但是蒙氏教育推荐婴儿睡地铺[1],让婴儿有较大的空间四处移动,这一做法直到今天仍然是激进的。当然,这种做法要求家长在整个卧室里做好对婴儿的保护。理论上说,婴儿能够移动到环境中有趣的地方(如放着玩具或者书的矮架子),对婴儿学习有目的的运动是有促进作用的。此外,让婴儿爬行寻物,在那些物品变得可及的同时,也扩展了婴儿的活动环境。如前面所说,蒙台梭利博士建议将婴儿的玩具先放在稍稍远一点的地方,鼓励婴儿通过运动获取玩具。随着婴儿运动能力的增强(即使还不能爬行),将玩具放置得更远一些,鼓励婴儿移动得更远一点。蒙台梭利博士认为,即使婴儿还不能爬行,但是睡地铺的婴儿,与睡婴儿床的婴儿相比,其活动要多很多,而且,一旦婴儿开始爬行,睡地铺的婴儿的爬行量也会超过睡婴儿床的婴儿,因为他们想要拿到他们看到的东西。蒙台梭利博士的这些观点是值得进一步探究的。通过回顾上述的研究,可以看出,婴儿的这些运动经历会相应地影响婴儿对社会和物质世界的认知。

蒙氏教师还建议给婴儿足够的俯卧时间,以锻炼婴儿的上肢力量,有助于婴儿爬行。但近期研究显示,俯卧的婴儿发生婴儿猝死的概率较高。这个发现阻碍了婴儿俯卧的推广。但是,有研究表明,俯卧的儿童能够获得更多的运动能力,比如,在爬行方面他们比仰卧的儿童早。侧卧的儿童则居于两者之间(Davis, Moon, Sachs & Ottolini, 1998),或许是因为侧卧的儿童有时会转而趴着,有抬头运动的经历。另一项对六个月大的婴儿进行的研究显示,与仰卧的婴儿相比,俯卧的婴儿在社会和交流方面发展得要好些。即便等到婴儿18个月大时,这些差异也是存在的,只不过差异不再具有统计意义上的显著性(Dewey, Fleming & Golding, 1998)。不过,这项研究存在一个不足。关于婴儿的睡姿,研究者只在第四周时向婴儿的母亲收集过一次信息,而睡姿后来是可能改变的。随着时间的流逝,家长们有可能会有所懈怠,而且许多婴儿更喜欢俯卧。因而,经历三四个月后,有可能有一部分婴儿趴着睡,但是仍旧归为仰卧之列。另有一项研究发现,只有44%的婴儿在一周到半岁不会改变睡姿(Davis et al., 1998)。蒙氏教师建议给予婴儿充足的俯卧时间,而研究也显示,这会影响儿童的早期发展。

蒙台梭利博士认为,一旦儿童学会走路,就应该尽量少用婴儿车及其他运载工具(Montessori, 1967a/1995, p.157)。她认为,如果儿童能够控制自己的行动,并能自由地探索身处的环境(所谓自由,是确保安全或者符合社会规定的自由),那么儿童就会发展得很好。她还建议,儿童应该有一套稳固的小桌椅,供其自由使用,而不是一套高桌椅,需要被抱起来才能够得着。这样做可以促进儿童行动的独立性。蒙台梭利

① 文中提到的地铺,是G. Stanley Hall于1911年提出的育儿创新,在那时的欧洲还是一种时髦。

博士还认为,儿童的家具应该轻巧,方便他们移动。轻巧的家具也可以让儿童学着控制自己的行动:当撞到轻巧的桌子时,桌子会移动。她认为,这样可以教会儿童更好控制他们的行动;如果撞到的是重物,物体不会动,儿童就没有得到反馈。总而言之,蒙氏教育提倡用运动促进心智的发展,让婴儿探索所处环境、获取物品以及为婴儿提供适宜的器具。

(三)蒙氏教育实践对婴儿基础发展的潜在作用

目前许多婴儿产品阻碍了婴儿的自主行动。就像之前介绍的赫尔德和海因的跟随猫咪实验,婴儿秋千、手推车、婴儿床、护栏,所有的产品都限制了婴儿,使婴儿被动地移动。使用轻巧家具的婴儿是否能更好地控制身体的运动?对婴儿的运动采用的不同方法是否会产生持久的效果?这些问题都值得进一步研究。

研究表明,上述的这些方法短期内可能会对婴儿产生心理影响,例如影响其社会认知的发展。然而,发展的原则之一是无须多少外力的正常发展。因此,上述安排在一年后是否会有任何影响是值得怀疑的,还需要深入研究。此外,由于发展问题而缺乏自主运动经验的婴儿在其他方面的发展似乎并无异常。那么,理应有其他途径使其实现正常发育。是否存在只能通过更加精细的实验才能揭示的发展差异,这是一个实证问题。

跨文化研究提出了一个关于发展的细微差异的例子。虽然从表面看来亚洲人和美国人的思维方式有诸多相似,但更精细的研究显示,二者在感知场景的方式上存在着惊人的差异。在双方描述鱼儿在鱼缸里游泳的场景时,成年的亚洲人通常会提到背景(岩石和植物),而美国人则只会注意中心元素或者主体,例如最为突出的鱼(Nisbett,2003)。有人可能会猜测,这种细微的差别,部分原因可能来自一些因素,比如婴儿时期运动的机会。美国婴儿通常趴着睡,而亚洲婴儿通常仰着睡。上述实验中的被试,其婴儿时期的睡姿有可能也是如此。俯卧会导致更早的爬行运动,这可能是影响我们将研究目光聚焦于美国人的文化实践因素之一。显然,两种文化中两种睡姿的婴儿都得到了正常发展。除开睡姿,还有许多文化实践差异,如语言差异(见Lillard,1998),也可能造成婴儿感知世界和行动倾向的差异。

蒙台梭利博士为婴幼儿提供物品的观点在她所处的时代是具有变革意义的,现今在购物广场、机场等地方频频所见的让婴幼儿坐手推车的做法与她提出让婴幼儿做行动者的观点是相悖的。研究表明,抓握运动和自主运动对婴幼儿认知客观世界和社会都有短期的影响。长期看来,正常的发展(从广义上看)即使在没有运动的情况下也会发生。早期的自主行动是否会对婴幼儿心理产生微妙而有意义的影响,值得进一步探讨。至少从已做的研究和已显示的现象来看,无论婴幼儿早期的运动经历在量上有何差异,他们最终都会实现发展。例如,越早爬行的婴幼儿越早表现出对掉落的恐惧,但是所有视力和经验正常的婴幼儿,都会在成长发展需要的时候(例如爬行的时候)产生这种恐惧。但是,蒙台梭利博士对运动与发展的紧密关系的洞察预示了现今的心理学研究,并且更早地知道个体在所处环境中自由地行动和做事可能会对其心理发展产生持久的影响。不过这些影响还有待研究。

三、儿童期:蒙氏教育中的日常生活练习

蒙氏学前和小学低年级教育有一些旨在激励儿童的具有建设性目的的练习,这些练习叫作日常生活练习。活动主要有擦洗地板、抛光木制品、给植物浇水、准备和提供零食或者午餐等。课堂中融入这类活动的主要目的有:(1)培养儿童有目的的行动;(2)培养儿童对任务的专注力;(3)帮助儿童学习有序地开展活动;(4)帮助儿童学会爱护环境。因此这些练习是蒙氏教育许多方面的基础。鉴于运动与认知的关系,这些练习尤其重要,通过肢体运动实现有意义的目标,让肢体为心智服务。虽然,尚未有研究探究发展与日常生活练习中那些更复杂的运动之间的关系,但是关于诸如抓物、有目的的爬行等简单的运动所产生的影响的研究表明,运动与发展之间可能具有某些关系。

蒙台梭利博士认为,如果给儿童提供适宜的教具,儿童就会想去照顾环境并且能够做到。她还相信,幼童在早年间就会向往精确,比如他们喜欢了解练习究竟要经历哪些步骤,或者准确地知道如何将肥皂放进肥皂盘。蒙台梭利博士认为幼童时期是对精确度的敏感期。这是值得研究的。日常生活练习旨在激发儿童的这种动机。

举个日常生活练习的例子。在蒙氏小学教育中通常都配有一套擦洗桌子(Table Washing[①])的教具。这套教具通常包括一个装水的大盆、一张放置在桌下的塑料垫子、一块肥皂、一把刷子、一块海绵和一条擦干桌子的毛巾。这些物品的尺寸和重量都是适合儿童使用的,通常是同一种颜色,那样一眼就可以看出它们属于同一套。就如蒙氏教室中采用的其他教具一样,那些教具也是为了吸引儿童,激发儿童使用。教师为儿童展示擦洗桌子的每一个步骤(本书第十章有更多的细节描述):先将那套教具拿到桌旁,再把塑料垫子放置在桌下,用容器接足够量的水等。儿童也可以通过观察其他小朋友的一系列动作来学习(本书第七章有此讨论)。

蒙氏教育认为,这些活动之所以重要,在于它们并不仅仅让儿童把桌子擦干净,而是让儿童全身心地投入到有目的的活动中,动手动脑。为达到活动的目的,动作需以一定的方式和顺序来执行。执行一系列动作的目的是实现目标,这些复杂的动作

① Table Washing首字母大写,是因为这个活动是蒙式教育活动之一,在学前教师培训课程中教授。

开始于简单的运动,例如伸手和爬行取物。蒙氏课堂教学以课堂作业为蒙氏教育画上圆满的句号,例如通过一些步骤完成数学证明题,在日常生活练习中培养儿童执行有序的活动,在动手的过程中发展心智。

对于幼儿和小学阶段的儿童来说,另一种有点不同的日常生活活动是衣饰框。这是一种方形木质框架,对应两条边上分别钉着一块布,两块布可以用带子、按扣、纽扣或者拉链相连(如图2.1),类似于衣服。这些衣饰框可以培养儿童自己扣衣服的技能。这项活动与大多数日常生活教育活动不同,衣饰框活动并不是直接地实现使用目的,它的目的是间接的。蒙台梭利博士为何劳神设计这些衣饰框,而不是让儿童直接通过穿扣自己的衣服学习和掌握这些技能?这是一个值得思考的问题。日常生活教育通常都是以实用为目的的,满足教室里的真实需要。课桌会弄脏,需要擦洗,胡萝卜作为零食需要切分,植物需要浇水,鞋子需要擦亮才更美观,等等。蒙氏课堂里,活动往往有真实和直接的目的。正如本书第八章讨论的那样,无论哪个年龄,找寻活动的意义都是重要的,教育者应该防范忙碌但无意义的活动。衣饰框活动并非蒙氏教育中的“真实”目标活动,因为是给衣饰框扣扣子而不是扣自己的衣服,并没有直接的实用目的。因此,衣饰框活动并非直接地而是间接地实现目标:教儿童使用多种衣扣。蒙氏教育这样做的考虑是因为直接学扣自己的衣服难度较大,往往挫败儿童的学习积极性,而衣饰框可以降低这类学习的难度。有些蒙氏活动是为后面的活动做准备的,当儿童掌握了那些预备技能后,就可以进入下一阶段,参加完整的活动。

图2.1　衣饰框　照片由An Vu提供

日常生活练习是以实用为目的的,这一点具有理论上的重要性,因为蒙台梭利博士认为运动促进心智发展,“运动必须与心智活动相连”(Montessori,1967a/1995,p.142)。只有具有真实目标的活动才能真正使人身心投入。因此,在真正的蒙氏课堂里,儿童擦的鞋是他们穿的鞋,而不是放在柜子上的展示鞋。日常生活练习不仅让行动有意义,还引导儿童练习专注,这是蒙氏教育的特点。蒙台梭利博士相信,儿童通过专注达到了内心的平静,他们可以带着这份平静参加教室里的其他活动。蒙台梭利博士将这个通过专注而达到的平静称为“正常化”。正常化这个术语来自人类学,表明个体可以参与社会。蒙台梭利博士认为,大多数难管的儿童如果专注于有意义的活动,他们的调皮捣蛋行为就会消失。儿童参加活动时往往精力集中。例如,学走路、用勺子吃饭。集中注意力将在本书第四章进一步讨论。

学前和小学低年级教育中的日常生活练习对于儿童能否在小学高年级课堂中正常学习有着关键意义。没有接受过蒙氏学前和小学低年级教育的儿童参与蒙氏活动时可能难以做到专注。这些儿童也缺乏本该在学前和小学低年级掌握的技能和知识,包括读、写、数学、基础词汇等特殊的学术技能,以及一般技能,如自我激励、自我指导和自律。

四、对行动与认知的研究

当一个人怀着明确的目标行动时,他的身体就会与他的思想保持一致。思想指导行动,从具身认知的角度来看,大脑的作用是指导行为,行为与思考不分离(Glenberg, Witt & Metcalfe, 2013)。截肢患者在刺激贫乏的情况下看他人行走时,他们对行走的感知能力显著受损(Arrighi, Cartocci & Burr, 2011)。下文将介绍关于认知与身体之间的另外三种联系的研究,然后描述两种蒙氏教具,说明蒙氏教育如何充分利用身体与认知之间的联系。首先介绍的研究是关于物体、数学和空间的表征。

(一)物体、数学和空间的表征

研究表明,人如果在真实或者想象的空间中移动,就能够更好地表征那个空间。如果只是被动地移动或者压根儿不动,那么就不能取得相同的表征效果。在一项研究中,十个月大的婴儿看见研究人员把玩具藏在两块布的其中一块下面。在四次这样的实验中,婴儿可以爬去找那个藏起来的玩具。在另外四次实验中,婴儿由其母亲以爬行的速度把他们带到那个地方寻找玩具(Benson & Uzgiris, 1985)。爬行找玩具的婴儿,大多数在首次尝试时就成功找到玩具。与此不同的是,被动移动的婴儿在首次尝试时就成功找到玩具的,26 人中只有一人能做到。两组中所有的婴儿都能够正常爬行,但是前者是主动爬行而非被动爬行,这能让婴儿更好地理解环境的空间布局。

在另一项研究中,学龄儿童想象在某一环境里走动后,能够更加准确地指出该环境的空间布局。为了测试空间的呈现效果，测试时，儿童待在卧室里被蒙上双眼。测试者要求儿童想象自己身处学校教室，然后要求儿童从教室讲台的角度指出教室里的布局。在这个测试之前，还要求儿童先想象从课桌走到教室讲台。儿童这么做之后，往往能够更快、更好地从教室讲台的角度指出其他物件的位置。如果儿童只是待在想象的课桌那里而不走动，他们指出物体位置的效果就没有那么好（Rieser，Garing & Young，1994）。在自己的房间中走动，想象与肢体运动结合，即使遮住双眼，也无碍于他们准确呈现想象的教室的空间布局。

在真实环境中走动后对该环境的呈现也被发现可以促进空间再现。在另一个行动帮助空间表征的例子中，学习看地图的儿童在走过将要绘制的地图的区域（新校园）时表现得比他们坐在教室里仅仅想象那个区域要好（Griffin，1995）。这个实验与本书第八章也联系紧密，那一章讨论了有意义的学习环境对学习的重要性。上述三个实验表明，婴儿和儿童在空间中移动比保持静止时或被动移动时更能表征空间。

除了更好地想象物体在空间里的位置之外，人们在执行模拟这些运动的动作时，也能更好地想象物体和物质如何运动。一项研究要求人们判断两个一胖一瘦的玻璃杯（每个杯子都装着想象中的相同高度的水）倾斜到什么角度，水会从杯中流出。如果被试只是简单地想这个问题而没有相应的行动，往往会做出错误的判断，认为两个杯子倾斜的角度相同时，水会流出。然而，如果允许被试实际操作杯子，即使他们闭着双眼，也能正确判断出两个杯子不同的水流出倾斜度（Schwartz & Black，1999）。可见，认知与运动一致时，能够促进正确的表征。

另一项关于运动促进认知的研究纠正了一个错误的直觉，即物体运动时，物体所有的部分也以相同的速度运动（Levin，Siegler & Druyan，1990）。为了纠正这个错误的直觉，六年级的学生接受了两种实验中的一种。一个是视觉训练，儿童观看一个旋转木马似的装置载着两个泰迪熊绕圈。两个泰迪熊被放置在一根杆子上，一个靠近中心，另一个远离中心。另一种实验是，让儿童代替泰迪熊，他们可以选择靠里圈，也可以选择靠外圈。在接受视觉或动觉体验后，儿童判断在相似装置上的两只狗是否以相同的速度移动。前测时，所有的儿童都认为运动速度是相同的。接受动觉实验处理的儿童，79%作答正确，即外圈的狗运动速度快些。而接受视觉实验处理的儿童，只有46%作答正确。因此，与所学保持一致的身体运动比观察能更好地促进儿童学习。

关于运动对认知的影响，另一个不同例子是来自珠算专家的研究（Stigler，1984）。更擅长用算盘的儿童在解决数学问题时也更熟练，即使他们不使用算盘。这种熟练程度显然源于这样一个事实：解题时想象操作算盘。因此，即使没有实际用算盘，但是平日使用算盘的经历可以使计算具象化，从而提高计算效率。另一项研究对使用真实算盘和虚拟算盘(在二维屏幕上呈现出的算盘,通过鼠标移动算珠)的学习进行了对比。两组儿童解答基本问题时的表现旗鼓相当。但是,在学习迁移方面,即用所学的知识解决新问题方面,用实物算盘学习的三年级学生明显强于用虚拟算盘的学生(Flanagan,2013)。将虚拟学习教具和实物学习教具进行对比是一个充满活力的研究领域(Manches & O'Malley,2012;Pouw,Van Gog & Paas,2014)。如今,市场上可以买到许多蒙氏教具,对这些教具的效力进行检测是至关重要的(见本书随后几个小节)。

总之,数项研究表明,运动可以改善人们对空间和物体的表征。在对言语材料的评价和分类任务中,也可以看到运动与认知之间的紧密联系。

(二)行动与判断

多项研究表明,当行动与言语材料的认知加工一致时,认知加工过程或者行动往往更快、更准确。例如,当被试听到是非判断信息时,实验人员要求被试摇头或者点头。信息与实验人员的点头指令一致时,被试能够更快地做出点头的回应(Wells & Petty,1980)。因此,与思维一致的行动比与思维相悖的行动更快,即使行动与思维的关系相当抽象,如点头和做出肯定判断那样。

当句子的中心动词与自己的行动一致时,人们可以更快地判断句子的意义(Glenberg & Kaschak,2002)。以"他向我扔球"这个句子为例,为记录对句意的判断,被试需要将手从放手的位置移向靠近自己的按键,并按压该键。这一动作与"向我扔球"的方向是一致的。因而,被试可以更快地判断句子的意思,按压指定键。把句子换为"他把球扔离我",但仍要求被试按靠近自己的按键作答,他们做出判断的时间就会增加。当放手的位置和按键的位置交换时,上述的被试判断反应就会随之反转,表明结果源于动作的方向与中心动词的含义之间的关系,与实验的其他方面无关。将物体分类的同时,做相应物体的典型动作,分类的效率也会提高(Barsalou,2008;Tucker & Ellis,2001)。

另一类动作是手势,人们在交谈时经常使用。一些人认为,人们可能会用手势帮助自己理解对话中的抽象概念。人类学家埃莉诺·奥克斯(Elinor Ochs)和她的同事开展的自然观察研究发现,当人们表达的观点趋于复杂时,往往会使用更多的手势。高能物理学家用手势模拟他们的想法,尤其是在努力理解一个新假设时(Ochs,Gonzales & Jacoby,1996)。这些物理学家充分利用手势,促进认知(McNeill,1992)。而有些人认为,手势具有交流的作用,手势不仅促进说话的人思考,也能帮助听者理解。还有人认为,手势帮助词汇提取,手势往往先于词汇(Krauss & Hadar,1999)。这两种理论都认为手势有助于思考,最近63项研究的元分析证实了这一假设(Hostetter,2011)。这项分析揭示,适度的手势对理解的影响有差异:(1)对儿童的理解的影响强于对成人的影响；(2)对与运动相关的概念的理解的影响强于对抽象概念的理解的影响；(3)手势与言语内容部分不完全重叠时，手势对理解的影响更强。本章后面，我会继续探讨手势与符号发展的问题，如语言。

(三)记忆

许多研究表明，当一个人的行动与记忆一致时，记忆力就会得到提高。例如，儿童在学习描述动作的句子时，将动作比画出来，比没有做相应动作时的记忆效果更好(R. L. Cohen，1989；Engelkamp，Zimmer，Mohr & Sellen，1994)。或许有人认为，记忆效果好，仅仅是因为个体在边比画边记忆时必须为记忆投入更多的精力，因而会对记忆对象进行更深的加工。但是，有研究表明，这并非深加工造成的差异。讨论和写作都需要对信息进行深加工，然而只参与写作或者只讨论剧本角色的学生，对角色的对白的记忆效果赶不上积极参与角色塑造即兴创作的学生(Scott，Harris & Rothe，2001)。

还有例子说明动作对记忆的作用。演员完成最后一场演出五个月后，对自己在该演出中的对话进行回忆。与站立不动的演员相比，在舞台上边移动边回忆的演员能够更好地回忆起对话(Noice，Noice & Kennedy，2000；Noice & Noice，2006)。舞台动作以某种方式反映了语言表达的内容。这再次表明，动作与思考相一致时，记忆力会有所提高。

甚至面部动作也与记忆力的提高有关。当人们微笑时(实验要求被试咬住铅笔)能够更好地记住幽默的信息，皱眉时(实验要求被试用嘴唇夹住铅笔)能够更好地记住令人生气的信息(Laird，Wagener，Halal & Szegda，1982；Niedenthal，2007)。这些发现源于面部表情会影响一个人的情绪，从而影响记忆，而不是面部表情直接影响记忆。之所以这么说，是因为按照这一模式，没有情绪变化的人会没有任何记忆效应。但是，当个体面部动作与其正在思考的东西一致时，个体的记忆效果更好。这也说明，身体与大脑之间有着紧密的联系。

模仿他人的表情也可以促进对那些人的面部的回忆。人们在记忆高中时期的照片时，如果边看照片边模仿那些人的表情，那么往往能够更好地记住那些人。干扰模仿就会干扰记忆能力：被试看照片时，研究者要求被试嚼口香糖，这就阻止被试模仿表情，被试对面部的记忆效果明显下降(Zajonc，Pietromonaco & Bargh，1982)。嚼口香糖并没有干扰其他认知任务，所以，面部记忆效果下降并不是由嚼口香糖引起的分神造成的。

最后，塞拉·艾森(Sierra Eisen)在我的实验室所做的研究表明，儿童使用蒙氏实物学习地理拼图比使用模仿蒙氏地理拼图应用程序的儿童学习地理的效率更高。待儿童在实验室进行了有限的学习后，与使用应用程序的儿童相比，使用蒙氏实物地理拼图进行操作摆动的儿童可以记下更多的澳大利亚各州。儿童把实物拼图或者应用程序带回家一周后，使用实物拼图的儿童学习效果更佳。

（四）社会认知加工

另一个关于运动对面部和情绪认知的影响的例子是：当人们在判断表情的含义（笑、皱眉等）的同时模仿该表情，往往能够更快地识别表情（Wallbott，1991）。这种联系甚至存在于关于情感的阅读中（Niedenthal，Winkielman，Mondillon & Vermeulen，2009）。人们阅读句子时，如果能够表达出句中传递的情感，他们阅读句子的速度就会更快（Havas，Glenberg & Rinck，2007）。人们为了消除皱纹，在脸部注射肉毒杆菌，这样做实际上减缓了情绪处理，对社会关系有着深远的影响（Havas，Glenberg，Gutowski，Lucarelli & Davidson，2010）。当我们与他人交流时，我们会模仿他人的表情（Bavelas，Black，Lemery & Mullett，1987；Bavelas，Black，Chovil，Lemery & Mullett，1988）。已婚夫妇确实会随着时间的推移越发有夫妻相（Zajonc，Alderman，Murphy & Niedenthal，1987）或许也是出于此原因，长期习惯性地模仿表情，会导致产生相同的皱纹（Bargh，2001）。夫妻面相相似度与其婚姻满意度高度相关（Zajonc et al.，1987）。换句话说，模仿他人面部表情的人，也许因此能更快地识别和感受对方的心理状态，其婚姻也往往更幸福。

五、研究总结

大量研究表明，运动与认知有着密切的联系。人们的行动与其所思或者所学一致时，对空间和物体的表征更准确，能更快地做出正确的判断，记忆效果更好，社会认知也更高。传统教育并未充分利用运动与认知的联系，而蒙氏教育却将运动作为其核心。

六、蒙氏学前和小学课堂中的运动

研究儿童心理发展必须研究儿童的手部活动……能够用双手工作的儿童，在心理发展方面会有更多的进步。

——玛利亚·蒙台梭利（1967a/1995，p.152）

这一节，我将具体展示蒙氏教具如何充分利用运动。我先介绍一些感官教具，然后介绍小学低年级所用的数学教具。

（一）蒙氏学前和小学低年级课堂中的感官教具

蒙氏感官教具除了促进儿童注意力、判断力和目的性行动能力的发展外，还培养其感官能力。与传统教育不同，感官教育是蒙氏教育的基础。幼童摇动音筒，聆听音筒发出的各种声音。两个音筒的填充物相同，因而会发出相同的声音。儿童的任务是仔细听辨，找出相同音质的音筒。另一项感官练习需要儿童根据颜色的深浅将颜色卡排序，或者根据颜色来匹配颜色卡，随着颜色感知能力的增强，匹配的色彩包含更多的相似色调。还有触觉板练习，要求儿童触摸不同粗糙度的砂纸块，然后将其配对或者根据粗糙度进行排序。

感官教具将在本书第十章进一步讨论。这一章的重点是秩序，因为蒙氏教育采用系统化的方法来培养儿童感官，对发育中的大脑的结构有许多有趣的影响。由于感官意识与知觉之间的联系，它们也将会在本书第四章介绍执行功能时被讨论。本章讨论的重点是感官不是在被动感知的环境中发展的，而是在对环境做出感性判断的环境中发展的。传统教育里，身体只是大脑的居所，大脑只是用于接收信息。与此相反，蒙氏教育认为身体是一个积极的实体，它的行动会服务于大脑。在使用感官教具时，儿童必须通过理解、判断、推理来决定他对教具的行为。

有些感官教具还为数学打基础，通过儿童的行动，引导儿童留意尺寸。除开本书第一章描述的木质圆柱体以外，我们还将使用三种教具来教授儿童三个基本的概念——大小（粉红塔）、厚度（棕色梯）和长度（红棒）。我会详细介绍这三种教具，借以让大家了解蒙氏教具如何融入教学，并逐渐引导学生了解更加复杂的概念。给儿童讲概念，并非完全依靠儿童的眼睛和耳朵传递（教师的言语介绍是最少的），而是通过儿童的手，反复地使用教具完成的。因此，认知来源于手部运动。

粉红塔（如图2.2）是由10个分级的立方体构成。每个相邻的立方体的边长相差1厘米。所有立方体的颜色均相同，蒙台梭利博士认为这样做有助于儿童将注意力集中到大小的变化上。研究证明，蒙台梭利博士的考虑是正确的。当物体之间只有一个特征不同时，那么这个特征的差异就会凸显出来。这样的话，人们就能更快地找出那个物体（Treisman & Gelade，1980）。相反，不少给幼童设计的玩具，同时有多个特征差异（比如色彩不同的叠杯）。相对于同一颜色的叠杯，不同颜色的叠杯是否会延迟儿童叠杯的能力，这是值得研究的。对成人这方面的研究表明，不同颜色的叠杯会延长成人叠杯的时间。

图2.2 粉红塔 照片由An Vu提供

粉红塔中最小的方块,边长为1厘米。第二个方块的边长为2厘米,依序递增,最大的方块的边长为10厘米。这样,教具自身就构成了十进制。三岁孩童用这些方块建塔,会把最大的一块放在底部,从大到小依序放置方块,直到用最小的一块做塔尖。

粉红塔通常放在小学低年级教室的感官区地板上。儿童使用粉红塔时,先从地毯盒里取出一块小地毯(2米×3米),将地毯铺在开放区域的地板上。然后再去取粉红塔方块,每次取一块,把10个方块逐一地搬到地毯上。学习穿过摆放如迷宫般的桌子、架子和其他儿童摆放的地毯,这被认为是培养儿童控制身体能力的重要方法:如果儿童撞到什么,就会产生相应的后果。让儿童将方块逐一地从存放点搬到地毯上的行为也是有重要意义的。它为儿童提供机会去感受方块的不同重量和尺寸,让儿童在建塔前对教具有了初步感知。儿童将所有方块散放在地毯上后,他就能找到最大的方块,然后开始建塔,将方块从大到小依序放置好。

这个感官教具以及许多其他蒙氏教具一样都可以让儿童进行自我修正。儿童如果出错,没能正确依序堆放方块,他们之后就会面临将一块大的方块放在一块小的方块之上。通过这种方式,蒙氏教具就具备了错误控制的特征。这一主题将在本书第六章中进一步讨论。

使用粉红塔的目的在于让儿童通过自己的手理解一些概念,例如从1到10的自然数的概念、十进制和立方体的概念。在儿童早期阶段就间接地引入立方体这样复杂的概念,或许有些难以理解。但是,蒙台梭利博士并不排斥这一做法。她认为,对于儿童来说,三维的差异比二维或者一维的差异更容易识别,这是一个值得研究的问题。

蒙氏教育值得一提的明智之举是通过空间概念介绍数学知识。数学本质上是关于测量世界的。传统教育先教识数和计算，然而空间理解才是数学更为基础的概念（Mix & Cheng，2012）。研究显示，学前儿童完成空间任务（包括学习几何图形）的表现，可以预测他们后来完成计算任务的表现（Verdine，Golinkoff，Hirsh - Pasek & Newcombe）。让儿童先接触空间维度，然后进行测量，这是一种完全不同的数学教育方法，就如蒙台梭利博士通过写作学习阅读的想法一样，与传统教育的理念是全然不同的。

使用如粉红塔那样的物体也是为了培养儿童的观察力、判断力和决策力，因为儿童使用那些教具时必须仔细观察教具的特征，辨别其差异，并决定方块放置的顺序。蒙台梭利博士认为，儿童通过搁放方块、搭建方块塔，既接触了基本的数学概念，还发展了重要的生活技能。事实是否如此，有待实证研究。但显而易见的是，活动的目的是让儿童的认知发展具象化。儿童识别尺寸差异，并按照尺寸差异行事，这就是通过行动来发展认知。

如其他蒙氏教具可以被用在更多的地方一样，粉红塔被用于一系列延伸练习中。例如，一个儿童走到教室的另一侧，在第一张粉红塔地毯的对面铺上第二张地毯，用第一个粉红塔中随意摆放的方块重新搭建一个塔。这就需要儿童在教室里走动时记住自己需要什么，所以这项延伸练习挑战儿童的注意力和集中力。另一项延伸练习，由教师或者另一个儿童拿一些方块到第二张地毯，并对儿童说“请帮我拿一个比这个稍大一些的方块”，或者“请帮我拿一个比这个稍小一些的方块”。儿童必须穿过教室里的地毯、桌子等障碍，同时记住所需的方块尺寸。蒙氏教具有丰富的延伸练习，通过引导儿童多次重复学习来体验教具的新用法，并获得进一步的理解。

课程中另一个要介绍的感官教具是棕色梯（如图2.3所示）。棕色梯含有10个实心的木质长方体（棱柱体）。所有长方体都是等长的，但长方体的宽和高是逐一递增的，可以摆放成梯子。棕色梯中最小长方体的宽和高是最大长方体的宽和高的1/10，在宽与高这两个维度方面，相邻两个长方体之间相差1厘米。儿童的任务就是将这10个长方体从小到大摆放成一个梯子。棕色梯中也融入了正方形概念，儿童需要用四个第一个正方形拼成第二个，九个第一个正方形才能拼成第三个正方形，以此类推。儿童在搭建梯子的过程中，接触到这些基本概念，并且需要留意长方体的高度和宽度，按照一定顺序摆放。同样，这套教具也有许多延伸练习。借此大家可以了解如何通过儿童操作教具引入尺寸、维度的概念。

图2.3　棕色梯　照片由An Vu提供

另一套教具是红棒。所有木棒厚度相同,均为2.5厘米。这个厚度一是为了支撑棒长,二是为了能让儿童轻松抓握。木棒之间只有长度的变化。最短的木棒有10厘米,随后依序递增10厘米,最长的一根是100厘米。有位蒙氏教师说,有些儿童刚开始压根儿没有留意到木棒之间的差异,不过,他们必须学会察觉差异。那位教师给儿童展示需要将手臂伸展多开才能两手拿住最长的木棒,只需要将手臂伸展到什么程度就能拿住最短的木棒。教师引导学生留意木棒之间的差异,儿童借助自己的身体,学着发现木棒之间的差异,把木棒根据长度依序排列。这些教具除了帮助儿童理解尺寸外(为数学铺路,这将在下面的小节中讨论),还帮助儿童学习推理、决策、集中注意力、有目标地行动等等。

(二)早期数学教具

蒙氏教育的感官教具主要用于介绍数学概念。从感官教具过渡为数学教具只需简单的一步:引用一套与红棒相似的教具,名为数棒。这套教具以10厘米为单位,交替涂上红色和蓝色(见图2.4)。儿童将这些数棒放到他的地毯上,根据木棒长度依序排列数棒。教师给儿童示范如何数棒上的单位,当数到的基数为木棒的数字时,报出数字,“1”“2”“3”等。刚开始教师只用几根最短的木棒,随着儿童渐入学习状态,教师会增加木棒的数量。儿童边摸边数,通过手将信息传递给大脑。儿童还能用木棒玩游戏:一个人说,“请给我1,请给我2”,以此类推,另一位则将相应的木棒递过去。之后,另一位(教师或是另一位儿童)拿起某一根木棒,问“这是什么?”,他们会一起数,并报出相应的数。这个过程的顺序是:首先,教师给儿童展示;然后,教师要求儿童拿出某一根木棒,报出木棒的相应数字。这个过程叫作“三段教学法”(Three Period Lesson)。在本书第六章的讨论中会将三段教学法作为评价手段，三段教法实际上先教儿童新概念，然后让儿童识别概念，最后让儿童回顾该概念。

图2.4　数棒　照片由An Vu提供

感官教具和数棒通过具体物体介绍抽象概念。使用教具的下一步是给儿童呈现代表数字的抽象符号，最终让儿童使用更大的数。儿童根据数棒的长度获得对数的具体认知，为了让儿童从对数的具体认知过渡到抽象认知，教师给儿童展示将砂纸数字卡片放在相应的数棒旁。这些卡片跟图1.9中的砂纸字母相似。

蒙氏教育引入数字的方法并非将单个单位相加，而是作为一个整体，如数棒的长度。这也适用于学习加法。例如，1加3的概念的学习，可以通过将1号数棒放在3号数棒之后，将4号数棒放在1号数棒与3号数棒之和的旁边。1号数棒加上3号数棒等于4号数棒。蒙台梭利博士认为，学习单个数字，例如传统学校中数单个物体计数，儿童学习的是1+1+1+1，而不是3+1(Montessori，1914/1965)。儿童用数棒之类的教具学习加法，是否比用单个物体相加更轻松些，这个问题需要进一步实证研究。研究表明，儿童使用简单积木学习分割数的效果会好于只用纸笔或者不使用任何教具的效果(Manches，O′Malley & Benford，2010)。

随后，用主轴箱介绍单个数字。主轴箱(如图2.5)是一个木质盒子，内分10个等宽的隔间，分别标有0到9的数字。另有45根木质轴棍(1+2+3+…+9=45)，儿童在学习数轴棍时，需要将相应数量的轴棍放入标有该数字的隔间里。与其他教具相同，儿童会留意到自己是否犯错，因为如果数错了，就没有正确数量的轴棍放入下一个隔间了。

图2.5　主轴箱　照片由An Vu提供

主轴箱用新的方式引入数量,数字“9”代表9个单个物体之和。对数的认知,通过红棒到数棒再到主轴箱逐渐引入。待儿童掌握了主轴箱之后,就会使用不同种类的计数器,比如小方块或者木棒,将它们放在相应的数字旁进行分组。重要的是,这些物体都很简单(此特点会在本章后面的部分进行讨论),没有其他的功能,例如:在蒙氏教学中,玩具是不会用来计数的。德洛奇(Judy DeLoache)的研究表明,蒙氏教育将玩具与象征性教具分隔开的做法是正确的。当一个物体既是一个符号,又可以玩时,儿童很难把它们当作符号来看待(DeLoache,2000)。例如,如果允许儿童玩玩具屋,同时这个玩具屋也是一个更大空间模型,这时他们就会比不玩的时候更难将玩具屋作为一个大的空间来看待。但人们有时会因为儿童不能玩蒙氏教具而感到不安,例如用棕色梯搭房子。德洛奇的研究表明,事实上,儿童玩教具可能会阻碍儿童对这些教具所要传递的基本概念的认识。

儿童使用主轴箱后,会进阶使用金珠。金珠里面有10根棒、100个正方形、1000个立方体,然后是由2到9个不同颜色的玻璃珠组成的“珠棒”,接下来将珠子串在一起就可以做成珠链(如图2.6)。十珠链串有10个金橘色的珠子,九珠链串有9个深蓝色的珠子,八珠链串有8个淡紫色的珠子,以此类推。实质上,这些珠链就像浓缩版的数棒,只是后者没有颜色变化。从图2.7可以看到,小女孩把长长的珠串整齐地摆放开,在珠链连接点放上数字标签。例如,用五珠链数0、5、10、15等。

图2.6　珠链　照片由An Vu提供

图2.7　用珠链跳数　照片由An Vu提供

在本书第一章中，我提到蒙氏教育是基于对儿童的观察的经验开展的，蒙台梭利博士会根据儿童对教具的反应来调整给儿童看的东西。金珠就是一个例子。最初，蒙台梭利博士只打算给小学的儿童使用玻璃珠，但是她发现四岁的儿童在看年长的儿童用金珠时显得很有兴趣。于是，蒙台梭利博士也试着将金珠拿给年幼的儿童。她发现幼童不仅对此感兴趣，还能有效地学习数学概念，于是蒙台梭利博士也给学前和小学低年级的儿童提供金珠教具。利用这些教具，蒙氏学前和小学低年级的儿童进行了许多的数学运算，不少人会认为那些运算对于幼儿园的儿童来说太超前，比如四位数的加减运算。不过儿童对金珠教具很感兴趣，蒙台梭利博士认为这样做没有什么坏处，并且认为其他学校教育体系阻碍了儿童这方面的发展。但是，有些人（包括皮亚杰和其他与蒙台梭利博士同时代的学者）认为，蒙氏教育过于超前，并因此而否定蒙氏教育。然而，关于儿童的研究结果（见本书第十一章）显示，蒙氏教育体系是有效的。

所有的练习都将身体的运动与认知紧密地联系起来，因为每一项学习训练都让儿童触碰和移动教具，从而让抽象的概念具象化。蒙氏教育的数学教具中融入了抽象的概念，甚至感官教具也有此特点。不过，蒙氏教具究竟能在多大程度上使抽象事物具象化，需要进一步的实证研究。但有研究显示，手部动作会极大地促进儿童对符号的理解。

七、关于手势与符号理解的研究

即使在婴儿期，手势也能促进儿童对符号的理解。首先，在控制了许多其他重要的因素如家庭收入、父母的语言甚至14个月大儿童的语言的情况下，那些在14个月大时手势更多的儿童在42个月大时的词汇量更大（Rowe & Goldin - Meadow，2009）。重要的是，在儿童14个月大时，其家长的手势并不能预测儿童42个月大时的言语，但是能够预测儿童14个月大时的手势。事实上，儿童在接受手势训练（例如实验者给图片做标记，要求儿童指出书中的那幅图）之后，使用的口头表述会更多，但如果儿童只是在旁边看实验者边标记图片边指，则儿童使用的口头表述较少（LeBarton，Goldin - Meadow & Raudenbush，2015）。儿童也可以将手势和语言结合，而不是仅通过语言形成他们最早的语法结构（Goldin - Meadow & Alibali，2013）。

一些人质疑婴儿是否能先学会手势，此外儿童似乎可以同时掌握口头表达和手势表达（Petitto et al.，2001）。因此，琳达·阿克雷多洛（Linda Acredolo）和她的同事开发了一套图像符号，发现即使以相同的频率给儿童呈现这套图像符号和语言符号，儿童还是会先学会这套图像符号（Acredolo，Goodwyn，Abrams & Hanson，2002）。例如，如果父母在给鸟命名时同时使用振翼的动作和“鸟”这个词，那么儿童会先学会用振翼的动作来指鸟，而用单词“鸟”来形容通常要晚一个月（Goodwyn & Acredolo，1993）。

另有研究显示，父母在与儿童交流中经常使用手势，可以加速儿童口语的发展（Goodwyn，Acredolo & Brown，2000）。实验中，将父母分为三组。一组父母被要求使用手势与他们11个月大的儿童交流。另一组的父母被要求通过语言与儿童交流，还有一组父母则依照他们平日的做法,没有做出任何改变。在儿童15至36个月龄的期间,研究人员对儿童的语言能力做了几次测试。在长达两年的研究中,手势训练组在语言习得的测试中表现杰出。不过,36个月后,三组之间的差异就不显著了。这可能是因为儿童接触的语义手势比词汇少。也有可能是因为控制手臂的运动系统的发展早于语言产生所需的精细运动控制系统的发展。

父母还可以通过手势来提升儿童的语言能力:儿童使用手势时(通常是因为他们没有对应的词汇),父母就说出手势所表示的词汇,教儿童口头表达(Goldin - Meadow, Goodrich, Sauer & Iverson, 2007)。如果母亲经常这么做,就可以加速儿童语言能力的发展。母亲对手势所表达的意思提供的词汇也可以更快地融入儿童的口语词汇中。

戈尔丁-梅多(Goldin - Meadow)和她的同事也观察到儿童的手势使用与儿童从一个词过渡到两个词的口语表达之间有着密切关系(Goldin - Meadow & Butcher, 2003)。两个词的口语通常表达两种不同的意思,例如“想要”(want)和“苹果”(apple)。儿童在向两个词的口语表达过渡的过程中,有时会使用手势补充口语的意思,因而表达的是同一个想法。例如,说“鸟”时同时扇动双手。在过渡期,有时儿童使用的手势可能与他们的言语意思不相同,例如,指着苹果说“吃”。从参与实验研究的儿童来看,同时使用表达两个不同想法的手势与言语的时间通常比儿童第一次说出两个单词的时间早两三个月。此外,儿童首次清楚地并用手势与言语的年龄与他们首次说出两词发音的年龄相关度非常高(r=0.90)。需要说明的是,表达单一想法的手势-语言组合与两个词的语言无关。与口语相比,手势语可以更早传递想法,手势与语言并用甚至可以促进儿童口语的使用。

另外一个手势可能有助于儿童符号认知的例子是:儿童通过动作解读符号要比通过模型理解符号早(Tomasello, Striano & Rochat, 1999)。在这项研究中,儿童被指导选择一个物品并把该物品放入滑槽。选择哪一个物品有两种方式:一种是成人给儿童指出该物品的小型模型,另一种方式是成人比画出使用该物品的典型动作。例如,锤子可以用一个小型的锤子或者使用锤子的动作来呈现。测试中,即使是年龄最小的儿童(18个月龄),对以动作表征物体的理解也要比用模型表征物体的理解效果更好。也就是说,儿童通过实验者比画使用锤子的动作,可以更好地找到实物锤子将其放入滑槽中。而通过实验者指出小型的锤子来找实物,并不能达到同样好的效果。

总之,通过手势,儿童可以有效地交流和理解符号,其效果优于实物模型和言语交流。相较于口头语言,儿童更倾向于用手部动作来传达意思。

八、使抽象符号具体化：更多的蒙氏数学

许多蒙氏教具的设计目的是先让儿童用手接触和体验抽象概念，而后从体验中逐渐认识抽象概念。儿童先用粉红塔再用金珠就是一个例子。另一个例子是二项式立方体（Binomial Cubes）和三项式立方体（Trinomial Cubes）（见图2.8和2.9）。这些教具是带有两个铰链侧板的木质盒子，内装一套方块，正好填满木盒。通过方块，可以推理计算立方体体积的公式。以三项式立方体为例，立方体的边长为$a+b+c$，其体积为$(a+b+c)^3=(a^3+3a^2b+3a^2c+b^3+3ab^2+3b^2c+c^3+3ac^2+3bc^2+6abc)$。这是因为装入立方体的那些方块，其边长分别为$a$、$b$和$c$。红色立方体为$a^3$，蓝色立方体为$b^3$，黄色立方体为$c^3$。有三个立方体包含$a^2b$，其中一些边为红色，另一些边为黑色。由此类推，二项式立方体也是相同原理，只是它呈现的是更简单的只含有八个部分的二项式公式。

图2.8　二项立方体　照片由An Vu提供

在蒙氏小学低年级的课堂里，二项式立方体是感官教具，就像一个拼图，需要儿童将各个方块拼好。儿童在小学高年级再次接触二项式立方体时，教师就会特别介绍二项式立方体所代表的二项式公式。二项式立方体教具让儿童亲手操作了公式所呈现的实际内容。蒙氏教育的这些教具，对于接受传统教育的我们来说，就如一个个小奇迹。我们通常只是把数字代入公式，并不理解公式的含义。接受蒙氏教育的儿童有时会为自己使用二项式立方体和三项式立方体的成就而兴奋不已，因而决定自行探究更为复杂的内容。例如，用纸板创造出一个七项（Septanomial）式立方体（$a+b+c+d+e+f+g$），并找出计算立方体体积的公式。

图2.9 三项立方体 照片由An Vu提供

如今,传统学校偶尔也会探究和使用相似的教具。不过,操作方式的不同使得教具的教学效果也不同。有研究表明,儿童的理解与成人的期望有时有着巨大的差异(DeLoache, Uttal & Pierroutsakos,1998;Uttal,O'Doherty,Newland,Hand & DeLoache,2009)。当操作的教具本身就丰富多样时,另一个问题就出现了(McNeil,Uttal,Jarvin & Sternberg,2009):教具有可能不是在帮助学生而是在分散学生的注意力。不过,究竟在什么情况下教具会分散儿童的注意力,现在还不清楚(有关数学操作的讨论和最新元分析,见Carbonneau, Marley & Selig,2013)。蒙式教具相对朴实,这是有益的;用蝴蝶或者其他丰富多彩的教具教数学则未必。正如之前提到的研究所说,精心挑选和呈现操作教具,是可以帮助儿童学习的(例如Carbonneau et al.,2013;Sayeki,Ueno & Nagasaka,1991;最近的综述可以参考Pouw,van Gog & Paas,2014)。因此,还应该对蒙氏数学教具进行专门的研究,以探究教具是否达到了想要实现的教学目标。研究表明,这些教具的确通过运动发展了儿童的认知,并且促进儿童更好地学习。

九、运动在其他蒙氏教育领域的使用

蒙氏课程的其他领域,如植物和地理,也融入了运动。例如,儿童学习完植物的不同部分之后,需要把那些部分画出来;学习欧洲各国之后,先试着玩欧洲的地理拼图。他们先用手指沿着轮廓触摸代表国家的拼图块,然后用铅笔沿着拼图块的边在纸上画出地图。之后,儿童用彩色笔涂色,并给各个国家贴上他们写的国家名以及放上相应的国旗。儿童学习地理的过程,大多数都是将运动与认知相结合:移动拼图、描摹国家、画出国家、给国家涂上颜色等。虽然传统教学主要以课本和讲课为主,但是也可以融入上述活动。这些活动在蒙氏教育中是很常见的,而课本和讲课几乎要到中学才可以看到。

在蒙氏小学课堂里,儿童可以边学习边在教室里走动。待到儿童长大些,能开展独立的研究项目时,他们坐于桌前读写的时间会大幅度增加。但小学阶段的儿童仍然可以通过亲手操作学习大部分的内容,包括数学、科学、音乐、艺术、语法和其他。例如,小学阶段的儿童调查在不同年代和不同气候中生活的人是如何解决衣、食、住等基本问题的。在这个过程中,儿童设计图表、搭建模型,例如世界各地的住房模型。这些工作都涉及动手操作,并将之前学习的内容联系起来。通过他们早期对地图的认识,小学阶段的儿童对他们所研究的国家的位置就会有一种感觉。在其他工作中,例如学习生物群系时(同样是通过绘制地图),他们对这些地区的不同气候也会有一种感觉。

在传统的学校教育中,儿童偶尔会动手做一些手工作业(这些作业通常会受到儿童的喜爱),但他们的大部分学习时间都是在听教师讲课、记笔记和为考试背书。相反地,在蒙氏教育中,小学教师会给儿童讲人们怎么生活的故事,激励儿童探究更多的知识(见本书第五章)。但需要强调的是,儿童不是被迫地做世界各地的房屋模型,而是自己决定要做的(见本书第三章)。他们做那些模型并不是因为考试和成绩的需要,而是因为想要学习(见本书第六章)。因此,蒙氏教育中的动手活动与传统学校中偶尔所见的类似项目有着根本的差异。

蒙氏教育中的运动甚至也会融入阅读和词汇积累这些通常被认为是静坐不动的任务当中。儿童学习新名词时,会从储物盒里取出单词卡,再将卡片放在所指的物体旁边。蒙台梭利博士指出:通过这个过程,儿童自然而然学习了这个名词是什么。她也认为,其他词性也可以通过类似的练习学会。指令卡证明了这一点。这些卡片上写着指令,如“走”“唱”“跳”。儿童阅读指令并执行指令,这就让他们明白了动词的概念。副词也可以融入指令中,如:“蹑手蹑脚地快速走到门口,然后蹑手蹑脚地慢慢回到你的座位。”儿童通过练习踮起脚尖快速地移动以及踮起脚尖慢慢地移动,就记住了什么是副词。同时,他们通过执行有连词和没有连词的指令,也学会了连词的重要性。

指令卡的另一个目标是,将所读的内容表演出来,这样就可以提高人们对文字及其确切含义的注意力。如“关好百叶窗、打开前门、等一等、将物品放回原位”,或者“非常礼貌地让你的八个同伴离开座位、在房间中央排成两列、蹑手蹑脚地来回走动、不要发出任何声音”,这些指令有着明确的意思。虽然这最终是一个经验主义的问题,但它符合早先提出的研究。并且,符合逻辑的是,与只阅读相比,如果将所读的内容做出来,会更容易注意到措辞的准确含义。

外出

蒙式儿童教育除了允许儿童在教室里学习时四处走动外，还让儿童外出学习。例如，儿童在教室里学习了树、鸟、花（通过卡片、图表、书和模型等），这就为他们外出学习提供了目标。儿童可以到户外去找寻找他们在教室里见到的动物和植物，并把它们带回教室进行分类和进一步学习。带着教育目标走在外面，寻找世界上的物体，也是蒙氏教育的一部分。

在蒙氏学校里的儿童不仅要外出了解附近的环境，还要冒险到更远的地方去了解世界。小学阶段的儿童更加独立，他们有着自己的兴趣和目标，这一阶段的外出学习具有新的特点。一个儿童（更有可能是小组，这一阶段的儿童通常已经有较强的社交倾向），如果想更多地了解鸟类，可能会去参观鸟类保护区、拜访鸟类学家、参观自然历史博物馆，搜集资料，为其后来在课堂上发表关于鸟类的报告做准备。除非学校位于安全的地方，否则会有一位成人，通常是家长志愿者或者班级助理陪伴儿童完成上述行程。每位儿童每个月可以外出两次，每次半天或者全天，这样的冒险叫作"走出去"（Going Out）。因此，小学阶段的儿童在学习期间有大量外出的机会，这成了他们学习的一部分。

十、课间休息和体育

让人意想不到的是，蒙台梭利博士反对在蒙氏学校中加入课间休息（recess）。蒙台梭利博士在其书中明确指出，课间休息会打断儿童的专注力，蒙氏教育不需要课间休息。首先应该考虑的是专注力问题。

在蒙氏教育中使用课间休息可能是有害的，因为强制设定的课间休息时间极有可能正好是儿童专注于学习的时间。当然，这样的专注有时必须被打断，例如放学时间，但是，蒙氏教育的目标是尽可能减少这样的干扰：

> 蒙氏学校证明，儿童的学习需要一个心理准备周期，让他感兴趣的活动是不会令人疲惫的，不能因为到玩的时间了，而肆意打断儿童的专注学习。兴趣的产生是需要时间的，如果兴趣产生了，却被课间休息或者其他成人强制的休息中断，那就好似口中夺食。（1948b/1967，p.118）

从课间休息到课外活动，任何预设的活动，都很可能分散儿童的注意力。见证过儿童专注学习的蒙氏教师说，如果儿童知道当天的学习会因为户外活动而中断或者因为某些蒙氏学校增设的定期的艺术课而中断时，儿童就不会如平日那么专心致志地学习。

蒙台梭利博士没有在其教育中纳入课间休息的另一个原因是:她认为这是没有必要的。在传统学校里,课间休息具有生理、心理和社交功能。从生理方面来说,在传统的课程中课间休息是有必要的,因为儿童被要求坐着听课,长时间坐着不动会很累,对成年人来说也是如此。就像一个小时的课程中间得伸展休息一下,课间休息可以让儿童改变久坐的姿势,从而有机会恢复专注力(Pellegrini & Bohn,2005)。而蒙氏课堂则不同,儿童一直都在动。甚至当儿童坐在教室上课时,儿童也是积极参与到学习中的。因为在蒙氏教室里,儿童在完成学习任务时总是动起来的,所以蒙台梭利博士认为,对于蒙氏教育来说,从生理上看课间休息没有必要。"我们的儿童所进行的心智活动让他们的整个肌肉组织一直都在动。"(Montessori,1967a/1995,p.145)事实上,传统教育受限于儿童的性别、种族、体重指数、父母受教育程度,儿童在课堂里的运动很少,而蒙氏教育中的学前儿童比传统教育中的儿童的运动明显多很多。有趣的是,这样的差异也延伸到校外,儿童在学校里越活跃,在校外也就越活跃(Pate et al.,2014)。

传统学校的课间休息所起的精神放松作用,在蒙氏学校中也是没有必要的,因为儿童可以自由地选择他们的任务,所以他们会对所做的任务感兴趣(见本书第五章对兴趣的讨论)。此外,在蒙氏学校里,儿童如果想休息,他可以自由选择。儿童可以停下来,发发呆,看看书,画会儿画,或者到教室外玩玩等。当然,教师不会任由儿童放弃学习。教师如果注意到儿童没有合理地使用时间,就会在必要时介入。不过,只要儿童表现得负责任,教师就会让儿童自由选择。因此,蒙氏教育并不需要课间休息来放松精神。

至于课间休息的社交功能,蒙氏课堂里儿童可以随意交流。只要儿童在学习,他们就可以在工作的时候和朋友聊天,也可以和朋友一起工作。在蒙氏教育中,儿童的社交是在结构性的教室环境里进行的,而不是在操场,这有助于儿童建立积极的社交关系。因为操场上很难有成人监管,所以操场上可能会发生欺凌和戏弄。这些方面都是值得进一步研究的有趣问题。

总之,蒙台梭利博士认为,课间休息会妨碍儿童的专注力,所以课间休息是没有必要的;课间休息在传统教育中所起的生理、心理以及社交作用,在蒙氏课堂里就可以完全实现。因此,严格遵循蒙氏教育方法的蒙氏学校通常没有课间休息。那些有课间休息的,往往是迫于家长的压力或者是出于惯例设立的,因而难以取消。

那没有课间休息,如何增加更多的户外运动呢?鉴于美国儿童不断增长的肥胖率,户外运动显得尤其重要。在理想情况下,蒙氏学校有一个户外区域和一些运动设备,儿童可以选择在学校里玩20到30分钟的足球或棒球。为了让一项团体运动进行下去,儿童必须聚集一群愿意和他们一起玩的人,这个过程本身就是一个学习的机会。如果没有伙伴选择跟他们玩,那么不善于交际的儿童就会得到反馈。体育活动或者课间休息是儿童自己的选择,而不是成人强加给儿童的。课后体育项目当然也有此功能,就如欧洲国家的课后体育活动那样。总而言之,要想儿童得到充分的锻炼以及健康的饮食,有赖于家长和儿童自己。无论怎样,这都是最好的解决方案。虽然在传统学校中设立了体育课,但是儿童肥胖仍是美国主要的健康问题。

本章讨论的最后一个主题是运动对教师教学方式的潜在影响。

十一、通过手势创造学习环境

戈尔丁—梅多和她的同事做的另一项研究表明,儿童的手势也会被教师潜意识地解读,从而导致他们的教学方式不同。充分利用手势的教育体系可能会从中受益。蒙氏教师观察儿童学习时的动作,这些动作有可能给教师传递重要的信息。

(一)手势引导认知:手势与言语的不匹配

戈尔丁-梅多和她的同事指出,在许多领域,运动不仅促进认知,还会引导认知。也就是说,儿童无法用言语表达的认知,可以通过手势表达。这方面可以通过关于守恒和数学理解领域的研究来说明。

皮亚杰经典的守恒实验测试了儿童对表面变化并不会引起深层变化的理解。以皮亚杰的数字守恒任务为例,实验中测试者摆出两行跳棋,每行有5个棋子。测试者先将棋子等间距地摆放好,问儿童哪一行的棋子多。四到五岁的儿童通常能够判断出两行棋子数量相等。随后,测试者将一行的棋子间距增大,虽然棋子数目不变,但是看起来这一行比另一行要长一些。测试者继续问儿童哪一行的棋子多或者两行的棋子数量是否相同。六岁以下的儿童往往会做出错误判断,说更长的那一行所含的棋子更多。即使将棋子换成钱币,让儿童将钱币带回家,尽管看起来较短的那一行的实际数目更多,儿童也会做出类似的错误判断。如果5便士的行看起来比6便士的行要长一些,那么儿童愿意带5便士而不是6便士回家。

戈尔丁-梅多和她的同事(Church & Goldin - Meadow,1986)注意到,当一些儿童完成上述任务时会出现一个有趣的反常现象。儿童口头上给出了错误的答案,声称长的那一行有更多的数目。

> 儿童在展开行里的第一个和第二个跳棋以及未展开行的第一个跳棋之间移动他的手指,然后继续对两行跳棋进行配对。从儿童的言语来看,儿童注意的是测试者将跳棋的间距增大。然而,从儿童的手势来看,儿童表现出对两行棋子可以配对的初步理解。(Goldin - Meadow,2002,p.137)

可以看出,手势引导着认知;在能用语言表达之前,儿童会先用手势表达。另外,如果一个儿童今天的回答是错误的,但是他的手势是正确的,那么在接下来的日子里,他就会做出正确的语言回答。因此,运动会引导认知。

液体守恒任务(Church & Goldin - Meadow,1986)和数学推理方面(Perry,Church & Goldin - Meadow,1988)也有相同的发展顺序。例如,在一项研究中,要求儿童计算数学等式,如4+7+5=4+___,有些儿童的手势与言语相匹配,有些则不匹配(Alibali & Goldin - Meadow,1993)。手势与言语匹配的例子是“如果儿童(错误地回答了‘16’)说‘我加了4、7和5’……同时指着等式左边4、7和5”(p.485)。儿童的计算结果虽然错了,但是他的言语和手势保持一致。如果晚些对同一个儿童再次做测试,儿童可能仍然会说“16”,但是手势显示了正确的解题方法。例如,指着等式左边的4、7、5(总数为16),然后在等式右边的4旁做一个拂去的动作,这个4需要从16中减去,从而得出正确答案。事实上,儿童在这项研究中所展示的解决问题的策略,有44%是通过手势表达的,这些手势与他们的语言不匹配,而且实际上手势的发展要早于他们的言语的发展。

因此,儿童自然发展的知识有时在用言语表达之前就已经用手势表达了。其他研究表明,这种模式并不限于儿童,成人即使没有用言语描述这些策略,也会用手势表达他们将如何解决问题(Goldin - Meadow,2002)。有趣的是,如果上数学课之前或者上数学课的过程中告诉儿童用手势,儿童会从课堂中学到更多(Goldin - Meadow,Cook & Mitchell,2009);手势似乎分担了一些认知负担,同时也让学习持续下去(Cook,Mitchell & Goldin - Meadow,2008)。

(二)手势与言语不匹配和指导

手势与言语不匹配的儿童尤其容易从指导中受益(Perry et al.,1988;Perry & Elder,1997)。在前面提到的实验(Alibali & Goldin - Meadow,1993)里,研究者将前测中未能解答10个数学等式题但自然地使用手势的那些儿童随机分配到实验组和对照组。实验组的儿童接受指导,对照组则没有。像前测那样,研究者要求儿童解决12道数学加法等试题。实验组的儿童,每道题都会得到反馈,强调计算的等价:

> 这个尝试不错,不过,答案不对,因为答案不能使等号两边相等……我觉得,你认为等号表示把题中的所有数字相加,其实,这不是等号的意思。等号真正的含义是“相同,或者一样”。它是让你把等号两侧保持一样。(p.482)

上述指导结束后,研究者测试儿童对数学等式的理解。不出所料,接受指导的儿童在后测的表现要好于他们在前测的表现。不过,实验组中的那些在前测中手势与言语不匹配的儿童，在后测中有更好的表现。根据儿童使用的手势来看，那些手势与言语不匹配的儿童似乎正在思考正确的方法，而实验中的指导帮助儿童让正确的方法显露出来（Perry et al.，1988）。

（三）教师似乎会无意识地注意到手势

教师授课时是否会自然而然地利用手势和言语的不匹配呢？为了回答这个问题，实验招募了八位教师，给三、四年级未能正确计算数学等式题的儿童授课（Goldin - Meadow & Singer，2003）。前面介绍的实验里，所有的儿童接受的指导都是由研究员设定的、相同的教学。这次的实验则不同，对教师的教学未做任何设定。实验关注的是，对手势与言语不匹配的儿童，教师是否会采用不同的教学方式。实验要求教师将第一道数学等式题写在黑板上，让儿童解答，然后给儿童解释解题方法。每一个教学环节都会录像，儿童的手势被编码为匹配或不匹配，教师所采用的不同教学策略的数量也会进行对应的编码。

平均来看，教师给那些手势和语言不匹配的儿童展示的不同类型的解决问题的策略是那些手势和语言相匹配的儿童的两倍。由于两组儿童总体上表达了一套相似的策略，因此教学的变化显然源于教师注意到手势和语言的不匹配。儿童用他们的手势创设了他们自己的教学环境。

另有研究表明，对手势与言语不匹配的儿童，教师采用一系列不同的教学策略，还可以促进其对新概念的理解（Perry & Elder，1997；Siegler，994）。与此结论一致的是，那些被展示出最多种策略的儿童（手势和语言不匹配组）在后测的表现是最好的。当然，我们不能十分确定地说，这是教学的功劳，因为我们知道，无论怎样，手势与言语不匹配的儿童都会得到发展。尽管如此，教师在教学中对儿童手势与言语的不匹配是非常敏感的，并且会相应地改变他们的教学方式。

如戈尔丁–梅多所说，手势有可能是教师知晓儿童能力上限的最佳方式之一。观察儿童如何使用手势可以帮助教师改变教学策略，并将其教学策略导向著名的发展理论家维果斯基（Lev Vygotsky，1978）提出的儿童的“最近发展区”，即儿童在单独工作时不能表现出的能力，在与更有能力的人一起工作时，会表现出来。显然，儿童的手势和言语不匹配确实可以让教师知道儿童的学习状态，并且通过对儿童的观察提供更多样化的教学策略，让儿童从教学中受益，并在学习中得到最大的收获。让儿童手脑并用地参与到学习过程中，这样的教学方式有望取得更好的学习效果。

十二、本章小结

甚至连科学家和教育家也没有注意到运动在人类发展中的重要作用。

——玛利亚·蒙台梭利(1966,p.100)

(儿童需要)手脑并用的任务。

——玛利亚·蒙台梭利(1966,p.138)

蒙台梭利博士十分关注运动与认知之间的关系,她建议,从婴儿出生开始,就鼓励儿童有目的地运动。在蒙氏课堂中,儿童可以自由地走动,在桌边或小地毯上工作,这就增加了儿童的运动。而在传统教室中,除开课间休息时间,儿童常常是坐在桌边听课。此外,蒙氏教育的工作包括让儿童动手操作教具,甚至作为特定任务的一部分移动整个身体。儿童把大地图放到地毯上,把地图上的国家移走并标出,把国旗插在这些国家上,并把小的国旗图片涂上颜色。儿童使用数学教具,学习算术的基本概念。通过这些教具的学习,将认知与运动相结合。手势也能帮助我们了解他人的思考过程,使用蒙氏教具,儿童的双手会不断运动,这或许可以促进他们在这一阶段的交流。教师呈现那些教具时,儿童看教师的手势;儿童做练习时,教师看儿童的手势。

蒙氏教育中运动与认知的结合与传统教育形成了鲜明的对比。在传统教育中,儿童总是坐着,大部分的学习是做练习册。传统教育中,手除了写字母和数字外并没有其他任务,所以"运动和手势可以引导认知"这样的研究发现,难以被传统教育所利用。

蒙台梭利博士对运动的重视具有深远的意义。她认为社会是建立在运动的基础之上的,文明是建立在人类双手的运动之上的:"手的技能与心智的发展紧密联系。纵观历史,我们可以看到手的技能与文明的发展相联系……(我们)环境中的所有变化都由双手来实现。"(1967a/1995,pp.150-51)

因为我们人类有自由意志,我们决定自己的双手和身体的运动。自由选择对学习和幸福感的重要性是蒙氏教育的另一个非常重要的启示,也是本书下一章的主题。

第三章 选择与感知控制

这些儿童一整天都有自由选择的权利。生活是基于选择的,所以儿童的学习必须由自己做决定。他们必须不断地为自己做决定和选择……他们没法从服从他人的命令中学习。

——玛利亚·蒙台梭利(1989,p.26)

在蒙氏课堂中,儿童可以自由选择他们的工作。儿童早上到达教室,环顾四周,然后决定要做什么。只要他们有兴趣,他们就会一直做下去,然后将东西收拾好,再选择其他的东西。这样的循环可以持续一整天。儿童选择时偶尔需要教师的指引,尤其是年幼的儿童。教师可能会让一个三岁的儿童选择擦洗桌子或者摇动音筒,或者让没有跟进语法课的儿童选择一个时间来完成语法课程。但在大多数情况下,儿童的选择仅仅受限于三个方面:已经被展示如何使用的一系列教具、教具的可获得性(除非个例,学校里每种教具只有一套)以及教具是否对个体和社会有益。在家的时间同样也是相对自由的。实际上,这是因为学习教具都留在教室里。另外,可能是由于计划性差异,蒙氏学校的儿童上学期间似乎就已经取得了足够的成果,从而不需要再做家庭作业(就是传统意义上的题单之类的作业;有证据表明,在传统学校,作业对成绩并不是特别有帮助;见 Cooper, Robinson & Patall, 2006, Kohn, 2007)。就如一位从蒙氏学校转到传统学校的儿童所说:"在蒙氏学校,我们在学校完成作业。在我的新学校里,我们在家完成作业。"

在传统学校里儿童学习的内容和时间,是由教师、学校行政人员甚至是州立法机构决定的。儿童早晨到校后,就一直接受预设好的课程。对于每个小时学习的主题、学伴、休息的时间和完成作业的时间,儿童没有任何选择。因此,传统学校教育除了课间休息,其余的时间都是严格控制的。虽然课间休息的时间也是预先设定好的,但是在课间休息期间,儿童通常可以自由选择活动和伙伴。由于课间休息是传统学校教育中唯一一个可以让学生自由选择的时间,所以这可以解释为何课间休息如此受欢迎。对于传统学校的学生来说,即使待在家里,也得受制于家庭作业(和其他不断增加的已经安排好的、成人控制的活动)。

在传统教育里,外部强加的、高强度的管控或许是工厂模式下自然产生的后遗症。工厂要高效率运行,就必须将原材料一股脑地弄到生产线上,不考虑同类材料之间的差异，当然材料也不能做选择。工厂的工人也受到类似的待遇，任何时候都不允许工人根据个人的喜好选择任务。如果每位工人早上到厂时选择他们自己最想完成的任务，那么工厂的生产线就会瘫痪。

工厂模式被洛克的儿童模式强化了。如果教师通过向儿童灌输知识，并强化儿童的正确答案就可以实现学习的话，班级教学就是最实用的。首先，教师单次灌输的知识有限；其次，教师无法同时照顾约25位儿童的不同活动选择和合理奖励每一位儿童。让儿童做选择的设想与洛克模式在根本上是不同的。行为主义者不关心儿童做出选择的内心冲动；相反，他们认为个体应该做曾经受到奖励的事。

然而，心理学研究清楚地表明，对人类的学习和健康来说，控制和遏制选择并不是最好的。人们都有对自主权的基本需要（Deci & Ryan，2011；Ryan & Deci，2000），这是美国文化尤其重视的（Iyengar & Lepper，1999；Kitayama & Uskul，2011；Markus & Kitayama，1991）。自己可以做出选择以满足自我需要，并能够让个体积极发展。虽然过多的选择会让人疲惫，削弱控制感（Schwartz，2004），但是能够自主做一些选择肯定是好的。事实上，如果选择受到限制，人们很容易遭遇虚幻图案感知——认为自己看到的图案实际上不存在（Whitson & Galinsky，2008）。在本章中，我首先讨论在实验和传统课堂情境中，关于选择对任务执行和幸福感的益处的研究。随后，我会讨论蒙氏教育中的选择，紧接着继续讨论有限选择如何达到受益最大化。

一、关于选择的益处的研究

当人们能够做选择时，往往感觉良好，表现得更有行动力。在接下来的章节里，我先介绍对行为表现的研究，然后是对幸福感的研究。最后一部分的研究主要关注传统学校里儿童的行为表现和幸福感。

（一）选择对任务执行力的影响

对自己身处的环境和所做的事有控制感，有助于个体的表现，成人如此，儿童亦如此，而且儿童所受的影响更大（Patall，Cooper & Robinson，2008）。我们先来看对成人所做的这方面的研究，再看对儿童这方面的研究。

在这项研究中，成人需要完成两项任务，一是解七巧板（将几个小一些的形状拼在一起，构成一个大形状。本研究所采用的七巧板题实际上都是无解的），二是校对作文。执行这两个任务的房间都会不断地听到蜂鸣器发出的响亮的噪声（Glass & Singer，1972）。研究者告知一半的被试他们可以随时通过开关终止噪声，不过他们不鼓励这样做。实际上，只有少数几个被试用开关终止了噪声。另一半的被试并不知道他们可以控制噪声,只得忍受。即使被试没有选择控制噪声,但是那些相信自己有权力控制噪声的被试,在校对任务中找出的错误明显更多,在解开七巧板任务中也明显更能坚持下去。虽然两组被试都在同样嘈杂的噪声环境中努力完成任务,但是,相信自己能够控制工作环境的被试在两个任务中的表现都更胜一筹,而且更加细心和有韧性。

另一项研究报告称,成年人在处理变形词时也有类似的效果。变形词任务要求被试将字母整理组成单词。在这项研究中的变形词是有规律的,所以每个变形词的整理原则是完全相同的(Hiroto & Seligman,1975)。被试完成前面几个变形词后,可能就会发现整理原则,从而快速完成剩下的变形词。操纵兴趣的方式是对噪声是否可控的预处理。被试听到噪声一段时间之后有不同的表现。相信自己可以摆脱噪声的被试,随后更有可能发现变形词的整理原则。而认为无法回避噪声的被试随后发现整理原则的可能性就小得多。因此,儿童后续学习规律的效果可能会受到之前能否选择的影响。

选择同样会影响成人的记忆。在一项配对联想任务中,被试得到几对单词,并被要求记忆这些单词。之后,被试需要在看到每组单词的第一个单词后回忆出第二个单词。研究中,一半的被试有权选择哪些单词相互配对,另一半的被试则不能(Perlmuter & Monty,1977)。为确保两组被试所见的单词的难度相同,两组被试采用的单词是完全相同的。即便如此,有权选择单词进行配对的被试表现出的记忆效果明显好于被动接受单词的被试。

当然,或许有人会认为,即使两组被试处理的是相同的配对单词,但是有选择的被试在选择中赋予了配对单词一些个性联结,而这些被赋予的个性联结使研究的结果出现差异。为检验这一观点,研究者展开了第二项研究。可选择的被试组先选择了一组配对单词,随后又学习了一组由研究者预先选好的配对单词。虽然这组被试只能对第一组配对单词做选择,但是他们学习第二组预先配对好的单词的效果仍然好于不能做任何配对选择的对照组。再次可以看出,相信自己可以控制所处环境与更好地执行任务的能力有联系(见Patall,2013。该文献表明,虽然选择和兴趣共同作用影响动机,但不管是否有兴趣,选择确实会影响任务的表现。我会在本书第五章讨论选择与兴趣的交互作用)。

选择对学习和表现的积极作用,在儿童身上更明显。在一项实验中,7至9岁儿童被要求做变形词练习。其中一组被试可以从六类变形词中选词,例如动物类、食物类或者聚会类(Iyengar & Lepper,1999)。第二组被试被告知实验员已经为他们选好了单词类别。第三组被试则被告知他们的母亲为他们做了选择。事实上,第二、三组被试的单词类别就是第一组自由选择的类别。

在此研究中有两个关于兴趣的重要发现。首先，在这群盎格鲁血统的美国儿童(即英美混血的儿童)中，第一组的儿童，即可以自由选择的儿童，所拼出的变形词数量是其他两组儿童的两倍多。另外，第一项变形词任务完成之后是自由玩耍的时间。在此期间，自由选择组的儿童选择继续玩变形词的时间远远长于另外两组的时间。由此可见，自由选择不仅影响被试首次的表现，还影响任务的持续性。这些无疑会渐渐地影响被试进一步的表现。①

或许有人会说，这些有权利选择单词类别的儿童选择的是他们更加了解的类别，所有的发现都源自他们的熟知。此外，儿童可能对他们选择的类别更感兴趣，这也可能会影响学习，这方面会在本书第五章讨论。另一个实验探讨了这个问题。实验做了一个非常简单的选择控制，选择的内容与所学的东西没有任何联系。这个实验让儿童玩一个学习数学运算的电脑游戏。有些儿童被给予两个无关紧要的选择：一个是选择游戏中他们乘坐的宇宙飞船(四选一)，另一个是选择宇宙飞船的名字(四选一)。另一些儿童则被告知，他们所乘坐的宇宙飞船以及飞船的名字已由他们的同伴选定。游戏中，所有的儿童都可以选择游戏的难度，也可以寻求提示。研究人员对儿童的数学运算能力进行了前后测试，同时还对儿童喜欢游戏的程度进行了评分。

那些自己选择宇宙飞船及其名字的儿童比那些没有自己选择和命名飞船的儿童更喜欢这项电脑游戏，玩得时间也更长。那些儿童还会选择更具挑战性的游戏，要求的提示也更少。他们甚至认为自己更加喜欢数学了。最终，能够自己选择的儿童在前测和后测中表现出更大的进步，玩游戏时解题表现也更好(即使他们选择了更具挑战性的问题)。很明显，儿童对环境有控制感与其更佳的学习效果和表现有关。一个简单的选择控制产生了若干积极的效果。

另一项研究旨在探讨选择的动机，这显然也会提升学生在学习中的表现。研究人员让一到三年级的学生玩一个绘画游戏，游戏以选择或者分配的方式呈现给儿童(Swann & Pittman，1977)。儿童被单独带进一个房间，房间内有多种活动，包括绘画游戏。选择组的儿童被告知他们可以做任何他们喜欢的事情，不过强烈建议他们先玩绘画游戏。无选择组的儿童则被告知，以前研究者会让儿童自己选择想玩的活动，不过现在不行了，儿童须从绘画游戏开始。儿童玩了数分钟绘画和其他活动后，研究者告诉儿童，还剩下一些时间，儿童可以自由安排。研究者记录了自由安排期间儿童先选的活动和儿童继续玩绘画游戏的时长。

选择组中有80%的儿童选择先继续玩绘画游戏，而无选择组只有20%的儿童选择继续玩绘画游戏。此外，选择组继续玩绘画游戏的平均时长为五分钟，而无选择组

---

① 这里的研究发现仅限于盎格鲁血统的美国儿童。对于亚裔美国人，母亲的选择与更好的学习有关联。

的儿童玩该游戏的平均时长为一分半钟。由此可见，围绕活动提供选择，即使有时是因为成人极力推荐而做的选择，都可以极大地增加儿童自愿参与活动的可能性。这势必也会影响儿童的学习。

另一项研究显示，与控制特定任务相比，儿童对其生活的总体控制感与其空间任务的表现有关。研究者给50名小学生一些图画，儿童需要找出画中含有的图形，进行控制点测量（Crandall & Lacey，1972）。控制点指的是一个人认为自己或者外界力量控制自己生活的程度。认为对自己的生活更具控制力的儿童，发现的隐藏图案更多，找到图案所用的时间更短。有趣的是，当年龄和智商被控制后，这一发现适用于女孩而不是男孩。对男孩来说，寻找隐藏图案的表现与智商是紧密联系的，或许这反映出男孩的智商表现尤其会受空间技能的影响。但对控制感和任务表现之间的关系的研究没有显示出明显的性别差异。

此外，儿童的控制点同样与儿童的学业表现，即学校的成绩和水平测试有关（McGhee & Crandall，1968）。儿童在传统学校教育环境中待的时间越长，他们对环境的控制点越趋于外部（Harter，1981）。不过，能够保持内部控制点的儿童，在学业表现方面做得更好。卡罗尔·德韦克（Carol Dweck，1999）关于儿童掌握目标和表现目标的研究支持了上述观点。本书将在第六章和第九章详细讨论这方面。

除了提高任务的表现、兴趣和坚持力，选择的提供也显示出对儿童创造力的积极影响。研究者将学前儿童分为选择组和无选择组，让他们做拼贴画（Amabile & Gitomer，1984）。选择组的儿童可以自由选择拼贴画的素材。无选择组的儿童只能拿选择组儿童所选的教具。之后，一群艺术家抛开儿童的基本情况，对每张拼贴画的创意进行打分。他们认为自由选择拼贴画素材的儿童所做的拼贴画更具创新性，而无选择组儿童虽然用的素材与有选择组的完全相同，但他们做出来的拼贴画在创新性方面却不及选择组。

即使两个月大的婴儿也对控制的经验持积极态度。在一项研究中，一组婴儿知道如果将他们的头向右转可以让他们头顶的风铃转动（Watson & Ramey，1972）。而另一组婴儿，风铃会每隔3到4秒自己转动。研究者在婴儿家里的婴儿床的上方安装了风铃，每天实验十分钟，持续两周。两周后，可以控制风铃的那组婴儿转动头部的次数明显增加，几乎是无控制组婴儿转头次数的两倍。更有意思的是，据可以控制风铃的婴儿的母亲说，婴儿对这项活动十分投入，与风铃互动时，还会笑和发出“咕咕”声。之后，在实验室里，研究者给婴儿展示了一个他们可以控制的新风铃（Watson，1971）。只有具有控制经验的婴儿才表现出控制新的风铃。之前只是看着风铃自由转动的婴儿并没有意识到自己可以控制新的风铃。六周后，这些婴儿回到实验室，研究者又给婴儿另一个可控的风铃，结果并没有改变。因此，婴儿也能将对某一环境的控制迁移到对另一环境的控制之中，并且还会产生更为积极的情感。

总之，在成人和儿童中，提供选择都会引发许多积极的效果。当个体认为自己有更多的控制力时，他的学习和记忆效果会更好，解题能力会提高，也更愿意持续地投入任务。

(二)有关选择与幸福感的研究

研究通常关注老人和婴儿的控制感与其幸福感的关系。即使是很小的婴儿，当他们有控制感时，幸福感也会明显增强。近来一项研究采用了与上述研究相似的模式。该研究中，当两个月大的婴儿学会了自己踢腿可以让头顶的风铃转动后，这些婴儿不仅增加了踢腿的频率，还常常对风铃笑(Rovee－Collier & Hayne，2000)。

另一项研究结合了刺激触发和消除以观察对婴儿产生的影响。研究将2到8个月大的婴儿放置在小剧院的婴儿座椅里，给婴儿数次3秒长的愉快的视听刺激：一张婴儿的笑脸图，并伴随着芝麻街[Sesame Street，美国公共广播协会(PBS)制作播出的儿童教育电视节目]的主题曲(Lewis，Alessandri & Sullivan，1990)。在学习阶段，一半的婴儿只要移动手臂，就会激活开关，使视听刺激出现。研究中给另一半的婴儿随机呈现刺激。在随后的刺激消除阶段，两组婴儿移动手臂均不会导致视听刺激的出现。结果发现，与随机呈现刺激组的婴儿相比，移动手臂触发视听刺激的婴儿在学习阶段表现得更加快乐，此发现与之前的研究发现一致。此外，实验还对婴儿的兴趣进行了评级，发现移动手臂触发视听刺激的婴儿的兴趣有所增加。对环境有更多控制力的婴儿对他们的环境会更感兴趣，这同时也会促进更多的学习。在刺激消除阶段，移动手臂触发视听刺激的婴儿对刺激控制的消除表现出更多的愤怒，而在第三个再次学习阶段，这些婴儿的喜悦感和兴趣又有所增加。

正如心理学家艾伦·兰格(Ellen Langer)和朱迪思·罗丹(Judith Rodin，1976)的一项经典调查所证明的那样，自我感知控制力对幸福感的影响会贯穿一生。这项研究的亮点是，其在交流中呈现的控制做得很巧妙，并且对控制交流的影响进行了为时较长的研究。研究的具体内容如下，养老院的管理者与被动交流组老人进行了一次关于做决定的简短谈话。管理者先告诉老人，养老院会为老人提供许多资源。之后，管理者向被动交流组的老人强调，养老院会为老人做出正确的决定，如果老人有任何不满，员工会尽最大的努力满足老人的需求。养老院给老人一盆植物作为礼物，并告诉老人，员工会为老人照顾植物。管理者还告诉老人，下周四和周五养老院会放电影，并且员工会告诉老人看电影的时间。

对主动交流组的老人，管理人员强调，老人需要将自己的需求告诉工作人员，并且需要考虑和决定养老院需要改变什么，以及他们喜欢什么。养老院也给老人提供了植物,不过允许老人选择植物,并要求老人自己照顾植物。管理人员还告诉老人有新电影放映,老人可以选择是否观影和何时观影。

在上述交流前一周和交流后的三周,研究人员采访了养老院的老人,并对工作人员做了问卷调查。访谈和问卷的问题涉及老人的幸福感,比如老人的社交、心情、活跃度,老人感到自己有多大的控制力和他们的出勤模式。对老人的情况和研究目的一无所知的实验者,在访谈后对每一位老人的警觉性水平进行了评分。同时还测量了老人观影的出勤情况和参与比赛的情况。

前测问卷评分显示,接受不同处理的两组老人并没有显著差别,这说明两组老人在实验开始之前是相似的。然而,前测到后测的变化则表明,主动交流组出现了显著改善。这组老人与管理者进行上述交流之后,认为自己比以前更开心、更积极。访谈者也认为老人的警觉性更高。工作人员认为这些老人在总体上都有改观,拜访他人的次数增加,与他人的交流也多了。与此相反,被动交流组的评价在两次测量中没有什么变化。此外,这组老人观影和参加比赛的人也明显少于主动交流组的老人。这项研究的发现与众多其他非人类动物的研究发现是吻合的,对自己的环境有很少的控制力或者没有控制力("习得性无助")是对个体的幸福感没有好处的;能力感和控制感才是最重要的(Seligman,1975)。

因此,从婴儿期到老年期,有对环境的控制感会提升人们的幸福感,反之则相反。行为表现和幸福感方面的发现同样在本书最感兴趣的学校环境中可见。

二、自然学校环境

理查德·德·查姆斯(Richard De Charms,1976)在其著名的自然学校环境设置与动机的研究中,提出和界定了课堂的"起源取向"和"小卒取向"。在起源取向的课堂里,学生有一定的发言权。而小卒取向的课堂里,儿童被视为小卒,受控于教师。起源取向的教师就像权威的家长,他们热心、包容,会制定清楚、一致的规则,并要求儿童遵守(见本书第九章)。相反,小卒取向的教师是控制型的,采用的是独裁主义风格。德·查姆斯的研究显示,起源取向课堂里的学生倾向于内部驱动,更有责任感;小卒取向课堂里的学生更倾向于外部驱动(De Charms,1976)。或许有人认为是不是儿童的特点导致了教师的风格变化。然而,小卒取向课堂的教师学习了如何改变课堂取向后,儿童也接着发生了变化。这说明,不考虑学生,教师至少有时也可以创造课堂取向。

还有研究表明,儿童对自己在课堂上控制程度的感觉会影响儿童在学校的学习和幸福感。例如,在一项研究中,当四到六年级的教师更注重学生的自主学习时,学生学习的内部动机更强,认为自己更有能力,表现了更强的自我价值感(Deci, Schwartz, Sheinman & Ryan, 1981)。此外,教师对教学自治的自我评价与学生对教学自治的感知高度相关。这说明,类似的研究可以从教师或者学生那里明确儿童在课堂中拥有多少控制力。

另一项更为广泛的研究调查了四到六年级学生对课堂的感知与他们的能力、自我价值感和动机之间的关系(Ryan & Grolnick, 1986)。研究结果再次表明,当儿童认为自己对教室环境越有控制力,他们就越可能认为自己在学业上的能力更强、更有价值(总体意义上)、学习更有动力(掌握动机)。不过,由于这项研究所用的评估课堂环境和幸福感的两个问卷是一起发放的,所以儿童可能会用相同的价值观填写它们:“我更强大、更好、更有动力。”因此,最好使用不同的工具来确认调查结果,并在两次评估之间留一段间隔时间。为此,研究者在两个月后回到学校,并进行了一次普通心理学测试,名为“主题统觉任务”(Thematic Apperception Task)。任务中,研究人员向儿童展示了一张普通教室里的儿童的照片,并要求他们就这张照片写一个故事。独立编码员从以下几个方面评价故事:故事主角传达的起源取向、故事中教师的控制度、故事的攻击性、创造性、技术水平以及所付出的努力。

将这些故事与两个月前的问卷结果联系起来,发现学生倾向于创造出的主角的起源取向和小卒的观念与他们在之前的问卷里的表达一致。因此,儿童在课堂中的起源取向反映到他两个月后所创作的虚拟课堂故事中。可见,之前研究的结果并不仅仅是因为用相同方式填写相似问卷造成的。儿童的起源取向与他们在故事中创造时教师所允许的自主性程度显著相关。这项研究的新发现是起源取向和自主性程度与故事的技术水平评分以及评委认为儿童为写作付出的努力程度之间也是显著相关的。也就是说,认为自己在课堂中拥有更多控制力的那些学生,写的故事更好,在写作中付出的努力更多。这一发现与之前的实验室研究结果一致。

此外,起源取向的程度与故事中的攻击程度成反比,学生自主控制程度越高的教室,其攻击程度越低。根据本书第六章讨论的发现,这或许可以理解为成人对儿童的关系介入越多,儿童之间相处越容易不和谐(当然,有时大人的介入也是必要的)。

最后,两个月前将课堂环境描述为更多儿童控制的学生被认为他们写的故事更具创造力。因此,儿童对自己控制课堂环境的程度和自由选择的感知与诸多变量有关,这些变量直接影响儿童的幸福感和学业表现,如技术技能、努力程度、和谐度和创造力。

或许有人会提出,上述发现全部是由儿童驱动的:教师可以让某些类型的儿童拥有更多的自由,而这些类型的儿童往往也更有内在动力,在学校表现得更好等。从某种程度来说,这是事实。然而,仍然有充足的理由说明上述积极的结果是由教师引导学生产生的。在德·查姆斯的研究中,当教师经过培训,在课堂上给予学生更多的个人自主权时,学生随后有了更多的成就,也更愿意冒险,与没有接受相应培训的教师所带的学生相比,课堂缺席和迟到的现象更少。此外,研究结果与本章之前介绍的选择组与无选择组的实验研究结果是一致的。分配到自主控制更多的环境里的被试比分配到外部控制更多的环境里的被试表现得更好、更积极。同时,实验室的研究结果与自然教学环境下的研究结果也是一致的。

帕塔尔(Patall)和同事(Patall, Cooper & Wynn, 2010)将来自14个城市的207名高中生随机分配到选择作业组(有两个选项)和无选择作业组,完成多学科(历史、数学等学科)的首次作业。在第二次作业中,学生则交换所在组,形成很好的被试间控制。此外,每位无选择被试只有一个选项。研究发现,有选择的学生会表现出更多的内部驱动,自我效能感更强,在单元测试中的表现更好,学生完成自己选择的家庭作业的可能性也更高。因此,自然教学环境中高质量的实验设计也表明,对自己的教育拥有更多的选择权和控制感,可以产生更好的学习效果和更高的幸福感。

总之,研究表明,对自己身处的环境和生活有选择权和控制力,是能够对我们的认知和情感产生积极影响的。从婴儿到老年人,当他们对环境和任务感到有控制感时,他们会有更高的幸福感和更高水平的表现。传统学校在设计上不会给儿童提供很多选择:课程表、书籍和主题都是预设的。即便在这些限制下,传统学校的教师如果给儿童多一些控制感,仍然可以让课堂变得活跃、有生命力。在蒙氏课堂里,选择是每天的必然内容。

三、蒙氏教育中的选择与控制

蒙台梭利博士关于学校加入自由选择的可能性的描述,充分说明了她从单一事件中得出有效而又相当全面的归纳结论的天赋。这篇文章还说明了如何让儿童更多地控制他们的活动,以便让蒙台梭利博士能够了解儿童的自然倾向,从而为课堂选择更多有用的教具。正如她所描述的,在罗马的第一个蒙氏教育项目的课堂里:

一天,教师到校晚了一些。她发现儿童打开了她忘上锁的壁柜。一些儿童站在壁柜旁,另一些儿童将柜子里的物品拿出来……我认为儿童如今已经非常熟悉那些物品,他们能够自己做选择。事实也是如此。

这对儿童来说是一项新的有趣的活动。他们可以根据自己的喜好选择他们的工作。从那时起,我们低矮的柜子派上了用场,儿童可以根据自己的内心需求从中选择物品。此后,我们加入了*自由选择*原则……

儿童做的自由选择可以让我们观察到他们的心理需求和倾向。其中,第一个有趣的发现是,儿童并不会选择所有物品,他们只选择某些物品而且选择基本保持不变。有些物品明显受欢迎,有些物品则长期无人问津。

我会把所有物品都给儿童看,让教师分发它们并解释用法,但儿童并不会自己主动拿起其中的一些。

我开始意识到,给儿童的每件物品不仅应该有序,还应该符合儿童的需求。排除干扰和多余可以极大地提升儿童的兴趣和专注力。(1966,p.121,斜体部分来自原文)

蒙台梭利博士通过上述简单的观察,建立了一套学校系统,儿童在该系统中可以选择自己想做的事。早晨,儿童到教室后决定自己想做什么,例如继续做未完成的报告、玩数学学习教具、做科学实验、玩音乐铃(如图3.1)等等。儿童自己决定什么时候结束手边的活动,然后开始下一项活动。他们自己选择和谁坐一起,与谁合作。并且自己选择安排什么样的实地考察旅行("外出"旅行),以及如何安排那些活动。在蒙氏课堂中,只要在合理的范围内,儿童可以选择和控制自己的生活。

图3.1 音乐铃 照片由An Vu提供

人们时常感到好奇,一个让儿童整天自己做决定的学校是如何运作的。这个自由选择的特点确实非同寻常。如今,其他主要的进步教育项目,如雷焦·艾米利亚(Reggio Emilia)和斯泰纳(Steiner),更依赖于教师指导(尽管儿童也可能是教室计划的来源)和全班练习。蒙氏教育之所以能够以个体选择为原则,一部分原因是其教育环境是经过精心准备的。

精心准备的蒙氏教学环境

蒙台梭利博士认为，对于一个儿童来说，要做出富有成效的选择，必须准备好环境——专门设计来刺激儿童的建设性活动，开展自由选择活动的环境，如果没有为组织活动提供适量的教具、没有积极投入活动的同伴，就会陷入混乱。

蒙氏教育环境为促进儿童自由选择和控制做好准备的一种方式是秩序。常识告诉我们，当儿童的选择以有序的方式排列时，更容易做出选择。商店按照商品类型分类摆放货物，服装店待顾客试穿衣服后继续将衣服叠好，放回原位，保持有序。与普通的传统课堂相比，蒙氏教育环境的有序性是惊人的(尽管每个传统教师各不相同)。我将在本书第十章讨论秩序。这里，我要讨论有准备的环境里的教具、布局和家具如何促长儿童的建设性选择和控制感。

蒙氏教具促进儿童做出选择，是因为教具都放在教室里的柜子上，如果其他儿童在用的话，就放在桌子上和地毯上。由于蒙氏教育的学习任务是儿童动手操作那些教具，所以儿童可以在教室里四处走动，看看有什么教具可用。促进儿童做选择的另一个特点是儿童都拿得到这些教具。蒙氏教室里的柜子的高度和深度都是适宜的，因此儿童都能够轻松拿到柜子里的东西。与此相反，传统教室里的实践教具经常都束之高阁，既不容易看到，又不容易拿取。教具使用时，还得受控于教师。

另一个有助于儿童选择和控制的特点是，教室里的家具尺寸都是适合儿童的，儿童也能够移动那些家具。所以儿童甚至可以根据自己的需要和想法重新摆放家具。蒙台梭利博士开设她的第一所学校时，学校里儿童的家具并不是特制的。而在传统学校里，年幼的儿童坐在高高的板凳上，双腿悬吊着。此外，家具常常是固定的。为儿童制作尺寸适宜的、可以移动的家具，而不是成人尺寸的、固定的家具，显然是蒙氏教育的创新(Elkind，1976)。如蒙台梭利博士所描述的：

> 学校家具摆设的主要调整是，不再使用那些课桌、板凳或者固定的椅子。学校的桌子换成实心的八边形粗腿桌，桌子牢固、轻便。两个四岁大的儿童就可以轻而易举地搬动桌子。我还设计和制作了小椅子……我们允许儿童选择他觉得*最舒服*的姿势。当他坐在自己的位置上时，就能使自己感到舒适。这样的自由不仅仅是自由的外部表征，还是一种教育手段。(通过这些摆设)，*儿童学着控制自己的行为*。(Montessori，1912/1964，pp.81-84，斜体部分来自原文)

根据蒙台梭利博士的传记作者斯坦丁(E.M.Standing，1957)所说，蒙台梭利博士认为设计这些家具是必要的：

> 蒙台梭利博士不能像普通学校那样给学校添置家具，因为为了维持学校正常运

行，她必须减少开支，若非家具和设备分管部门的要求，就不必增加开支。这就是为何蒙台梭利博士为那些年幼的儿童设计和制作桌子、椅子，而不是购买当时通用的课桌。结果，这一局限竟成了一件幸事。蒙台梭利博士还弄了许多小扶手椅，可能是她认为，即使是学习，人们也有需要休息的时候。(p.37)

儿童尺寸的家具看起来是对行政要求的适当回应，它既允许了运动教育，又允许了儿童选择活动的位置和方式。蒙台梭利博士准备的教育环境通过布局、教具和陈设，有助于培养儿童的控制感和做出正确选择的能力。不过，虽然儿童可以看到柜子上的教具，但是事实上，不是所有的教具都是可选的，这就引出了下一个主题：选择限制。

四、过犹不及：选择限制的益处

有选择和控制感可以产生积极的影响，但是需要记住的是，大量的选择与幸福无关；事实上，在某些情况下，选择还会滋生问题（有关讨论可参见 Patall et al.，2008）。有时候，太多的选择反倒会让我们失去动力——餐馆丰富的菜单就是一个很好的例子。一项研究证明了这一点，实验是在一个高级杂货店进行的，其售卖多种特殊的果酱。当杂货店提供大量（24种左右）样品果酱供品尝时，顾客购买果酱的可能性还不及只有6种样品果酱供品尝的时候。此外，顾客购买果酱后，选择范围小的顾客更容易从他们的选择中获得满足感（Iyengar & Lepper，2000）。对美食巧克力的选择的实验也是如此。事实上，从众多巧克力中做挑选的顾客，之后更喜欢用现金做奖励而不是额外的巧克力做奖励。而从6种巧克力中做挑选的顾客则会选择更多的巧克力作为奖励。第三项实验通过让大学生写论文获得额外学分的机会来研究有限选择对表现的影响。与获得24个论文主题供选择的学生相比，获得6个主题供选择的学生更愿意为获得额外学分写论文，并且写作的质量更好。可见，有些时候太多选择会产生负面影响，并且会影响人们的控制感（更多的相关讨论见 Schwartz，2004）。

五、蒙氏教学中的选择限制

虽然蒙氏课堂里的儿童可以自由选择做什么，但是儿童的选择受限于教具的数量、对教具使用的了解程度、和他们必须具有建设性和责任感的要求。然而，在考虑选择如何受限之前，根据刚才讨论的研究，有必要先讨论选择的数量。蒙氏课堂给儿童提供的选择远远多于六项，即便选项有限，或许也有人会认为选择数目偏多了。

（一）蒙氏教室里选项的数目

蒙氏课堂为儿童提供的教具远远多于六种。刚才介绍的几项实验表明，蒙氏课堂可能提供了更多的选择而不是最佳选择。毕竟，实验表明有选择比没有选择好，例如我们可以选择是否关掉噪声、选择四种宇宙飞船之一，或者选择六种拼字游戏之一。当选项数目增加到24个时，选择的体验会产生负面的影响。蒙氏课堂提供众多不同类型的活动选择，多到难以轻易计数，问题也随之出现，那么是否存在选项过多呢？

首先，需记住这一点，没有儿童可以选择所有的教具，除了少数即将进入下一阶段学习的儿童，他们不太可能对上一层次的工作（如砂纸字母）感兴趣。每个教室都有大量的教具，儿童在大约三年的时间里逐渐掌握。每个儿童的选择仅限于他已经学会如何使用的教具。此外，因为教室里有六到八个基本学科领域可以选择，所以有时教师会引导儿童做选择。例如，在小学高年级的学科领域是数学、几何、科学、语言、音乐、艺术、历史和地理。在每个领域内，儿童都可以选择做任何他已经知道如何做的工作，而选择的数量有可能看起来很多。

学会为自己做出正确的选择是蒙氏教育的一部分。正如本章的题记所写："生活是基于选择的，所以儿童要学会自己做决定。"因此，即使很难做出选择，但是学会做选择被视为蒙氏教育的一部分。然而，我们有理由认为，蒙氏教育中的儿童面临的选择要比那些在实验中所面临的选择要容易得多。实验表明，超过20个的选项是不利的。

蒙台梭利博士（1917/1965，p.79）声称，通过观察儿童使用不同数量教具的实验已经确定了教室里儿童成长所需的教具数量。出现在教室里的每一种教具、教具背后的逻辑、如何将教具呈现给儿童，这些内容都会在蒙台梭利博士开发的培训课程里出现。虽然教室里有许多教具，但是教具的总量都是通过尝试错误法来认真准备的。我将在接下来的段落里讨论蒙氏课堂是否需要提供过多选择应该要考虑的三个方面。

首先，蒙氏课堂里的儿童需要多种选择，因为儿童选择的范畴不同。儿童并不需要从30种果酱中做出选择，他们选择的是玩砂纸字母、擦洗桌子、备胡萝卜餐等等。这些选择是不同类型的活动，好似成人在家一天要面对的各种选择。教室里要做的选择超过20种，但这些选择是不同类型的活动。实际上，对我们来说，食品杂货店的选择并没有那么艰巨，因为我们是按类购买的，每一类商品中并不一定有太多选项，或许只有六种香皂或者四种橄榄油。

另外两个需要考虑的方面来源于为何丰富的选项可能导致问题的理论（Schwartz，2000）。该理论认为，丰富的选项可能引发问题，因为要从众多新的、相似的选项中做出选择,人们尚未具有处理这些信息的能力。因此,第二个要考虑的方面是,在蒙氏课堂里是通过三年的时间逐渐给儿童呈现每个选择所需的信息的。任何时候都不会让儿童突然面对有关各种新活动的众多信息,并让他们处理这些信息。在限制选项的实验里,成人面对的就是这样的场景。回到食品杂货店的例子,即使面临许多选项,对某些商品的了解也可能会帮助我们做出选择。

至于第三个要考虑的方面,施瓦茨(Schwartz)的理论认为,过多的选项会导致问题,是因为过多的选项会产生更多的买家遗憾。买家遗憾指的是买家在做出选择后不能撤销决定的情况。蒙氏课堂里的儿童可以自取教具,使用教具,然后去做其他活动,而不用付出任何代价。也是出于这个原因,蒙氏课堂所提供的多样选择并不会给儿童造成问题。

蒙台梭利博士认为:“过度丰富的选择会削弱和阻碍进步。”(Montessori,1917/1965,p.79)虽然大部分蒙氏儿童经常面对超过六个的选择,但选择依然是有限的。接下来,我将呈现蒙氏课堂中限制选项的方式。

(二)通过教具限制选项

尽管每次教室里会有许多教具,但是几乎没有儿童真正选择使用所有的教具。事实上,蒙台梭利博士建议给年幼的儿童极其有限的选择。例如,两岁大儿童的家长在儿童可以打开的抽屉里只放两到三条裙子,而把儿童的其他衣服放到高柜子里,不让儿童看见。学前阶段的教师看到一个三岁幼童因不知如何选择而需要帮助时,可能会问儿童:“你现在想玩粉红塔还是铁制几何图形嵌板?”随着儿童长大,能够处理更多选择时,教师会给儿童更多的选项。

有时候儿童可能会避免做某种特定的活动。在这种情况,蒙氏教师可能会非常巧妙地限制儿童的选择。教师通常不会要求儿童参加活动,因为那样会剥夺儿童的控制感。相反,处理这类情况的蒙氏技巧是让儿童选择完成某项活动的日期或者时间。即使当教师在确保活动执行时,儿童也会有控制感,这个技巧与本章后面讨论的建设性截止期限的研究是一致的。

蒙氏课堂限制选择的另一种方法是,每种教具通常只有一套。如果某个儿童或者某个小组的儿童正在使用某套教具,那么在那个时候,那套教具就是不可选的。蒙台梭利博士声称,一般来说,教室里每类教具只有一套是很重要的(1989,p.64)。原因有二,一是儿童需要学习作为一个团体一起工作,学习分享有限的资源是这种学习的一部分(Montessori,1917/1965,p.174)。二是因为蒙氏儿童学习的方式之一是观察他人做不同的工作(如本书第七章讨论的)。观察他人使用教具会激发儿童使用那套教具,每种教具只提供一套旨在增加全班的学习。

总之,蒙氏教育采用的教具自身会限制选择。每类教具只有一套,因此儿童学会了分享资源,并观察使用教具的不同方式。儿童也会受限于他们已经知道如何使用的教具。除了教具产生的选择限制,社会也会对选择造成限制。

(三)社会产生的选择限制

儿童的自由受限于集体利益,应该是我们普遍认为的好行为。因此,我们必须制止儿童的任何冒犯或者干扰他人的行为、任何粗鲁的或者没有教养的行为。

——玛利亚·蒙台梭利(1912/1964,p.87)

蒙台梭利博士有时被误解为她主张任何时候都允许每个儿童做自由选择。显然,蒙台梭利博士的意思是,儿童应该有做出建设性选择的自由。选择应该受限于对课堂和社会有用的东西。在蒙氏教育里,自由是与责任并肩的,儿童没有处理自由的责任,就不能享有自由。虽然一旦儿童聚精会神地做事,成人最好不要打扰他们,但是只要儿童行为不端,他的自由就必须受限:

当儿童依然顽皮捣蛋时,不要袖手旁观。不要让他们爬窗、爬家具等。这一阶段,你必须介入,教师必须充当警察。而警察得保护老实的市民免受干扰。(Montessori,1989,p.16)

有人可能想知道,蒙氏教师是如何处理那些典型的行为不端的儿童的。简单来说,就是限制那些儿童的自由:教师可能会让那些儿童一上午或者一整天都待在教师身边。教师通过自己在场,帮助儿童控制自己。然而,研究显示,蒙氏课堂里的捣蛋鬼的数量没有传统教室的捣蛋鬼的数量多。首先,如前面描述的,最初教室里的儿童认为他人并非是有攻击性的,这就会迁移为他们自己的行为。其次,如本书第四章将讨论的,注意力培训可以减少攻击性行为。因为儿童可以选择自己感兴趣的工作,并且注意力普遍集中,蒙氏课堂里的儿童可能没有传统课堂里的儿童那么容易行为不端。这将是一个有趣的研究主题。

(四)限制选择,促进个人发展

蒙氏课堂里的选择也受限于是否对儿童有用。

谈及幼童的自由,我们指的并不是支持儿童外部无序的行为,一种儿童无目的的活动,我们指的是清除阻碍儿童正常发展的障碍,释放儿童的天性……这个目标使我们创设适合的环境,让儿童追求一系列有趣的目标,将儿童的随机能量投入到有序、有效的行为中。(Montessori,1967b,p.62)

儿童可以自由选择适合他们当前发展阶段的活动。一般来说，刚进入小学低年级的儿童是不允许选择活动字母箱的。因为儿童的该发展阶段还不适合使用这套教具，所以对儿童来说这不是一个有用的选择。一旦儿童有足够的自控力(蒙氏教育通常认为是三岁时)，便不被允许将柜子里的所有物品拿出来，但是可以使用他已获知使用方法的物品。

这样的限制可以帮助年幼的儿童选择，因为这些儿童通常可以从有限选项中受益。另外，限制或许可以激发儿童对课程的兴奋感，因为他们可以扩大选择范围。随着选项数目的增多，儿童可以看到自己的成长。蒙氏教师说，儿童看到其他同伴使用新教具或者看到柜子上的新教具，会请求教师允许自己玩新教具。这说明儿童想扩大自己的选择范围。

从儿童如何使用每件物品从而促进个人发展的角度来说，选择也是受限的。例如，儿童可以用移动字母拼词，但不能拿它当玩偶。每件物品都是经过精心设计，有其目的的。移动字母用于拼词，不能当作玩偶，也不能用来弯曲和折断。有人担心，对教具的选取和使用的限制会阻碍蒙氏儿童的创造力。对蒙氏儿童创造力开展的研究得出了不同的结果，这是由于所使用的创造力测试和采用的对照组的类型引起的。对此，本书将在第十一章进行讨论。

简言之，蒙氏课堂里，选择受限于教具，也受限于选择须遵循对儿童有益、对集体有益的准则。

六、截止日期对表现和动机的影响

从自我发展的角度来说，有时儿童并没有做出最好的选择。儿童原本需要继续做科学作业，才能完成那部分的课程要求，可是他却总不那么做。如前面提到的，蒙氏教师有处理这类情况的技巧，这个技巧与截止日期的研究保持一致。

设定截止日期肯定剥夺了个体的选择权：个体需要在给定日期之前完成某事。然而，人们偶尔需要截止日期，传统教育需要截止日期以正常运转。截止日期被广泛使用，有时甚至是必需的。儿童必须学习处理好截止日期，就如同美国成人必须遵守国内收入署填表的截止日期一样。不过，研究显示截止日期会让人失去动力，建议学校限制其广泛使用。

在一项说明截止日期对任务兴趣的负面影响的实验中，斯坦福大学的本科生参加了一个横纵填字游戏，名为AdLib(Amabile，DeJong & Lepper，1976)。研究人员或直接或间接地告诉部分学生，完成游戏有截止日期，过时则数据无效。事实上，在截止日期前完成游戏很容易。研究人员只告诉另一些学生要尽快完成填字游戏，但丝毫未提截止日期。所有被试都在分配时间内完成了游戏,说明所给的完成任务的时间是比较宽松的。

对游戏的兴趣是通过被试在之后的自由时间里花在游戏上的时间以及他们关于兴趣的问卷上的回答来衡量的。被要求快速学习的学生和没有告知截止日期的学生在接下来的大部分自由活动时间里继续玩填字游戏,而被告知了截止日期的学生只花了不到三分之一的自由活动时间玩它。如果给予自由选择,那些告知截止日期的被试之后对游戏的兴趣就会不如那些没有被告知截止日期的被试。对问卷的回答也反映了被试不同程度的兴趣。与没有截止日期的被试相比,设定截止日期的被试对AdLib填字游戏的兴趣和喜欢要弱一些。仅仅是让个体认为有截止日期就减弱了个体完成任务的动力。

后来另一项研究使用不同的任务,有了相同的发现。研究邀请大学生玩魔幻迷宫游戏,这是一项运动技能任务,要求被试移动悬挂在木框上的金属球穿过迷宫(Reader & Dollinger,1982)。研究要求所有被试尽可能快而准地让球穿过迷宫,其中有一半的被试被告知需要计时10分钟,其效果类似于截止时间。10分钟后,研究者返回(对所有的被试说),让他们完成了另一项任务,然后研究者离开,让被试待在有魔幻迷宫游戏和一些杂志的房间里大约8分钟时间,这期间,被试可以自由活动。在没有设定时间的被试中,一半以上的被试自发地继续玩迷宫游戏。而设定了时间的被试中,只有不到三分之一的人这么做。

虽然他人设定的截止日期会降低被试对任务的兴趣和动力,但是自己设定的截止日期却不会。事实上,研究表明,学生自己设定截止日期,工作效率会提高。在一项比较自己设定截止日期和教师设定截止日期的研究中,自己设定截止日期的学生能够更好地遵从自己设定的时间表,完成作业的速度更快(Roberts,Fulton & Semb,1988)。这与自我决定理论(Deci & Ryan,2011)相吻合,他人设定的截止日期会让人失去动力,因为它们会降低个体的控制感。自己设定截止日期使个体有控制感,因此自己设定的截止日期不会让个体失去动力。

综合来看,这项研究表明,学校日常设定的作业的截止日期会产生负面影响;要避免负面影响,可以通过改变截止日期的设定者,即由教师设定变为学生自己设定来实现。然而,对于蒙氏教育而言,截止日期并不是必需的,因为存在其他已知的对动机有积极影响的因素:选择感、对所学内容的兴趣感和期待之外的外部奖励。这些因素是本章及本书随后两章的主题。因为这三个因素都在蒙氏课堂中起作用,所以与传统学校相比,动机在蒙氏学校或许并不是一个大问题。有趣的是,蒙氏教育的做法与关于如何设定截止日期的时间和方式的研究结果相一致。

七、蒙氏教室里任务完成时间的具体要求

蒙氏小学高年级的教师如何通过儿童的工作日志记录儿童的工作进程将在本书第五章详述。儿童和教师通常每周重温一次日志,看看儿童记录的一周活动,包括每个单元的工作完成的时间和完成量。如果儿童没有完成课程,教师会在重温日志的面谈中提出来。教师可能会说:“我看到你还没有完成周二我给你的语法盒子课。你打算什么时候完成呢?”儿童为此做出了时间承诺,不过承诺是出自他自己。儿童保有控制感。

这一做法与外设截止日期会降低被试对活动的后续兴趣的研究是吻合的。在教师一定的帮助下,儿童自己做出时间承诺。如果儿童没有遵守自设的时间表,教师可能会逐渐考虑提高儿童兴趣的方法,或者在必要的情况下逐渐取消自由(例如:总是要求儿童早上先完成那项任务)。虽然研究表明,这样做会有损动机,但是如果儿童一开始压根儿就不愿做,那就有必要采用这样的方法。

重要的是,务必让这些外设的要求保持最少,让儿童能够处理的自设控制保持最多。蒙氏教师仔细观察每位儿童,采用适合儿童的结构水平或者给予其适当的自由并随着儿童的变化而做出相应的调整。通过这种方式,把要求所有儿童在同一时间做同样的活动的工厂模式更换为个体奖励式。蒙氏教育可以根据每个儿童承担工作责任的能力进行调整。

由于担心儿童没有选择完成所有课程,一些蒙氏学校开发了学习清单。清单提供的学习任务比较有限,例如一种语言学习任务、一种数学学习任务、一种地理学习任务等。每天,儿童一旦完成每类学习中的一个任务,儿童就可以自由安排剩余的时间,做自己喜欢做的事。虽然这样做听起来不错,但是本书第六章中对奖励的研究显示,为了做其他事而获得其他任务的做法存在一个严重的问题:如果某个活动是结束的手段,那么这个活动的意义就会受损,且不及单独呈现这个活动的时候(Lepper, Sagotsky, Dafoe & Greene, 1982)。这样做的后果适得其反,把最重要的活动的价值降低了。可能还会损害注意力和专注力,这将在本章稍后讨论。知道要做其他事就必须先完成某些任务的儿童,可能只是草草参与这些任务,不会真心投入。小学高年级的儿童使用工作日志记录在校期间他们每分钟做了什么,会使他们具有更强的选择感和自由感。虽然教师还是会确保儿童不会大范围遗漏课程内容,但是教师的做法仍然会让儿童有控制感。研究表明,这种方法比设定截止日期和使用学习清单更好,并且可以提升学习。

总之,蒙氏小学阶段的教师使用的方法与有关截止日期的研究发现是一致的。教师要求未完成学习任务的儿童自己设定截止日期,这样,儿童仍然保留控制感,教师确保儿童不掉队,并且把对儿童施加的控制保持最小化。

八、蒙氏儿童可以适应传统学校吗?

人们了解了蒙氏教育中儿童做选择的情况后时常会问,这些儿童能够适应传统学校被动参与学习的教学吗?有趣的是,经历过这种变化的儿童的父母一再表示,这不是问题,他们的蒙氏儿童能够出色应对传统学校教育。本书第十一章将呈现最好的科学研究证据。蒙氏学校的儿童在二年级转到传统学校,展示出的学习效果好于在没有选择、全班教学的传统学校中学习的儿童。密尔沃基(Milwaukee)的研究也提供了证据。研究的对象是接受蒙氏学校教育到五年级的学生。这些学生参加高中测试,测试成绩与接受其他传统小学教育的学生相比,蒙氏儿童在英语和社会研究方面与后者做得一样好,在数学和科学方面比后者做得更好。可以看出,蒙氏儿童通常可以很快适应传统学校教育。

九、本章小结

让我们学校的儿童享有自由,我们就能够更清楚地跟随他们,用他们自然的方法促进他们的自我发展。

——玛利亚·蒙台梭利(1912/1964,p.357)

智力活动的自由是内部秩序的基础。

——玛利亚·蒙台梭利(1917/1965,p.108)

儿童在传统教育环境中享有极少的选择。然而,研究表明,儿童在教学中享有越多的控制感,他们的表现就越好。蒙氏课堂基于个人的自由和选择,自由和选择须对个人和社会有益。儿童做出选择的部分原因是与引导他们获得所需的内在指引相联系的,这是一个值得实证研究证明的推断。到目前为止,我们已经考虑了什么样的环境和教师行为可以协助儿童做好选择。做出一个好的选择有三分之一出自儿童本身。如果一个人要做出好的选择,一定程度上的自律是必需的。在蒙氏课堂中,儿童被认为可以做好选择,部分源于儿童的个性已经通过专注而“正常化”了。专注来源于一些被称为执行功能的能力,这将是本书下一章的主题。

第四章　执行功能

教育的任务是让儿童游离的思想集中于某一事物上。如果目的实现，就好像儿童初见这个事物，充满热情、专心致志，寻觅多时终得一见……好像……将形成完整的人格。

——玛利亚·蒙台梭利（1994a，p.159）

传统教育的教师培训往往十分强调儿童的“行为管理”。这样做的主要原因是在传统教育体系中，对儿童行为的控制来自外部，如教师及其制定的规则。许多读者可能还记得自己读传统小学时的经历：教师一旦离开，教室就会一片混乱。在传统教室里是教师控制着儿童。

相比之下，蒙氏教育强调帮助学生实现自控，强调每个儿童都要对自己的行为负责。如蒙台梭利博士所说：

传统学校里，当人们进入教室时可以明显看到教师是课堂的绝对主角。教师必须先建立秩序，然后把她想要儿童学的内容灌输给儿童。在这里（蒙氏学校）不同的是，进步来自儿童自身。儿童自发学习，建构自己的行为，这种秩序随之成为发展的表现。（1997，p.154）

给儿童精心准备适合他们现阶段发展需要的环境，让儿童在其中自由选择，自控能力则会应运而生。蒙台梭利博士和她的合作者们巧妙地发现了这些需要，并创设了相应的环境。重复前一章所引用的话：“智力活动的自由是内部秩序的基础。”（Montessori，1917/1965，p.108）

蒙台梭利博士的书中有几则故事，讲述了即使教师不在教室里，儿童在教室里仍如平常那样做自己的事（见 Montessori，1946/1963，pp.62-63）。例如，圣洛伦佐（San Lorenzo）的第一所蒙氏学校里，当教师迟到时，儿童就请求门卫开门让他们进教室。还有一次，一位访客在假期访校时也看到了同样的景象。1915 年旧金山世界博览会期间也发生了这种情况，直到今天，这种情况仍在发生。例如，达拉斯（Dallas）一所学校的校长告诉我，数月前，她需要找小学低年级的一位教师谈话，就去了教室。儿童正忙着“工作”，教师不在教室里。校长以为教师只是离开一会儿就走开了，但早上发生了两次这样的事情，最后校长问儿童：“你们见到某某教师了吗？”儿童回答：“没有。

她今天还没来。”虽然让儿童“工作”的教师没在场,但是儿童的行为并没有因此改变。在蒙氏教育中,行为控制来自儿童自身,也就是自控。

自控与自律、情感管理以及心理学家所说的“执行功能”同属一家(Blair & Raver,2012;Müller & Kerns,2015)。执行功能特指实现目标导向行为的过程。这些执行过程允许我们制定和执行计划,控制我们从事其他行为的冲动,这些行为目前可能很有趣,但与长期或更重要的目标不一致。心理学对执行功能的研究已有较长历史,最近在儿童发展研究方面逐渐突显。因为我们发现执行功能(或自我控制或自我调节)是对生活结果做出预测的重要指标,比智商更为重要,远远超出父母收入和受教育程度等关键影响因素。

执行功能有时也称为“前额叶过程”,因为前额叶皮质受损会引起执行功能的下降。一个著名的例子发生在1848年。一位名叫菲尼亚斯·盖奇(Phineas Gage)的美国铁路工人被铁棒击穿头部,从前额左侧穿过前额叶皮质形成一个洞。幸运的是,他活了下来,但是却跟以前大不相同(至少最初是这样的,见MacMillan,2000)。他之前沉默少言、有礼貌,事故之后变得狂暴、粗鲁、好攻击。他似乎不能抑制或者控制这些冲动。盖奇的例子说明前额叶皮质对于执行功能很重要。前额叶皮质也是大脑中最后成熟的区域,到25岁左右逐渐发展完成(Casey,2015;Kawakubo et al.,2011;Sowell,Thompson,Holmes,Jernigan & Toga,1999)。有趣的是,蒙台梭利博士的四个发展阶段正好是在24岁达到峰值(Grazzini,2004)。

蒙台梭利博士认为学校教育不是传递信息,而是对“生活的帮助”。这就是为何蒙氏教育将发展执行功能视为重中之重。然而,本书第一版和第二版撰写时,对执行功能发展的研究并不多,不足以另设一章做介绍。不过这些年对这个领域的研究陡增。因此,本章我将先整体介绍执行功能,它可以预测什么,又可以被什么预测,包括电视对其产生的负面影响。接下来,我将讨论蒙台梭利博士关于深度专注的理论,其中又包括了蒙氏教育中的个人倾向,以及在蒙氏学校如何促进专注。在最后一节中,我还将讨论关于成人和儿童正念的最新研究,并指出蒙氏课堂是如何体现正念原则的。研究表明,与其他类型的学校教育相比,真正的蒙氏教育提高了儿童的执行功能。这方面的研究在本书第十一章中有所描述。

一、心理学和教育研究中的执行功能

从形式上来看,执行功能是指有意识地、自上而下地控制行为、思维和情感所需的认知过程,以及与涉及前额叶皮质神经系统相关的过程(Müller & Kerns,2015,p.571)。执行功能涉及多个过程,心理学家通常特别关注其中三个方面(Miyake,

Friedman，Emerson，Witzki & Howerter，2000）：抑制（思想或行为）、工作记忆（涉及从记住信息到使用记住的信息的过程），以及转换（例如，从遵从某一套规则转为另一套规则）。当然，还有其他执行功能。有时人们认为这一功能还包括计划，而我认为还应包含专注（见 Garon，Bryson & Smith，2008；Petersen & Posner，2012）。事实上，我认为意志的抑制（或者兴奋）是所有执行功能的核心：我们选择关注和做什么，激发某些想法或者行为，同时抑制其他想法或者行为，这样的抑制（或激发）是所有执行功能的核心（见 Logan，Van Zandt，Verbruggen & Wagenmakers，2014；Miyake & Friedman，2012）。当信息在工作记忆中保持活跃和转化时，我们愿意主动去关注它，让它保持活跃，并转化它。而我们抑制某种行为或想法时，我们会抑制神经兴奋。比如让我们不去想"白熊"这一要求很难做到（Wegner，1989），这是因为为了记住这条要求，我们会激活与"白熊"相关的神经元，但是为了遵守这条要求，我们同时还得努力抑制与"白熊"相关的神经元。

二、执行功能的发展

执行过程的发展比较漫长。我们可以在婴儿身上看到情感自我调节的早期痕迹。例如，当一岁的儿童感到伤心时通过转变注意力他就会渐渐平复情绪，比如找到一张毯子或吮吸大拇指。皮亚杰所提出的"A 非 B"错误的消失是执行功能发展的另一个里程碑。皮亚杰"A 非 B"错误指的是，反复在 A 布下找到物体的儿童，会继续在 A 布下找物体，即便儿童看到物体放置到 B 布下，还是会继续在 A 布下找该物体。这一错误通常在儿童大约 12 个月大时消失。戴蒙德（Diamond）有力地证明了前额叶的发育是一个重要因素（见 Diamond & Doar，1989）。执行功能在学前时期持续发展（Carlson，Zelazo & Faja，2012；Müller& Kerns，2015）。当学前儿童感到情绪低落时，他们会学会控制脾气，在玩捉迷藏游戏时也学会躲起来。执行功能的发展还会持续到青少年时期。青少年的冒险行为是执行功能尚不完善的标志。冒险行为可能是因为脑部的奖励中心[深层结构，例如杏仁核（附着在海马的末端，呈杏仁状，是边缘系统的一部分，是产生情绪，识别情绪和调节情绪，控制学习和记忆的脑部组织）]比前额叶结构更早成熟。待到 20 多岁，前额叶结构发展成熟了，个体就不再做具有高风险但可能有回报的事（Casey，2015；Luna，Paulsen，Padmanabhan & Geier，2013）。

执行功能概念比较抽象，理解这一概念的一种方式是从它的测量方法入手。其测量方法有实验和调查两种。著名的一项对成人进行的实验测量是斯特鲁普任务。该任务将表示颜色的词打印为与该词所指色彩不同的颜色。例如"蓝色"一词用红色字母打印。被试需要说出字母的颜色，而不是读出那个单词，抑制了成人阅读单词时的先验反应。另一个执行功能测试是逆向工作记忆。该测试要求被试逆向重复所看到的一列字母、单词和(或者)数字。对儿童进行测量的一种任务是"熊或龙"的任务,任务中的儿童必须做熊说的事,而不是龙说的事(Murray & Kochanska,2002);这个任务和其他任务就像"西蒙说(Simon Says)"游戏。另一个很有名的任务是"棉花糖任务"。该任务给儿童提供两盘棉花糖进行选择,其中一盘的棉花糖多一些。如果儿童等待实验者回来,就可以得到多一些的棉花糖;如果儿童摇铃让实验者提前返回,则得到少一些的棉花糖(Mischel,2014)。调查测量可能询问接受调查的人(如果是幼童的话,会问儿童的家长和教师),哪些描述符合他们的特点。例如,有问卷(Goodman,1997)在执行功能相关问题部分采用"坚持到最后""注意力坚持时间长"和"容易分心、走神"(后者反向计分)的描述。

近年来对这些过程的研究陡增,主要是因为执行功能可以极大地预测成功人生的多个维度。下面来看看这方面的研究。

执行功能预测什么

执行功能能预测成功人生的衡量标准以及特定的认知和社会结果。例如,棉花糖任务中,4岁儿童选择等待从而得到多一些棉花软糖,可以预测儿童10年后的社交能力(Mischel,Shoda & Peake,1988),高中毕业时的SAT成绩和其他执行功能测试(Mischel,Shoda & Rodriguez,1989;Shoda,Mischel & Peake,1990),甚至他们30多岁时的体重(Schlam,Wilson,Shoda,Mischel & Ayduk,2013)。

许多研究专门关注执行功能对学业和认知结果的预测。通过儿童在一系列执行功能测量中的表现预测其认知功能(Blair & Razza,2007)和学业成就(如Bull,Espy & Wiebe,2008;Cameron et al.,2012;Duncan et al.,2007;Kim,Nordling,Yoon,Boldt & Kochanska,2013;Röthlisberger,Neuenschwander,Cimeli & Roebers,2013)。儿童早期的自我调节水平可以较好地解释低收入家庭的儿童与中产阶级的儿童之间的成就差异(Fitzpatrick,McKinnon,Blair & Willoughby,2014)。在20世纪60年代一项有名的佩里学前项目研究中(Perry Preschool Project),人们对低收入家庭的儿童的智商在项目结束后没有得到持续增长这一事实感到非常担忧。然而,其他长期效益表明该项目对自我调节有持续影响。例如,干预组的辍学率和少女怀孕率均低于对照组(见Heckman & Kautz,2012)。自我调节似乎也对低收入家庭的学前儿童的学业成就起到促进作用(Raver,Jones,Li - Grining,Zhai,Bub & Pressler,2011)。

20世纪70年代初,一项关于儿童早期的执行功能对成功人生的预测作用的大型研究跟踪了1000名出生于新西兰南岛东南岸港市达尼丁的儿童(Moffitt et al.,2011)。该研究通过三种方式测量了这些儿童在儿童期的自控力。首先,家长和教师在儿童

5岁、7岁、9岁和11岁时对儿童的冲动、多动、缺乏坚持、注意力不集中和冲动性攻击这几个方面进行评级。其次,待儿童年长些,让儿童就上述几方面给自己评级。此外,当儿童在3岁和5岁接受研究测量时,研究者会观察他们的行为,并对他们的自我控制程度进行评级。所有的上述数据都是高度一致的,并在统计上被合并为一个反映儿童自我控制的变量。之后,研究者探究这一变量的数据与被试32岁时的一系列结果之间的关系。由于自我控制在儿童时期因性别(女孩更多)、社会经济地位和儿童智商而不同,因此所有的这些变量在预测模型中都进行了统计控制。

首先,体检测量和实验室对心血管、呼吸、心理健康特别是抑郁症的测量反映出:儿童期的自控力能预测后来的健康状况。例如,那些儿童期自控力差的被试在32岁时患抑郁症的风险更高。其次,儿童期的自控力可以预测被试32岁时的经济状况。具体来说,它预测了被试是否存钱、是否有自己的房子、是否有投资计划以及是否存在信贷问题。对于32岁有一个或者更多孩子的被试而言,儿童期的自控力还可以预测他们是独自抚养孩子(消极地)还是与伴侣一起抚养孩子(积极地)。儿童期的自控力比社会阶级出身或者智商更能预测这些因素。第三,儿童期自控力差的被试在32岁前犯罪的可能性更高。此外,所有的这些发现显示了自控力的梯度变化。即使将被诊断为多动症(ADHD,常跟执行功能弱有联系)的患者和童年期的自控力非常低和非常高的其他被试排除在样本之外,每次他们的自控能力的提高都预示了各项测量项功能水平的提高。在英国对双胞胎进行的一项大型研究也有相同的发现。早年执行功能水平低的双胞胎随着时间的推移会表现得更差(Moffitt et al.,2011)。总之,执行功能对后来的人生结果无疑是重要的。

此外,自控力更强的儿童在各方面的测量中也表现出更积极的社会行为(Eisenberg,Smith & Spinrad,2011)。例如,一项研究获得82位学前儿童在自我调节的四个维度上的教师评级。每个维度包含多个项目:集中注意力(如"画画或者涂色时,注意力高度集中")、注意力转移("按要求开始新的任务")、抑制控制("按要求降低声音")、冲动反转("有时打断他人讲话";Cumberland - Li,Eisenberg & Rieser,2004)。研究约一半的样本还获得了家长对这四个维度方面的评级。此外,儿童提名选出了三名友善、合作的同学,让他们给每位同学就亲和性评级。教师还使用了一个包含20个项目的量表,对儿童的亲和性进行评价,量表项目含有如合作、热心和大方等方面。

研究发现,教师给的儿童亲和性评级与儿童自我调节的评级之间有很强的相关性。越能调节自己注意力和行为的儿童,教师认为其越大方、热心和善于合作等。当然,有人会争论说,自我调节的这些测量项目是教师喜欢的品质,自然对所有的这些结果都产生光环效应(halo effect)。家长和同学的评级可以回答这个问题。教师对儿童控制注意力的评级与儿童的同学给出的亲和性评级之间密切相关,同学给的亲和性评级甚至与家长对儿童集中注意力和控制冲动的能力的评级之间有更密切的关系。这些相互关联不是光环效应就可以解释的。因此,虽然可能会有光环效应,但是结果是一致的,即自我调节能力强的学前儿童也被他人视为更加热心、善于合作等。

对学前儿童的研究结果与大量其他研究结果一致,这些研究结果表明,小学生甚至成人都有类似的情况。情绪调节能力与小学的心理调节、适宜的社会表现、同理心、同情和亲社会行为呈正相关(Eisenberg et al.,1995,1996,1997,2001,2004,2011;Riggs,Jahromi,Razza,Dillworth - Bart & Müeller,2006;Rothbart,Ahadi & Hershey,1994)。相反,执行功能弱与品行障碍、欺凌和违法行为相关(Riggs,Jahromi et al.,2006)。

心理学家玛丽·罗斯巴特(Mary Rothbart)认为,执行功能与积极人格特征之所以有关联,某种程度上是因为个体需要努力控制自己的情绪和想法,以考虑他人的情绪和观点。出于同样的原因,抑制控制可能与对他人信念理解的评估任务显著相关(Carlson,Moses & Hix,1998;Devine & Hughes,2014);在这种情况下,个体必须抑制自己对现实的理解。事实上,许多研究表明,执行功能与社会认知(Müller & Kerns,2015)或者预测和解释心理状态的能力之间存在着密切的关系,而心智状态又反过来可预测社会能力(Wellman,2014)。此外,与罗斯巴特的观点更为相关的是,社会能力通常涉及为了维护关系的利益而抑制个人的言行。如我可能真的很想吃同伴的巧克力蛋糕,但是我不会去拿。

自我调节与积极社会行为之间有关联的另一个可能原因是执行功能的注意力方面。注意力是自我调节的一个关键方面(Ruff & Rothbart,1996),因为注意力意味着调节一个人的思想。

研究表明,人们集中注意力时会有愉悦感。这种积极情绪可能引发更好的社会行为。基林斯沃思(Killingsworth)和吉尔伯特(Gilbert)(2001)用iPhone手机的应用程序调查了来自83个国家的2000多人。该程序随机询问受访者一天中的各个时间点在做什么,有什么感受,包括明确询问他们是否在思考当前正在做的事情以外的事情。两位研究者发现,不专注于当前的活动预示着不快,时间间隔分析表明精神恍惚导致不快,而不是不快导致精神恍惚。工作场合也是如此。根据报告,聚精会神时最常见的情绪状态是愉悦(Mark,Iqbal,Czerwinski & Johns,2014)。人们专心致志地做事时会感到开心,而开心可能导致更佳的社会表现。

这与蒙台梭利博士的描述是一致的:“当儿童开始对活动感兴趣并发展自我时……活泼快乐……相互尊重和喜爱”会显现出来(Montessori,1917/1965,pp.93-94)。总之,文献资料表明,自我调节能力可以预测许多积极的特征,包括更好地认知、社会和生活技能、幸福感增加和攻击性降低。

三、什么可以预测执行功能

首先,执行功能具有强大的潜在遗传基础,即使在儿童时期(Engelhardt,Briley,Mann,Harden & Tucker - Drob,2015),当心理特征的遗传效应通常是最弱时也是如此。然而,经验会对执行功能产生积极和消极的影响(Diamond & Lee,2011;Rueda,Rothbart,McCandliss,Saccomanno & Posner,2005;Thorell,Lindqvist,Nutley,Bohlin & Klingberg,2009)。用于改善执行功能的技巧被归为"正念",即关注眼前所发生的事。这些将在本章末尾讨论,它们与有些蒙氏教育实践有着有趣的联系。除正念外,也有其他的训练模式。

对猴子进行注意力训练(特别是训练猴子用操纵杆准备太空飞行),也可以减少猴子的攻击性行为,甚至改善其在训练环境外的自我调节能力[①]。众所周知,圈养的非人灵长类动物难以相处,其被描述为是多动症的自然模型。训练它们完成持续注意力的任务不仅可以提高它们的注意力,还可以总体改善它们的行为(Rumbaugh & Washburn,1996)。

类似的训练也对儿童开展过。例如,在一组研究中,四岁和六岁的儿童在五天时间内参加了九次训练(Rueda et al.,2005)。其中一次练习是让儿童用操纵杆将屏幕上的猫从泥地移到草地,草地的面积逐渐缩小。另外两项任务分别是将猫移出迷宫、找到食物和抓到雨伞、给猫撑伞。冲突任务要求儿童按键指出鱼儿朝右还是朝左;鱼儿有时面对相反的方向(冲突),有时面对相同方向(一致试验)(这类任务被称为侧翼任务)。这项培训仅仅开展了五天后,四岁儿童在新冲突任务中的表现就有了明显的改善。总的来说,计算机化训练研究是有效的,尽管训练并不总能迁移到训练内容以外的任务(Diamond & Lee,2011)。我也想问,在所有条件相同的情况下,人们更愿意通过上述人工任务发展儿童的注意力技能(如刚才所描述的那些)呢?还是通过实用的任务如擦洗桌子,来发展儿童的注意力技能呢?

学校课程有时可以提高执行功能。其中,一个为人熟知的例子是PATHS(Promoting Alternative Thinking Strategies 即促进变通思维策略)课程。在该课程中,儿童学习了一些调整情绪的实用策略,如深呼吸和在情绪情况下考虑替代性反应等(Kusché & Greenberg,1994)。7到9岁的儿童在接受了一年该课程的学习后,其执行功能明显优于对照组的儿童(Riggs,Greenberg,Kusché & Pentz,2006)。另一个受到关注的学校课程是思维工具,它要求儿童提前说出假扮游戏计划并进行练习,例如在同伴阅读时捂住耳朵或嘴巴,并用符号表示他们的角色(Bodrova & Leong,2007)。虽然一些初步的结果很有希望,但随后几次大型的尝试都失败了(见 Lillard,2015 文献

① 2004年4月20日,与David Washburn的个人交流。

中的讨论）；只有一个无干预的对照组显示出积极的结果（Blair & Raver，2014），无法复制的原因尚不清楚。蒙氏教育也被证明提升了执行功能，如本书第十一章所讨论的，而这些结果已被反复验证。

进一步的研究表明，基因与训练相互作用，导致执行功能任务的改善（Söderqvist，Matsson，Peyrard - Janvid，Kere & Klingberg，2014）。不出所料，集中注意力或集中注意力的练习在神经系统的变化中得到了证明，这些变化不仅支撑着练习，也支撑着行为（Klingber，2014；Rueda et al.，2015）。

除了某些活动可以改善执行功能以外，其他有些经历却会产生损害作用，例如看电视。

电视与儿童的执行功能

越来越多的研究关注观看电视与注意力缺乏甚至多动症（该症与基因也有关）的关系（Li，Sham，Owen & He，2006）。美国儿童平均每天看电视的时长大约为四个小时（含DVD、流媒体和其他形式的动图；Tandon，Zhou，Lozano & Christakis，2011）。虽然并非所有的研究都发现电视看得越多，执行功能越低，但最近的元分析表明（Nikkelen，Valkenburg，Huizinga & Bushman，2014）大多数研究都发现了这一关联（例如：Jolin & Weller，2011；Nathanson，Alade，Sharp，Rasmussen & Christy，2014；Pagani，Fitzpatrick & Barnett，2013；Swing，Gentile，Anderson & Walsh，2010；Zimmerman & Christakis，2007）。某些类型的电视内容明显与低执行功能相关，例如娱乐节目和暴力节目，但教育类节目除外（Zimmerman & Christakis，2007）。另有研究显示，一岁和四岁的儿童观看成人节目而非儿童节目，预示儿童四岁时的执行功能较低（Barr，Lauricella，Zack & Calvert，2010）。相关联系不能解释原因（可能有一个研究没有控制的“第三个变量”，它与电视和执行功能有关），而且让儿童在早年观看暴力电视、娱乐节目和成人导向的电视节目是违背伦理的。在这种情况下可以采用动物研究模式，一项使用小鼠模型的研究验证了二者的因果关系（Christakis，Ramirez & Ramirez，2012）。研究者给笼中幼鼠每天播放6个小时的动画频道音频。为了模拟电视的视觉效果，研究者让闪光灯随着音频变化颜色。如此这般42天后，停止播放音频和使用闪光灯，让幼鼠过了10天的正常的笼中生活。然后让幼鼠完成一系列的认知任务。与对照组幼鼠相比，有模拟电视经历的幼鼠呈现了类似多动症的症状：它们在开阔场所过度活跃，过于胆大，短时记忆较差，学习能力受损。

我的实验室的研究为看电视与执行功能之间的联系提供了可能的解释。我们在找寻一个可能让儿童表现更好或没那么好的电视节目，用于观察是否观看令人讨厌的节目会让儿童变得烦人。为此，我们想在同一部电视剧中找人物角色时而友善，时而粗鲁的片段，但是我们遇到了困难，没法找到角色友善的电视节目——角色尖酸刻薄更为常见。我们最终选择《海绵宝宝》来展示完整的行为。

接下来就是筛选某些用于实验刺激的特定情节，这意味着我们需要在实验室里看数小时的《海绵宝宝》。一段时间后，我发现自己难以集中注意力，我开始猜测幼童看了这些视频后会怎样。弗吉尼亚大学一位名叫詹尼弗·彼得森(Jennifer Peterson)的学生也对此感兴趣。我俩展开了一项研究，在研究中60名四岁的儿童要么观看《海绵宝宝》，要么观看《卡尤》(一个关于一位小男孩的慢节奏写实节目)，要么画画。之后，我们对儿童进行四次执行功能的标准测试。结果显示，观看《海绵宝宝》的儿童，其执行功能明显低于观看《卡尤》或者画画的儿童的执行功能(Lillard & Peterson, 2011)。

可能是《海绵宝宝》的责任吗？有可能与它的呈现节奏相关。《海绵宝宝》的故事发展节奏很快，仅仅为了跟上故事发展，就有可能造成儿童的前额叶资源枯竭。另外，可能与节目内容是虚构的有关。《海绵宝宝》和许多动画片里发生的事一样，并不会在真实世界里出现，也不可能出现诸如人穿墙、盒子里涌出源源不断的猫粮、会说话的海绵在海底开车的景象。另一个实验中，我们用一个快节奏而真实的节目，一个慢节奏而真实的节目，一个慢节奏而虚幻的节目和《海绵宝宝》(快节奏而虚幻的节目)将节奏和虚构元素相互对立。让我们吃惊的是，即使是慢节奏的虚幻节目也会导致执行功能下降(Lillard, Drell, Richey, Boguszewski & Smith, 2015, 实验3)。快节奏而真实的节目却并非如此。这些研究表明虚幻信息可能对幼童无益。这样的研究不止这一个，其他的将在本书第六章进一步讨论。

总之，执行功能及其形式，从注意力控制到自我调节，对儿童的成就有重要影响，是可以通过适当的环境和输入进行训练的，也是容易被损害的。虽然蒙氏教育可能影响执行功能的许多方面(如本书第二章里所描述的红棒的延展练习，考验工作记忆)，但是蒙氏教育的重心是集中注意力。

四、蒙氏教育中的专注

与其他类型的课堂相比，蒙氏课堂突出的特点之一是无论教师监督与否，儿童都能长时间地专心致志地做他们的事。起初，蒙台梭利博士也为此感到惊讶。她写道，有一天，当她在圣洛伦佐的第一所蒙氏学校里：

> 我碰巧看到一个大约3岁的小女孩正聚精会神地玩一套实心教具，将木制圆柱体拿出来又放回去。儿童脸上的专注表情是如此奇特，在我看来，这是一种非同寻常的表现，到目前为止，还从未有儿童对事物有如此持久的专注。(Montessori, 1917/1965, p.68)

这样的专注后来在另一位儿童身上显现，而后又是另一位儿童。这是蒙氏教育理论里最重要、最独特的内容之一：将注意力的发展作为教育的核心。这节我先讨论这个理论，然后解释该理论在课堂上的运用。

（一）蒙台梭利教育理论

蒙台梭利博士认为在精心准备的环境里自由地做有益的选择可以发展儿童的积极人格特征。在前面的情景描述后，她写道："每次出现这样的凝神专注，儿童就开始完全改变，变得更平静、更聪明、更豁达"（1917/1965，p.68）。这就让人想起传统学校里专注力和自我调整与积极性格特征之间的联系。蒙台梭利博士借用人类学的一个术语，"正常化"描述此变化。正常化主要指"成为一名有贡献的社会成员"（Shaefer Zemer，2006；也见于维基百科中"社会学"词条）。

1.正常化

蒙台梭利博士相信，她的教育方法可以让儿童回归到他们的真实本性，或者儿童的正常状态，不受干扰。她将一个儿童的正常状态描述为"智力早熟，学会克服自我并平静生活的人，一个喜欢有序任务而不是无所事事的人"（1966，p.148）。蒙氏理论认为，儿童能够在预备好的环境中自己做选择时，人格正常化就自然发生了。在这样的环境里，儿童开始集中注意力。

> 正常化通过对某项工作集中"注意力"而产生。为此，我们必须为儿童提供适合他们兴趣的"活动动机"，引发他们的深度注意……*让任务能够引起兴趣，吸引儿童的整个人格，这是最基本的*。（Montessor，1967a/1995，p.206；斜体部分来自原文）

重要的是，让儿童自由选择，而不是像传统学校教育或者某蒙氏学校要求儿童做"特色活动"（Specials，本章后面将讨论）那样，被迫按照教师要求（除非确实必要）行事。儿童需要学会聆听自己的发展需要，跟随内心向导，做出选择。专注有助于儿童正常化，正常化后，儿童可以做出更好的选择，因为他们"了解"自己的需要。

> 我们所需要做的是释放儿童成长的能量，就那么简单。这不是通常所说的给儿童自由。如果自由是发展儿童离经叛道的行为，那么自由对儿童有何意义？当我们谈及教育自由，我们指的是创造能量的自由，这是生命对个体发展的推动，而不是如炸弹爆炸那样的偶然能量。它有一个指导原则，即精细而无意识地指导，目的是培养一个正常的人。我们提到自由的儿童时，我们想到的是这种能量必须是自由的，才能很好地建构这些儿童。（Montessori，1989，p.12）

虽然儿童有“内心向导”这事儿听起来很神秘，但是发展心理学的研究确实显示：幼童自由选择时，可以在某些类选项中做出明智的选择。首先，他们选择优化自己发展的教具，有选择地关注到刚好高于其当前能力水平的教具。这之前被称为*适度差异假说*，如今更名为金发姑娘效应。基德等人（Kidd，Piantadosi和Aslin，2014）对此这么解释：

> 例如，想象为完成一场不熟悉科目的开卷考试，在一个巨大的图书馆里随机翻阅图书，一个变通的策略是将注意力集中到与刺激本身直接相关的属性上，或许可以通过主动分配注意力，留意对学习最有用的声音教具。（p.1796）

基德和同事通过一系列研究发现，婴儿的注意力是倒U型函数，婴儿自由选择时，会忽视过于简单（这里指高度可预测的）和过于复杂的（对于正在发展的系统来说，它可能是随机的）教具，而注意刚刚好的信息，也就是中等水平的挑战（可能性适中）的信息。这样的注意特征在婴儿群体和个体中都可以看到（Piantadosi，Kidd & Aslin，2014）。因此，婴儿自由选择时，会注意有助于他们向更高水平发展的刺激，而不是已知的或者未知的刺激，从而节省他们的加工资源。“在视、听方面，婴儿间接地寻求保持中等水平的信息吸收，避免在过度简单或者过度复杂的事件上浪费认知资源。”（Kidd et al.，2014，p.1802；又见Gerken，Balcomb & Minton，2011；Kidd et al.，2012）儿童做出这些选择是因为他们在一定程度上对这些信息感兴趣，这指向了生物驱动的兴趣，这方面的内容将在本书第五章讨论。

当新教具恰好高于但不是远远高于儿童的现有理解水平，儿童（和成人；Kang at al.，2009）实际上学到的最多（Kuhn，1972；Turiel & Rothman，1972）。儿童容易模仿比自己年龄稍大的人，而不是比自己年长许多的人（Hanna & Meltzoff，1993；Ryalls，Gul & Ryalls，2000；见本书第七章），没有外部奖励时，儿童会选择更具挑战性的任务（见本书第六章）。这两方面都表明：儿童的内部引导指引儿童选择对他们目前学习最佳的事物。

心理学家发现自由选择情况下的健康选择与营养有关。缺乏矿物质的人有时会食用黏土，可以选择食物的小鸡会选择那些最促进生长的、能维持正常体温和实现最高活动水平的食物（Rovee - Collier，Hayne，Collier，Grieser & Rovee，1996）。同样，幼儿似乎也能自然调节自己的卡路里摄入量，吃高热量零食后会转而选择低热量零食，减少卡路里的摄入（Johnson，McPhee & Birch，1991）。家长如果介入这些自然倾向，告诫儿童清空盘子，提供不良的食物选择，那么健康食物摄入就遭到破坏（Frankel，Hughes，O′Connor，Power，Fisher & Hazen，2012）。

蒙台梭利博士相信，同样的原则也适用于让儿童做关于心理发展的选择。儿童只有在积极的选项的环境里，会自然地参与到他们需要发展的活动中去。“人格建构的中心是自由工作。”（Montessori，1917/1965，p.108）在一个准备妥当的环境中，也就是说提供积极选择的环境中，正常化（通过专注）的儿童将从这些选择中获得他们所需要的。

心理学研究尚未解决注意力如何影响选择的问题，例如，人们专心致志地工作一段时间后是否会做出更好的选择。但是我们的确知道，持续注意*单调枯燥*的任务会造成选择变差（Xiao，Ma，Lv，Cai，Teng，Xu & Chen，2015），蒙台梭利博士看到儿童专注于真实的（而非枯燥的）工作，会变得充满活力，更像是一种沉浸体验：

> 为了确保这种（聪明的）态度和人格发展的继续进行，每天有必要完成一些*真实的任务*。因为通过完成整个活动和有方法地集中注意力，儿童发展出平静、韧性、适应性和完成更高级别行为的能力，例如服从行为。（Montessori，1917/1965，p.105）

在蒙氏教室提供的环境里，自由的儿童有了一系列反应，蒙台梭利博士的文章中有提到那些反应。她的儿子马里奥·蒙台梭利（Mario Montessori）将那些*人类倾向*编写成册，于1956年发表。这些资料被视为蒙氏教学培训课程的重要内容（也见Sackett，2012；Stephenson，2000）。

2. 人类倾向

蒙台梭利博士认为，专注可以激发健康的心理特征。她认为那些心理特征是人类的自然状态。*人类倾向*是人性的表现，是为了满足人们对食物、住所、衣服和交通的物质需求而进化出来的。当儿童在准备好的环境里获得自由时，当他们开始集中注意力时，蒙台梭利博士看到了人类倾向。在小学教室里，儿童最先参与的活动是日常生活练习和感官练习。这些活动常常激起最初的深度关注，从而激发人类倾向，进而引起对注意和行为的控制，显示出强大的执行功能。人类倾向的分组方式会导致它们在数量上的一些变化。我在这里将其表述为11种人类倾向：

（1）人类像其他生物体一样，喜欢*探索*环境，获知方位和事物的运作。这一倾向源于寻找食物和住所这两种最基本的需要。我们借助感官探寻环境。婴儿在房间里爬来爬去，儿童探寻教室和教室里的教具，例如，尝试用不同的方法倒水。我们很好奇，想通过探索来熟悉环境。

（2）伴随着这种探索倾向的是积极、*主动*和*工作*的倾向，包括*用手工作*。人们搬家是为了改善自己的处境，满足自己的需求和愿望。在所有文化中，人们用手来创造家园、交通工具、织物、工具和艺术。如果不搬家、不动手，我们就不能制作衣服、房屋，也不能收集食物。本书第二章讨论了运动与认知之间的联系，这是最基本的。

（3）我们辨清环境*方向*，所以我们有与外部空间相对应的内部地图。这让我们能够探寻并回到家。婴儿知道楼梯在哪儿，到哪儿能找到食物和他们的床。相似地，儿童学习教室的地图，知道不同类型的活动在哪里。定位、探寻和活动都是相关的。

(4)我们喜欢将事物*有序*整理，从环境的可预测性中找到乐趣。秩序是探寻与定向所必需的。如果我们每次遇到的环境不同，我们就难以确定方向。任何旅行都有开始、中途和结束。儿童参加蒙氏教育活动时，先要将教具从架子上取下，然后开展活动，最后要把教具放回架子上。每个蒙氏教育活动具有有序的执行模式，幼童通过成人仔细地介绍或者观察其他同伴，学习遵守这个顺序。儿童“倾向于围绕一个想法组织一系列动作，这就构成了一个明确的目标”(Montessori，1994a，p.6，也见本书第十章)。

(5)人类有用智力去*想象*、创造和发明的倾向。例如，想象让人类使用动物皮毛和植物纤维制造衣服。教室里的儿童想象用一种新的建设性方式来使用教具或者怎样用地球仪来代表地球。

(6)与想象密切相连的是人类*抽象化*的倾向，倾向于获取想法和重组想法，有时将想法具体化。感官教具支持抽象，让儿童感受体积、质量、温度、颜色、维度、纹理、声音等所有抽象品质，宇宙中每一个物体都是由这些品质组成的。因此，感官教具提供了通向世界的钥匙，为儿童把世上每件物品的每一个物理维度抽象化。

(7)人类的另一个倾向是*精确*。“有必要用一些确切的东西来激发儿童的兴趣。”(Montessori，1994a，p.107)这一原则既适用于精确地排列感官教具(如粉红塔)，也适用于严格按照步骤进行日常生活练习。除此之外，它还表现为使用正确的措辞表达概念、在精准的直线上砌砖来建房子，并执行数学方程。“如果我们给儿童提供一种精确的技巧，它会激发出巨大的内在力量，帮助儿童构建自我。”(Montessori，1994a，p.107)蒙台梭利博士描述了一位儿童正在清洁“一张桌子，他的小心程度与桌子上的灰尘量完全不成比例，儿童不仅擦干净桌面，还将桌角、桌角下、桌腿等擦了个遍”(1994a，p.54)。这位儿童表现出精确的倾向。请注意，自律是这种倾向的内在表现：个人在专注于某个特定目标并朝着这个目标努力时，抑制了所有可能实现某件事的替代方式。

(8)另一个倾向是*重复*，从而至臻完美(Kubovy，1999)。继续介绍前面提到的清洁桌子的例子，儿童擦完桌子后，又重新开始擦洗桌子。“儿童重新清洁桌子的目的与大人的不同，不是为了弄干净，而是有……内心目的……锻炼自己。儿童好像有通过操作物体形成自己的协调能力的本能……因为这是对一系列动作集中注意力的手段。”(Montessori，1994a，p.55)从一个儿童学习无辅助走路时不断跌倒又爬起来，到一个奥林匹克体操运动员努力完善双杠上的动作，我们可以看到人类通过重复来追求完美。

(9)重复中有着人类注意和*控制错误*的倾向。注意和控制错误对于把事情做得更好,把我们推向理想是必要的。蒙台梭利博士提到儿童将米倒入杯子这个寻常的日常生活练习的例子。教师用极慢的动作给儿童展示如何协调动作,完成任务。起初,儿童自然会将米弄洒,不过他们不断重复这个练习。"渐渐地动作得到完善,粒米未洒……这个练习的目的是帮助儿童完善动作……儿童就是他自己的批评家,力图控制错误,圆满完成工作。"(p.57-58)蒙台梭利博士提到,这就是蒙氏教室有易碎物品的部分原因。那些易碎物品就是最好的教师,促进儿童完善动作,因为如果他们不这样做,就会有严重的后果。物品提供反馈,帮助使用者控制行为,从而减少错误。

(10)任何社会里,人类都会*交流*。交流开始于婴儿早期,儿童变化哭声,表达不同的内心状态,之后渐渐地学会身边的语言。交流不是语言的同义词:我们也用面部表情和其他肢体语言进行非语言交流。

(11)最后,人类还趋于*自我保护*,甚至改善自己的处境。自我保护的核心是马斯洛需求层次的最低层次——我们对食物、住所和安全的需求。人类不仅想把拥有的好东西保存下来,还想寻找更好的住所、食物等。

当儿童在一个能满足他们需求的环境中获得自由时,这些人类倾向就会显现出来,儿童就会茁壮成长。注意力是与生俱来的,尤其是在重复、控制错误和完善自身行为中可以见到。上述倾向不会在儿童一进入蒙氏教室就显现出来。"无法无天、上蹿下跳、闹腾的熊孩子来我们学校时,我们只需等待,直到儿童的注意力集中在某一个外部物体上。"(Montessori,1994a,p.177)这一稳定的注意涉及有目的的动作,通常是动手进行某项日常生活练习,有实用目的,或者动手摆放某感官教具。"通过有实用目的的日常生活练习和感官活动,(儿童)成为自己动作、智力和感官的主人。"(Montessori,1994b,p.11)独立或者自己做每项活动,都很重要。"生气、不耐烦、反叛,这些都与无能力行动有关……当我们按照自己的意愿选择的行动被愉快而冷静地执行时,那些行为就会消失……通过这些练习,儿童能够计划和执行自己的行动。"(Montessori,1994b,p.4-5)蒙台梭利博士呼吁将注意力集中在一项困难的任务上,这项任务能让儿童"全神贯注……(让儿童)全身心地参与……*这是一项重要活动*"(Montessori,1956,p.83)。

如上所述,通过专注,儿童的人格得以正常化,这意味着他们的偏差和不良行为会逐渐消失,他们会变得更加友善,对工作更感兴趣(例如见Montessori,1994b,p.2)。根据蒙台梭利博士的观察,专注的儿童对他人友好,可以建设性地使用教具,而不是使同学分心或者滥用教具。研究表明,蒙台梭利博士的观察结果是很有价值的,特别是在当今这个充斥着控制注意力的电视和电脑的世界。

儿童在蒙氏教室里达到的注意力水平让人想起齐克森米哈利(Csikszentmihalyi,1997)提出的"心流"。当小学生忙于自己的活动时,教室可以变得"悄然无声"。其他的时候，儿童又像一群勤劳的小蜜蜂，嗡嗡嗡地四处走动进行他们的任务。小学教室很有可能会有儿童边工作边聊天，表现出多任务并行的能力和参与社会的需要。蒙台梭利博士认为，专注对儿童自己做出建设性选择至关重要。

（二）在实践中：蒙氏环境如何促进注意力集中

蒙氏环境至少通过三种方式促进注意力的集中：准备好的环境，包括提供有吸引力的教具（最初是日常生活练习和感官教具）；三小时工作周期（见图4.1）；并尽量减少可能干扰注意力集中的因素。

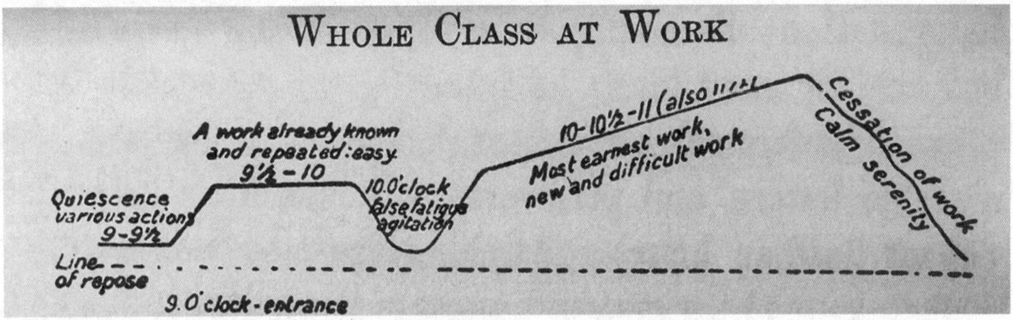

图4.1　蒙台梭利教室的活动周期。摘自：M.Montessori，1917/1965，*Spontaneous Activity in Education:The Advanced Montessori Method*（F.Simmonds，Trans.），New York:Schocken，p.98。

1.蒙氏教室的准备环境

蒙台梭利博士提到，她提供的有序环境包括具体类型的自我修正、动手实践，它们可以实现儿童正常化。

> 对古代教育学的各类演绎都源于“接受人格”的概念，即接受指示并被动形成的人格。但与古代教育学的分离是从“主动人格”的概念开始的，这种主动人格是由实验确定的刺激方式引发的一系列反应而发展起来的。（1917/1965，p.73）

刺激方式是什么呢？所有的蒙氏教具都是旨在深深吸引儿童的手和脑。本书第二章讨论了教具的实际操作方面，本书第五章将讨论教具对兴趣的激发。在小学教室里，吸引儿童注意力的初期教具是日常生活练习和感官教具，“一个有趣的物体，围绕这个物体的一系列运动，以及通过所做的动作集中注意力，是唤起儿童游离思维的最有效的方式”（Montessori，1994a，p.59）。

2.日常生活练习

在新建的蒙氏教室的第一阶段，教师使用集体活动来激发儿童的兴趣，例如一起拿着装有水的碗，不让水洒出，小心翼翼地抬椅子（Montessori，1994a，p.182）。通常儿天后,儿童就有兴趣了。一旦兴趣建立,教师就会给儿童单独呈现日常生活练习。另一种做法是,儿童初到教室,教师就单独给儿童呈现日常生活练习。本书第二章介绍了日常生活练习,并提到其经常引导儿童集中注意这一特点。例如,儿童可能会非常努力地清洁桌子,且在打扫完后又从头再来。虽然活动有直接的实用目的(把桌子擦干净),但是练习的深层目的是通过动手,发展心智,并在此过程中做到全神贯注。本书第二章和第十章讨论了日常生活练习的其他方面和目标。在这里,我主要讨论与执行功能密切相关的专注和精确的目标。

蒙台梭利博士指出:儿童看到大人的活动,也想跟着做。儿童自由玩耍时,会在儿童的世界里再现大人的活动(Lancy,1996;Lillard,2015)。儿童也喜欢关注自己周围的环境,并独立进行整理。然而,成人使用的工具往往因过大或过重而使得儿童无法使用。因此,蒙台梭利博士开发了适合儿童的工具。此外,成人的技巧对儿童并不总是适用的,所以蒙台梭利博士修改了技巧。她还使这些技术更加精确,因为她发现儿童喜欢精确地重现一系列特定的活动。另外,她指出,儿童喜欢有目的的活动,喜欢使用那些“召唤”他们使用的物体——部分原因是这些物体非常有吸引力,也因为它们能展示自己。例如,浅色的桌子在脏的时候需要擦洗。

这些原则都贯穿于日常生活练习。给儿童呈现一系列精准的步骤。例如,为了抛光一套黄铜小件,将所有必需的工具放入托盘,并将托盘放到桌子上。展开垫子,将抛光碗、上光涂布和抛光布按照特定方式摆放,在抛光碗中挤一定量的抛光剂等(图4.2)。在一些成人看来,这种精确性似乎是强迫性的,但是蒙台梭利博士认为,幼童喜欢这样的精确性,并且努力准确地重复这些步骤。心理学家最近进行的一项观察,引发了一波关于“过度模仿”的研究(如Keupp,Behne & Rakoczy,2013)。

> 这就好像儿童有一种本能,通过使用物品实现自己的协调……因为这是将注意力集中在一系列动作上的一种手段。对于儿童来说,活动的目的就是活动本身……这显然是在(儿童)内部发展出的某种东西。(Montessori,1994a,p.55)

因为儿童不断重复活动,如刚将黄铜物品擦亮,又接着重新再做,蒙台梭利博士认为儿童的目的是活动本身而不是目标。尽管如此,蒙台梭利博士仍然认为目标明确在日常生活练习中非常重要。集中注意力使儿童能够专注于目标下的精确动作,该目标与儿童关心环境和参与成人所做活动的需要相呼应。“行动是吸引儿童注意力的秘诀。”(Montessori,1994a,p.59)

图4.2 聚精会神地做抛光工作 照片由An Vu提供

3.感官教具

一旦儿童开始专注于日常生活练习，儿童（仍旧是2岁半到3岁）就可以使用感官教具了。（有趣的是，蒙台梭利博士看到的第一个专注的儿童，其专注的对象就是感官教具，而不是日常生活练习。）本书第二章也讨论了感官教具，特别是引入数学教具的小组。这些教具也会从兴趣（本书第五章）和秩序（本书第十章，同时还介绍了最近将感官识别技能与智商联系起来的研究）的角度讨论。这里，我仍将从集中注意力和精确的角度讨论这些教具。

感官教具抽象了世界的品质，将它们分离出来，让儿童获取通向世界的钥匙。通过感官我们可以接触到所有客观事物，因而感官教具为儿童提供了一个有组织地进入世界的框架。然而，这不仅仅是让儿童观察，而是让他们运动。运动是了解世界的途径，因为运动会促进自我发展。

使用教具也需要做到精确。例如，拿棕梯应该拿中间部位，而拿红棒则应该抓住末端部位。因为这些特定的抓持方式给儿童强调了每一种教具旨在透露的品质（Montessori，1994a，p.106）。教具的组织方式也旨在让儿童注意教具的核心品质。蒙台梭利博士和她的合作者按照儿童的反应精心设计了教具，旨在激发儿童的兴趣并提供足够的差异，让儿童领会这些品质。感官教具是“精心、准确地准备的教具，能够让我们动用智商，给我们提供了外部世界事物的一部分……让我们集中精力，给我们想法。”（Montessori，1994a，p.198）

随后，这些练习会吸引儿童的注意力，引导他们专注于能够解开宇宙中所有物体特征的运动。最重要的是让儿童在精心准备的环境中自由地做这件事。当儿童在精心准备的环境中专注于这两种类型的练习（日常生活和感官练习）以满足儿童的发展需要时,自我发展也随之发生(Montessori,1917/1965,p.81)。

4.三小时工作周期

根据定义,经常性的干扰会扰乱注意力。蒙台梭利博士认为,专注对于儿童聆听内心向导,做出正确的选择(如前所述的金发姑娘效应)而言是必需的。在上午和下午的三小时的学习时间内,每一次成人强行中断儿童自由选择的工作,都会降低儿童能够达到的注意力集中的质量。

在这方面,研究成人在工作场所遭遇打断的反应很有趣。对那些反应的研究表明,成人遭遇一次打断后,例如收到一封电子邮件后,通常会随之产生一连串进一步的、自我导致的分心(Iqbal & Horvitz,2007),平均需要23分钟才能恢复被中断的工作(Mark,Gonzalez & Harris,2005)。成人受到40%的干扰后就根本不会回到原来的任务(O′Conaill & Frhlich,1995)。

蒙台梭利博士认为,儿童需要足够的时间来钻研工作,集中精力,发展他们的内心向导。这段时间是上午的三个小时,这适用于所有层次的儿童。小学低年级的大龄儿童和小学高年级的所有儿童还需要在午餐后再增加两到三个小时的工作时间(Montessori,1971/1965)。

蒙台梭利博士绘制了儿童工作周期活动图(Montessori,1971/1965,p.97-108;见图4.1)。图中间的横线表示儿童休息,横线之上表示有序的活动,横线之下表示无序的活动(例如打扰他人)。Y轴(纵轴)越高,活动的强度越强。X轴(横轴)表示时间。

蒙台梭利博士是这样描述一个正常的周期的。先有约30分钟的准备工作时间。这个准备工作并不轻松,即使对完全正常化的儿童也是如此,例如它可能涉及使用活动字母箱。所以它远远高出休息线。半个小时的准备工作后,正常化的儿童将做一些非常困难的事,例如用两个小时撰写和朗侯命令卡。之后是简单的工作,例如看绘本。

然而,在正常化的早期阶段,情况会有所不同。半个小时的准备工作之后可能会有短暂的休息(可能在教室里走来走去看别人的作业,甚至可能会打扰到他们,从而陷入混乱),随后是1至2小时的具有高度挑战性的工作,然后是一段安静的时间,在此期间儿童会从工作中解脱出来。早些时候,蒙台梭利博士描述了一个可能未曾接受过蒙氏教育的儿童:

儿童进教室,沉默了一会儿,接着就去工作了。儿童活动图表中记录的曲线一路上升进入有序的区域。结果,儿童累了,他的活动变得混乱。活动曲线开始一路向下,穿过代表休息的横线,进入无序区域。这之后,儿童开始新的任务。例如,如果儿童先弄圆筒,再拿着蜡笔认真地工作一段时间,之后打扰他身边的同学,那么曲线就必然会再次向下走。他随后戏弄他的同伴,曲线仍处于无序区。儿童觉得无趣后,去拿铃,开始测量尺寸,变得专心致志。曲线再次上升至有序区域。但是一旦他结束活动,他就再也不知道该做什么了,于是他去找教师。(Montessori,1956,p.81)

蒙台梭利博士建议,在这段时间里,教师必须有信心和耐心,等待环境(包括教具)发挥作用,吸引儿童的兴趣,帮助儿童安排自己的活动。刚才描述的那位男孩操作音乐铃(见图3.1)是一个开始。儿童在教室里待一段时间后,就会开始独立采用正常化的工作周期。

蒙台梭利博士还提醒教师,不要被早期工作后出现的虚假疲劳所左右。儿童看起来疲惫,教师有可能想带儿童到户外去,但是事实上,重要工作还没有开始。蒙台梭利博士认为,真正的聚精会神不会让儿童疲惫,只会让儿童焕发活力。

值得重复的是,中断三小时工作周期是有害的。"日常活动设定数次中断会带来负面影响。他们对儿童说:'不要让自己长期做一件事,那样会让你疲惫。'"(Montessori,1967a/1995,p.241)蒙台梭利博士认为,儿童需要自由完成自己的工作,不受无故打扰。"人们有完成行动的强烈的必要愿望,如果这个愿望周期被打断,它就会显示出偏离常态和缺乏目的。"(Montessori,1948b/1967,p.57)蒙氏教师坚持三小时工作周期无中断。他们称,如果儿童知道一个小时后会离开教室去实地考察、去诊所或者有特殊的音乐课,儿童的注意力的质量就会有变化。探究蒙氏课堂有无中断(如有无大休息和特殊活动)与儿童的注意力集中程度之间的关系,是非常有趣的。

总之,在三小时工作周期内,不要求儿童放下工作,参加课外活动或者大休息。课堂参观也是打断注意和破坏聆听内心需求的外部因素。

5.课堂访客对集中注意力和选择可能造成的影响

蒙台梭利博士相信内部力量可以引导儿童知晓他们的需求,以此信念为支撑的实践有时让人们担心蒙氏学校教育。这个让人担心的实践是课堂参观最少化。许多美国家长想和儿童一起,传统学校的确鼓励亲密的家校伙伴关系,因为在传统学校,亲密的家校伙伴关系可以有更好的学生成绩。总的来说,蒙氏学校并非要阻止与家长的亲密接触。不过,蒙氏学校可能不愿家长在儿童专注的三小时工作周期内进入教室。

这样做与本章讨论的专注和后遗症有关。首先,访客(含家长)经常会问儿童在做什么、评价儿童的工作,或者甚至只是出现在那儿,也会打断儿童的注意力。因为我们的儿童聚精会神的状态不常见,所以访客可能不会注意到儿童正专注于他们的工作。或者访客可能没有意识到,专注对蒙氏教育是极为重要的。如果家长和其他访客进入蒙氏课堂,为了让干扰最小化,学校可能会要求访客安静地坐着,若非必要,保持沉默。这种做法让那些不理解原因的访客感到他们不受欢迎。

其次,家长可能有意或无意地,直接或者仅仅因为在场,影响儿童的工作选择。例如,他们可能直接或者间接地影响儿童选择参加某项活动,导致儿童所选的活动只是为了取悦家长,并非他自己内心想要的。如前所述,许多美国儿童并不乐意接受父母帮他们选择的,即使勉强为之,做得也没那么好(Iyengar & Lepper,1999)。

出于相同的原因,有些蒙氏学校不会定期给家长寄送儿童的作品,因为担心家长的表扬可能会让儿童更重视他们能向父母展示的工作,而不是他们不能展示的工作。例如,小学阶段的儿童可能突然喜欢描画铁制几何图形嵌板而不是棕色梯,因为他们的家人表扬了前者而不是后者(后者是没有带回家的作品),但在蒙氏教育中这两种活动对儿童的成长都是重要的。

家长影响儿童工作的另一个担心是家长可能不适时地关注错误。说不适时是因为那时对于儿童来说,重要的不是没有错误,而是其他的特征,例如儿童独立选择了那项工作并对它专心致志。例如,儿童原本抵制撰写关于早期语言的独创研究报告,最后却自愿选择这项任务,报告中可能有一些拼写错误。教师知道儿童会努力拼写,不过,目前的进步是儿童做了这项工作。教师知道儿童在学校里做的每件事,可以在这样的情形下评价儿童的工作。可是,家长只能通过儿童带回家的成品获悉儿童一丁点儿的学校生活。此外,家长对错误持有的态度是传统学校教育的态度。因为蒙氏教育旨在发展人格,错误不是中心问题;人们相信错误会自我修正,并且认为儿童自信地做好选择是其他发展的基础。

> 只要儿童好好使用教具,犯错有那么重要吗? ……对于儿童,重要的是发展他的勇气……重要的不是走第二步,而是努力迈出第一步! ……如果让儿童有勇气,他就会一次次重复练习,不断完善,他最初犯的错最终会消除。这就是为何教具如此精确! 为何技巧如此精确! 也是为何教具可以控制错误!(Montessori,1994b,pp.306-307)

家长对此不理解,经常担心错误。本书第六章将进一步讨论外部介入造成的负面影响。在蒙氏教育中,家长的介入可能扰乱儿童的内心向导,影响儿童对活动的选择。

总而言之,蒙氏课堂通过提供有趣的、动手实践的教具,融入三小时无中断的工作周期,以及将家长和访客的出现最小化这些做法,帮助儿童集中注意力。通过专注,课堂环境实现儿童的正常化。这样的正常化也来自儿童在准备的环境里自由选择活动。这些精心准备的活动最终促进其注意力集中,作为回应,儿童越发正常化,为自己的发展做出更多有益的选择。

五、正念与人类心理

与蒙氏教育理论中的专注和正常化直接相关的另一个研究领域是正念。正念即意味着充分关注当下的一切。冥想练习可以促进正念(Kabat - Zinn,1994)。冥想的形式多样,但可以归结为三种:

1. 将全部注意力集中在单一刺激上,如呼吸。

2. 允许想法在脑子里流动,不做任何评判,承认想法只是暂时的,仅仅是想法,并非自己。

3. 身心练习,如瑜伽和太极,包括在保持冷静和不加判断的同时进行特定的运动,并密切关注身体和心灵。

虽然正念研究仍处于初期阶段,方法的严谨性尚不稳定(Sedlmeier, Eberth, Schwarz, Zimmermann, Haarig, Jaeger & Kunze, 2012),但是越来越多的人认可,正念练习对人的注意力和情绪调节有积极影响(Tang, Hölzel & Posner, 2015)。执行功能的两个方面都与蒙氏教育和正常化概念有关。有趣的是,二战期间,蒙台梭利博士在印度实习的七年中就看到了这种联系。法国医生注意到法国病人会同时出现不规律心跳与“心理偏差”,而当病人的生活非常规律时,两个问题都消失了。医生还注意到印度瑜伽修行师没有上述问题。蒙台梭利博士在她的课堂上看到了与之相似的正常化的现象,她写道:“我们在儿童身上看到了这个现象。这就是一切的基础。”(Montessori, 1994b, p.299)

数项研究表明,正念练习会影响注意力和情绪调节。研究者也观察了与这些效应相关的神经变化。以下依次考查。

(一)训练注意力

研究表明,正念冥想可以改善执行功能,包括注意力(例如Hölzel, Lazar, Gard, Schuman - Olivier, Vago & Ott, 2011; Jha, Krompinger & Baime, 2007; Moore, Gruber, Derose & Malinowski, 2012; Tang et al., 2015)。例如,在一项研究中,80名选修冥想课程的本科生被随机分配到“身心一体化培训”(IBMT)或者放松控制组。IBMT培训官帮助被试达到放松的警觉状态,在这种状态下,被试的注意力集中在环境、自己的身体和精神状态上,这一培训每天20分钟,共持续5天(Tang et al., 2007)。干预前后,测量被试的注意力、智力和情绪调节。在短暂的冥想培训后,注意力的某一类型即冲突监控(使用之前描述的Flanker任务,又名侧翼任务)与前测以及放松培训控制组相比,明显提高。有趣的是,冥想组在瑞文推理测试的智力测试中成绩也有所提高。这只是众多表明正念训练可以提高注意力的研究之一。

(二)情绪调节和同理心

许多研究也显示,冥想对情绪调节(例如Jain et al.,2007)和同理心(Winning & Boag,2015)有积极作用。以上文描述的研究为例,冥想组的情绪调节也得到改善。首先,心境量表的纸笔测试中显示,冥想组在以下几个方面有显著改善:愤怒—敌对、抑郁—沮丧、疲劳—惰性、紧张—焦虑和活力—主动性。而控制组则没有改善。其次,在短暂的应激事件之后,生理应激指标(如皮质醇)在冥想中的调节比在放松时更好。其他研究也有类似发现(例如Teper,Segal & Inzlicht,2013),元分析表明受冥想影响最大的是情感和关系质量,这些影响由中到大不等(Sedlmeier et al.,2012)。

(三)神经变化

一些关于冥想的研究直接探究了冥想是否会改变大脑结构或者功能(例如Lazar et al.,2005;Moore et al.,2012;见Fox et al.,2014年的最新综述)。在一项使用脑电图(EEG)观察神经活动模式的研究中,申请选修正念冥想课程的人被分为两组,一组接受了这门课,另一组则被告知课程人数已满(Davidsond et al.,2003)。这是一个选择控制组,因为该组首先消除了冥想者的可能差异。虽然其他研究显示,冥想课程期间,冥想者的神经激活模式有差异,但是这项研究与众不同的是观察了人们上完冥想课程数月后的情况。冥想者(仍然在参加日常的冥想练习)当时左侧大脑比右侧大脑更活跃。这一模式是人们在冥想课程中的典型模式,通常被认为是"快乐模式"。据报告,休息时左侧大脑比右侧大脑更活跃的人健康状态更好,这大概是因为他们有更强的接近倾向而不是回避倾向(Urry et al.,2004)。有趣的是,甚至在课程结束数月后,冥想者也对流感疫苗有更强的免疫反应,这表明他们可能也很少生病。

其他研究也在寻找大脑区域的结构变化。这些研究发现冥想引起了大脑特定区域的变化,包括前扣带回皮层(该区域参与注意力网络,特别是参与到监控冲突的输入),背外侧前额叶区域(也与执行功能密切相关)(见Cahn & Polich,2006;Fox et al.,2014)。当同理心产生时,大脑的这两个区域也很活跃(Shamay - Tsoory,2011),这支持了行为研究结果。

总之,正念冥想可以改善注意力和情绪调节,神经影像显示冥想引起了相应的大脑功能和结构变化。成人正念的研究也扩展到了儿童,产生了以儿童为导向的正念练习(Zelazo & Lyons,2012)。有趣的是,蒙氏教育恰当地融入了正念(Lillard,2011b)。

六、蒙氏教育与正念

蒙氏教育与正念在某些方面是一致的。第一个方面是专注，这一点在本章前面的内容中讨论了。正念也涉及深度专注，毕竟冥想其实就是集中注意力的一种形式。

其次，正念和蒙氏教育都高度关注儿童的身心意识。在正念冥想时，人们常常会密切关注呼吸，监控呼吸的感官体验。另一个正念练习是密切关注进食。例如，以正念为基础的减压课程里的“葡萄干练习”(Kabat - Zinn，1990)，或者一行禅师(Thich Nacht Hanh)(2001/2009)让人吃橙子时留意动作和感官体验。一些研究者认为，正念的益处源于躯体感觉注意(Kerr，Sacchet，Lazar，Moore & Jones，2013)。如本章和本书中其他部分所讨论的那样，蒙氏教育提供感官练习，让儿童有感官体验，儿童因此学着区分不同颜色、质地、质量、声音、温度等方面的细微差别。此外，感官练习如何影响大脑结构和功能(见本书第十章)以及这些变化究竟对正常化有着怎样的影响是我们应该去了解的。

正念与蒙氏教育的第三个共同之处是有关日常生活的练习，本章和本书第二章及第十章有讨论。蒙台梭利博士认为：“手工劳作与精神高度集中之间有着严格的关系。”(p.71)日常生活练习总是以实用为目的的，所以儿童要明白为何做那些练习。儿童学着仔细地完成练习的所有步骤，就像日本茶道的步骤。同样，卡巴特-辛恩(Kabat - Zinn)(1990)也建议人们“试着留意日常生活中的任务、经验和遭遇，例如摆放桌子、吃东西、洗盘子、洗衣服”(p.134)。佛教徒砍柴、挑水，并以此作为正念训练的部分内容。蒙氏教育的青少年项目中，动手实践活动强度很大，例如儿童要干农活、搭房子、进行艰苦的徒步旅行等。

蒙氏教育与正念相似的另外两个元素是沉默和直线行走。

(一)沉默

蒙氏教育有一种游戏叫作“沉默”。在这个游戏中，教室里所有的儿童需要在短时间内保持绝对的安静，仔细地倾听。对于沉默游戏的起源，蒙台梭利博士(1966，1994a)是这样描述的：有一天她在小学教室里抱着一个婴儿给四十位儿童看，并指出婴儿是多么的安静。她以为儿童不可能像婴儿那般安静，结果儿童变得出奇的安静。接着，她指出婴儿悄声地呼吸，儿童不可能做得到，结果儿童开始留意和减弱自己的呼吸声。最后，蒙台梭利博士指出，这个过程中儿童越平静，他们对声音越敏感。

在蒙台梭利博士的早期著作中，“沉默”以练习的方式呈现。教师先在黑板上写下“沉默”一词。一位或多位儿童会注意到这个词并保持沉默，其他儿童也会这样做，直到整个房间都安静下来，除了时钟滴答作响、自然的噪声，以及一些无法保持完全沉默的儿童发出的噪声。一段时间后，教师可能从儿童身后或者另一间屋，小声地呼唤每位儿童的名字，直到最后一个儿童被叫到，沉默练习结束。

在今天的培训课程中，“沉默”则以有组织的活动形式呈现。所有的儿童围坐一圈，房间变暗，按照教师指令，儿童或者一动不动地坐着聆听，或者听他人轻声呼唤自己的名字。

蒙台梭利博士指出：“沉默”有几个目的。一是提高儿童对声音的敏感度和辨识能力。蒙台梭利博士称，游戏能让儿童更好地意识到自己发出的声音，帮助儿童留意声音。二是练习有关意志力、发展个体控制动作和抑制冲动的能力，可以说是让儿童处于有序状态。意识和自我控制是蒙氏教育的基石，也是正念练习的关键。“沉默”还有社会目的，因为儿童作为一个集体共同努力实现沉默。一位儿童吵闹就破坏了大家的沉默。儿童学会合作来实现集体目标——蒙台梭利博士认为知道如何去做很重要，尽管她并不认为这要求儿童在整个上学日都在一起做每件事。蒙台梭利博士还谈到沉默活动具有精神目的。传统学校也采用了这个活动。“（传统教育者）认为上沉默课时，儿童更平静。”（1994a，p.80）

沉默让儿童参加所有课堂活动时努力保持安静，在教室里走动时更加留意，也变得更加友善（Montessori，1994a，p.81）。这项练习的效果与冥想练习的效果相似。冥想练习也需要安静地坐着，注意周围的声音。通过这种方式，蒙氏教育的沉默类似于坐着冥想。

（二）直线行走

在小学课堂上使用的另一个蒙氏教育练习是直线行走（如图4.3），这类似于行走冥想练习。蒙台梭利博士是这么描述这个练习的：

> 我们必须在地板上画一根线，儿童需要踩着这根线走，脚不能出线。这个简单的方法可以让儿童走直线。儿童的注意聚集到这根线上。通过努力踩在线上，并保持平衡，走路的方式趋于完美……肌肉感觉是引导人格的内部感受。因为只有通过（有挑战性的）肌肉练习才能成就完美技巧，这项练习也能塑造性格。儿童对这项练习的喜欢，表明儿童渴望达到更高的完美，也总会为学会有难度的事物而开心。（1994a，p.65-66）

为了增加难度，可以让儿童脚跟对着脚尖在线上走，之后是拿着物体走，最后是拿着一整杯水或者头上顶着物品走。儿童也可以按照不同的节奏走（Montessori，1997，p.217）。这样做可以让儿童密切注意他们的动作。

图4.3 直线行走 照片由An Vu提供

德高望重的一行禅师(2001/2009)描述了如何学着细心留意自己的动作。他刚做和尚时,教师交给他一份差事,他激动地跑出门,砰的一声关上门。教师把他叫回来,他写道:“那天以后,我知道如何关门……全身心地去做。”(p.79)这种全神贯注的精确性是蒙氏教育的核心。

因此,蒙氏教育包含一些与正念相似的特点。两者都看重专注、感官体验和身心意识。此外,两者都有相似的做法。蒙氏教育的沉默活动在某些方面与端坐冥想相似,直线行走活动与行走冥想相似。研究发现,正念练习带来的一些好处或许与蒙台梭利博士所描述的正常化是一致的。

七、本章小结

当儿童的注意力得到发展时,他完全改变了……巩固和强化了他的内在自我……(以及)他的行为从无序演变为有序。

——玛利亚·蒙台梭利(1997,p.152)

蒙台梭利博士预见到现代科学对深度专注和执行功能发展的重要性。让儿童在精心准备的、有建设性活动的环境中自由选择,可以促进儿童的发展。精心准备的环境有日常生活练习,包含集体沉默和直线行走、许多需要精确动作的个体练习、身心合力的练习。也有感官练习,要求儿童仔细留意感觉,做出判断、推理,并决定刺激的匹配和分级。这些练习激发幼童的注意力,发展儿童的个性。其方式与已知的正念冥想中的集中注意力的作用一致,它能够引起深度专注的部分原因是准确使用蒙氏教具激发了儿童浓厚的兴趣。这也将是本书下一章的主题。

第五章　人类学习的兴趣

(教育)成功的奥秘在于正确运用想象力激发兴趣并刺激已播下的兴趣之种。

——玛利亚·蒙台梭利(1948b/1967,pp.1-2)

蒙氏教育旨在唤醒儿童的兴趣,让他们探究学习自己感兴趣的问题。对于建立在选择基础上的蒙氏教育而言,这是自然而然的结果,因为人们总是选择做自己感兴趣的事情。兴趣自然会引发持续的、自发的参与,从而培养注意力和专注力。同样有必要建立一个基于内在动机的教育系统,而非以本书第六章将讨论的以成绩等外在动机为基础的教育体系。

研究者区分了两种兴趣。个人兴趣,比如爱好,是主观的、并非普遍的兴趣。而主题兴趣则与此相反,具有广泛的吸引力,因此为大多数人共同拥有。这两种兴趣自然都促进人们参与事物(Renninger & Bachrach,2015),这是近期中等教育领域十分关注的主题,因为美国青少年通常对学校活动的参与兴趣不高(Allen & Allen,2009;Wang & Eccles,2013)。蒙氏教育强调了两种兴趣的重要性,既鼓励主题兴趣,又强调个人兴趣。

数十年来,蒙台梭利博士根据主题兴趣精心地研发教具和活动以吸引儿童的兴趣。蒙台梭利博士会先制作一种教具,然后进行试用,并观察儿童的互动情况。那些不能引起儿童兴趣且无助于学习的教具会被否定,蒙台梭利博士会对每一种教具进行改进,直至收到最好的效果。在课程研发方面,她也同样用心。在所有蒙氏教师培训的课程中,她为教师们讲授其所教级别的每一堂课。教师们像写剧本一样记下每一堂课的内容,写满注释和插图,创建整门课程的图集。参加培训的蒙氏教师在与同行和培训教师打磨课程的过程中,会努力打造出一种迷人的授课风格。正如演员也会更改台词一样,他们并不逐字背诵讲义,但课程设计的目的、精神和激发兴趣的宗旨都得到了保留。蒙氏教育国际协会的教育委员会会定期审查教具和课程,必要时会做出修改。因此主题兴趣就较好地嵌入蒙氏教具和课程中,从而解放了教师,使他们能够关注每个学生和个人兴趣。

对于具体的个人兴趣,蒙氏教育鼓励儿童探索令他们着迷的事情,通过追求这些个人兴趣,可以产生更宽泛的学习。比如,对青蛙感兴趣的儿童显然可以通过青蛙学习生物学。一般来说,儿童还可以学习如何查找信息并撰写研究报告,这也可以锻炼书写、拼写和标点符号，并发展写实绘画的技能。他还可以用青蛙做跳板研究声音(从呱呱叫开始)和适应性(不同种类的青蛙如何适应不同的生物群落)。教师的角色之一就是根据学生的个人兴趣将其连接到课程的各个领域。因此，教师要确保儿童的教育是广泛的，尽管在此个人兴趣只是一个重要引子，但是教师确保了学生的教育是宽泛的。本章结尾将讨论对教育广度的共同关注以及蒙氏教育如何处理这些问题。

相比之下，传统的学校教育很少会根据儿童的个人兴趣来指导学习。教师通常给全班布置同样的任务，比如阅读《哈克贝利·菲恩历险记》(The Adventures of Huckleberry Finn)并写篇文章，或者做数学书98页第10到20题。兴趣研究者经常叹息他们的研究成果不能纳入传统学校中使用。比如，心理学家苏珊·希迪(Suzanne Hidi)写道："或许事实证明，识别和利用个人兴趣来促进各科学习对教师而言是费时费力的，很少有教师有足够的时间来实施足够有效的个性化教学从而对学习产生深远影响。"(1990，p.554)

工厂模式是导致这一困境的部分原因。随着所有儿童都接踵涌入这种体系，个人兴趣无法驱动学习，因为个人兴趣会把课堂带入太多各异的方向，但是课堂只能选择带领所有学生朝着一个方向用力。传统学校里工厂式的日常安排也妨碍了兴趣驱动的学习。学生早晨到了学校，不能决定是做一篇有关蝴蝶的研究报告还是做在家中遇到的数学题，尽管无论哪一个在当时都比学校的安排更有趣。但他们却必须按学校的计划做。有人可能会争辩说，学生学会遵守他人的计划安排是有好处的，然而蒙氏教育的学生则学会了这项重要的技能——自主安排时间。正如本书第四章所讨论的，计划能力是预测很多生活结果的重要因素。已有研究证实，在需要的时候蒙氏学生能很好地适应传统的学校计划(Dohrmann，Nishida，Gartner，Lipsky & Grimm，2007)。

导致这种困境的另一个原因是一种把儿童看作空容器的模式，因为这一模式的假设是儿童不可能具有内在动力以使他们产生兴趣，儿童是空的，等待填充。行为主义的奖励结构也阻碍了以兴趣为导向的教育。所有的儿童都必须完成同样的任务，这样他们就可以根据同样的标准进行评判和奖励。如果所有学生都做不同的题，就很难公平分配数学成绩。事实上，在当今进行大规模测试的学校氛围下，不可能引入某种程度上有意义的基于个人兴趣的学习，因为学生必须学习该州的考试教材，而学习与个人兴趣相关的内容则会浪费学习时间。

虽然追求个人兴趣存在非常多的问题，但是传统教育却可以发挥主题兴趣，这是否行得通主要取决于教师个人，这在有关兴趣研究的文献中叫作"触发"(见Ainley，p.212)。有时间、精力、对能够吸引听众的事物有感知力的优秀教师是能够创造出激发主题兴趣的课堂的。具体如何做到得看教师个人。蒙氏教育却与此相反，类似的教具和课程是提供给教师的,并且它们是被实验证明了可以激发儿童兴趣的,这样教师就能够关注学生个体,而不是花时间再做一套自己的课程。比如,蒙氏教师不必创建自己的方式来解释三项式公式,它的解释已经贯穿并呈现在教具和课程中了。此外,蒙氏教育能够轻松地利用一个重要的兴趣触发因素——同伴(见本书第七章)。多项研究表明,与同伴进行不同形式的互动能够加深主题兴趣(如Thoman,Sansone,Fraughton & Pasupathi,2012)。

蒙台梭利博士当然不是她所在时代唯一注意到兴趣重要性的人。同时代的杜威(1913)也强调兴趣对教育的重要性,皮亚杰(1981)也提到情感在学习中的积极作用。甚至桑代克也表达过兴趣的重要性,虽然他最关心的可能是主题兴趣。然而,传统的教育方法使学生难以遵照个人兴趣,并且学习动机通常被置于讨论之外(Renninger,Hidi & Krapp,1992;Simon,2001a;Tobias,1994)。这是不幸的,因为兴趣对学习的影响早已被清楚地证明过了。

一、兴趣和学习研究

兴趣被定义为一种心理状态,包含注意力的集中、认知功能的提升、持久性和情感的投入(Hidi,2000,p.311)。伦宁格和希迪(2011)指出普遍认可的兴趣的五个特征:(1)兴趣指的是特定的人与物体/内容之间的关系,注意力集中和投入可以体现出兴趣;(2)兴趣能力是人类的品质,个人极其容易具有某些兴趣,并且环境能够滋养这种品质从而形成某种特殊兴趣;(3)兴趣有情感和认知两方面;(4)兴趣有时候是潜意识的;(5)兴趣彰显在处理奖赏时的大脑神经回路中(Kang et al.,2009)。兴趣发展有四个阶段(Hidi & Renninger,2006):首先,它受环境触发;然后是维持;再次,个人兴趣出现;最后,持续不断保持个人兴趣。

鉴于兴趣包含注意力的集中、认知功能的提升和情感的参与,以及持久性,显而易见基于兴趣的学习更胜一筹,并且多项研究已经证实了这一点(Schiefele,Krapp & Winteler,1992)。这些研究通常首先确定儿童的兴趣,要求他们学习感兴趣的内容,同时也学习他们不感兴趣的内容,然后检验学习效果。尽管这些研究侧重关注个人兴趣,但人们还是希望本研究能扩展到主题兴趣上,目前至少有一项研究支持了这一点。在以下章节中,我将首先讨论对从小学生到大学生的研究,然后再讨论对学前儿童的研究。

(一)兴趣对小学至大学学习的影响

在一项早期研究中,小学生们从六个主题中选出最感兴趣和最不感兴趣的主题(Estes & Vaughan,1973)。然后给每个学生两段阅读材料,一段是他们最感兴趣的主题,另一段是他们最不感兴趣的主题。文章难度高于学生现有阅读水平一到两个年级。读完每篇文章，测试他们对该文大意、事实、推理和词汇的掌握情况。学生不感兴趣的文章平均得分67分（总分100分），而最感兴趣的文章平均得分86分。结果证明，学生对自己最感兴趣的主题学得更好。然而，学生在阅读之前注意到了他们感兴趣的内容，这可能是造成这一结果的部分原因。此外，还不清楚是否学生感兴趣的主题碰巧更容易一些。

伦宁格（1992）修正了这些问题。首先，她用开放式兴趣问卷调查了五六年级学生的特殊兴趣，接下来几周根据这些兴趣来编写阅读文章和数学作业表。每个学生一半的文章和题目用他们的特殊兴趣场景来描述，另一半用其他学生的兴趣场景描述。这解决了前期研究的第二个问题：契合一个同学兴趣点的文章和数学题是另一个同学的非兴趣点，这种平衡的设计对不同学生、不同题目采用了同样的刺激。在阅读任务中，学生读一篇文章（共四篇），反扣试卷回答两个问题，然后尽可能回忆文章，再进行下一页阅读。在数学部分，他们只是被要求解决问题。

阅读实验证实了先前的研究成果。相对于不感兴趣的文章，学生对自己感兴趣的文章"能够记住更多的要点、回忆起更多段落中的信息、记住更多的主题句、写下更多的句子、对所读主题能够提供更多细节信息、在书面回忆中没有出现错误，并提供额外的主题相关信息"（Reninger，1992，p.381）。因为同一篇文章并非所有同学都感兴趣，所以可能完全是个人兴趣带来的这些结果。此外，因为兴趣取向是若干周之前测试的，所以这些结果也不是由于学生测试前刚刚提到了自己的兴趣而产生的。

在本研究中，该结果在数学解题方面并不显著，可能是因为数学问题比较简单，这些语境和他们的兴趣连接不够深入。比如，对篮球或多或少感点兴趣的同学拿到的数学题是："篮球队长在每次球赛中得24分，本赛季共14场比赛，这位队长本赛季一共得多少分？"（Reninger，1992，p.383）学生可能特别快速地将这个问题转换成了数学元素，所以没有激起任何兴趣。

另一项研究将数学题更大程度地结合了个人兴趣，确实也发现兴趣对数学成绩有显著的影响。五六年级的学生上了一系列侧重于分数的附加课程（Anand & Ross，1987）。该课程随机将学生分成若干组，每一组的示例相同，但题干的描述则采用不同的兴趣场景。抽象组所有的例题都是用的泛指概念（固体、液体），没有任何有实际意义的主题。例如，有一题是："共三个物体，每一个都被切成两半。总共能切成几块？"（p.73）具体组用假设但具体的概念，比如题干设成"比尔（Bill）有三块糖，他把每一块糖都掰成两半"。第三组的例子最有趣，因为对它进行了个性化设计，涉及主观认为重要的事情，比如生日、教师和朋友、爱好等。例如，生日派对上他们的教师（给出姓名）给了他们三块玛氏（Mars）巧克力棒（他们最喜欢的糖），如果他们把每一块糖掰成两半，可以和多少朋友分享这些糖？

随着课程的结束,研究根据学生对分数的理解进行了前测和后测。结果很明显,当学习内容和个人兴趣相关的时候学生学习效果最佳。在后测中,抽象组得分最低(11题中平均2题正确),具体组居中(11题中平均3.5题正确),个性化组得分最高(11题中平均6题正确)。事实上,结合了个人兴趣的学习情境显然会带来非常不同的学习效果。

另一项针对护士专业学生的研究证实了以上结果,当然,他们都对医学情境感兴趣(Ross,1983,实验2)。结果发现当这些学生学习统计概率时,学习内容嵌入医疗卫生的情景比用抽象的或教育语言表达的学习效果更好。

另一项研究考察了数学学习和兴趣的关系,要求数学较差的学生自己编写数学题而不是做书上的练习题(Resnick,Bill,Lesgold & Leer,1991)。为了进一步刺激兴趣,他们还被要求与同学一起讨论数学题(见本书第七章)。结果显示,在这一年的干预中,这些学生数学成绩显著提高。前一年,同一位教师在类似的小组使用了传统的方法(布置书上的练习题,不让学生讨论),但没有收到任何效果。这两个步骤(让儿童自己编问题,并与他人讨论这些问题)都自然发生在蒙氏教育中。

迄今为止的研究表明,兴趣会影响数学和阅读领域的学习效果。其他研究还表明,兴趣能影响的因素有很多,从成绩到自尊,到对个人能力的感知,到内部动机等一系列因素,还影响从历史到生物到词汇到音乐的一系列学科(Asher,1979;Asher,Hymel & Wigfield,1978;Asher & Markell,1974;Schiefele & Csikszentmihalyi,1994,1995;Simpson & Randall,2000)。无论在短期还是长期内,兴趣的影响都很明显。

拉通德(Rathunde)和齐克森米哈利(Csikszentmihalyi)(1993)的一项研究证明,兴趣能够对从数学到音乐等“天赋领域”的成就产生多年的影响。200多名芝加哥地区的具有特殊天赋的高中生每人一部传呼机,一周内会被随时呼叫。被呼叫时,他们要填一张表记录下当时的想法和正在做的事情。三年后测试这些学生的天赋是否有进步。学生三年内的成就与当时参加这项活动时表达的兴趣和兴奋程度直接相关。因为所有学生在前期测试时都被认为在其兴趣领域天赋异禀,并且社会经济因素在数据上也得到了控制,因此他们对该活动的兴趣程度可能是他们后期进步的决定性因素。

如本节开头所提到的,兴趣研究主要关注个人兴趣。根据希迪和伦宁格(2006)的发展模式,个人兴趣通常会发展出更多的兴趣。这就提出了一个问题:主题兴趣是否也关乎更好的学习效果?近期至少有一项关于大学生的研究直接涉及了主题兴趣(Rotgans & Schmidt,2014)。在最初的两次实验中,他们提出:意识到自己知识欠缺是否会激发对新主题的兴趣?结果是肯定的。这和很多研究如出一辙,主题兴趣是由谜题产生的,谜题是我们不能简单解释的有趣现象或不知道答案的棘手问题,可以激发主题兴趣。第三个实验显示，随着知识欠缺得到弥补，兴趣会降低，这表明对于整个群体来说，个人对这一主题的兴趣没有得到发展。

（二）兴趣对学前儿童的影响

到目前为止的研究成果已经涵盖了学龄儿童和大学生。继谜题的影响后，最近有关引导式学习的研究显示，学前儿童在用拼图描述形状特点时辨别形状的效果最佳（Fisher，Hirsh - Pasek，Newcombe & Golinkoff，2013）。拼图是激发主题兴趣的一种方式，但是学前儿童也有个人兴趣。一项针对177名家长的调查显示，将近三分之一的儿童对诸如恐龙、火车或装扮等玩具或游戏具有非常浓厚的个人兴趣（DeLoache，Simcock & Macari，2007）。我的一个女儿特别着迷于大大的眼睛，从6个月时就对猫入迷，14个月开始就对猫头鹰感兴趣（这使她记住了卡片上的面目特征——铁锈色谷仓猫头鹰等），后来4岁开始迷上了马。对于为什么很多儿童会形成特殊浓厚的兴趣，我们知之甚少，但研究表明，即使在很小的儿童中，兴趣也会对学习产生影响。由于对这些幼儿的影响会在多年后不断加深，它们甚至影响他们对世界的心理认知架构，因此个人兴趣对学前儿童的影响可能比对大龄儿童已显现出的影响还要深远。作为长远影响的例证，据报道，幼儿对阅读的兴趣不仅与他们当时的识字能力有关（Frijters，Barron &Brunello，2000），还是他们长远读写能力最好的垫脚石（Whitehurst & Lonigan，1998）。因此，使儿童对阅读感兴趣，不仅能帮助他们较早地掌握阅读技巧，更重要的是能帮助他们最终成功阅读。然而，在兴趣形成的过程中一定要保证敏感性。尽管操纵性特征（如弹出式）激发了学前儿童对书籍的兴趣（Kaderavek & Justice，2005），但是或许因为儿童的注意力被这些特征分散，这恰恰又干扰了他们对这些书本内容的学习（Tare，Chiong，Ganea & DeLoache，2010）。电子书也是如此（Parish - Morris，Mahajan Hirsh - Pasek，Golinkoff & Collins，2013）。探索如何激发儿童的兴趣使他们更专注于内容，才是最有益的做法。

其他研究考察了兴趣对当下活动的影响，但是由于兴趣影响着学前儿童的记忆力、活动的参与和认知构成，所以这些研究又具有明显的长远意义（Anderson，Mason & Shirley，1984）。在一项关于兴趣对学前儿童记忆力和专注力影响的有趣的研究中，研究者对16名儿童在校的自由活动分别进行了6次40分钟的录像（Reninger & Wozniak，1985）。录像统计了每个儿童对哪一个玩具（可能是16个）玩得最频繁、时间最长。研究发现，所有的儿童均会对其中的两个玩具爱不释手。比如，有两个儿童特别喜欢玩火车，5个儿童尤其喜欢布娃娃等。

在实验环节，研究者考察了儿童对他们自己尤其钟爱的两个玩具和教室里其他玩具的专注力和记忆力，并进行了对比。为了测试注意力，研究者先让儿童聚焦椭圆形中心的一个点，然后出现6幅玩具图片，均匀地分布在椭圆形周围。一位观察者注意儿童先看哪个玩具，看了多长时间。与其他玩具相比，儿童的注意力明显更多地转移到他们感兴趣的玩具上，这表明注意力的转移更多是由个人兴趣而非玩具的特点引起的。如果忽略兴趣，玩具特点能引起注意力转移的话，那么所有儿童应该都会常看颜色最鲜艳的玩具。假设儿童对个人感兴趣的物体注意力最大，很可能他们从中学到的东西也最多。并且，因为持续的注意力是深度专注的一部分，因此最好通过感兴趣的物体实现专注的各种有益影响（见本书第三章）。

本研究的第二个任务涉及识别记忆。一名儿童要回忆起另一儿童收到的12个生日礼物（用图片展示）。这些礼物卡片和其他非礼物卡片混在一起，其中有些礼物卡片上是受试儿童感兴趣的玩具，其他的是教室里的其他玩具，还有一些是干扰图片。测试结果显示，兴趣影响识别记忆力：这组12个礼物卡片中，儿童可能最先指出他们感兴趣的玩具，并且总体来说，他们较可能指出自己喜欢的那些玩具是礼物，而不是那些不喜欢的玩具或干扰图片。显然，儿童的识别记忆非常受他们对每一个物体的兴趣的影响。即使只要求他们指出某个玩具是不是礼物，如果他们一开始就对那个玩具很感兴趣，他们就会认为是礼物。第三个任务是关于回忆。实验人员向孩子们展示一套9个玩具，然后一个一个放到盒子里。感兴趣的玩具总是第5个放入。人们通常最能记住第一个和最后一个，所以最中间的通常记不住。但是，孩子们对第5个玩具的记忆明显强于其他所有玩具，这正是兴趣的巨大影响。

这项研究证明，兴趣能够激励儿童习得知识。他们更容易注意并记住自己特别感兴趣的物品，这必然会引起他们对这些物品相关知识的积累。因此，兴趣影响着儿童对世界的早期认知。他们通过最感兴趣的事物来关注、识别和记忆世界。

另一项研究（Renninger，1992）通过观察儿童玩自己感兴趣的玩具和不感兴趣的玩具来评价他们的脾气和持久性。当玩感兴趣的玩具时，儿童更积极，坚持的时间更长，这样或许能发展成专注力。对成人的研究显示，当人们感觉更积极时，就扩大了智力、社会和心理资源。积极情感的增加和接触兴趣玩具，会使儿童通过兴趣物品而非其他物品学习到更多东西。

兴趣也会影响少年儿童的学习，有学者对此进行了进一步的补充研究（Renninger，1990）。这项研究发现，儿童玩自己感兴趣的玩具的时间更长、重复步骤更多、方法更多，对脚本的使用花样更多。对学前儿童而言，增加兴趣玩具的使用脚本，将会加深他们对世界常见事物的理解。本研究还表明，由于玩耍自己感兴趣的玩具时会更具产出性和创造性，儿童会利用感兴趣的玩具更多地尝试新的、脚本以外的事情。

总之，即使在学前阶段，兴趣似乎也能够架构认知并影响动机，所以当儿童遇到他们更感兴趣的文章或问题时会学得更多。传统幼儿园倾向于每天至少安排一部分时间让儿童接触他们感兴趣的玩具，虽然那些玩具并不是特别设计的(多是黏土、书籍等，而不是粉红塔、砂纸英文字母等专门设计的玩具)。学校里通常也有全班学习时间，但是并不涉及个人兴趣的主题。不幸的是，这一趋势在应试教育的背景下不断增强，这不禁使研究者疑惑："幼儿园就是另一种一年级吗？"(Bassok et al.，2016)到了小学，传统教育下的学生几乎不讨论他们非常感兴趣的主题，通常仅仅做个报告或项目。而蒙氏课堂恰恰相反，因为学生全天都自由选择功课。他们被兴趣吸引，因此总能受益匪浅。

二、蒙氏教育中的个人兴趣

蒙氏课堂上，儿童每天对日常事情的选择都自然地源于他们的兴趣。小学生可能会根据兴趣选择木制圆柱体或纽扣。中学生可能喜欢研究地球生物的起源，花几个小时思考生命时间轴(图5.1)，或者如果想更好地理解河流生态系统，教师就安排他们去田野观察河流。

蒙台梭利博士认为，某些个人兴趣是内心自发的、生物成长的一部分，能满足儿童当时的某种特殊需求。这些需求似乎有个发展过程，到达某个特定年龄然后消失。她把儿童经历这种需求的时期叫作"敏感期"，这也是当今发展心理学家所用的术语。

(一)生理驱动的个人兴趣：敏感期

如本书第一章所述，蒙台梭利博士认为生物成长都有个关键期，这一时期他们受周围有益于自身发展的环境特征所吸引。她用毛毛虫作比方。毛毛虫在生命的某个阶段会爬到有光的地方，这使它们能够走到树枝尽头的嫩叶上，从而帮助他们继续成长。毛毛虫并不知道挪到光亮的地方会有好的食物，只是它们的生理驱动如此罢了。再成熟一些的时候，恰巧也不需要嫩叶了，它们就没有这种动力了。蒙台梭利博士认为，这种规则同样支配着人类幼时的心理发展。"心理发展并非偶然，也不是靠外部世界的刺激实现的，它受短暂而敏锐的感知和本能所驱使——这些都和获得的某种特性有关"(Montessori，1939，p.44)。

发展心理学对"敏感期"的提法和蒙台梭利博士略有不同，前者强调环境输入(Bornstein，1989)而后者强调内在冲动。现在的心理学家强调，如果在敏感期没有足够的输入，就不能获得学习，至少不能像这个阶段本该有的那样简单地学习。比如，儿童在出生后某个阶段没有正常的视觉输入，那么他的视力就会不正常。无论生理研究还是心理研究，都没有将敏感期和兴趣放一起充分讨论(虽然本书第四章描述的先前被认为是适度差异假说的金发姑娘效应算是此类研究)。蒙台梭利博士认为，敏感期是对有助于心理发展的特定刺激产生强烈兴趣的时期。在讨论这些时期时,蒙台梭利博士提出了模块化,即人类思想是由具有特殊心理功能的模块组成的(Fodor,1983)。她把这些模块叫作"感官"①。

正如原始的生殖细胞尚未形成完整的人一样,所以新生儿似乎也没有已经形成的精神人格……(儿童的发育是围绕着)依次出现的*敏感点*。这些敏感点极其活跃,成人根本无法捕捉甚至过后无法回忆它们是什么样子的。儿童学会语言的过程就证实了这一点。这些敏感点并不仅仅促成思想本身,还促成一些器官的发育,并且每一个器官都独立发展。比如,语言能力形成的同时,对距离的判断和对周围环境的认知能力也各自独立发展起来,两只脚的平衡能力和其他协调能力也是如此。

每一种力量都有其自身的特殊兴趣,这种敏感形式活跃到足以使它的处理器有能力完成一系列动作。这些敏感形式都不会占据整个发育时期,它们只为建构某一个心理器官而存在,一旦器官形成,它们便会消失,但是它们存在时会涌现出能量。(Montessori,1967a/1995,p.51,斜体部分来自原文)

(二)语言敏感期

蒙台梭利博士论述的一个早期敏感阶段就是语言学习阶段。她的观点和最具影响力的语言学理论家诺姆·乔姆斯基的理念一致,都认为人类大脑有个特定区域专为生命早期的语言敏感期而配置。她在《吸收性心智》(The Absorbent Mind)一书中详细讲述了这一点:

语言是一种特殊的机制。使人类能区分于其他物种的,不是人类自身拥有语言,而是拥有能够创造语言的机制。因此,词语是儿童根据他们所具有的自由支配的机制而创造的外在形式。(1967a/1995,p.119)

蒙台梭利博士指出,约四个月大的婴儿对成人的说话特别感兴趣,他们会仔细观察并试图模仿成人说话时的唇部动作。最近,眼球追踪技术显示,四月龄的婴儿大约15%的时间在看说话人的嘴部(36%的时间看眼部);从第四到第八个月,婴儿注意力会选择性向嘴部转移;到第十二个月说母语(但不是非母语语言)的时候,注意力回到眼部(Lewkowicz & Hansen-Tift,2012)。婴儿学习语言时对嘴部区域的敏感帮助他们知道如何发出他们需要的声音,这大约在八个月咿呀学语时最强烈。

① G. Stanley Hall (1911)也提到"心理器官"的观念。

蒙台梭利博士认为,学前阶段是语法和词汇的敏感期:

经验告诉我们,小孩子对语法最感兴趣,这个阶段是教授语法的最好时期。在第一阶段(0至3岁),语法形式的习得是无意识的,但现在可以有意识地进行完善。我们还发现了另一点:这个年龄段的儿童能学习大量的新词语。他们对词语有特殊的敏感性,并且对词语非常感兴趣,就自然而然地积累了大量词汇。(1967a/1995,p.174)

为了较好地利用语言发展的敏感期,蒙氏小学开设了单词的功能课程(语法启蒙课),同时提供很多词汇。蒙台梭利博士有关语言能力发展的具体论述详见她的《吸收性心智》一书。

(三)其他敏感期

蒙台梭利博士还指出了几个其他领域的敏感期。比如行走敏感期,儿童在12个月左右(个体会有差异)对学习走路特别着迷。蒙氏婴儿课程建议成人利用这一敏感期助儿童一臂之力,可以提供单杠让儿童站起来并且扶着走,提供有助于走路的柔软的鞋子和学步车。蒙台梭利博士尤其建议多鼓励儿童走路而不是抱着或放在手推车里,要让他们对形成这项重要的新技能有持续的兴趣。一旦学会了,他们就会有新的兴趣。

今天,发展理论学家确实谈到了语言敏感期,他们对于行走敏感期的提法并不感到意外。蒙台梭利博士研究的其他敏感期在心理学文献中大都没有提及,这或许会成为研究的新热点。她认为,生命最初一两年是秩序敏感期,幼儿尤其注意东西放置的位置以及放置的方式是否恰当(Montessori,1956,pp.24-25;1966,pp.49-59)。这一时期,如果一个常戴帽子的人没有戴帽子,或者椅子挪动了位置,儿童都会感到难过。她指出,两岁儿童发脾气的原因通常是大人没能及时满足儿童对秩序或一致性的强烈需求:

儿童通过周围的环境因素感受自己的存在,这种自我意识不是通过模糊的公式形成的,而是根据明确而具体的指引……对幼儿来说,秩序就像一架飞机,要想前进,里面的生物必须停止活动。(1939,pp.61-62)

蒙氏教育的秩序教育详见本书第十章。

蒙台梭利博士发现,两岁是幼儿理解细小物体的敏感期。他们一岁时就会对非常小的物体感兴趣,例如他们会观察路边的蚂蚁或者收集小石块。“儿童不再着迷显眼的物体或者鲜艳的颜色,而是转向我们可能不会关注的小物体。现在吸引他们的似乎是无形的东西或者我们几乎注意不到的物体。”（Montessori，1939，p.76）她发现，这一阶段儿童会被大人常常忽略的图片细节即背景元素所吸引。她强调，专为儿童开发的物体（通常体积过大、颜色鲜艳等）会分散儿童心智发展所需的重要源泉——内在的敏锐感知力。

蒙氏理论中还有一个对精确性敏感的时期，在本书第十章有深度讲解。这一敏感性正是蒙台梭利博士在儿童四岁时加入数学教育的部分原因（Montessori，1946/1963）。有人认为四岁时让儿童涉足四位数的公式为时过早了，蒙台梭利博士最初也很惊讶。但是儿童的兴趣指引着她，她断定，儿童喜欢这些练习一部分是源于他们对精确性的热情。这一时期，他们小心翼翼地遵循特定的方法和步骤，这可能是出于对秩序的需要。蒙台梭利博士指出，再大一些儿童就会放松，不一定严格按照既定步骤做。蒙氏教育利用这种对秩序的早期敏感，设计了非常明确具体的小学活动步骤，比如日常生活的活动设计。注重秩序和精确的另一敏感期是数数（M.M.Montessori，1976）。蒙台梭利博士指出儿童会经历一个阶段，他们似乎着迷于一遍一遍地数物体的个数。

总之，蒙台梭利博士认为，儿童成熟过程中有多个敏感期使他们对一些特殊的活动或环境刺激非常感兴趣，因此教育工作者应该充分利用这些时期在正确的时间设计大量与兴趣密切相关的输入。儿童在自我建构时期自然会喜欢对自身建构有益的活动。她认为，成人通过仔细观察儿童、发现他们的兴趣所在并创造环境帮助他们追寻那些受生理驱动的兴趣，就能够帮助儿童成长。蒙氏课堂提供的教具都是符合她观察的那个阶段儿童的普遍兴趣的。蒙台梭利博士的敏感期理论为将来的研究提供了有趣的可能性。

（四）生理驱动的兴趣及其适应性

接下来，我谈谈当今发展心理学上一个和蒙台梭利博士观点如出一辙的重要思想：兴趣或偏好是适应性的。这一理论在本书第四章谈到金发姑娘效应时讲到过，它认为儿童在自由选择时会选择适宜水平的刺激以促进自身成长。这些选择和兴趣是一致的，所以这种观点也和本章有关，在本章中，我将提供更多的历史背景。

与蒙台梭利博士一样，当今的发展心理学家也强调，儿童所自由选择的——他们所感兴趣的——有时候是受当时最优发展所需而自发驱动的。认知系统会因此寻求进一步发展所需的因素。当然，这不是因为儿童的意识里有最优发展的知识，而是因为神经系统发展到这个阶段势必会带来最优选择的决定。如本书第四章所述，这一观点先前被称作适度差异假说（McCall，Kennedy & Appelbaum，1977）。此观点认为，儿童能够从已知中找出有适度差异的因素。早期实验证明，无论儿童、成人甚至老鼠，如果他们受到的刺激与现有知识的差异适度的话，既不过于简单也不过难，这时他们的注意力最持久(Berlyne,1960)。在视觉研究中,发展心理学家认为儿童常被吸引去观看那些与他们视觉发展复杂程度相当的图案。以下是发展心理学教材中对此的解释:

三周大的婴儿看6×6棋盘的时间长于12×12或24×24的棋盘,六周大的婴儿可能注视中等复杂排列的时间最长,而三月龄的婴儿注视较为复杂排列的时间最长。(Karmel & Maisel,1975)

……现在,多数调查者认为,婴儿会被他们特定年龄能够看到的边缘界限最清晰的图案所吸引(Banks & Ginsburg,1985)。为什么呢?或许这些研究预示了婴儿试图通过视觉行为努力完成某些事情。

当婴儿的目光移到物体边缘时,他们激活了大脑中视觉区域的细胞。当婴儿调节目光使边缘影像调节到眼睛中心时,也就是当他们直接注视物体边缘的时候,大脑活动最强烈。此外,婴儿看到的细节越多,大脑活动就越强烈。黑斯(Heith)(1980)指出过,早期婴儿阶段的视觉活动反映了一个生理"日程",使婴儿保持大脑细胞高度活跃。"日程"说法是有道理的,因为正如我们所见,大脑细胞为了和其他细胞建立连接而互相竞争,活跃的行为会使这些连接稳定,而不活跃的活动会逐渐被弱化直至淘汰。(Greenough,Black & Wallace,1987)(Vasta,Haith & Miller,1999,pp.211-212)

适度差异假说强调的是,婴儿对特殊刺激感兴趣是因为它们唤醒了能够加强最优发展的神经活动模式。如本书第四章所述,这一观点在视觉和语言发展领域有更强有力的研究证据。

婴儿也可能对差异之外的事情兴趣浓厚。非常小的婴儿对与人有关的刺激有强烈的兴趣。这是适应性的,因为人对婴儿的生存至关重要。假设让婴儿选择看人脸或其他刺激,他们会更多地注视人脸(Fantz,1961)。如果让他们选择听人的声音或其他声音,就算一个月的婴儿也更喜欢听人的声音(Aslin,Jusczyk & Pisoni,1998)。相对于成人对话模式的声音,婴儿更喜欢带婴儿腔的声音(Fernald,1984),甚至出生时他们更喜欢母亲的声音而不是其他女性的声音(DeCasper & Fifer,1980)。这些偏好可能是延续的,因为它们可以帮助婴儿建立依恋关系。总之,有些儿童兴趣是受生理驱动的,因为这些兴趣帮助他们实现最优发展。在人类进化进程中,有这些偏好的婴儿更能够生存下来。

(五)蒙氏教育中的个人兴趣

敏感期产生的兴趣是受生理指引的,所以是普遍共同的,很多儿童都具有。但其他兴趣则因人而异。蒙氏课堂上允许儿童自由选择学习内容,因而个人兴趣能够指引他们的学习，学习青蛙的例子在本章前面部分已有所讲解。再举一个例子是，去过沙滩的儿童可能对贝壳感兴趣并会带一些回到教室，可以以此鼓励他对贝壳进行长期探究，让他汇报不同地形中的不同软体动物居住的不同地点，汇报含有不同地质时期地壳的地层等等。这也可以引导儿童研究不同的生物体吃什么，以及他们的消化系统是如何运作的。同理，对马特别感兴趣的儿童可以制作不同马种的图表，从而掌握遗传学原理；写报告讲述马的驯化史，进而学习人类历史；撰写马的故事从而训练创新写作；学习莱昂纳多·达·芬奇(Leonardo da Vinci)的马，从而刺激这个儿童学习艺术史等等。这样的兴趣可能具有感染力：有时候一组几个学生甚至全班都会喜欢上驱动他们学习的某个同学的个人兴趣，并且在这一年内的很长时间都会对此进行学习。

蒙台梭利博士讲述了一个7岁的儿童如何在教师的一次报告后产生兴趣的。

教师准备了一张莱茵河及其支流的地图，但是这个儿童并不满足。他想知道每一个支流的相对长度(在此我们可以看到他的数学意识被唤醒了)。他用方格纸画了一张更好的地图。就这样，他的比例意识和学习兴趣同时得到了激发。他自己选择做这个任务，用了两个多月，直到他细致地画完才满意。他的满足感来源于能够用数学术语来表达这些概念。(1948a/1976，p.38)

教师可以不用预测课程的哪个特殊方面会捕获哪个学生的想象力，然后据此引导学生进一步自我探索才过渡到教学大纲新的部分。蒙氏教育足够开放，在此，挖掘兴趣和引导学习可以有机进行。蒙氏教师并不像大家想象的那样直接提问学生，而是刺激他们的想象力，这样儿童就可以自己挖掘出问题。如前所述，研究证明，基于个人兴趣的学习优于受其他利益驱动的学习。

三、蒙氏教育中的主题兴趣

教育的角色就是要深深地吸引儿童参与那些能激发他们全部潜能的外部活动。

——玛利亚·蒙台梭利(1948a/1976，p.24)

蒙氏教育中，主题兴趣并非取决于教师，它是制度化的。本人将首先针对课程，再针对环境和教材，最后就教师如何制定主题兴趣进行阐释。

(一)通过蒙氏课程激发兴趣

在小学课堂上,教师使用的语言很少,主要将儿童的注意力集中在他们将使用教具进行的活动的相关方面。然而,蒙台梭利博士认为抽象思维和想象力在儿童六岁左右的学习中起着重要作用,因而要为小学生提供不同种类的新课程学习方式。由于有了新的思维形式,整个小学课程大纲植根于一套由五个故事组成的“精品课程”(Great Lessons)。

蒙氏小学课程大纲的这一结构基础可能就是它最杰出的方面。首先想一想传统的小学教育:课堂上每个主题都是单独教授,有单独的教材和单独的时间安排。鉴于它尚存的价值,这种教授方式也是有一定道理的。根据桑代克的观点,“无论多么相似,任何一个单项思维功能的进步都会促进其他功能的发展,因为每一个思维功能群的运转都受个案的数据性质所控制”(Thorndike & Woodworth,1906/1962,p.51)。如果认为某个主题的学习不能带来其他方面的学习,那就等于说主题整合在教育过程中没有意义。因此在传统学校教育中,随着年级增高,每个主题甚至都有独立的教师在独立的教室教授。每学年开始,学生复习上一个学年的内容,然后讲到该学年要学的新内容。显然,这种课程没有参考兴趣设置大纲,主题领域基本没有整合。实际上,美国数学教师的一项调查表明,仅有23%的人认为应该整合各学科,哪怕只在数学方面进行整合,比如代数和概率的整合(Weiss,1995)。

相比之下,蒙台梭利博士知道整合与交叉是兴趣的部分来源,因此她的小学课程均着眼于跨学科连接,她称作宇宙教育(Cosmic Education)。蒙氏教育的培训师菲利斯·波蒂什—刘易斯(Phyllis Pottish - Lewis)如此描述:

> 宇宙教育教会儿童宇宙万物是如何相互联系、相互依赖的,无论是最微小的分子还是曾经创造出的最巨大的有机体。每一个事物都有自己的一个角色,为维护整体和谐做着自己的贡献。理解了这种关系网,儿童就知道他们自己也是整体的一部分,扮演着自己的角色,做着自己的贡献。

这种相互联系就是蒙台梭利博士提倡仅由一人教授所有科目的原因:它可以使主题之间建立连接。在传统教育中,不同的教师教授不同的课程,每隔一个小时新教师就会“谈论完全不同的事情,和前面的主题没有逻辑关系”(1989,p.88)。这与发展主题兴趣是相悖的,因为主题兴趣需要通过发现事物之间的相互联系才能激发出来。

蒙台梭利博士认为人类世界基于五大极其重要的发展:创造宇宙、生命起源、人类的出现,以及人类文明的两大成就——语言发展和数字发展。这五大发展在五大课程中应有所体现,每年在小学秋季的早期课程中教授(在有些学校里,年中时学生换教室,换好了,这些故事便在年中讲授)。故事是以戏剧的形式展现的,通常还有示范,比如把硫黄泼到重铬酸铵上来演示地球形成时火山是如何喷出的(效果与把醋泼在小苏打上类似,但更具戏剧性)。故事中的信息全年不断地螺旋式使用。此外,每一个故事都和前一个有关,以促进课程的整合。

这些故事宏大,令人印象深刻,旨在使儿童了解他们一年要学的课程框架。这种框架方法和心理学研究是一致的。比如,阅读细节前先了解梗概的人比直接阅读细节的人理解得更好(Anderson,1990)。有了框架就能够帮助同化信息。

这些故事旨在留给儿童更多问题而不是答案,激励他们更多地学习。并且没有后续作业,如果儿童的兴趣被点燃了,他们会提出问题并自己跟进。传递故事的信息也不是重点,重点是让儿童形成框架意识并激发兴趣。蒙台梭利博士写道,儿童"需要一个首先能够唤醒兴趣的印象或想法。一旦有了兴趣,以后他就能很快地学习并理解这些学科"(1948a/1976,p.63)。实际上,蒙台梭利博士在强调,教师应该对故事感到敬畏和惊奇,并要非常好奇地去更多地了解世界。这样,教师就亲身示范了他如何感兴趣并渴望探索和发现的。

第一个故事是宇宙诞生,通常叫作"无手的上帝",意在展示似乎存在于该事件背后的神秘力量,而不是传达某种特殊的宗教信仰。某天,小学教室里来了新同学,教师很快把新同学和教室里对他们感兴趣的同学(通常他们都感兴趣)叫到一起围成圆圈,坐在他们面前开始讲故事。故事可能是这样的(故事用词是灵活的,教师自己编故事):

很久以前,世界上什么都没有——没有教室,没有城镇,没有美国,没有大海,没有地球,没有行星,没有恒星,没有太阳,没有太阳系——什么都没有。你能想象这样的世界吗?一个除了黑暗和阴冷什么都没有的时代。然而刚才我们提到的那些事物怎么产生的?这一切都是怎么变化的?是什么使一无所有变成了我们所知道的这些事物?自然界有一种巨大的力量,它能使一无所有变成现在的恒星、行星甚至我们的地球。

在故事的第一部分内容激发儿童心中的敬畏感后,教师继续向他们解释宇宙是以稳定的形式存在的,因为自然也遵循定律,如万有引力定律。教师不讲定律是什么,而展示给儿童,让他们自己能够观察和发现。比如,教师停下讲故事,在水面上撒一些小纸片,指出纸片之间是怎么移动并附着在一起的,这就简单示范了吸引力法则。讲完故事之后,儿童可能对所见感到好奇,就去做类似的实验(通常有备好的指导研究的实验卡片),实施研究并得出结论。

讲故事的过程中,教师只是提出问题,让儿童得到一个宏观的框架,即宇宙因有法则而和谐。教师们认为这看起来安慰了儿童并激励他们学习规律和法则。本故事接下来,教师用叙事的方法描绘主要事件:宇宙大爆炸。他会提到当时世界主要是混沌状态,黑暗而阴冷的,帮助儿童想象宇宙形成之前可能存在的世界状态。"然后,好像突然来了狂风，宇宙后来所有的万物都卷在这团风中，这些元素后来变成了地球、月亮和太阳。”教师借助四张图表和六个实验，帮助儿童想象爆炸以及它带来的结果。儿童学到了大爆炸是如何产生气体、液体和固体的，像包括地球在内的各种星球，它们最初非常炙热，后来才冷却下来。儿童带着敬畏学习完这些课程。蒙氏教师说他们接下来几天都“见”不到学生，因为他们深深地沉浸在对故事方方面面的调查中去了。这个课程会让学生探索地质学、构造板块、火山、各种山脉以及它们的形成、结晶等方面。这里隐含的理念是，教师应该激励学生自己提出问题，然后通过书籍、课堂教具和“外出”活动激发他们寻求答案。

第二个故事是“地球生命的到来”，讲述生命是如何出现的。故事最后要展示生命形成的时间轴，该轴长约20英寸、宽约3英寸，描述了从最早期的单细胞生物体到哺乳动物的各种生命形式的发展（见图5.1）。时间轴的最后出现人类，孩子们会非常惊讶地发现，与其他生命形式相比我们存在的时间是何等短暂。一些儿童受到启发去探索植物，而另外一些则专注于探索特殊类型的动物。教室里可能装饰三叶虫、海百合、蕨类植物或其他早期生命形式让他们研究。会有一条空白的时间线和可移动的动物图片，学生参考研究地理的木质地图以在此重建或复原原始生命。空白的时间线使儿童能够亲手制作他们感兴趣的故事情节。兴趣一旦被充分激发，儿童就可能创造出自己的时间轴展示他们独立探索发现的其他生命。蒙氏课堂不像传统学校那样仅仅让儿童记忆生命形式的出现，蒙氏教育的儿童受自己兴趣的指引而积极学习。

第三个故事是“人类的出现”。故事指出人类的特质：不同寻常的思维、爱的能力和可以塑造和制造事物的手。这些特质使人类足以谋生，满足其衣、食、住的基本需求。儿童可以探索不同文明是如何满足这三种基本需求的。后续课程讨论身体的其他两项基本需求：防御和出行。教师鼓励学生研究人类文明的任何方面，比如食物以及不同文明是如何获得食物的。带着这个兴趣，儿童可能开始在花园里工作或者参观农场。他

图5.1　生命时间轴　Laura Joyce-Hubbard 2014.版权所有

们还会聚焦到农业、城市化和工业化的三大革命,以及技术如何改变人与地球的关系,尤其是他们是如何获得食物的。因此人的故事就联系到了生物学、历史和文化。

第四个是"符号交流"的故事。最初讨论古埃及并思考人是如何开始通过画图交流的。但是,图片可能会有迷惑性,比如画一条腿,有人认为是腿,也可能有人认为是跑步。埃及人提出了第二个系统,用图片象征声音而不是意念。他们同时代的腓尼基人忙于交易,因为他们控制着一种特殊的染料。为了利于交易这种流行的染料,他们发现书写符号非常有用。他们从埃及人那里借鉴了声音图,而非意念图。他们的腓尼基字母就是我们字母的基础。本故事有一套包含符号注释的图片。听了这个故事,儿童便会对其他符号系统感兴趣,比如古埃及象形字或中国汉字。他们甚至可以研究出自己的符号系统。也可以探索造纸术和早期的书写工具,甚至像拉丁语一样的早期书面语和早期书面故事。

第五个是"数字故事"。这位教师首先谈到古代人需要数数,然后谈到进行数数的各种体系,包括玛雅人、苏美尔人和巴比伦人的体系。故事中总是包含有趣的史实,比如根据巴比伦人的60进位数字体制,我们将小时和分钟划分成60个单位,也会讲授中国、希腊和罗马的数字系统。通过这些课程,蒙台梭利博士不断地将儿童置于历史长河中,展现我们的文明是如何基于久远的文明而延续下来的。

这五个核心的精品课程给儿童留下了知识烙印,激励他们更广博地学习。故事使用图表并和教室里的其他活动相联系,并跟进后续课程。

其中一种最早在几何课上设置的后续课程,叫作"几何是如何得名的"。这一小学课程提供了一个案例,展示蒙氏课程是如何激发主题兴趣并整合课程里不同领域的知识。学生学过角的课程后,教师用实物教具制造不同度数的角,给水平相当的一小组学生讲尼罗河每年上半年是如何泛滥并冲走地界线的故事。有群人叫作拉绳员,他们的工作就是重新修葺地界。这项工作极其重要,所以法老亲自监工。学生学到Geometry(几何)一词来源于Gaia(地球)和Metric(测量),因为这些人就是在测量地球。除了帮助学生学习词汇,探究词根也能帮助他们看到几何的现实根源。尽管小学生能抽象思考,但是化抽象为具体能够促进理解并提高兴趣,不同年龄的学生都是如此。

为了实现具体化,教师给儿童提供一条长绳,上面均匀系着大小不同的结。每个儿童都拿着绳子的不同部分,实际上儿童成了拉绳员:他们看到通过拉绳子可以得到不同的角。当把它拉成直角三角形的时候,绳子的边长是3:4:5的比例。故事继续进行,毕达哥拉斯来到埃及,看到拉绳员正在工作,从中发现了用其名字命名的毕达哥拉斯定理(见本书第八章)。角的概念就和历史、地理联系在一起,和同学们一起动手想象分地,这一切似乎刺激了儿童的兴趣并激发他们不仅学习几何,还学习了埃及人、尼罗河、埃及数字及其演变和埃及历史等等。大一些的儿童可以继续研究毕达哥拉斯、柏拉图、欧几里得和他的《欧几里得原理十三卷》等等。蒙氏教师反馈，学生研究的雄心壮志和完成任务的出色表现经常让他们大为震惊。

从蒙台梭利博士描述水的报告《从童年到青春期》(1948a/1976，p.43ff)中，可以大体了解她是如何在小学激发主题兴趣的。如果未来教师考虑通过展示世界的某个方面促使学生学习不同的科学，这篇文章显然是为他们而写的。

蒙台梭利博士建议从大量的水开始，因为这将使儿童印象深刻并激发想象力。她还督促教师早期课程要提到动物，因为动物能唤起很多儿童的兴趣。她呼吁该课程要结合数学进行，明确地说，教师应该告诉儿童鱼每年产 70×10^4 颗卵，其他非常小的水生生物也有同样数量的卵，儿童能够写的最大数字也不足以描述这些鱼每年产卵的数量。她建议，教师应该继续通过显微镜向儿童展示细小的水生生物，并解释一群这样微小的水生生物可以在海洋中聚集成一个特别巨大的点，以至于一艘船需要六天才能绕过它。他们可以告诉学生密西西比河如何每天向海洋排出七千万公斤石灰石，并且实际上所有的河流都向海洋排放矿物质。教师可以问："如果不改变海洋的组成，这一切又能去哪里呢？"这个问题可以引发关于贝壳和珊瑚礁的讨论。因此，通过与世界其他方面和其他课程的联系，通过动手活动和个人参与(告诉儿童他们写不出足够大的数字等等)，小学课程就变得非常有趣。通过这样的课程，小学生的想象力得到激发从而了解世界。

总之，这些精心设计的课程把学生和历史、生物以及大纲所有的课程联系起来，激活了那些本不会引起兴趣的概念，使学生为之着迷，这就是蒙氏教育挖掘主题兴趣的部分方法。

(二)蒙氏活动

蒙氏教育还通过让儿童参与非常有趣的活动激发兴趣。本书第二章讲了很多蒙氏教育活动的案例，在此我专门结合兴趣来讨论这些活动。蒙台梭利博士仔细观察儿童，并以此为基础创设看起来能够点燃他们兴趣的课堂活动。她的目标是学习必须要让儿童入迷并使其专注，她相信专注能够常态化并有助于自我发展。因此每个活动都是带着激发兴趣的理念而设计的。

比如，非常年幼的儿童往往对他们经常看到的成年人做的活动特别感兴趣——打扫房子、照顾花草等。任何文化下，当儿童不能真正做这些事情的时候，他们都会假装去做(Lancy，1996；Lillard，2015)。蒙氏教育充分利用这一兴趣，开设了很多日常生活场景活动。儿童从这些活动中学到了一系列重要的经验：按步骤做事、要彻底完成工作、他们有能力独立完成重要的任务、他们可以从开展活动和观察结果中得到满足感等。

大龄儿童的活动也是非常有趣的。以语法练习为例，蒙氏小学生学习语法的重要活动就是写出趣味句子,这是蒙台梭利博士在注意到儿童看完戏剧会自发模仿演员说话之后加入的练习。比如学习副词,儿童写出的[《高级蒙台梭利教育方法2》(1961)]几十个例句中的一个句子:“轻轻地走进另一个房间;回到你的位置,就像你是一个非常重要的人一样稳重地走着;穿过房间,再走回来,然后在每一步上沉重地休息,好像走路会伤害你。”(p.90)很多小学生喜欢喜剧,因此这样做正好通过有趣的活动传递了副词的概念。

蒙氏学生还自己写句子。一个意大利儿童写道:“假装你是两个老人,轻声说话,好像你很伤心,其中一个说,‘可怜的潘克拉乔死了,太糟糕了!’另一个说,‘我们明天必须穿黑衣服吗?’然后静静地走。”(Montessori,1916,p.96)“把我们(成人)创造的枯燥单调……和儿童思想的多样性与丰富性做比较吧!”(p.95)显然,这样的活动对大多数小学生而言是好玩和有趣的,正如先前的数学研究报告一样,儿童可能会通过自己创造的例子而收到非同寻常的学习效果。他们经常自己出数学题,比如经常决定哪两个数相乘,或者用珠子代表什么大数字,写作中亦如此。这样的活动被认为是通过兴趣改善了学习效果。

(三)蒙氏环境和教具

兴趣研究者指出激发兴趣有若干种方法(Ainley,2012),一种是之前提到的同伴学习(Thoman et al.,2012);另一种是猜谜(Kang et al.,2009)。同伴学习是本书第七章的内容,在此我要讲述的是谜语在蒙氏教具中的应用,然后指出前文没有提到的另一个激发兴趣的方法:审美。

很多研究显示,令人困惑的事情能够触发兴趣。罗根斯(Rotgans)和施密特(Schmidt)(2014)在前文提到的某项研究中发现了这一点和学生知识水平有关系:学生遇到未知答案的问题时更感兴趣。另外一项针对大学生的研究发现,学生对更好奇的事情一旦有了答案会记得更牢(Kang et al.,2009)。在同一项研究中,好奇心的增加会较多地激活学生得到错误答案之后的大脑记忆区域(大概是因为被试为了得到正确答案正在搜索他们的知识库),使学生更愿意调动更多资源找到正确答案。前文讲过学前儿童学习几何形状特征的例子(Parish - Morris et al.,2013)正是如此。很多蒙氏教具好像都激起了好奇心并弥补了儿童的知识空白。比如,儿童在把木制圆柱体往圆柱体木盒里放时,突然发现最后一个放不进去,他就必须想清楚发生了什么——他知道先前所有的积木都放进去过。很多教具都可以这样使用:他们自我修正,事实上这也可能刺激到了兴趣。

蒙氏课堂及其教具激发兴趣的第二种方法是:审美。因为审美能够激发兴趣,所以蒙氏教室都装扮得很漂亮。教室的墙(与很多传统教室相比)相对整洁,只挂少数艺术作品。本书第十章会讲到这种简洁已被证实能够加强学习。摆设(通常是书架和桌椅)通常是由光滑的木头制成的,教师播放的都是平静的古典音乐。这样做的目的是营造蒙台梭利博士认为的能最大程度激发兴趣并最有助于学习的环境:“我们反复强调,无论是环境还是教具,一切都要精心考虑其艺术效果,从而为培养专注和毅力提供充足的空间,这些是儿童自我教育的密钥。”(1917/1965,p.197)和蒙台梭利博士不谋而合,当今很多理论家也认为审美和兴趣是密切相关的情感(Armstrong & Detweiler - Bedell,2008)。

蒙台梭利博士规定教具必须放置完美:“仪器要按顺序细致地归放,光亮、美观、完好无损。”(1967a/1995,p.277)木头和玻璃是大多数蒙氏教具的首选材料。当然,蒙台梭利博士设计这些教具的时候还没有塑料,不过今天的蒙氏教育者也认为塑料不像自然材质那样更具审美情趣,因而也避免使用塑料。木质材料摸起来更舒服,所以木质教具更有意思,更能够激发儿童参与活动的兴趣。甚至蒙氏教具的颜色也都是通过反复试验哪种最能激发学生兴趣而选择的。

书籍是让儿童在教室里阅读的,这些书也是经过反复修订,直到能够激发学生较高的兴趣水平为止。其特点之一就是简洁,都是外观开放的排版松散的文章。

> 当看到儿童全神贯注于书本内容时,这些简洁的课文让人惊讶……(每)一本小书都是在严格的实验基础上精心排版的。翻开书只有一页印刷,右手页的反面总是留白。文章绝不会……充斥整个页面。页面的头尾部分是装饰。(Montessori,1916,p.180)

几何体是一个非常好的简单却引人入胜的教具(图5.2)。这些几何体稍重(由致密的木材制成),刷成闪亮的钴蓝色,手感光滑,大约4英寸高,包含圆柱体、球体、圆锥体、立方体、直角棱镜、四棱锥、三角金字塔、卵圆体和椭圆体各一个。它们拿着、摸着和看着都很方便,似乎成人和小孩都喜欢拿在手里。或许是因为它们令人感觉极佳,学前儿童会长时间研究它们,重复它们的名称,感受它们的形状,这样就学到了各种形状。但更重要的是,通过这些活动儿童学会了专注于感兴趣的事物。有个教师曾经告诉我,有天早晨一个儿童正在使用几何体,但是明显的,他好像大量时间都往别处看,躺在地毯上,四下观望房间。教师担心他没有按时完成任务,打算活动间隙再给他上课,这时儿童走过来告诉她:“这个房间是个长方体。”

图5.2 几何体 照片由An Vu提供

每一个物体,从金珠千立方(Golden Bead Thousand Cube)到低级的洗碗布,每一件物品的选择都有一定的审美价值,因为蒙台梭利博士指出,儿童更愿意接触漂亮的教具。“有吸引力的物体使儿童愿意接触它们并学习使用它们。”(1956,p.67)

美学特征实际在很大程度上影响了儿童对活动的选择和持久性,儿童的审美在很大程度上和大人一致,这些都是非常有趣的实证研究主题。我们的确已知婴儿和成人都喜欢成人认为好看的面孔(Langlois et al.,1987;Rhodes,Geddes,Jeffery,Dziurawiec & Clark,2002),婴儿和成人也都喜欢看纯色,如红色和蓝色,而不是混合色(Bornstein,1975),虽然最近有研究者认为这些颜色偏好并不具有普遍性(Taylor,Clifford & Franklin,2013)。然而,家长和儿童的审美并不总是一致,对“什么有趣”的理解也不一致。如果让成人和儿童对某些主题进行感兴趣程度排列,他们的排列结果仅仅是中度相关(Hidi & McLaren,1990)。成人不能假设儿童也同样喜欢自己认为有趣或者漂亮的事物,这也是在适当的时候让儿童自由选择手头工作的原因之一。观察儿童的自由选择能够让大人了解儿童认为什么最有趣。只有在儿童自由选择的时候,理论上人们才能确定儿童对什么感兴趣。因此蒙台梭利博士让儿童来最终决定教具特征的做法是相当重要的。

相比之下,在传统学校里能够见到的教具好像只是为了成人之便。我曾参观的一所学校使用剪成节的吸管作为数数的教具。它们非常轻,都在桌子上滚,似乎并没有强化兴趣,而是削弱了兴趣:它们鼓励学生把吸管当玩具吹着玩,这好像与让儿童使用它们的初衷相违背。传统学校使用的视觉教具在被设计时好像也没有把儿童考虑在内。传统小学教室通常都放着字母板,配图片解释每个字母。我走访过的一所学校,从一年级到四年级都使用胸透X光的卡通形象代表“X”,如此肯定很少有儿童认识。同样,风车的卡通形象代表“W”,然而风车在当今的美国肯定不是普遍存在的了。虽然传统学校的学生学习“C”时说成“see”,但是解释这个字母时却用猫(cat,含有字母c)。或许这些视觉教具会让儿童觉得有趣,但是他们同时可能也十分疑惑。蒙台梭利博士对儿童的观察,为她成功选择能够实现预期效果的教具指引着道路。实验研究可以检验是否蒙氏教具相比于传统学校普遍使用的教具和视觉教具更能够激发当今学生对手头任务的兴趣,是否能收到更好的学习效果。

传统学校环境中越来越多地使用计算机,显然它们非常吸引人——虽然儿童并不总是选择使用计算机或其他电子设备。比如,我和艾森(Eisen & Lillard,未出版-a)发现,如果问儿童喜欢用什么工具研究狗,他们首选的对象是书。通过另一项研究我们发现,儿童在家里花在平板电脑中地理应用软件的时间远远多于实际的地图,但是学习效果并没有更好。因此就效率而言,实物地图要好很多(Eisen & Lillard,未出版-b)。

由此出现的另一个问题是,儿童和电脑(以及电视)的互动类型是否有助于发展。本书第四章的研究已经证实了学会调节注意力对成长很重要,如果这样的话,那么生活中过于频繁地接触铃铛和哨子等教具可能会对儿童不利。电视和电脑程序是多感官的、快节奏的并呈现了现实世界中不可能存在的序列图像,所以很频繁地控制了儿童的注意力。如前所述,我在实验室的研究显示,看过含有大量虚幻(现实中不可能的)内容的电视节目之后,儿童的执行力得分更低(Lillard, et al., 2015; Lillard & Peterson, 2011)。成功的注意力训练项目都频繁使用电脑程序,但是这些项目一般比吸引注意力的程序简化很多(比如Klingberg, Forssberg & Westerberg, 2002)。电视和电脑节目对成长最终是积极的还是消极的是令人感兴趣的,这也是实证研究的另一有趣主题。

蒙氏教具的设计不是为了让儿童仅对教具本身感兴趣,而是让他们对世界更感兴趣。比如,小学教室的感官教具就区分了不同的感知。颜色卡最初是按照颜色配对的(图5.3),然后按照同色系颜色的深浅排列,从最浅到最深。它们使儿童观察到世界上有不同的颜色,并且同种颜色有深浅。听筒(图5.4)区分了不同的声音,使儿童对世界上的声音具有敏感的听觉。其他教具是关于其他感官的,以便让儿童区分世界的性质(这将在本书第十章进一步讲述)。这些教具不光本身有趣,它们还试图通过让儿童用较为不同的方式感受它们而使世界变得更加有意思。这种论断适合开展实证研究。毫无疑问,儿童使用了那些吸引他们注意力的颜色各异的教具,也同样会注意到世界的差异。但他们会注意到吗?此外,注意到这些差异有什么好处?比如,这是否对儿童的情感或注意力有影响,或者只是使儿童的感官更敏锐(见本书第十章)?

图5.3　颜色卡　照片由An Vu提供

图5.4　听筒　照片由An Vu提供

(四)蒙氏教师

蒙台梭利博士还特别指出,教师必须激发儿童的兴趣。她指出:“教师也必须有吸引力,外表宜人,整洁干净,沉着庄严。理想状态是每位教师都能够独特呈现……教师应该研究自己的动作使自己尽可能温柔优雅。”(Montessori,1967a/1995,p.277)她相信,教师这样做可以进一步激发儿童的主题兴趣。

蒙氏教师除了通过有趣的上课方式激发兴趣以外,还应该在正确的时间规划课程来影响兴趣。蒙台梭利博士指出,为了使兴趣最大化,必须在儿童成长的适当时刻授课。上得太早儿童就会感觉太难,太晚则会感到枯燥,这两种情况儿童都不会产生兴趣。因此,教师有责任密切观察学生,每个教具都应该在学生认为最有趣的时刻呈现。“教师会记录儿童是否对某个物体感兴趣、如何感兴趣、感兴趣的时间长短等,这样就不会强迫学生喜欢教师提供的东西。”(Montessori,1967b,p.107)一旦教师发现时机不对,就马上把这些教具收起来,以后再试。为了完成这项任务,很多教具都是按照蒙台梭利博士预先实验过,儿童使用效果最好的顺序安排的,所有教具都前后承接。但并非所有教具都这样,有些教具仍然需要规划好授课时间。蒙氏教师要仔细观察学生并对每堂课的合理授课时间非常敏感以获取最大的兴趣。相反,在传统学校,教师则用学年伊始制定的大纲指导授课时间。

以上所讨论的有关兴趣的若干理念都在蒙台梭利博士的这篇文章中彰显无遗:

很多人一定都注意到了,儿童听大人讲话的时候,虽然可能一字都不懂,但是都会高度专注。他们试图掌握单词,他们经常通过愉悦地重复一些他们已经掌握的单词来证明这一事实。我们应该支持儿童的这种倾向,给他提供丰富的素材,并组织一些他们有明显反应的、适合他们的练习。

我们教育所用的教具不仅丰富,而且每个细节都已经被严谨的实验证明可行。

但是，儿童对教具的连续选择都相同的情况是不会出现的。实际上在这个教育阶段，他们的个体差异逐步彰显。有些练习对一些儿童来说简单而对其他人却很难，他们对教具的选择顺序也不同。教师应该清楚了解教具，并能够分辨给儿童授课的最佳时机。

(五)建立在先验知识基础上的兴趣:课程之间的联系

除了通过课程、教材、环境和教师激发儿童的主题兴趣，蒙氏教育还利用先验知识培养兴趣。已有知识对兴趣的重要性解释如下：所有的课程都应该追求兴趣，唤醒“兴趣”是很必要的……众所周知……(必须连接)所有的新旧知识，“从已知到未知”，因为全新的事物唤不起兴趣。(Montessori，1917/1965，p.45)

心理学研究也赞成如下观点：兴趣来源于对某事物的已有知识，但不是太多依赖于此(Berlyne，1960；Tobias，1994)。先验知识对学习有明显的改善效果，这可能部分来源于兴趣。比如，激活先验知识结构能够帮助新知识的存取(Anderson，1983)。本书第八章讲述了一个经典的例子：读同一篇模糊的文章，毫无背景知识的人不像已有先验知识的人一样能记住文章。虽然这个实验不评估兴趣，但我猜测对文章主题有所了解的人对该文章也会更感兴趣。在学习教材之前先进行导入，也是这个道理。浏览目录的学生，对即将阅读的信息有了“先验知识”，比直接进入章节阅读的学生学习效果更好。对主题略有所知能够触发学习，部分原因很可能是先验知识激发了兴趣。在大学修一门有关中国的课程可能会使学生终身都对中国感兴趣，如果换成有关非洲的课程，就很容易对非洲感兴趣。

为了建立先验知识，蒙氏课程经常在某个阶段介绍某个信息或教材，之后再基于此进行建构。“精品课程”就是很好的例子，在整个小学阶段，儿童都可以围绕这些课程的知识框架探索新的方向。

无论大纲内的某领域或各领域之间，还是它真正具体的方式，蒙氏教育嵌入先验知识的程度都是绝无仅有的。事实上，只有具有广博学科知识的人——蒙台梭利博士——参与设置0至12岁的全部课程材料，才确保了这样的衔接。她谙熟对每个年龄阶段的儿童已经讲授了什么、即将讲授什么和主题之间如何衔接，她精通课程的内部联系。学习蒙氏课程就像学习一张巨大的跨年龄跨领域的连接的网。一个教室只有一个教师而非不同主题用不同的教师，这种安排就与之相呼应。

举例而言，在学前课堂上，2至6岁的儿童学习植物不同部位的名称术语，持续几年将先验知识进行连接。到了小学，6至9岁的儿童会复习这些植物的各部分名称并学习它们的功能。这种学习培养了儿童对多样性的鉴赏能力。比如，叶子的功能就是为植物提供食物,这还需要水和光。不同的植物吸收光的方式不同,从而导致叶子的多样性。在课堂上发现的多样性,可以延伸到所有的生命形式。

另一个体现相互联系的例子是在蒙氏教育的学前阶段,学生先学习不同的地质构成,比如海角、海湾;到了小学,他们再学习世界各地的海角和海湾。这些课程反过来又与人类和多样性联系在一起,因为学生会发现居住在海湾、山谷或山区的人有不同的生活方式。学生会学习到食物、住所和服装都因生活方式不同而有差异。

这样就在旧知的基础上建立起了新知,并且所有的学习都是相互联系的:这就是宇宙(综合的,交叉的)教育。传统的学校课程也力争相互关联,但是出于多种原因,部分课程并没有得到很好地整合。比如,不同的教师设置不同领域的课程;不同出版社的文章传递的主题不同;变化的学校体制频繁地更改教材;等等。传统学校体制通常从六岁而不是三岁开始授课。如果像蒙台梭利博士宣称的和语言研究(Carey & Bartlett,1978;Dollaghan,1985)相一致的观点:六岁之前是迅速习得词汇的敏感期的话,六岁时再想让儿童轻松而热情地学习需要很多额外知识才能理解的基础词汇,实在是为时过晚了(见 Markson & Bloom,1997,这种迅速学习在新单词学习中非常普遍)。

蒙氏教育下的儿童在学习时还会用更新更广泛的方式使用相同的教具。他们先使用二项式立方体,这(还有三项式立方体)是学前阶段的感官教具,但是由于它和数学公式有关,在小学还会作为数学教具使用。一系列更复杂的立方体在小学还会出现,学生基于已有知识使用类似教具。新概念以此通过课堂上的旧教具引入,并且通过将新信息与旧信息联系起来创造出兴趣。

在教室里,年幼的儿童观看年长的儿童的行为,熟悉他们以后将要做的活动。比如,三岁儿童观看四岁儿童用移动字母(图5.5)组词:大儿童从盒子里拿出字母,说出每一个字母的发音,放到毯子上,直到组成一个完整的单词。通过观看,三岁的儿童学会了活动过程,甚至学会了他们以后要做的一些活动内容。儿童通过观看事先稍做了解,熟悉了该活动,以后学习时会产生更浓厚的兴趣。另外,年龄大的儿童做那个活动是有动力的。当教师教学生做移动字母的活动时,儿童会感觉到他进步了,能做大儿童做的事情了,这才使一切变得更有意思。本书第七章的研究还将证明,当儿童看到年龄稍大的同伴做活动时,他们的观察学习会得到强化。传统的学校教育因为一个班级年龄水平都一样,所以无法利用这一心理。就算传统教室包含不止一个年级(就像有时候看到的),大多情况下学生是靠书本学习的,而不是靠观察他人学习。

蒙氏教育正是通过这些方式致力于激发儿童的主题兴趣。课程、环境和教具、教师以及新旧知识的不断融合都是为了吸引儿童。

图5.5　移动字母　Laura Joyce-Hubbard 2014.版权所有

四、教育中专业知识和整合知识的平衡

考虑到专业教师和通才教师的对比，整合是一个需要思考的有趣问题。在传统学校学习，学生被分配了越来越多的专业教师，国家研究委员会也建议学校更多引用和使用专业教师（Bransford et al.，1999）；虽然这种观点明显被削弱（参见 Quinn，Schweingruber & Keller，2012）。相比之下，蒙台梭利博士认为，一个教室应该只有一位教师，不需要更多（尽管教师可能会有一个不讲课的助教，尤其是在学前课堂）。显然，一位教师不可能是每一个学科的专家，然而，蒙氏教师的主要工作就是为儿童和环境建立连接。“教师的主要职责（就是）解释如何使用教材。（教师）是连接教材……和儿童的主要桥梁。”（Montessori，1967b，p.151）因为教师是一个桥梁，他们必须完全理解教材。这就是为什么蒙氏教师必须接受良好、深入的培训。然而蒙台梭利博士认为，教师应该是通才，而不仅是课程某一领域的专家。

（一）专业知识和教学

有意思的是从对专业知识的研究来看，蒙台梭利博士明显更偏爱通才教师。专家和新手的知识差异在于他们的知识架构方式。例如，如果让他们思考一个物理问题，专家首先会引用广义的物理原理以及为什么他们适用此问题，新手就会直接跳到他们要用的公式以及如何使用这些公式（Larkin，McDermott，Simon & Simon，1980）。新手的知识是按照一系列尚未很好整合的事实存储的；而专家的知识是围绕核心概念，即多套重要概念组织的，引导他们对某一领域的思考（Chi，Feltovich & Glaser，1981），就像五大课程为小学课程提供了中心结构一样。

这就是国家研究委员会推荐专家教师的原因。传统学校一般给儿童提供割裂的事实,通常没有相互关联,部分是因为不同课程由不同的教师负责。甚至相同学科的一些知识内容也和其他内容不相关,也或许是因为教师并不是他们所教领域的专家。正如布兰斯福德(Bransford)及其同事在1999年国家研究委员会关于学习的报告中所指出的:

课程设计的许多方法使学生难以有意义地架构知识。一般只讲到浅显的事实就进行到下一个主题,几乎没有时间发展重要的、框架性的思想。历史课的课文有时候仅仅强调事实而不提供有助于理解的支撑材料(例如Beck, Mckeown & Gromoll, 1989; Beck, McKeown, Sinatra & Loxterman, 1991)。很多科学课的教学方式也过度强调事实(美国科学进步协会,1989;美国国家研究委员会,1996)。(p.42)

专家教师能够帮助儿童获得专家所具有的综合知识结构。实际上,关于教师专业知识与学生教学之间的关系,(没有一个很好的研究机构,或教师如何理解讲授某主题的最好方法与学生学习的关系也缺乏论证)即使是“教育内容知识”(PCK)(Van Driel & Berry, 2012)。教师的专业知识可以促进学生学习。如本书第十章将讨论的,根植于有序结构下的学习效果会更好,专家教师更有可能传授这样的知识。问题是单独的一个蒙氏小学教师,是否应该被一群具有不同课程专业知识的教师所取代。

(二)蒙氏教育的通才教师和专家教师

心理学研究提出的某项蒙氏课堂尚未采用的措施,都值得仔细考虑。因为蒙氏教育与传统教育如此不同,不同的举措都是要加以尝试的。在此,我思考的是,聘用优秀的专家教师授课会不会使蒙氏学生变得更好。一个考虑是,通才教师能提供学科间的联系,会比分领域分学科单独教学更能够激励学生充分学习;此外,由一位通才教师授课,学生会更加机智和独立,因为他们会去探索专业知识。

另一个考虑是,蒙氏学习是建立在学生兴趣的基础上的,而让一个教师成为每个儿童个人兴趣领域的专家是不可能的。只有在提前安排了课程大纲或者在全班共同学习的学校教育系统下,教师才能有望专业于每一个学习主题。迄今的研究结果表明,这样的体制不能够照顾到更多选择或个人兴趣,因此这种情况下的学习只是一种妥协。

考虑到蒙氏教材,就会引起另一个思量:把通才教师换成专家教师。因为课堂传授的基础知识,是和国家研究委员会让专家教师在传统学校中传授的基础知识一样的。

在蒙氏教育中,不是教师而是教材和课程旨在提纲挈领给学生以宏观概念;不是专家教师,而是教具给儿童提供借以建立知识框架的核心准则。利用蒙氏教具的基本准则是:为课程各个领域的知识建立起框架。蒙氏通才教师在儿童成长的正确阶段将儿童和教具连接起来,这就完成了自己应做的工作,剩下的交给教具来完成。这一点在蒙台梭利博士描述用数学教具学习小数上显而易见。

> 实际上,为了让儿童明白十进制的概念,只需要把他们的注意力吸引到他们手中的教具上就足够了。有经验的教师知道如何等待,她明白儿童需要持续缓慢地锻炼大脑,如果内在心智自然地成熟了,"本能爆发"必然随之而来。我们越是允许儿童跟随那些让他们专注的兴趣,结果就越有意义。(1917/1965,p.210)

教具提供了组织结构,教师通过培训了解这些结构,但是并不自己去传授,也不必成为数学家。

教材关系到组织课程各部分之间的知识。在小学,蒙氏教育是独特的,因为"精品课程"给儿童提供了中心组织框架,整个课程都据此扩展。蒙氏教育所采取的途径是否能够帮助学生建立类似于专家拥有的知识结构,这是一个值得实验检验的问题。未来的研究应该去检验蒙氏教育和传统教育给学生传授的知识结构的不同之处(本书第二章提供了布兰斯福德等人的很多这方面的例子,1999)。

五、兴趣驱动学习普遍关注的问题

正如上一章有关选择的讨论,人们可能会思考,如果允许儿童只学习他们感兴趣的,课程的很多内容就不被儿童所知了,儿童会避免做他们不擅长的东西。

鉴于这种担忧,思考一下学习中掌握目标和表现目标的对比研究(Dweck,1999,2006)是很有意思的,更多讨论见本书第六章。简单地说,精通某事的人喜欢为了掌握该主题而进行学习。他们趋向于喜欢挑战并坚持挑战。相比之下,持有表现目标的人,趋向于喜欢做让他们看起来不错的简单工作,他们想要积极的评价。尽管这两种不同的倾向看似区分了不同的人,但是同一个人在不同的环境下也会有不同的倾向。然而,那些使人们更容易选择掌握目标的特殊情景和蒙氏环境极其相似(Ames,1992;见本书第六章)。比如,蒙氏教育没有考试。本书第六章将会论述,当给儿童测试、批阅他们的成绩或者根据测试成绩给予奖励时,他们更倾向于选择表现目标取向,因此会选择较低水平的测试。如果不提外在奖励,他们倾向于采取掌握目标取向而选择有挑战的任务。在蒙氏课堂,所有的奖励都是内在的。学生学习是因为任务有趣,而非他们必须要带一份成绩单回家。或许这本身就避免了儿童只做已经擅长的事情。如果一个人的主要目标是学习,而非在测试中的表现,他就不太可能回避不擅长的事情,而更可能被有挑战性的任务所吸引。

当然，儿童也可能躲避某个领域，蒙氏教师的任务之一就是确保他们参加所有领域的学习。为了做到这一点，教师需要跟踪学生做了什么，以便观察他们是否未参与某些活动。有人好奇，在没有工厂模式的全班学习情况下，教师如何能做到这一点。在蒙氏学前班，教师在头脑中要记录儿童某个活动的进度，会观察到是否有儿童在某个领域没有按照应有的速度进步。在该教室的三年中，儿童必须按顺序完成活动后才能算一个级别。在小学，很少有教师脑海中能够全部记住儿童的进度，因为他们的课程和教材量大得多。教师可能会用他们教柜里的图表记录每个儿童的进度，或者用他们自己开发的记录体系。此外，小学生自己在学习日志中记录学习情况，也即本书第三章讲到的笔记本，儿童在里面记录他所有的活动，从早晨到校到下午离校，要记录时间。比如，一天的记录可以这样开始："8:10—9:25:马的报告。查了三本书。9:38—10:14:足球。10:19—11:06:银行游戏。三道三位数乘法题。"学生和教师通常一周一次一起回顾学生日志中记录的活动（比较独立的学生可能回顾的次数少一些，不太独立的学生可能更多）。教师检查以便确保儿童紧跟课程进度并参与了课程所有方面的学习。

如果有学生不参与某一领域的学习，最好的做法是教师将这一领域与这位学生的个人兴趣联系起来激励他学习。比如，如果有个学生对大写字母和标点等书写技巧不感兴趣，这些内容就会结合一个非常有趣的主题进行写作，比如青蛙或狗，从而使学生变得易于接受。小学阶段也大量使用幽默，因为蒙台梭利博士指出幽默能够帮助学生提高兴趣。例如，教师可以指出描述她的宠物猫时用"ginger"和"Ginger"的区别，这两种说法是为了激励学生学习大写字母课程。因此个人兴趣被用来激发课程的学习。有些时候，这可能行不通，教师就需要让学生花费更多时间学习，本书第三章对此已有描述。教师有义务确保兴趣教育不会变成狭隘的教育。

六、本章小结

总之，蒙氏教育旨在通过环境、课程展示和新旧知识连接激发主题兴趣。它还利用儿童的个人兴趣。一个清晰地了解所有教具、了解每个学生的学习进度以及知道可以用什么手段激励学生的教师，一定会知道如何将它们融会贯通并激发每个儿童深一层的兴趣。

心理学研究显示，如果一个人对某个主题感兴趣，这对他精通学习该主题有不可忽视的作用。诺贝尔奖得主赫伯特·西蒙（Herbert Simon）根据他多年来在认知心理学方面的研究对学习环境提出过方法。他的方法中反复提到兴趣，这听起来和蒙氏课堂高度相似：

在丰富环境中的儿童能够发现或接近对他们而言复杂程度相当的激励因素，在这些刺激中他们能够找到有趣的模式。有了经验他们就学会了发现并享受越来越复杂的模式。我们说他们有好奇心，还担心这种好奇心好像在成长和上学的过程中被消磨。

尽管我知道支持我这一猜想的研究少之又少（也没有人反驳），我推测，好奇心，这一为了兴趣而审视环境的习惯，是可以学习的。根据伯莱因（Berlyne）的研究推断，我仍会更加坚信，一个相当富足的环境，即给儿童主动性去探索的环境而非不断地强迫儿童接受新刺激的环境，最有利于鼓励积极的好奇心。我的第三个猜想是，最有利于此目的的环境，是经过新的适当努力逐渐揭示出更清晰更有趣的模式，又能够指引儿童对此环境的探索。（Qin & Simon，1990）（Simon，2001b，p.7）

我猜想，西蒙一定会特别喜欢蒙氏教育。兴趣研究者同样担心传统学校会磨灭好奇心，也表示把传统课堂建立在个人兴趣的基础上困难重重。本章讲述过的第一个研究兴趣对阅读理解影响的埃斯蒂斯（Estes）和沃恩（Vaughan）（1973）这样写道：

为什么这样的研究结果对测试和教学策略的影响如此微弱？可以猜测有几种答案。一是以往的研究没有引起应有的关注。二是没有明确地强调这些研究成果的意义，也就是说，它们被接受，被认为有趣，但其意义却被忽略了。三是它们对调整心理和策略的意义过于宏大反而难以接受或实施（p.150）。

蒙氏学生不是为了考试而学习，通常他们没有考试，而是因为他们对所学内容感兴趣。创立蒙氏教育是为了培养主题兴趣并利用学生现有的兴趣做到最优化学习。

对某事物感兴趣可以被看作学习该事物的内在驱动力。本书大部分章节所呈现的就是传统学校通常缺失的蒙氏教育要素，而下一章讲述的是蒙氏教育中没有而传统学校所具有的外部奖励，比如金星和成绩。不幸的是，这些因素对儿童学习动机的影响是消极的。

第六章　外部奖励和动机

奖励和惩罚是在鼓励非自然的、被迫的努力，因此我们当然不能把它们与儿童的自然发展联系起来。

——玛利亚·蒙台梭利（1912/1964，p.21）

蒙氏学校不设成绩、金星、记过、优等生、阅读比赛等。教师的评价对儿童是无形的，仅限于实事求是的评论（例如"此处需要逗号"）。蒙氏学生完成学校的任务并表现积极是因为他们有内在动力。相比之下，传统学校的儿童则沉浸在外在的奖励因素中，以促使他们学习并好好表现。许多学校用记过、禁止课间休息来惩罚不良行为，用笑脸贴纸、增加休息时间、减少家庭作业甚至用钱奖励好的行为表现。在我小时候就读的一所学校里，一周表现好的学生周五下午可以去一个叫作"学习中心"的房间玩益智类棋盘游戏和象棋换糖的游戏。在传统学校最常见的外在奖励就是成绩，虽然成绩仅仅只是一种衡量手段，但学生会认为这是在奖励好的行为和惩罚差的行为。一些人通过将特权与成绩挂钩来强调这种观念。

传统学校的外在奖励尤其是成绩的使用，来源于一种文化假设，即不这样做学生就不喜欢学校且没有动力。这一假设适用于在学校上了一段时间学的儿童，并且可能的原因是学校的作业无趣，以及儿童在教室里没有选择的余地。在这种情况下，如果一个人真的没有做某件事的动力，外部奖励便可以激励他去做这件事。

使用奖惩诱发学习适用于工厂模式和空容器模式，但是它们在被应用于学校之前就一直存在。工厂模式有助于奖惩的持续使用，因为全班学习模式需要所有学生倾注一定的注意力，当学生对所讲知识不足够感兴趣（因为缺乏个体兴趣或主题兴趣）时，外在差评的威胁能够帮助激发他们集中注意力。

空容器模式显然也是支持使用奖惩的，因为行为主义的思想基础是生物的行为是为了获得奖励和避免惩罚。在一个典型的行为主义范式中，给斯金纳箱子里饥饿的老鼠奖励食物能让它们学会按压特定模式的杠杆。桑代克督促教师用糖果或轻拍学生的头以示奖励，并用严肃的表情惩罚错误（Jonich，1962）。

奖励系统在学校以外也被频繁使用。蹒跚学步的婴儿每次上完厕所都会得到糖果；企业会通过加薪和奖金奖励工作出色的员工；很多州根据学生参加该州水平考试的通过率对学校进行资金奖惩。无论校内校外，外部奖励的使用无处不在。但是，如埃尔菲·科恩(Alfie Kohn)(1993)反复论证的那样,奖励最终适得其反。我们使用它是因为它的效果是立竿见影的(Allan & Fryer,2011①),但我们却忽略了长远后果。

蒙台梭利博士逐渐意识到,奖励和评估严重干扰了儿童的学习,研究证实了她的想法。虽然外在激励(在某些方面)在短期内有效,但是长远来看,它们扰乱了学校中大多数儿童想要进步的行为。外在奖励和评估都消极地影响了进一步参与活动的内在动机、认知功能、创造力和亲社会行为。一旦儿童对学校学习失去了动力,奖励可能是必要的。但传统学校不能既想让更年长的儿童提升学校排名的同时还要期待他们积极学习。研究显示,即使在传统的情境下,强调掌握目标而不是表现目标的学校环境对学习和发展来说才是更积极的环境。

本章我所关注的是奖励对内在动机、认知功能、创造力和亲社会行为的消极影响。接下来我将讨论自我和学习理论是如何与评价相联系的,以及不同的传统学校环境是如何影响这一点的,接着我将讲述蒙氏教育在没有外部奖励和明显的成人评价的情况下是如何运行的。最后在本章结尾处展开讨论蒙台梭利博士对于假扮游戏的观点。正如本章稍后将讨论的,她最初在课堂上把吸引眼球的玩具作为一种奖励时,孩子们的反应证明了这是没有必要的:他们反而选择了真实的活动。

和本书的其他章节相比,它们讨论的是传统教育欠缺而蒙氏教育实践产生的积极效果,而本章主要讨论的是传统教育使用(外部奖励)而蒙氏教育不使用的手段带来的消极后果。由于在此陈述的观点和人们的常识相悖,因此我引用了若干研究成果以使论证清晰。我在这章的中间会提到蒙氏教育。

一、关于动机和奖励的研究

有关动机和奖励的研究表明,如果一个人已经有动力去做一项活动,那么期待奖励实际上会干扰他们随后对该活动的兴趣。这一结果经常让人感到惊讶,但支持这一结果的研究非常有力。学习是儿童感兴趣的事情,是受内在动力驱使而做的事情。

> 很少有人见到或者听说三四岁的儿童有“动机缺陷”。相反,幼儿好像更渴望、更兴奋于各种学习,父母经常抱怨他们的儿童好奇心旺盛、精力无限。但是,儿童一入学,大部分就会却被贴上学习上有各种各样动机缺陷的标签。(Lepper,Sethi,Dialdin & Drake,1997,p.23)

①在本研究中,对学生进行了内在动机测量,但没有指出何时进行;其他研究结果表明,在取消激励计划后,动机下降。

事实上有研究显示，儿童上学的内在动机随着传统学校课程的学习而逐年减弱（Eccles，Wigfield.et al.，1993；Harter，1981；Lepper，Corpus & Iyengar，2005）。这和传统学校教育的目标南辕北辙。2005年的一项对三至八年级797个儿童样本的研究显示，内在动机与成绩以及标准化测试分数呈正相关，而外在动机与它们呈负相关（Lepper et al.，2005；Corpus & Wormington，2014）。虽然儿童对学校的内在兴趣减少无疑有很多原因（学校里没有选择权、学习乏味等），但是有研究表明，一大主要原因是他们过于依赖成绩和其他表面的外在刺激。接下来的小节，我会论述三个经典研究，讨论这一成果的应用范围，并揭示受外在动机影响的各种活动和扰乱动机的奖惩类型。

在讲述相关研究之前，我的一个趣事将有助于读者把研究结果和日常生活结合起来。小时候我参加过一项运动赛，最初是为了乐趣，随着我的进步，我开始获奖，我把它等同于奖品。后来有一年，由于我很长一段时间无法训练，我不再赢得奖品，从那时起我就对这项运动失去了所有的兴趣。在外在奖励被移除的时候失去兴趣是很多人都经历过的现象。并且很多研究一次又一次地证实了这一点。

（一）三项经典的研究

20世纪70年代初，心理学研究渐渐改变了行为主义的方向，有三项研究显示，期待外部奖励（当时行为主义的观点）会降低人们参与原本自愿参加活动的动机，这些研究结果震惊了世人。除了动机降低之外，还有很多其他消极影响，但是三项研究共同发现了它对动机的影响。在一项学前儿童研究中，马克·莱佩尔（Mark Lepper）和同事将几套新的马克笔放在三至五岁儿童的教室里，观察哪些儿童用得最多（Lepper，Greene & Nisbett，1973）。使用马克笔较多的儿童被逐一带到测试房间。马上给其中三分之一的儿童看“玩家奖励”——一个漂亮的卡片上面贴着一颗大大的金星和红丝带。研究者先问他们是否想要奖励，所有儿童都表示想要。然后告诉他们只需要用马克笔画画就能得到奖励。在每个儿童画了6分钟之后，一个玩家奖励就大张旗鼓地贴到“排名榜”上。另外两组情况是，先让儿童用马克笔画6分钟然后出其不意地给他们玩家奖励，或者只画6分钟不提奖励。对儿童一无所知的评委小组对这些画的创造性进行排名。

这项研究有两个重大发现：一是想要奖励的儿童的绘画质量明显低于另外两组。二是几周之后在教室里观察使用马克笔的儿童时发现，想要奖励的儿童比他们原来用马克笔的次数减少了很多，并且是其他儿童使用次数的一半。在期望奖励的情况下参与自己喜爱的活动，会导致该活动的创造性降低，并降低后期再参与的积极性。

与此同时进行的另外两项研究也显示，外在奖励一旦被移除就会降低动机。在一项实验中，要求大学生去解三维迷宫，这个过程要经过三个环节，且需要从一组较小的形状中创造出某个特殊的形状(Deci，1971)。被试可以自由决定他们在每个谜题上花的时间，以及他们是否真的解决了它们。在中间环节，一些被试每正确解开一个谜题就能得到一美元。实验人员将第三个环节的学生与第一个环节的学生进行比较，追踪他们参与这项活动的时间。中间环节获得奖励的被试在最后环节花在谜题上的时间减少了，而对照组的被试则没有变化(参见Deci & Porac后来的研究，1978)。

为了检验这种结果是否只存在于实验室中，德西(Deci)(1971)继续做了一个现场实验。这次人们关注的不是自由选择参与任务的时长，而是完成一项有创造性的任务，比如写新闻标题所需要花费的时间。八名为大学报纸写新闻标题的本科生参与了此实验，实验人员记录他们的平均用时。作为奖励条件，其中四名学生在三周时间每写出一个标题就可以得到五十美分。最后把每个参与者奖励期之前三周里的写作用时和奖励之后的用时进行比较。研究发现，没有奖励的人写得更好：控制组最后阶段的写作显著更快，而实验组前后的写作速度没有变化。外部奖励的提供阻碍了正常练习能够产生的效果提升。

在第三项表明外部奖励会带来消极影响的经典研究中。作为完成谜题的外部奖励，高中生可以参观特拉维夫大学的实验室(Kruglanski，Friedman & Zeevi，1971)。与参加但没有奖励的学生相比，获得奖励的学生后期对解谜活动不太感兴趣，对该活动附带的回忆较少，创造力较低。对小学生和其他高中生的研究(Kruglanski，1978)也有这样的发现。对所有年龄段的研究都显示，相对于没有奖励，规定有外部奖励会降低动机和表现水平，甚至是兴趣。

(二)奖励何时有伤害

这些对从学前到大学各年龄段学生的初步研究都表明，一旦奖励取消，参与活动得到奖励会对活动动机产生消极的影响。奖励并不总是有害的。当它取决于另一项活动时，当它被期待的时候，当它是外在有形的如钱、奖品或成绩的时候，才是有负面影响的(Lepper & Henderlong，2000，p.261)。口头反馈的结果更复杂，但是看起来根据接受者的年龄(幼儿更易受影响)和反馈类型(对人或其表现或其改进措施的评估)而有所不同，这将在本章后面阐述。

除此之外，奖励似乎还会对任务产生干扰，特别是当任务是开放式的，且缺乏明确而清晰的步骤时。最好的学习任务是开放式的：不是为了一个好成绩而规定具体如何画图或如何写报告。任务的一部分是用自己的方式去做，自己判断如何能做好，因为生命中将会面对很多特定指导方法都不适用的特殊情况。对于需要开放式加以解决的任务,奖励可能会严重干扰,因为奖励鼓励的是表现策略(Ryne & Laguardia,1999),不适用开放式任务。

因奖励而降低动力的情况在学校尤为常见。学生提前知道他们会被评定成绩或者奖励,那他们的表现会和这些奖赏挂钩,奖赏是有形的,而任务(至少最好的任务)是开放的。因此,这些研究成果对学校里通常用金星和成绩强化学习行为的操作模式具有深远的意义。

(三)什么时候可以奖励

奖励在一些情况下是有帮助的。行为矫正研究的传统表明,当问题能用一套系统的方案解决时,奖励能够改善行为。奖励似乎能够加强人们对低兴趣任务的表现,或许与此有关(Alvarez & Booth,2014;Cameron,Banko & Pierce,2001)。这可能适用于学校中的大龄儿童,因为他们在学校学习的内在动机已经降低了(Eccles,Wigfield, et al.,1993;Harter,1981)。但是如果成绩是使他们兴趣降低的部分原因的话,继续这样做会造成恶性循环。其次,奖励通常在需要的时刻最有效,所以如果没有长期目标,奖励是可以用的。最后,本书第七章讲述的一些研究同样表明,当全组表现好而获得小组奖励的时候,同伴学习项目会进行得很好。这些研究是针对大龄儿童的,他们都非常习惯在校学习时获得外部奖励。

尽管大量证据证明了奖励具有消极影响,但是仍然有人声称奖励通常是积极的。其中一些批评者是受到不充分的元分析(一种把很多实验结果放到一起的分析)诱导而得出了不同结论(Eisenberger & Cameron,1996)(见1998年《美国心理学家》53期第6条评论,以及Deci,Koestner & Ryan,1999)。但是大量研究和近期越来越多的元分析(Cerasoli,Nicklin & Ford,2014;Deci et al.,1999)都提供了令人信服的证据,证明很多在校学习的奖励体系对儿童后续的动机(Sansone & Harackiewicz,2000)、表现力、创造力、亲社会行为、自我理论和课堂环境都有严重的消极影响,其中本章也提及了若干项该类研究。下一节我将简要介绍一些后期的研究以及两项最新的、更好的有关奖励的元分析,最后讨论表明奖励存在许多其他消极影响的研究。

(四)动机的进一步研究

自这三项研究之后,又有数十项研究发现了外部奖励对于原本热衷参与活动的动机有消极的影响(如Deci et al.,1999;McGraw & Fiala,1982)。但值得注意的是,只有当人们对活动原本感兴趣而又存在预期奖励的时候,奖励的作用才是消极的,但是很多种活动和奖励类型甚至评估方式都如此。比如一种很多本科生都渴望玩的弹球游戏(Harackiewicz,Manderlink & Sansone,1984),那些希望有奖励(电影票),或者希望之后有人对比评价他们球技的学生,他们日后对弹球的兴趣低于那些没有奖励或者从没期待获得奖励和评价的学生。

期望获奖这一问题可以看成第一项活动(弹球或者学习任务)被误认为是获得最终结果(电影票或者好成绩)的途径。将活动作为获得目的(奖励)的手段的最终结果就是,人们贬低了第一项活动的价值而夸大了最终结果的价值(Lepper,Sagotsky,Dafoe & Greene,1982)。另有一项研究是让学前儿童做原本非常感兴趣的活动。一组学生被告知完成一个活动才能做第二个;其他人只被告知先参与一个,然后再参与一个,不让人觉得第二个活动是根据第一个活动决定的。大约三周后,观察人员注意到,在自由时间里,第一组学生对于第一次参与的所有活动的兴趣都降低了,而对第二次活动的兴趣却增加了。其他学生却没有这种变化。这就是学校最常用的奖励机制;学生被告知只有完成活动A才能参加活动B(比如做完几何题才可以做手工)。

对奖励的期待还会影响学生对任务难度级别的选择。在日常生活中,学生倾向于选择更容易的课程以便获得更好的成绩。在一项研究中,学生可以从七个按难度级别排列的谜语中选择他们最想解的(Shapira,1967)。选择前,一些学生被告知如果解开谜语就会收到一笔小奖励。那些为得奖而解谜的学生选择了难度明显较低的谜语。

心理学教授苏珊·哈特(Harter)(1978)在成绩制学校的儿童身上有同样的发现。在字谜游戏中,知道会因为表现而获得分数的六年级学生比只知道本任务是游戏的学生选择的问题更简单一些。并且,成绩组的学生比游戏组的学生表现出更少的乐趣和更多的焦虑。

这些研究对学校教育具有重要意义。学校里学生大多是为了成绩而学习。以上研究显示,学生在成绩面前会选择相对简单的挑战,因此学到的也较少。期待成绩时他们具有的消极情感和焦虑(后述),这导致他们即使从事难度较低的任务,其投入状态也无法达到最佳水平,因此无法收到最佳学习效果。

有关动机最后要提及的一点是该研究领域的元分析。有一项元分析显示奖励没有消极影响(Eisenberger & Cameron,1996),但一些研究者对该文的评论指出了该研究在实施过程中的许多错误和问题,包括它所引用的研究和它对奖励的分类标准等。为了解决这一分歧,这次元分析整合了128项实验结果(Deci et al.,1999)。在这些研究中发现,有形的和预期的奖励确实会干扰被试后来是否选择参与任务的动机。非控制型的语言奖励(比如表扬)增加了内在动机,但只针对大学生而非儿童。作者谨慎地解释道:这可能是因为人们普遍对语言奖励并不期待,并且只有期待奖励的时候其负面影响才最能显现。这项元分析告诉我们,最有害的奖励类似于学校的成绩结构:以成绩而定奖励,并不是所有的被试都能获得最大奖励。

近期有一项研究对154项研究进行了元分析(Cerasoli et al.,2014),其中有很多是现场研究(而非实验室),和德西及其同事(1999)的研究以及本处的分析是一致的。本研究分析检验了外部诱因和内部动机如何互相作用从而导致人的不同表现。内部动机是最强预测因素。尽管内部动机水平能敏感地刺激到“量的”表现,与死记硬背封闭式的任务相反的是,它对所称作的“质的”表现的影响极其强烈。与本文的研究结果同样一致的是,外部诱因越与表现直接挂钩(一定比例的题解答正确就能得到一定的成绩),它的影响越消极。原因大概是,这些诱因被认为是控制型的。

显然,完成活动或解决问题的动机将和活动中的表现挂钩,因此奖励不只影响动机。实际上其他研究显示,奖励还影响认知功能、艺术创造力和亲社会行为等很多方面。

二、奖励对认知功能、艺术创造力和亲社会行为的影响

期望与获得奖励和评价不仅会影响兴趣和动机,还会影响学生在活动中的表现。在接下来的几段中,我将先讨论关注认知功能的研究,再探讨艺术创造力和亲社会行为。这些都是人们想要的人类成长能力。如我们所见,如果没有那些典型的学校奖励体制,这些能力会发展得更好。传统学校建立奖励体制好像要激发人的潜能,因为成功的学生通常会都很努力地提高名次。但是诸多研究显示,如果那些奖励不存在,他们会表现得更好。

(一)认知功能

前面提到的一项研究表明,期待奖励时的认知功能低于标准水平:相比没有奖励的情况,有奖励时被试能想起所读段落的题目较少并且能回忆起的阅读任务也较少(Kruglanski et al.,1971)。其他诸多研究也证实了这一点。

有一项尤为有趣的研究,测验了来自三所学校的五年级学生(Grolnick & Ryan,1987)。所有儿童都阅读同一篇文章,之后被问到有多喜欢这篇文章、它有多难、他们感觉的压力有多大。然后实验人员告诉他们会读第二篇文章,这些文章的阅读方向会根据实验需要而有变化。有些儿童被告知:“读完后,我将给你测试。我要看你能记住多少。你必须尽力,因为我将为你打分来看你是否学得很好。”另一组的儿童被告知:“读完后,我将问你几个问题,和刚才那篇文章的问题相似。”这些问题有关他们对文章的个人体会。回答完有关第二篇文章的兴趣、压力和难度问题之后,学生要尽可能多地回忆文章内容。为了测试概念性(conceptual)学习效果,他们还要写一篇文章陈述主要内容。为测试长时记忆力,一周后学生要再次回忆第二篇文章并写下主要内容。

研究结果显示对成绩的期望会影响学习效果。认为自己会被评分的学生在第一篇文章测试时,对文章内容记忆得最多,但是一周后忘记的也最多,他们的长时记忆能力和第二组学生相当。但在第二次测试时,“个人体会”组的学生几乎记住了第一环节的所有信息。

测验的内容还包括概念学习——从所读内容中提取要点。研究发现,在概念性学习方面,不期待测试或成绩的学生比期待测试和成绩的学生对所读文章的概念学习效果显著更强。结果是期待测试的学生最初背诵事实性信息较好,但是测试一旦结束,他们也忘记很多。因此,在这样控制下得到的测试结果,可能不能够促进长期知识的积累。而纯粹想阅读的学生,他们关注自身兴趣和文章难度,显然对文章的理解较深入,日后也能够记住许多初次阅读时积累的事实性信息。虽然他们的长期事实性记忆力和专门为测试而记忆的学生一样,但是他们还获得了概念性知识。

另一项有关五六年级学生的研究同样显示,期待评价的心理会对信息的深度加工过程造成负面影响。在这项研究中,学生被要求回答120道题,比如“这个词是人身体的一部分吗？脊柱”,这需要在概念(意义)的层面进行加工;“这个词和line谐音吗”,这需要表层加工(Graham & Golan,1991,p.189)。第一组学生被告知,实验者会通过他们的表现来判断他们是否擅长这些题;第二组被告知,这些题会越做越擅长;第三组学生只知道如何做,没有其他暗示。所有的问题都能简单得到正确答案;实验人员要求学生尽可能多地记住问题并根据这种意外回忆测试的表现判断兴趣大小。本设计的妙处在于,它将深层概念性学习和表层学习分割开来。三组学生对表层问题的记忆同样好。但是,对于需要深加工的问题,第二和第三组的学生比第一组记忆明显更好。这些证据又一次证实了关注表现和评价的心理会干扰深层概念性学习。

期待奖励和评价也会干扰问题的解决(McGraw & McCullers,1979)。学生拿到了10个陆钦斯实验的量水问题,比如:“母亲让儿子去井里打三夸脱(容积单位,1夸脱等于0.946升)水。她给他容量为4夸脱、5夸脱和12夸脱的三个容器。这个男孩怎么能够仅用这三个容器精准地得到3夸脱水?”(p.287)一半学生被告知,每答对一题得5美分,10题全对另外得1美元作为奖励。前9个问题的正确答案都设计为三个罐子的特殊使用模式,但是第10题只需用两个罐子,因此:10题是一个打破定式题:要求参与者打破反应定式,用新的方式思考问题。因为他们肯定能解出来,所以我们感兴趣的不是问题是否得到了正确的解决,而是他们解决问题需要多长时间,尤其是那些打破定式的题目。尽管两组参与者在最初的9个问题上花的时间相同,但在奖励条件下解决打破定式的第10个问题所花的时间是在不期待奖励的情况下做该题的参与者的两倍。因此,对于需要寻找新的解决方案的任务,期待奖励会对参与者的表现产生负面影响。

奖励还对辨别能力有消极影响。一项实验让四年级的学生从100幅图片中区分“比尔”和他的孪生兄弟,他们的长相只有身高和眉间距不同(Miller & Estes,1961),这些学生被分为三组,一组没有预期的奖励,一组学生找到不同就获得1美分奖励,一组会获得50美分奖励。没有奖励的学生表现得比后两组都出色。且后两组在表现上没有差异,这表明小奖励和大奖励产生的消极影响是相同的。

其他研究证明了人们在没有奖励的条件下比有奖励时更有洞察力(见McGraw,1987的评论)。例如,在东克尔(Dunker)的蜡烛问题中,一个人被要求想出如何用一盒图钉和一个火柴盒将蜡烛固定到墙上,得知快速解题有奖励的参与者比未被承诺有奖的参与者多用了3.5分钟才完成任务(Glucksberg,1962)。

奖励似乎将注意力集中在了奖励本身,从而降低了对受奖事情的注意力,减少了其他学习的可能性(见Bahrick,Fitts & Rankin,1952)。在有奖励的条件下,学生所学的只是其被要求学习的东西,仅此而已。这样的奖励就支持了空容器模式,因为他们实际上创造了这样一种学习者:他们只会接受他们期望从中能获得奖励的信息,归纳、推理和其他创造性思维活动都被削弱了。

总之,从问题解决到辨识,从概念信息到伴随学习,各种认知任务的效果看起来都被外部奖励干扰了。其他受奖励干扰的学习能力还包括艺术能力和创造力。

(二)艺术力与创造力

到目前为止,有若干研究都可以被视为和创造力有关——为报纸上的文章拟标题、解决陆钦斯量水的问题等。广义地说,涉及创造力的任务通常都有开放式的解决方案,不止一种方法,需要使用适合于手头任务的新方法加以解决(Hennesswy,2000)。许多关于奖励效果的研究都关注了它对艺术创造力的影响。

前文所述的一项早期有关奖励的研究显示,为获得优秀画家奖而画画的学生不如仅为画画而画画的学生表现得好。另一项研究要求小学生为一组故事中的每张图片编一句台词,以检验他们的故事创造力(Amabile,Hennessey & Grossman,1986)。任务开始前,有些儿童得到了预先的奖励:如果答应参加后续活动他们可以用拍立得相机拍摄两幅图。为了履行诺言,他们签了一份详细誓言保证以后会写故事。其他学生写故事前也拍了两张照片,但是没有被告知这是奖励。第二个控制方法是,每组中有一半学生被告知这是游戏,另一半被告知这是工作。研究者预计,游戏组的创造力更高。结果显示,视为游戏还是工作对创造力没有显著影响,但是使用相机拍照的原因却对此有显著影响。实验中那些认为用相机拍照是奖励的学生,所写的故事明显缺乏创造性。

其他研究表明,如果人们知道自己的创造力要被评价,他们的努力却不如不知情时有新意。一项研究要求斯坦福大学本科生用15分钟制作一个拼盘来表达愚蠢的感觉(Amabile,1979)。一些学生被告知研究人员对他们的拼盘质量感兴趣,而其他人只知道研究者仅对其制作时产生的情绪感兴趣。在那些被告知对拼贴质量感兴趣的学生中有些知道具体的评判标准,有些不知道。一支由15名具有广泛工作室艺术经验的评委组成的团队,根据这些标准评估他们的拼贴作品,如材料使用新奇度、创意的新颖性、明显的努力程度、形状的变化、细节和复杂性。

根据评委的评分,那些不期望被评价的学生比那些期望会被评价学生的设计更具原创性、更有新意。但是,当学生得知具体的评价标准的时候,他们的设计都是为了满足那些标准(比如使用更多的造型)。这就再次提出了一个观点:如果任务不是开放式的——当一个人确切地知道如何获得一个好分数时——期待评价并不一定与表现差相关。然而,作为一名教师,确切地告诉儿童怎样做才能在一项开放式作业(如写论文或制作拼贴画)中取得好成绩,似乎与教师在布置作业时所追求的目标——培养创造力和聪明才智——背道而驰。

在另外一项关于艺术能力评估效果的研究中,研究人员让幼儿园至五年级的学生在竞争或非竞争的条件下尽可能画一朵花(Butler,1990)。竞争组的学生被告知研究人员将收集所有的绘画并评出最好的一幅。结果评委们认为非竞争组的绘画质量更高。在这种情况下,任务的动力和兴趣也受到影响,以至于竞争组的学生不太想再次参加活动了(White & Owen,1970)。

而关于奖励对创造力的影响并没有形成共识(Eisenberger & Shanock,2003)。一项对60项研究的元分析试图阐述一个更细微的观点,解释奖励分别在什么时候对创造力有积极的和消极的影响,结论是,奖励创造力而非任务完成度的时候,奖励与创造性正相关(Byron & Khazanchi,2012)。但是,当奖励只是为了完成某项创造性任务、并且/或者以一种被认为是可控制的方式呈现的时候,创造力会下降。总之,与没有期待奖励相比,学校里通常使用的那种奖励和评估会导致创造力下降。

(三)亲社会行为

另一个受到奖励消极影响的是亲社会行为,或者说是善待他人的行为。校内校外都需要亲社会行为,它是人格教育的目标之一(Bennett,Rosenzweig & Diamond,1969),但是学校通常欠缺这方面的教育。我在本节所关注的一方面是对低龄儿童积极行为常用的奖励,另一方面是奖励对教室内亲密社会氛围的影响,这对大龄儿童尤其适用。

在一项研究中,一些二到五年级的学生被告知,如果他们在等待实验者分配下一个任务的时候帮助住院的儿童将彩纸分类堆放,就可以得到一个小玩具。其他学生只是知道在那个时候有机会帮助住院的儿童(Fables,Fultz,Eisenberg,May - Plumlee & Christopher,1989)。后来等实验者去找磁带播放器的时候又有了第二次机会帮儿童整理彩纸,与此同时还有其他活动比如读漫画书。数据还收集了儿童母亲的做法,包括她们在家中是如何奖励儿童行为的以及他们孩子的亲社会程度。

奖励条件下的儿童在第二次自由选择阶段,整理彩纸的时间显著低于没有奖励的儿童。因此后续亲社会行为的动机受到了先前期待奖励的消极影响。特别有意思的是,还发现了母亲们使用奖励的习惯和儿童反应之间的关系。如果母亲们喜欢使用外部奖励,她们的孩子受奖励操纵最大,这些儿童平均整理的纸张较少,并且第二次整理还不足第一次的一半。而母亲在家不使用奖励的儿童,受奖励影响程度小得多;他们中85%的人都帮助整理纸张。此外,与不使用外部奖励的家庭相比,母亲对亲社会行为积极使用外部奖励的家庭的儿童,在家参与的亲社会行为较少。

另一项研究测试了20个月大的婴儿(Warneken & Tomasello,2008)。实验人员丢掉一些物体(比如写字的时候掉了钢笔),并假装拿不到。前期研究显示,步履蹒跚的儿童遇到这种情况时的自然天性就是上来帮助,比如捡起笔还回去。在本项研究中,在“训练”阶段,一组婴儿会因此受到奖励。他们还回笔,研究员就会奖励说“你这样做,可以得到一个积木”,然后给儿童演示积木顺着滑道有趣地滑下。对其他儿童口头表扬说:“谢谢你,(称呼儿童的名字);做得真好!”对第三组儿童,没有反馈,实验人员在掉落东西后会继续他的任务。训练阶段一直持续到儿童给出五次帮助为止。之后还有九次实验,任务还是一样,不同的是不给儿童任何反馈。在这些实验中,第三组无奖励的儿童帮助的次数占此为89%,受表扬的儿童为81%,受奖励的儿童为53%。如果亲社会行为受到奖励,当没有奖励的时候,这种行为则会明显地不再继续了。

一项有关外部奖励与大儿童亲社会行为关系的自然主义实验也有同样的发现(Grusec,1991)。四岁儿童的母亲们用一个月时间记录自己对孩子亲社会行为的反应。最可能主动做出亲社会行为的,是母亲们观察后认为最不可能做出反应的儿童。做出亲社会行为最多的,是母亲对于自己的亲社会行为“无动于衷”的儿童;受到认可(比如一个简单的“谢谢”)的儿童这样做的频率较少,而受到表扬(“你真是个好儿童!”)的儿童在所有人中继续亲社会行为的可能性最小。

然而还有一项研究发现,如果母亲与儿童的互动较少,并不太回应儿童吸引注意力和寻求帮助的请求,她们的儿童就更有可能互相帮助、安慰和分享,并与他人的社会互动更愉悦(Crockenberg & Bryant,1978)。这种情况下,关注所给予的奖励是微妙的,但是抑制这种微妙的奖励会带来更多的亲社会行为。

受奖励也影响着人们对亲社会行为的价值取向:因慈善而受到奖励的儿童认为

自己不如未受奖励的儿童无私(Smith,Gelfand,Hartmann & Partlow,1979)。假设人们做事情是要满足自我,那么改变他们对利他根源的认识的话,久而久之也会改变他们的利他行为。

必须谨慎对待自然主义的研究结果,因为天性不太友善的儿童,他们的家长很可能会用奖励而不是其他方法对其进行激励。但是与实验研究一致的结果强烈建议,经常使用语言和有形的奖励表扬儿童的友好行为,实际上会使他们做好事的行为减少。

其他有关亲社会行为和奖励的研究关注了使用成绩等奖励方法的课堂环境。研究显示,在8到10岁学生的合作、竞争和个性化的学习环境中,合作的环境对亲社会行为的影响最大(Crockenberg & Bryant,1978;Nadler,Romek & Shapira - Friedman,1979)。成绩与竞争环境相关,在要求成绩的学校环境下,儿童带着竞争意识审视彼此,与他人比较并评价自己所处的位置(Butler & Ruzany,1993)。因此成绩和评估营造了竞争的氛围,也就似乎降低了教室里的亲社会行为。这就是为什么人们认为在蒙氏教室儿童极其友善(本书第十一章的研究所证实的观点)的部分原因:没有成绩,竞争降到了最小。即使在没有成绩的情况下,小学生也非常讨厌拿自己和别人相比,而且成绩的出现反而加剧了这种倾向。

这就引出了一个更广泛的问题:成绩是如何影响学生的自我理论和行为的。接下来将讨论这个问题,然后讨论成绩的提供对学校课堂气氛的影响。

三、成绩、目标和自我理论

学校里使用成绩可能对学生如何看待自己和自己的付出,尤其是他们的智力理论影响最大。德韦克及其同事的研究显示,43%的美国人都倾向于是实体论者,认为智力是固定的;大约43%倾向于增量理论,认为智力会随着努力而增加(本研究总结于Dweck,1999,2006)。在某种程度上每个人都同时接受以上两种理论,并且在某些特定时刻特定场景对他们的观念产生暂时的影响,但是大多数人会更习惯性地采取其中一种观点。重要的是,无论习惯性持有哪一种理论,人们对分析能力或其他衡量智力指标方面的观点没有差异。

可变的或增量的观点是更健康的论断。这一观点认为,智力是可塑的,人掌握目标,在面对挑战时会尝试学习;而固定实体论者会采用表现目标,会企图证明他们有多么聪明、多么好。增量论者为完善自己而奋斗,实体论者为被接纳而努力。实体论者,获得肯定的时候一切都很好。但是,一旦失败了,就会悲伤地被摧垮。

对于实体论者而言,失败会导致其不再想参加活动,想避免让他们失败的情景再次发生(逃课、换专业等)(Dweck,1999,2006)。第二,对于负面的评价他们就像抑郁患者一样,认为自己迟钝、毫无价值乃至一败涂地。然而增量论者恰恰相反,他们就事论事地对待失败,不会将自身断定为失败者。他们倾向于把失败看作指引,指导他们应该在哪些方面更加努力。

这些理论是有延展性的,理论的改变预示着结果的改变。在一项关于七年级学生的研究中,设计了数个增加智力信念的干预项,在干预后的几个月里,学生的数学动机和表现增强了;而干预控制组的表现则下降了(Blackwell,Trzesniewski & Dweck,2007)。

德韦克的研究对于学校的奖励和成绩问题有重要的启发意义,因为研究结果表明,获得成绩会促使儿童采用表现目标而非掌握目标。事实上,就像我们将在本书第九章中讨论的那样,即使是含有实体论意味的口头表扬("你真聪明"),也会导致儿童对后期失败的不良反应。

一项有趣的研究,通过设定既能封闭也能开放回答的问题解决式任务,检验了成绩对六年级学生的自我理论、目标和表现的影响(Butler & Nisan,1986)。固定答案的测试有些是文字游戏,如从一个长单词里抽出一个字母组成尽可能多的词,用前一个单词的首尾字母组成新单词。开放式任务包括一个"创造性使用"任务,即对一个物体说出尽可能多的用法,和一个"圆圈"任务,给儿童一页五美分大小的圆圈,在上面作画,而后为其创造性排名。

在由这些任务组成的前测中,所有学生的表现并没有太大差别。两天后,一些学生惊讶地发现他们测试的作业上有语言反馈,揭示他们可以做得更好("你写了很多短小的词语,但长单词不多"),或者作业上有一个成绩。之后所有学生再做略微不同版本的相同任务。两小时后,第三轮任务结束再重复原来的任务,学生就他们的任务动机和表现的原因回答问题。

要记住这些实验结果的一个重要因素是,它们是在学校教室进行的,像是一种学校作业。六年级学生已经知道,仅仅在有评价性反馈的时候,他们的表现才很重要。不幸的是,大学生好像也有同感,不检查就不做。与此相似,那些没得到作业反馈的学生,在后来的任务中表现得不如其他人好。他们可能以为这些作业不重要,也没有必要努力。

和其他研究结果一致,两种反馈类型不同,学生开放式任务的表现也不同(非固定方案的任务)。比如,收到语言反馈告知如何能表现更好的学生,比得到成绩反馈的学生回想到这些物品的用途更多。此外,收到反馈的学生比得到成绩的学生动力更大,并且更喜欢这些任务。

这一研究的新发现是成绩和评价对学生的自我智力论有不同的影响。学生认为智力有助于自己的表现。收到语言反馈的学生认为,他们的表现和努力、兴趣以及技能有关,而得到成绩的学生更容易认为和读者情绪有关,而这是外部的、不可控的变量。如果持有增量论,他们就会认为和努力(可以人为选择增加)有关。相反,读者情绪却是不可控的,这就会产生本书第三章所论述的习得性无助感和其他问题。正如第三章所讨论的,实体论者在失败面前会感到无助。

他们对努力的归因和他们的表现观念相一致。成绩组的学生认为努力表现是为了避免失败,而反馈组的学生认为他们是为了兴趣而努力。因此实体论者的行为目标在成绩组更为明显。

综上,成绩和其他评估削弱了动机,部分是因为它们会帮助表现目标而不是掌握目标。成绩似乎会让儿童认为,他们的表现反映了他们聪明或者愚笨,而不是反映他们是否已经努力。

四、学习环境和学习目标

很多传统学校的课堂环境似乎会迫使儿童采取表现目标。首先,研究显示,在美国传统课堂中非常普遍的两种学习活动:独立座位学习和教师引导的小组展示(Stigler et al.,2000),往往会导致儿童采用能力导向的自我理论(Ames,1992),这和行为目标是一致的。相反,项目化的学习任务,无论合作的还是独立的,学生采取的以掌握为目标的行为都是和增量论一致的。其次,目前美国的测试体制一定会导致很多教师强调行为表现:学校需要学生通过州考试,否则该校的资金就会受到影响。

为了验证学习环境和学习目标的关系,有项研究询问了以色列农场学校和城市学校里四到八岁儿童的学习倾向(Butler & Ruzany,1993)。农场学校使用项目化、小组合作的方式,而城市学校使用教师引导、集体学习、单独评估的模式。当这些不同学校的儿童被问到为什么偷看其他同学的作业时,农场学生的回答暗含学习目标("我的地是弯曲的,所以我想看看怎么做直",p.36)。与此相反,城市学校的学生给出了评价性的原因("我想看看我的花是否很好","我想看是不是我的花最好",p.36)。因此,教学手段的不同会使学生的目标不同,这些目标与掌握理论而非表现理论相一致。当然,农场的生活不像城市生活那样有竞争性,所以学生的回答可能也反映了课堂体验以外的内容,但是这和其他研究相适用,它们显示出不同的学习倾向和不同的教学风格有关联。

这些研究中,认为课堂更强调掌握目标而不是表现目标的美国初中和高中生比认为课堂是受表现目标支配的学生,使用了更有效的学习策略,他们更喜欢有挑战性的任务,认为努力更多是为了成功,也更喜欢上课(Ames & Archer,1988)。后者更注重能力,但是他们更倾向于负面评价。这些情况也适用于初中(Anderman,Maehr & Midgley,1999)和小学(Corpus,MaClintic - Gilbert & Hayenga,2009),强调掌握目标而非表现目标的时候,会保持住内在动力(Yeager & Dweck,2012)。

对于这类研究可能会有人批评说,教室和学校各有差异首先是因为学生不同,因此课堂环境不是学生差异的原因,实际上是学生差异带来的结果。有一项研究证实了这一点。他们给四年级的学生随机布置了任务,在学习分数的单元时强调掌握目标或表现目标(Schunk,1996)。即使在随机分配的条件下,强调掌握目标的学生其动力、任务倾向性和所取得的成果都比强调表现目标的学生好。

所有的这些研究均表明,表现目标对于大多数年龄较小的儿童是有害的。成绩促成的竞争性课堂目标对学习有消极的影响(Covington,2000)。在此,年龄界限很重要,因为学校里的掌握和表现目标的自然分配是随着年龄而变化的。儿童越学习,所采取的表现目标就越多。这些或许是受成长因素影响的,或者受传统学校体制自身所影响。最可能是由学校体制引起的,如前所述,切拉索利(Cerasoli)等人的元分析研究发现,一般来说,内部动机通常随年龄而增加,这很可能是由学校制度引起的。对非传统学校环境的研究有助于确定学校尤其是传统学校的责任程度(Rathunde & Csikszentmihalyi,2005a,见本书第十一章)。

尽管大多数儿童带着掌握目标开始上学,但是到了高中大多数人都会形成表现目标。对于小学生来说,学习或掌握目标已被证明与自我调节和学业成绩有关,然而,对于年龄较大的儿童来说,则是表现目标与之相关(Bouffard,Vezeau & Bordeleau,1998)。综上所述,儿童越上学,其掌握目标就越会被表现目标所取代,或许是因为学校评价结构包含强调评价,以及学校里经常将成绩和学习结果相提并论。然而,掌握目标会给幼儿带来更好的学习效果,对高中和大学生则并非如此。为什么这样?因为学校的不断消耗,高中样本中很多具有表现倾向的学生一开始是成绩优异的学生,而低表现实体论者更可能发现奖励体制更让人沮丧,甚至有时候会导致他们辍学。一些最初具有掌握目标倾向的学生这个时候采用了表现目标,取代了样本中的辍学生。但是,很多研究显示,很可能在成绩的影响下,这些具有表现倾向的高中生和大学生测试后不再继续学习,也没有实现更深层次的概念性学习和形成对所学内容的持续兴趣。一系列坏的后果来源于表现目标倾向,包括近些年一直在增长(McDonald,2001)的考试焦虑(Atkinson & Litwin,1960;Deci & Ryan,1985;Wigfield & Eccles,1989)。在非评估条件下,高度考试焦虑的学生和不焦虑的学生表现一样好;但是一旦涉及评估,高度考试焦虑的学生表现就会下降(Kurosawa & Harackiewicz,1995;McDonald,2001)。传统学校的教学,比如全班教学和能力分组,会增加对评估、社会比较和竞争性的关注(Eccles,Midgley, et al.,1993),因此会带来更差的学习效果。

通过构建学习环境，教师可以明显影响成绩产生负面影响的程度。一项有关学习环境的研究发现，当教师关注活动有意义的方面、强调学习目标而非成绩和测试结果并给学生提供锻炼责任感和独立能力（较其他因素而言）的机会的时候，学生更可能具有掌握目标意识（Ames，1992）。但是要在传统教室做到这样，教师必须反其道而行之：因为传统学校是与外部奖励和控制并行的。

五、总结：奖励和评估的影响研究

莱佩尔指出，他在向教师描述奖励的研究时得到了两种反应。

> 给主要教幼儿的教育工作者描述本文献时，他们最典型的反应就是完全赞同。教师们非常理解所讨论的现象，并认为早就该研究奖励的效果了。然而，当把这些研究结果呈现给教授大龄儿童的教师时，出现了第二种典型的反应：虽然他们通常也赞成这一现象很重要，但是他们很快指出这和他们自己的教室情形没有关联。毕竟，他们指出，他们的学生没有表现出什么内部动机，没有什么可破坏的。（Lepper et al.，1997，p.28）

这种可悲的状况反映出美国学校的现实状态。最初非常兴奋上一年级的儿童很快失去了在校学习的动机，他们最好的时光是校外时间。当然有很多原因导致这种积极性的下降，但是本章所述的结果表明，使用惩罚和其他外部刺激可能是一个重要的原因。

很多传统学校的实践，比如给成绩、金星贴纸和其他外部刺激，降低了内在兴趣、认知表现、创造力、亲社会行为和儿童其他一些好的结果。使用外部奖励严重导致了儿童不喜欢上学和很多儿童不该有的较差的表现。

尽管成绩降低了儿童的内部动机并导致他们认为智力是固定不变的，但它在竞争文化下是否有利于儿童发展？有人认为，假若儿童某一天将会置身于有奖励的体制，让他们提前习惯奖励是很重要的。在不评成绩的学校里的学生，是否进入了使用成绩和其他类型奖励的系统就不能生存呢？或许最好的证据就是本书第一章提到并在本书第十一章详细叙述的密尔沃基的研究（the Milwaukee study）。这些儿童从三到十一岁在公立蒙氏学校学习，去非蒙氏学校四年或更长时间后，研究人员对其进行测试并和该校其他学生做对比（其中很多学校是为成绩优秀的儿童设立的精英学校），双方学生的社会经济地位（SES）、种族和性别比例都相当。无论从哪一方面衡量，蒙氏学生都和这些非蒙氏学生一样出色，甚至更胜一筹。可见，他们不会不适应竞争的、基于成绩的系统。很多无对照研究也证明了这一点，蒙氏毕业生在竞争的商业环境中没有问题,谷歌和亚马逊的创始人就是其二。相反,习惯了为分数学习的学生,一旦取消了这样的体制则很难再喜欢在校学习,这就是外部奖励研究给我们的警示。

六、蒙台梭利博士如何认识到奖励的消极作用

最初蒙台梭利博士并不反对外部奖励。

和其他人一样,我曾认为有必要通过一些表面的奖励来鼓励儿童……以培养其学习精神以及平和精神。当我得知有个被允许自我教育的儿童真的放弃了这些低级本能时,我很惊讶。(1967b,p.59)

蒙台梭利博士很早就发现,在她的学校中没有必要进行奖励甚至口头表扬,这些会干扰儿童的注意力:"儿童不需要表扬;表扬破坏了其魅力。"(1989,p.16)这使蒙台梭利博士对奖励有不同的理解:儿童很多时候拒绝成人善意的奖励。很显然,第一次遭拒绝发生在她罗马的第一所学校里给儿童奖励的时候。如本书第一章所述,当时玩砂纸字母的儿童自己开始书写,蒙台梭利博士饶有兴趣地观察他们是否能够阅读。

为了检查儿童的阅读能力,她制作了卡片,上面写着不同的玩具名字,然后给了儿童一篮子玩具做奖品。她承诺,只要他们说出卡片上的名字,作为奖励他们就可以玩玩具。和其他成人一样,蒙台梭利博士预测奖励可以激励儿童,甚至是一个必要的手段以吸引儿童参与到有难度的任务中。

但儿童的表现和她的预期恰恰相反。他们急切地读单词,对玩具并不感兴趣,读完一个词还要另一个。这些表现使她意识到:一项挑战性的活动,阅读(初读者)本身就可以自我激励。外部奖励其实是没有价值的,实际上它们似乎还分散了儿童的阅读精力。使用新的、重要的能力,显然比玩这些很有吸引力的玩具更能激励他们。蒙台梭利博士对这种反应非常感兴趣,并在其他场合下跟进了此项研究。

在本书第四章讲述的那次尝试中,她试着给儿童糖果作为安静游戏的奖励。安静游戏是一项重要的蒙氏活动,主要在小学阶段使用。教师要求所有的儿童都要完全安静,尽可能安静地听一会儿。在就要结束的时候,蒙台梭利博士很小声地说出每个儿童的名字让他们过来(初衷是测试儿童听力的敏锐度;心理物理学和人类感知局限性是早期心理学的主要考虑因素)。如果儿童有反应,她就给他们糖果作为奖励,但是儿童却不接受,他们就好像在说:"不要破坏这份美好的体验。我们的头脑依然很愉悦,不要影响我们。"(1966,p.124)

第三个故事,蒙台梭利博士描述了有位教师给一个表现良好的学生一个大的银

十字架，而惩罚一个行为不好的学生在椅子上闲坐着。带十字架的学生经过受罚学生的座位来回搬东西时，十字架掉到了地上，受罚学生捡起来要还给他时，受奖的学生对十字架已经不感兴趣，还同意让给受罚学生戴。

第四个故事也显示了成人的奖励方法遭到了拒绝。蒙台梭利博士描述，一个来访者带了一盒小铜牌到教室并说："教师将会把它们戴到最聪明的儿童胸前。"有一个最聪明的四岁男孩"皱起眉头表示抗议并且好几次说'但是别给男孩！但是别给男孩！'"（1967b，p.60）

四个故事都揭示了早期在蒙氏教育环境中学习的儿童不是对奖励不感兴趣——而是完全拒绝奖励。蒙台梭利博士认为，这种排斥部分是由于他们在课堂上已经形成的尊严感。根据蒙台梭利博士的描述，这些儿童住在贫民窟，他们最初来上学的时候很脏且衣衫破旧。在她的课上，她向学生演示如何使自己整洁，如何通过简单的行为如擤鼻涕学会自我照顾，甚至带他们做家长没法教的书写和阅读活动。她认为，儿童排斥奖励，部分上表现了他们参与课堂活动时唤醒的内在尊严。这些促使她创设了新的教学环境，使奖励和评价体现在活动中而非依赖教师给予。

七、没有奖励和评估，蒙氏课堂如何运作

本章以下部分关注蒙氏课堂在没有成绩和其他奖励的情况下如何运作。首先，我将探讨蒙氏教材的错误控制、重复的作用，以及教师如何运用三段课程和后续观察进行评估。接下来讨论同伴评价的作用和标准化测试的问题。最后提到游戏，因为通常认为玩玩具也是奖励，最初试图用玩具作为奖励的蒙台梭利博士后来对此却有争议。

（一）错误控制

蒙氏学校不给学生判成绩，教师对学生的评价是实事求是的，详细到每个日期都有记录。这可能会引起人们担心学生如何知道正误、教师如何知道学生已掌握。为此，蒙台梭利博士采取的第一种方法是在蒙氏教材中加入了控制错误的元素。

控制错误是一个非常重要的蒙氏概念，它不与外部奖励一起使用。传统学校里，学生会收到和他们作业正确率一致的成绩，这些作业上的分数给儿童重要的信息是：他们是否做出了正确的反应。如果教师不给这样的分数，他们可能永远不知道自己犯错误了。

在任何一种教育体制下，让学习者知道正确与否都是很重要的，但是蒙台梭利博士认为，将这种权威交给成人是有问题的。她还发现，书面作业上正确或错误的打分

会降低学习动机。"教师在儿童的书面作业中打下的所有错号……只会降低他们的精力和兴趣。"（1967a/1995，p.245）与此相反，她在蒙氏教材中引入了反馈。

> 为了使学习过程变成自我教育，用刺激（教材）激发活动是不够的，它应该指导活动。学生不仅应该坚持长时间练习，还应该坚持不犯错误。决定所用教具的外在和内在属性的，不仅是它们能够立刻激发儿童的注意力，而是它们要具备控制错误这一基本特性，即唤起最高层次活动（对比、判断）的有效协作的力量。（1917/1965，p.75）

蒙氏教具包含错误控制。比如，木制圆柱体。本书第一章提到的一套渐次变大的木制圆柱体能够控制错误，因为如果儿童把某一个圆柱放到过大的孔里，最后就会剩下一个圆柱。所有这些成套的感官教具，比如声筒和颜色卡（见本书第五章），放错一个都会导致多出一个物体。如主轴箱（见本书第二章），如果儿童数错一个空，当数字不能放到后面的空里时就明显错了。同样的，如本书第二章所述的，儿童建粉色塔时，如果错放一个积木，他们在后面就会发现有一个比下面的大。他们就能轻易发现这种错误。对于很多蒙氏教具，教师没必要给正确性指导，因为这些教具使用了误差控制，儿童很明显就能看出他们做错了。

（二）控制地图和其他标准化教具

另一种通过教具来控制错误的方法是使用标准化教具，儿童可将自己的作业和标准化教具进行比较，这样他们就能发现自己的错误。例如，当儿童在学习地理的时候，他们会使用大的（大约18厘米×30厘米）木质拼图（参见封面照片）来学习。这些国家被涂上不同的颜色，每一个国家上面有个按钮可以轻松地将其拿出来。正如本书第二章讲到的，最初的工作仅仅是将这些"拼图"放到一起（这本身就是自我纠正），接下来儿童把每一个国家画到另一张纸上，重建一张地图。然后在这张新地图上为国家着色。最后，为每一个国家写上标签。在传统教育中，教师会纠正学生的错误，然后给学生打分，而在蒙氏教育中，蒙氏儿童会拿到一个可以参照的"控制地图"：一张标记好的地图以便对照。因为没有成绩，所以学习目标是最为重要的，所以早拿到对照地图的儿童也不会作弊。显然，儿童想的就是挑战自己记住国家名称的能力。人们有时会觉得这很难让人相信，但是这与之前的研究完全吻合：当没有分数的时候，儿童会采用掌握目标。

同样，当儿童使用语法框来标记词性的时候，他们可以拿出一些控制卡片来检查自己是否正确（图6.1）。儿童可以自查错误，而不是需要教师指出错误。同样，因为没有分数，也就没有作弊的动机。

图6.1　句子图表　Laura Joy-Hubbard 2014.版权所有

图6.2　乘法板　照片由An Vu提供

乘法表的序列任务提供了使用控制教具的另一个例子。序列中靠前的是一个正方形乘法板，上有100个(10×10)小孔，每个孔能放一个珠子，还有一个小木盒装了100个珠子(图6.2)。模板上方印着1到10，左侧有一个数字卡槽。要算一个算式，比如4的乘法，就在左侧放入卡片"4"，红笔在上方"1"处(标记位置)，然后把四个珠子放到1下面。接下来儿童拿出一页打印的题，题头写着："4，乘法表，4与1到10的组合"(Montessori，1916，p.218)。题目下方印着基础算式：4×1=　，4×2=　，等等。儿童在第一个空(4×1)填上4，然后红色记号笔移到"2"，再添加四个珠子。继续完成所有的练习，填完所有4的乘法算式。这一教具的控制卡或测试卡包含从1到10所有的乘法。完成之后，儿童拿出测试卡核对，从而检查自己的作业。

下一步是进一步控制乘法表的错误。儿童要在另一张纸上写出核对后的答案。这张纸包含10×10表，在上方和左侧都要用1到10。填完这些空(这些儿童做完4的乘法之后要做其他数的乘法)，也要对照参照卡。

现今有了很多数学教具，蒙氏学生还学习更现代化的控制设备：计算器。学生最初用教具做数学题，然后用计算器检查答案。

儿童会反复做乘法表之类的练习，而这些练习的冲动来源于他们的内心。这些教具可以激励儿童学习，因为它们都是经过反复现场试验直到能够激发出儿童的兴趣、专注力和重复使用的欲望。就像前文的实验所表明的那样有助于激发儿童反复使用的蒙氏教具，其特点就是：不是成人评价者对儿童进行纠错，而是教具本身。

(三)重复

乘法表的学习提出了蒙氏课堂另一种不用教师批改学生作业也能发挥作用的学习方式：重复。蒙台梭利博士强调，重复能够引导儿童在没有教师反馈的情况下正确地练习(Montessori，1989，p.15)。对于蒙台梭利博士而言，重复在成长的许多方面都很关键,它也能提高一个人的表现水平。儿童把粉红色塔一遍一遍组装起来,最终能够正确完成;儿童一遍一遍地使用乘法板,最终能够背诵乘法表。如果儿童在学习过程中犯错,通过控制教具他们会意识到错误,然后通过重复,最终把它做正确。根据蒙氏理论,人类有追求完美的倾向。如前所述,这种假设的倾向让人想起心理学家迈克尔·库波韦(Michael Kubovy)(1999)所称的"精湛技艺":全世界的人都乐意把事情做好。蒙台梭利博士观察到儿童真的在一遍又一遍地重复练习。环境提供反馈,让儿童不必犯同样的错误,他们就有动力重复练习直到没有错误,最终达到掌握的效果。教师没有必要纠正儿童的错误,因为他们自己最终会发现并加以改正。

(四)三段式课程

蒙氏课堂上,教师当然也会评估学生,只是儿童并不明确知道他们正在被评估。一个评估方法就是通过授课的方式。继塞金之后,蒙台梭利博士建议,涉及术语的课程应该分三个阶段或者三个时期进行讲授,如在本书第二章中提到红棒(1912 /1964, pp.177-78)。这三个阶段可以是联想、识别和回忆的。这些课程主要在学前阶段,因为蒙台梭利博士认为儿童应该有精确的术语来描述世界,正如前面提到的,她认为前五年是词汇习得的敏感期(Montessori, 1967a / 1995)。蒙氏教育下的儿童,学习那些受过教育的成年人可能都不知道的复杂术语,并且他们似乎学起来更容易。

三段课的形式如下:第一阶段,教师首先向学生展示需命名的教具,如触觉板,这是用不同等级的粗糙和光滑的砂纸覆盖的木板。学生用手指逐个触碰教师所指的词汇:"粗糙"和"平滑"。第二阶段,教师检测他们是否已经识记了这两个词:"给我一个粗糙的木板"和"给我一个平滑的木板"。如果学生不能选出正确的木板,教师也不会纠正他们,而是假设儿童还没有明白这个概念,教师会在另一天再重复展示。如果儿童正确地选择了一个粗糙的木块,教师将继续到第三阶段,举起一块砂纸问:"这是什么?"通过此类"三段"课程,学前课堂教授了大量词汇,也使教师有机会评估学生是否掌握了核心概念。

(五)教师的持续评估

蒙氏教师还通过不断观察来评估学生的学习。为了使教师的任务更容易,儿童的学习通常是分散的且很容易被看见的,所以可以在教师没有仔细看作业的情况下进行观察。蒙台梭利博士告诫教师不要去干扰儿童正在进行的纠正工作。"如果你干涉,儿童的兴趣就会消失,自我纠正的魅力就会被破坏了。就好像他说'我正陶醉在自己的世界中,你叫了我,所以一切都结束了。现在这项工作对我来说不再重要了'。"(1989, p.16)

蒙台梭利博士指出，监视会干扰学生专注力，所以教师必须小心，不要表现出在偷看儿童的作业。

> 表扬、帮助，甚至是一个眼神，都足以打断他们，或破坏他们活动。这样讲似乎很奇怪，但是就算儿童只是意识到被监视，这都可能发生……使教师成功的一个重要原则是：*一旦儿童开始专注了，就当他们不存在*。(1967a/1995，p.280，斜体部分来自原文)

有研究支持了蒙台梭利博士的观察。罗伯特·扎荣茨(Robert Zajonc)(1965)总结了二十世纪上半期有关动物与成人的观众效应研究，他得出结论，当一个人被监视时，他正在学习的活动便被破坏。监视显然也影响动机。如前所述的类似案例，让儿童用记号笔画画，其中一些儿童知道有一台摄像机正将他们的图像转接到房间外面的电视屏幕上(Lepper & Greene，1975)。两周后，相比未被观察的儿童，监视室的儿童明显不大使用记号笔了。因此，知道自己被监视显然降低了后续的动机，也干扰了新任务的学习。

除了小心地观察儿童的学习，蒙氏教师也可以在一天结束的时候评估儿童的成果，这些作业通常存放在教室里儿童的文件夹或柜子里。如本书第三章和第五章所述，小学教师也可以在每周的会议上和每个儿童一起浏览近期学习日志上的学习情况。这可以让教师看到儿童一直在学习课程的各方面内容。

蒙氏教师在授课时，通过课堂上的持续观察、检查学习成果、浏览学习日志等方式来评价儿童的进步情况。对儿童而言，他们并没有明显地被评估，因为他们没有被给予成绩、表扬或其他评估奖品。

(六)反馈和激励的源泉：同伴

蒙氏教育给儿童提供学习反馈的另一种方式是其他学生的评价。正如本书第七章中充分讨论的那样，许多蒙氏学习任务，特别是在小学，是与其他儿童合作完成的。当儿童一起做数学题、写报告或制图时，他们能够注意到并指出对方的错误。也许因为没有成绩(要记得成绩产生竞争气氛)，这种反馈通常是互相支持和促进的，是真正为了正确做事。

在讨论控制型教具时，我特别指出儿童没有欺骗的动机。同伴学习恰恰有助于这一点，因为他们经常一起使用教具。例如，两个儿童可能一起学习地图，一个人拿起地图，要求另一个人说出该国家名称。这样的游戏在蒙氏教育中很常见。

蒙氏学生也会通过同伴教学间接地从同伴那里获得反馈(本书第七章)。在向同伴解释如何做某活动时，儿童可以看到自己的解释是否有效。如果一个儿童不能真正了解如何做某一种工作，他就不能很好地向另一个儿童解释。没有什么比教别人学到的东西更多,尤其是当你不了解这门课时。对方的迷惑,就像是在控制你的错误,敦促你获得更多的知识,以便提供对方所需要的解释(Montessori,1989,p.69)。

蒙氏课堂同伴互评的另一种方式是检查对方的学习情况。特别是小学高年级,学习重点是写报告。蒙氏教师要求学生在给教师阅读之前尽可能找到三个同伴阅读自己的报告并提供修改建议,就像在工作场所和同事所做一样。如果学生质疑同伴的"修正",他们可以查书,或者与其他学生核对,或者问教师。这种方式有助于同伴互评。

因此,同伴合作学习通过直接或间接互教提供及时反馈。同伴也是激励的来源,因为每个教室有三个年龄层次的学生,儿童可以看到自己的进度以及下一个步骤是什么。这可能会激发学生的学习动机,使他们在没有外部奖励系统的情况下继续学习。本书下一章将对此深入讨论。

(七)蒙氏教育中的标准化测试

许多蒙氏学校,特别是一些不太成熟的学校,选择偶尔给学生进行标准化测试,让家长和他们自己知道儿童与传统学校的儿童相比表现如何。为此,学年快结束的时候,他们会花一些时间进行模拟考试,为学生熟悉标准化测试而做准备。尽管这种测试可能会与蒙氏教学相分离,测试内容也很局限(例如,社会行为是蒙氏课程重要的部分,却没有测试),但是它们可以看作是一个在特定场合有用的评价工具。然而,更多的学校可能依赖于往届毕业生的记录档案,向家长展示和保证他们会为学生升学做准备。一些使用这样测试的研究将在本书第十一章讨论。

(八)儿童行为不端时

人们常常想知道,当儿童行为不符合要求、不能安顿下来学习的时候,蒙氏教师是如何在没有外部激励的帮助下进行处理的。首先,重要的是要牢记本书第四章讨论的专注力和注意力。根据蒙台梭利博士的说法,当儿童开始专注的时候,问题行为就会停止。当今心理学研究表明,那些能够更好地调节自己注意力或者集中专注力的儿童,会更随和、更善解人意等。如果蒙氏教育能提高儿童的自我调节能力,也许儿童在蒙氏课堂就不太容易做出行为不端的事情。这将是一个有趣的研究课题。

当然,有些儿童的表现的确不好,特别是当他们第一次被介绍到教室时,有时晚来的插班生也是如此。虽然蒙氏课堂看起来比传统教室更有助于成长,但是他们也不能把所有儿童都神奇地变成完美天使。蒙台梭利博士说,问题行为必须制止。儿童不被允许爬上桌子或粗暴对待教具和乱戳同学。蒙台梭利博士提倡把行为不端的儿童看作需要特别照顾的病号。表现不好的儿童经常被要求待在离教师近的地方或在特定地点，从而剥夺他们的自由，因为他们表明自己还不够负责任，还不能拥有自由。然而在那个地方，他们却没有受到惩罚；相反，他们被赋予了他们最喜欢的活动。对他们的惩罚就是让他们失去自由。教师偶尔会带着极大的同情转向问题儿童，并给予她或他同情的关注。正如蒙台梭利博士所描述的："渐渐地（一个被如此对待的儿童）开始意识到和其他人在一起的好处，并渴望像他们一样行事。就这样，我们给所有最初看似叛逆的儿童进行教导。"（1967b，pp.60-61）关于这种方法在准备好的蒙氏环境中进行成功的实证研究，将是一个有趣的课题。

（九）总结：蒙氏教育是如何在没有外部奖励的情况下发挥作用的

总之，蒙氏课堂的确会进行评估，因为这在任何教育中都是必需的。儿童通过教具的直接反馈、使用控制教具以及他们在同伴间互教的成功水平进行自我评价。教师则通过三段课程、观察学生、学生的学习成果和查看学生日志来评估学生。然而，所有这些评估都是在暗中进行的，也就是说，学生们不知道自己正在被评估；学习的内在价值仍然保持着至高无上的地位。

八、游戏和想象

本章很适合讨论蒙氏教育背景下的想象、游戏和玩具，因为当蒙台梭利博士看到儿童选择做蒙氏学习任务而不是玩耍玩具的时候，她不再把玩具作为奖励。她最初把很多筐玩具放在教室里，和各种教具放在一起供儿童选择，但据她报告说，儿童对这些玩具并不感兴趣。

> 虽然我们第一所学校的儿童可以玩一些非常漂亮的玩具，但没人愿意这么做。这让我很惊讶，这让我决定帮助他们玩他们的玩具，告诉他们如何使用小碟子、如何点燃布娃娃厨房里的火并在厨房边放一个漂亮的娃娃。儿童一时还感兴趣，然后就自己走开了，因为这些玩具从来都不是他们自由选择的。我意识到，在一个儿童的生活中，玩耍也许是一件无足轻重的事情，玩玩具只是因为他没有更好的事情可做。他们觉得还有比这些鸡毛蒜皮的事情更重要的事情要做，而不应该做这些琐碎的事情。他们看待玩具，就像我们看待下棋或桥牌游戏，仅是可以消遣几小时的活动而已，但是如果我们必须要长时间玩这些游戏，也会变得痛苦。（1966，p.122）

在这篇文章中，蒙台梭利博士把时间分为空闲时间（放学后）和在校时间。她表明,儿童可能会选择在闲暇时间玩玩具,就像我们选择下棋一样。但在她创建的学校里,儿童在闲暇时间选择了学习而不是玩玩具。不过,她将家描述为儿童既可以学习又可以玩耍的地方(Montessori,1956)。

在此我将讨论蒙台梭利博士关于游戏和想象的看法,并看看这些观点如何经得起当前研究的推敲。将儿童六岁前后的两个阶段分开考虑是有益的,这两个时期的儿童处在蒙氏教育所称的两个不同的成长阶段。蒙氏教育理论把学习者分为了四个阶段:0至6岁,6至12岁,12至18岁和18至24岁,每个阶段又被分成两个3年。这些讨论可以在其他文献中找到(P.P.Lillard,1996)。

(一)蒙台梭利关于幼儿游戏和想象的观点

蒙台梭利博士认为,对于六岁以下的儿童,成人所谓的想象是站不住脚的。这主要源于她对某些行为的观察,例如,当教师讲童话故事的时候,儿童却走开了(Montessori,1989,pp.45–46)。蒙台梭利博士的两个理论观点与这种观察相吻合。首先,与皮亚杰(Piaget)(也许他的观点来自她的,也或者他们的观点可能都出自其他共同来源)一样,她认为,价值游戏"不是想象力的证明,而是欲望未得到满足的证明"(Montessori,1997,p.41)。因此,假扮游戏主要是将现实同化至自我身上,而不是自我去适应现实。儿童的发展任务是为了适应现实,所以对成人而言,鼓励想象就是(蒙台梭利博士看来)鼓励儿童偏离他们的成长道路。根据这种观点,儿童玩过家家则表达了想真正管理家务的愿望。因此,蒙台梭利博士给了他们一个真房子——儿童之家和与儿童大小适用的家务管理物品。她的主张是,当环境满足了儿童的需求,让他们有动机进行目的性活动时,参与假扮游戏的欲望就会消失(Montessori,1966,pp.155–56)。

第二个(相关的)理论观点与蒙台梭利博士对幼儿和游戏的观察相一致,即蒙台梭利博士认为童年的一个主要目标是对现实世界的真实感知。在她看来,让儿童想象,甚至鼓励想象,都会阻碍他们对现实的感知。关于圣诞节的神话,她说:"实际上是成人的想象,儿童的想象力如何能在这些结果中得以发展?是我们在独自想象,不是他们;他们只会相信……轻信的确是缺乏经验的、不成熟心智的表现。"(1997,p.43)六岁以下的儿童真的会因成人告知的想象而上当,比如圣诞老人和睡魔。例如,雅基·伍利(Jacqui Woolley)和她的同事们自创了一个虚拟的新生物:糖果女巫,她在万圣节之夜来看儿童并用一个玩具交换儿童所有的糖果(Boerger,Tullos & Woolley,2009;Woolley,Boerger & Markman,2004)。父母参与编造想象的时候,儿童最相信,其信念最持久(见 Goldstein & Woolley,2016)。蒙台梭利博士认为,成年人告诉儿童这样的故事,其实是在滥用他们的信任。考虑到当前对幼儿游戏与想象的研究,这是一个有趣的研究点。但重点是，她认为让儿童接触现实对他们想象力的发展是最重要的。“当我们研究伟大的艺术作品时，我们看到了创造力所产生的（伟大的美好的）事物总是与现实紧密联系。如果我们提供机会让儿童观察事物并对其敏感，我们就是在帮助他们创造。”（Montessori，1997，pp.56-57）

（二）幼儿游戏和想象研究

我在本书前两版中写道，大量的心理学研究表明，游戏有助于成长。这是一种人们反复表达的观点，它符合多数人的直觉。但游戏包含许多活动，它实际上很难被定义。对于学龄儿童来说，“玩”往往指特定的游戏类型即假扮游戏，在这种游戏中，儿童以一种有趣的精神将一个现实投射到另一个现实中（Lillard，Pinkham & Smith，2011）。本书第二版出版多年以后，我对这种说法开始变得不太确定，于是我决定更仔细地审视这个问题。我和我的研究生写了一个综述论文（Lillard et al.，2013），查读了我们能找到的所有关于假扮游戏能否促进成长的同行评议的文章。所审读内容包含以下领域：认知发展，包括智力、创造力、解决问题的能力；社会认知或“心理理论”；社会技能；语言；叙事技巧；执行功能；情绪调节。我们的结论是，现有的证据不能强有力地支持“假扮游戏会帮助某个领域的成长”这一结论。叙事研究能提供最好的证据，也许是因为假扮游戏通常会涉及故事表演。但在很大程度上，对这个问题的研究存在着一些问题，无法得出有力的结论。许多研究都是相关的，除了假扮游戏之外的其他变量也可能会对研究结果产生影响。培训研究通常使用已经知道实验研究需要哪些技能的培训师，或者知道儿童处于什么状态（假扮游戏条件或控制条件）的测试人员；没有这些问题，积极的结果也会消失。因此，有观点认为蒙氏环境因为不关注假扮游戏而可能无法满足儿童的成长需要，这看起来是误导。事实上，对学校课程的研究（Chien et al.，2010），包括元分析（Alfieri，Brooks，Aldrich & Tenenbaum，2011）都表明，较为结构化的课程虽然和小学传统结构方式不同，但是它们更有利于儿童成长。然而，最有效的结构类型是支架（Bruner，1975）或最近被称为“引导游戏”的项目，这在许多方面都非常像蒙台梭利博士的观点（Diamond & Lee，2011；Elkind，2007；Hirsh - Pasek，Golinkoff，Berk & Singer，2009）。

“引导游戏”的一种学校课程“思维工具”已经吸引了很多人的关注（Bodrova & Leong，2007），这是一个强调假扮游戏的维果茨基式课程。两次随机控制实验表明，虽然被试没有产生更好的数学或识字能力（Barnett et al.，2008），但是执行功能却有所提升（Diamond，Barnett，Thomas & Munro，2007）。执行能力的提升通常是因为游戏假扮能力提高，但是“工具”也有一个强大的规划元素：在一个“工具”教室中，假扮游戏必须事先计划并坚持执行脚本。把“工具”提升执行功能的发现作为假扮游戏提升执行功能的证据是有误的。人们需要系统地研究“工具”的不同方面,以便得知哪些方面有助于儿童。此外,近期三项有关“工具”课程的大型随机控制实验并没有复制原先的结果(Clements, Sarama, Unlu & Layzer, 2012; Farran, Wilson, Lipsey & Turner, 2012; Lonigan & Phillips, 2012)。最近,布莱尔(Blair)和拉沃尔(Raver)(2014)报告了类似的强有力的研究结果,发现相比平常的课程,随机安排到“工具”课堂的儿童的执行功能、早期的学术能力以及对压力的生理调节措施都有发生改变。我对这项研究的疑惑是“工具”课程的教师获得了集中训练、自我反思练习和发展的机会,而对照组的教师没有;很可能这些经历是改变“工具”课堂学生的原因。不管怎样,这项研究都强调,“工具”培养了自律,执行过程采用了严格遵照脚本的游戏(在某些方面,对游戏下定义是极其讨厌的事)。

除了假扮游戏,人们还可以从更广泛的角度思考想象问题。它对成长有积极作用吗?儿童都普遍喜欢吗?首先,考虑有卡通插图的儿童读物。一项研究表明,儿童从这些书上学习的新词汇明显不如从有实物照片插图的书籍上学得好,其实也不如简单的线条插图书籍。耶鲁大学的保罗·布卢姆(Paul Bloom)实验室的几项研究表明,幼儿实际上更喜欢现实的故事而不是想象的故事。一项研究给了儿童和成人五个故事,每对包括一个现实故事(“某事物的真实故事,真的发生过”)和一个虚构故事(“另一事物的虚构故事,是想象的”)。所有人的故事内容都是现实和虚幻穿插编排的,有时是虚构的,有时是真实的。五个故事中,幼儿(4至5岁)平均喜欢1.31个虚构故事,显示出对真实故事较强的偏好(3.69个);年长的儿童(6至7岁)平均喜欢1.87个虚构故事(3.13个真实故事);成年人平均喜欢2.19个虚幻故事(2.81个现实故事;Barnes, Bernstein & Bloom, 2015)。在另一项研究中,要求幼儿为现实故事和想象故事选择结局,他们实际上更喜欢给这两种故事一个现实的结局。这些结果表明,通常认为幼儿喜欢想象的假设或许是错误的。

第二个要考虑的问题是儿童是否能从想象中学得很好。儿童经常会被我们给予他们的各种刺激所欺骗。李(Li)、博古谢夫斯基(Boguszewski)和丽乐德(Lillard)(待刊)给儿童看了一本书和一段拟人化的火车或真实的火车的视频后,问他们火车是否有感情或其他的人类特征。那些观看过或阅读过虚构火车视频的儿童很迷茫,试图将火车拟人化。多项研究表明,儿童是通过他们的感知来区分真实和虚幻的,因此他们是“基于现实”的(Lillard & Woolley, 2015)。例如,幼儿会被夸张的假动作所欺骗,以为装哭的人很伤心(Goldstein & Bloom, 2015)。另一项研究表明,当故事中的人物是虚构的,儿童不太可能看到故事与现实生活场景的类比(Richert & Smith, 2011)。然而,在某些情况下,少数想象的事件显然增加了儿童的注意力从而帮助了类比的学习(Hopkins & Lillard, submitted)。正如本书第四章所述,在动画中给儿童呈现过多离奇荒诞的事件会消耗儿童的执行功能(Lillard et al.,2015)。

总之,虽然有些人认为使用假扮游戏会改进蒙氏教育(例如Soundy,2009),但是是否真的如此还不能定论。有证据表明假扮游戏是发展的关键,即游戏越多越好,但这一证据还很薄弱(Lillard et al.,2013),并且儿童经常对什么是想象感到困惑。儿童也可能不像我们认为的那么爱想象,那或许是因为成年人自己喜欢而强加给他们的。蒙台梭利博士认为想象对儿童不利。其中一个原因和皮亚杰的观点一样:假扮需要将现实同化到自己的想法中,而不是调整自己的想法以适应现实。第二个原因是想象往往会欺骗儿童。特别是在蒙台梭利时代,像圣诞老人和睡魔这样的虚构人物经常用来操控儿童,目的是让他们守规矩。这一传统在一首流行的圣诞歌曲中显而易见:"他知道你做过的是坏事还是好事,所以看在上帝的份上,做个好人吧——否则你收到的礼物可能会是煤炭!"她认为,大人说谎其实是利用了儿童容易轻信他言的特点,也滥用了儿童对他们的信任。

蒙台梭利博士反对成人将自己的想象施加给儿童,她担心儿童的假扮游戏变成了"神游"。她不反对幼儿玩耍:"让(儿童搭积木玩沙子)和他们头脑中已有的东西相联系,给他们一些符合他们自然心理的新鲜事物。"(1989,p.47)然而,正如以下章节要指出的,蒙氏教具的目的不是玩耍,因为它们还有其他用途。

(三)小学生

有人认为,蒙氏课堂没有玩具并且要儿童适应现实,所以他们不重视想象力。然而,显然蒙台梭利博士认为想象力是人类最高的能力之一。蒙氏儿童最初使用的是具体的教具,但在小学阶段就开始在教具和抽象概念之间来回转换。"想象力提升并超越了简单的期待,最初是抽象的,然后是创造性的。"(Montessori,1997,p.51)

与精品课程一样,蒙氏教育是以激发儿童的想象力和好奇心为基础的。以故事的方式呈现信息来激发想象力和好奇心,所以儿童会更多地去了解世界。蒙台梭利博士还指出,想象力最伟大的创举都根源于现实。她说:"事实是所有伟大的想象力艺术成果的基础。"(1997,p.47)她认为,如果在儿童形成合理的现实认知基础之前,想象就成为他们生活一部分的话,其结果将是使儿童头脑混乱,而不是产生伟大创造力的头脑。正确地使用蒙氏教具,能够引导儿童的思维从具体到抽象,然后他们的创造性想象力就可以成为主导。

(四)儿童观察

在本章的故事中,蒙台梭利博士观察到,儿童拒绝玩具而选择学习。他们宁愿读新单词而不去玩耍,宁愿用儿童尺寸的扫帚和拖把打扫教室而不去布偶房间收拾布偶。蒙台梭利博士是一个经验主义者，她的观点基于儿童的行为。“如果我反对童话，不是因为我反复无常，而是因为某些被观察了很多次的事实。这些事实来自儿童本身而不是我的推理。”（1989，p.45）一旦儿童在教室里使用教具学习，他们就变得对真实世界非常感兴趣，“对童话的热忱就消失了”（p.45）。如果儿童选择玩玩具，所开发出来的就会是一个完全不同的教育体系。蒙氏课堂缺乏玩具是因为儿童不需要用它们。从教室里移去所有多余物品，是因为她看到这些物品影响教育效果。教室里的每一件物品都服务于某个目的。

（五）历史背景

在她书中的某些地方，蒙台梭利博士对玩具的反对听起来相当激烈，正如她的儿子马里奥（Mario）在他的书《人类发展教育》中所讨论的那样（1976.pp.30–33），这在一定程度上或许是维多利亚时代的反应。在这个时代，成人给儿童选择玩具时，并没有考虑到儿童的成长，而是（根据蒙台梭利博士的说法）“主要取决于成人被什么吸引”（p.30）。精灵、童话和其他想象对儿童也很重要。正如蒙台梭利博士所描述的那样，当时的文化观是儿童除了异想天开不会做其他事情。她认为成年人给予儿童幻想而非现实，阻碍了他们的成长。“人为地阻止儿童的阶段性成长从而自娱自乐，是我们这个时代所忽视的错误之一。”（1997，p.45）她的作品部分反映了想要改变这种观点的欲望。她认为，成年人只给儿童提供玩具，并认为他们想要而且需要玩具主要是用来玩耍，这些观点阻碍了儿童的成长。

（六）儿童对蒙氏教育的反应

已有观察表明，儿童在蒙氏环境下拒绝玩玩具。另外两项观察也表明，相比在校外玩耍，儿童更喜欢待在教室里。曾经在罗马最早的学校里，后来又在旧金山巴拿马—太平洋国际学校成立的课堂，学生被锁在教室外面，教师也不在场。这两种情况下，他们都进入教室，在没有教师指导下进行自学。他们明明可以选择不上学，但他们却进入了教室。

有一项关于中学生的研究（将在本书第十一章讨论）显示，儿童参与蒙氏学习活动的动机很强大，做功课的时候，蒙氏学生明显比传统中学的学生更投入（Rathunde & Csikszentmihalyi，2005a）。报告中提到了他们比传统的儿童更喜欢学习，有更多的精力、更强的内在动机、更大的“流动性”和更多兴趣。与SES（社会经济地位）和一系列其他变量相符，传统学生较多认为学习是苦差事。至于其他活动（例如在午餐时社交），两种学校的学生没有差异。玩耍是一种具有更强大情感和精力的状态，在蒙氏学校，从情感上讲，工作更像是玩耍。

有趣的是，我听说一些蒙氏学校的儿童在夏天来临的时候会哭，因为他们不想放学。儿童喜欢蒙氏教育就像喜欢玩耍一样，这样的观点是有一定的依据的，对当今儿童的进一步研究也提供了有利证据。要了解蒙氏学生对学校的喜爱程度是否会根据他们学校与传统蒙氏教学实践的一致程度而变化会是非常有趣的。例如，与蒙台梭利博士的文章相反，一些"蒙氏"学校保留了学生的自由选择时间，作为预先完成一系列要求活动的奖励。

（七）游戏与蒙氏学习的共同点

在蒙台梭利博士最初的观察中，为什么蒙氏学校的方法会使儿童相比自由玩耍更喜欢学习？游戏似乎能吸引儿童，实际上，假扮游戏几乎存在于每一种文化中，无论它是否受到成年人的鼓励（Lillard，2015）。即使成年人不鼓励假扮游戏，儿童也会参与其中（Carlson，Taylor & Levin，1998）。一种可能是蒙氏教育已经发挥了一些让儿童选择玩耍的功能（Lillard，2013）。

首先，假扮游戏是具身认知的体现（见本书第二章）。当儿童扮演母亲抚育婴儿（布娃娃）的场景时，她的心理映射指导她的行动。这就是蒙氏教育中发生的情况。蒙氏教室也有适合儿童尺寸的工具，儿童可以完成儿童游戏中许多常见的家庭主题活动：他们可以用小刀切菜，用儿童尺寸的碗碟用餐，用小拖把拖地，等等。我们给他们玩的物品是微缩版的实物，蒙氏教具是为儿童娇小的身体量身定做，所以非常小型化。在玩耍和教育中，蒙氏学生使用这些物体打通了儿童身心的连接。

其次，在蒙氏学习和游戏氛围中，学生能够指导自己的活动：他们能够自主选择做什么（见本书第三章）。在一些文化中，可能唯有在玩耍时间儿童才能自主决定活动，其他大多数时候，大人让他们做什么就得做什么。由于蒙氏教育大多数时间让儿童自己选择所做的活动，他们玩耍的动机或许就会变得少一些。

第三，同理，伦宁格（1992；另见 Hirsh - Pasek，Golinkoff，Berk，Singer，2009）指出，因为自由玩耍使每一个儿童参与了自己感兴趣的物体和主题，所以这种玩耍可以帮助成长（见本书第五章）。而在传统学校中，儿童通常要参与当时的集体活动——一堂课、一项指定的运动、一个具体的艺术活动等，他们通常只有在课间休息时才能玩自己喜欢的游戏。儿童高度珍惜玩耍及其对成长的作用，可能部分源于儿童可以做他们感兴趣的事情。

第四，像蒙氏学习一样，玩耍具有内在奖励性质（如本章讨论）。自由玩耍时，成人不因他们玩的数量和质量给予成绩或金星贴纸，这是儿童认为游戏比学习更有吸引力的地方。这也是蒙氏教育固有的特点。

最后，假扮游戏经常涉及社交方面，而儿童喜欢与同龄人互动（见本书第七章）。

在传统的课堂,特别是六岁以后的课堂,除非在课间休息和其他特定的室外时间,学生通常得独立学习,不能和同学互动。蒙氏教育没有限制儿童在课堂上的社会交往,这也是蒙氏教育固有的、或许也是使游戏吸引学生并对其成长有利的部分原因。

综上所述,蒙氏教育纳入了很多游戏的普遍特征,比如用身体实现思想、做自己选择的事情并控制自己的行为、做有趣的事情、出于内在动机做事、愿意的话与别人一起做事。这些游戏特征或许是让游戏有利于认知发展和传统课业更受喜爱的重要因素。蒙氏教育可能不需要用玩耍填补,因为它本身已经融汇了这些重要的功能。这些观点都可以公开进行实证研究。

(八)严格规定教具使用的问题

在蒙氏学校,教师发现儿童不能按照预估的方式使用教具时,有时会感到不安。比如,他们不能用粉红塔搭成村庄,或者不能将木制圆柱体当作人并赋予其生命。要求这样使用教具的原因是,教室里每个教具的设计都是为某个特定目的服务的。蒙台梭利博士认为,儿童需要遵从这些目的,以实现预期价值。她说,蒙氏教具不是玩具,而是为支持儿童某项具体的成长而设定的特定工具。在本书第二章讨论的朱迪·德洛克(Judy DeLoache)的研究中表明,当儿童把玩某个物体时,他们不太可能获得这些教具潜在的象征意义。也就是说,蒙氏教师有必要直接要求儿童只能按照规定使用教具。将来的研究可以检验这种规定是否有助于成长。在儿童如何使用教具方面,有些蒙氏教师较其他教师宽松,这两种态度是否会产生不同的学习效果也是实证研究的一个课题。

(九)生活中没有想象会带来什么问题

一些成年人认为想象是重要的,既因为它很有趣,也因为它能激发想象力。他们想象摆出饼干和牛奶等待圣诞老人送礼物时愉快而兴奋的奇妙感觉。他们忘了知道圣诞老人只是神话人物时所受的伤害和沮丧感。就算明白这个道理,他们也感觉前者的乐趣超越了后者的失望。这为实证研究提供了丰富的素材。被父母灌输了圣诞老人和复活节兔子这样神话的儿童,童年会更有乐趣吗?(美国文化的两个主要神话;Clark,1995)他们的想象力来源于这些神话吗?相信这些神话和相信与其来源有关的真实人物如圣·尼古拉斯(Saint Nicholas)和基督(Christ),哪个对成长更有影响?这些都是有待进一步研究的问题。

(十)总结:蒙台梭利博士关于想象与游戏的观点

蒙台梭利博士并不反对创造性的游戏,但她反对人们认为儿童只会想象,反对成人利用儿童轻信他言的特点并把自己的想象强加给他们。她在维多利亚时代形成这些观点,那个时代童话和想象对儿童来说或许比当今还要盛行。她声称她的观点是基于儿童对玩具和童话故事的反应。蒙台梭利博士建议将真实世界以童话故事般的生动和情感呈现给儿童。她还建立了一个教育系统,包含了诸多过家家的特征,那些是普遍认为能够造福后代的特征(虽然还没有明确证明假扮游戏本身能够带来其经常被赋予的好处)。

九、本章小结

本章的研究显示,虽然期待奖励可以增加短时参与性,但一旦取消奖励就会降低动机。在校生的内在动机呈逐年下降趋势(Harter,1981)。此外,当人们参与真正有回报的活动时,其心理健康和能力均达到较高水平,但是随着儿童年龄增加,课业不再那么有回报。从这个角度来看,难怪这么多儿童变得厌烦传统学校的教育方式。外在奖励不仅减少某项活动的兴趣,它也关系到学习和创造力降低、亲社会行为下降、课堂环境变化和让很多儿童无心在校学习的自我理论。

蒙台梭利博士早期在圣洛伦佐看到,已经对学校活动感兴趣的同学不需要外部奖励。她还发现,成人的纠错和表扬都会破坏她看作成长基础的自我引导注意力。因此她开发了一套可以自我纠正的教具和学习方法,并且学生的内在学习动机有望在此体制下保持强劲。

虽然蒙台梭利博士经常被指责是不合时宜的(例如Stallings & Stipek,1986),但蒙氏教育实际上比传统学校更具社会性,尤其是在儿童生命中社交最频繁的时期:六岁以后。本书下一章将涉及大量蒙氏课堂中的合作和证明同伴学习益处的研究。

第七章　同伴学习

我校不同年龄的儿童能够互相帮助。幼儿会看到年龄稍大的儿童做的事情并要求解释。大龄儿童随时可以做出解释,这些现成指导的确很有价值,因为一个五岁儿童比我们更接近一个三岁儿童的思想。年龄稍大的儿童很高兴能够把自己知道的教给别人。幼儿也没有自卑情结,通过相互交流,每个人都能达到健康常态。

——玛利亚·蒙台梭利(1967a/1995,pp.226-28)

传统小学课堂中,学生主要从教师和课文中学习。他们坐在各自的课桌上,教师站在他们面前传授知识。小学课堂60%—70%的时间都是这种上课模式,剩下大部分时间个人在座位上独立学习和等待下节课到来;高中讲课时间的比例会有所增加(Greenwood,Delquadri & Hall,1989;Hiebert,1999;Stigler et al.,2000)。不幸的是,这种状态正越来越多地在学前班和幼儿园里实施(Hamre & Pianta,2007;Zigler & Bishop - Josef,2004)。

在某种程度上,传统教育下的学生可能与其他同学互动,但是一起互动的通常是年龄相同和能力相当的儿童。有人可能会说,学生被分成了许多差距很小的组别。其一是按照年龄分组:教室里大多数学生出生在同一年,按照出生日期安排座位。在许多学校,每个教室每门课程都按照能力水平分组(“跟踪”)。这种方式的学习,使儿童与不同水平的其他儿童隔离开。他们在一个水平相当的能力组合内学习。这对工厂模式来说很方便,因为如果所有的原材料都是统一的,工厂的运作效率最高。它也符合洛克的儿童模式,因为人们认为处于同级的学生是一样的,因此适合灌输同样的知识。

没有教师在场,学生通常不可以在课堂上商议,从这种意义上说,传统在校学习通常是独自完成的。抄袭作业是不被允许的,作业会被单独批改并分别给予成绩,测试也单独完成。在传统的美国学校中,学生互相之间都是自我封闭的独立个体。这也与行为主义一致:行为主义者没有将老鼠(或其他生物)作为社群的一部分来研究,而是聚焦研究老鼠的个体行为,而后汇总数据,尽管这种社会隔离会对他们的社会和认知发展产生深远的负面影响(Pellis & Pellis,2009;另请参见 Zhang & Meaney,2010)。这也符合欧美的个人主义传统(Nisbett, 2003;2009),据此思考美国和亚洲学校的差异会很有趣(Stevenson et al.,1990;Stigler, Lee & Stevenson,1987)。

与传统的教育工作者不同，发展理论家皮亚杰和维果斯基都认为同龄人在成长中发挥着重要作用。皮亚杰认为，同龄人很重要，因为他们能够提出不同的想法而造成了不平衡状态。他们会改变自己的观点或“容纳”新观点，而在解决这种不平衡状态的过程中，心智得以发展。因此，同龄人可以成为促进儿童发展的重要动力（De Lisi & Golbeck，1999；Piaget，1926）。维果斯基认为，学习发生在最近发展区，意思是，一个不能单独完成的任务，却可以由比较成熟的他人陪伴完成。在他看来，稍微成熟的同伴都会是儿童成长的引路人（Hogan & Tudge，1999；Vygotsky，1978）。

传统学校越来越多地实行同伴学习，一部分原因是为了回应这些理论和后续研究，同时也是因为同伴学习很容易被应用到传统体制里。（例如 Johnson & Johnson，2009；O'Donnell & King，1999），还有一部分原因是同伴学习受到美国幼儿教育协会（2009）和许多其他教育机构推荐。然而，在传统体制下，由于它不是专门为同伴互动设计的，所以这种学习形式只是个附加项。

与此相反，同伴学习是嵌入在蒙氏教育计划中的。儿童通常能够自由结伴学习，特别是当他们年龄增加并倾向于社会交往的时候，两个或以上自由组合的小组可以共同研究地图、数学问题或学习报告。然而，蒙台梭利博士指出，其他人经常批评她的学校不合群，因为他们缺乏全班统一的活动。

> 使用直接教法的教师无法理解蒙氏学校如何培养社会行为的。他们认为学校提供的是学术素材而不是社会素材。他们说：“如果儿童完全独立做事，他的社会生活会变成什么样子？”但是社会生活就是解决社会问题、举止得体和追求目标，如果不是所有人都同意这一观点，那社会生活又是什么呢？（它不是）并排坐着听别人讲话……
>
> 在普通学校，儿童只有在玩耍和远足时才有社会生活。而我们的学生总是生活在一个活跃的群体中。（1967a / 1995，p.225）

虽然传统学校安排每个班级的工作都一致，但学生之间却很少相互交流。相反，在蒙氏学校，整个班只是偶尔共同做某项活动。两个年龄段的儿童，有时候跟教师上小组课（图 7.1），但大部分时间他们选择自己的社交安排。学前阶段，儿童往往选择独立学习；而在小学阶段，儿童经常选择自建小组结伴学习。这些差异适用于儿童的不同发展水平。随着年龄的增长，儿童越来越喜欢与同伴交往（Hartup，1983）。年幼的儿童甚至还不太擅长与同伴互动。如心理学教授罗伯特·赛格勒说：“即使是解决问题能力很强的五岁儿童，他们也很难一起解决一些问题，除了最简单和最熟悉的问题。”（1998，p.277）到了小学，儿童更了解如何合作。然而，传统学校让儿童在六岁之前较多的合作，而六岁以后独立学习，这种做法似乎与儿童的天性相违背。而蒙氏学校安排得非常完善，学生可以选择适合他们能力发展和动机的社会活动。

图7.1　语言课　照片由An Vu提供

本章中,我将讨论三种形式的同伴学习,以及同伴学习在蒙氏教育中的应用。第一种形式是观察和模仿同龄人。这种教学方法在传统学校中很少实施,我们将对此进行讨论。第二种是同伴指导。这种形式正在日益盛行。在这种安排中,同龄人在学习过程中互相帮助,而不是作为相互竞争的个体而独立学习(Topping & Ehly, 1998)。第三种形式是合作学习,即能力水平相当的人之间进行的互动学习。传统课堂也越来越高频地使用合作学习。

一、观察和模仿同龄人

显然所有人都在某种程度上通过观察和模仿别人而学习(Tomasello, Kruger & Ratner, 1993)。然而,在行为主义全盛的20世纪上半叶,模仿学习的重要性在心理学和教育中并未得到重视。20世纪60年代初,心理学家阿尔伯特·班杜拉(Albert Bandura)提供了经典的证据,表明学习可以通过观察和模仿进行(Bandura, Ross & Ross, 1963)。班杜拉给儿童放映的影片中,一个成年人在打一个摇摇晃晃的充气娃娃"波波",后来发现儿童也倾向于像大人一样对待娃娃[有趣的是,现在我的实验室里很少看到儿童这种行为(Lillard, Smith & Richey, 2015)但问题的关键是:儿童可以通过观察进行学习]。根据行为主义的观点,这种学习是不应该发生的,因为儿童后来的行为不会直接受到奖励。研究证实,学习可以通过观察他人的行为来实现,是不计个人回报的。随着当时其他重要研究不断进展,班杜拉的研究帮助美国心理学的主导范式从行为主义转向认知科学。

传统的学校教育很少利用这种无处不在的学习形式。传统安排下,儿童可能会通过观察他人的行为来学习如何安静地坐在桌前回答问题,也可能会在听到他人大声回答问题时对他们的思维过程有所了解。由于传统学校的大多数学习都是由教师或课本向学生传递,然后在每个学生独自解决问题的过程中进行,所以学生很少能够通过观察和模仿学习到他人的学习过程。如我们将要看到的,在蒙氏教育中,学生之间可以很简单、自然地观察和模仿他人进行学习。他人的学习都是其思维过程的具体体现,都公开给所有人观看。

(一)实验研究成果:观察学习

虽然儿童通过观察模仿他人而学习已属老生常谈,但是一些令人惊讶的观察学习新研究一直不断涌现,让人眼前一亮。有项研究是关于观察学习最早发生的时间。仅出生几个小时的婴儿会模仿面部动作,例如张开嘴、伸舌头(Meltzoff & Moore,1983)。婴儿会在事情发生很久之后延迟模仿产生某种效果的行为,所以9月龄的婴儿会在间隔24小时之后模仿按按钮以听到声音,14月龄的婴儿会延迟一周后再模仿(Bauer,1995;Meltzoff,1988a,1988b)。

随着儿童年龄增长,他们从观察中学到的东西变得越来越复杂。一项研究给儿童展示如何用一根特殊的木棒以特定的方式从管中取回物体(Want & Harris,2001)。即使两岁的儿童都可以准确地重复精确动作以取回物体,这表明儿童能够通过观察和模仿学会用非常特殊的方式使用工具。

很小的儿童也知道不应该模仿错误。如果观察到一个人做同一个动作时分别说“那里!”和“哎哟!”18月龄的儿童可能更愿意模仿前者(Carpenter,Akhtar & Tomasello,1998)。即使是更小的儿童选择模仿对象时似乎也会考虑多个目标。14个月大的时候,如果儿童看到有人用他的头按开关开灯,大多数儿童就会准确地模仿这个行为。但是,如果这个人当时腾不出手来(拿着毯子围在肩上),14月龄的儿童就会用手开灯(Gergely,Bekkering & Kiraly,2002)。因此,从非常小的年龄开始,人们就为了某个目标而有选择性地模仿(Nielsen,2006)。

关于观察与模仿的另一个令人惊奇的发现是,即使是潜意识的模仿(无论哪个年龄)都特别有效。如果有人看到别人有打哈欠、抓鼻子、抖脚等行为,这个观察者很可能会做出同样的行为(Chartrand & Bargh,1999)。此外,人们还模仿他们所听到的音调,如果他们听到一句话是用的快乐的音调,他们也会快乐地重复这句话;同样地,如果他们听到了悲伤的音调,他们就会悲伤地说这句话(Neumann & Strack,2000)。即使两个月大的儿童也会模仿他们所听到的音调(Snow,1990)。

想一想那些让人的行为与之相一致的人类属性。心理学家约翰·巴奇和他的同事让学生用一组随机排列的词语造句,以此作为一项语言能力研究(Bargh,Chen & Burrows,1996)。一些学生认为有些词语与礼貌相关(耐心、礼貌、尊重);其他人认为与不礼貌相关(大胆的、粗鲁的、挑衅的)。当他们写完句子的时候,被告知要下楼到大厅去见实验人员。他们到达的时候,实验人员却总是在打电话并且一直继续,并不关注学生。本研究的兴趣点是,学生是否会打断实验人员的通话。

结果发现,在前期练习中出现的粗鲁或礼貌的词语对学生行为有显著的影响。有63%的人使用粗鲁词汇打断了谈话,而使用礼貌词语的人中只有17%。被试仅仅阅读粗鲁和礼貌的人物故事时,也表现出同样的结果。其他行为也如此:在一些研究中,人们在思考猎豹之后,走出房间的速度较快,而在思考老年人问题之后走得较为缓慢。虽然这种“启动”研究并不总是重复的(Cesario,2014),但是这些现象如此多见,因此我怀疑这些结论适用于真实世界。大学生阅读有关一位教授的文章之后,会模仿类似教授的品质(Galinsky,Wang & Ku,2008);我们对七岁儿童的研究也有同样的发现(Dore,Smith & Lillard,2015)。人类以特定方式做事的倾向从观察他人行为到仅仅接受特定的概念均是如此。这项研究表明,人们应该仔细考虑儿童接触到了什么,从词汇积累书籍中的单词到儿童媒体中的性格类型和事件。

(二)蒙氏教育中的观察学习

蒙氏学习具有实践性质,使学生能够观察和模仿并加以学习。蒙氏教具化抽象为具体,(按照理论)通过固定的方式操作具体物体启发抽象概念。随后,儿童的观察学习就在逐步使用具体教具中实现,并且这些步骤显而易见、方便学习。他们自己操作教具的时候,抽象学习也如此发生。实际上是否真的遵循这样的过程,是一项实证调查的好课题。

蒙台梭利博士描述了一个早期的例子:在她看来,儿童模仿他人的倾向可以成为学校激励学生学习的源泉,从而让他们获得新的能力。这一观察,被称为书写“爆炸”,每年都在运作良好的蒙台梭利小学课堂重现:经过学习几个月的预备材料,“一个四岁儿童突然意识到他可以写字,这个儿童能写的第一个词给他带来了巨大的欢乐和笑声。大家都用羡慕的眼光看着这位‘作家’,然后受到感染而以他为榜样去写字。‘我也能做到!’他们大喊道。一个人的成功带动了全班”(Montessori,1967a/1995,p.231)。其他儿童通过使用本书第一章提及的木制圆柱体上的结扣和其他教具:带有铁制几何图形嵌板的铅笔等等,也间接地为书写做好了准备,于是在观察到第一个儿童蜕变之后开始自发地书写。诚然,传统学校的儿童也看到别人学习写字;然而蒙氏教育的独特之处在于,它所有的一系列步骤都是可见的、可模仿的,从而引导儿童走上写字的道路。因此一群四岁的儿童,一旦看到有一个人会写字,他们便发现自己也已经具有书写能力了。

蒙氏教师在教学中充分利用了观察学习。蒙台梭利博士一再声称,人们不是通过被灌输的方式学习，而是通过观察和实践来学习的——这一建构主义的观点得到了皮亚杰的认可，在心理学界盛行多年。少数反对这一观点的，是心理学界最近涌现出的一些研究“证据”，也就是强调儿童为何也能从灌输中学习的研究(Harris，2012)。显然，人仅仅被灌输也能学习，但这并不能掩盖观察是非常重要的学习来源，并且实践学习比灌输学习更能巩固知识。因此，蒙氏教师是通过演示教授学生学习，而不是直接告诉他们如何参与学习。“说话越少，课堂就越完美。备课时需要特殊注意的是措辞和词数。”(Montessori，1967b，p.106)教师把粉红塔积木放在地毯上，给儿童演示如何一块一块地建造。教师制定擦桌子的步骤，确保每一个儿童观察到每一个步骤，这样他们稍后可以自己重新创建。废话最小化是否有助于这些任务的学习，是一个实证问题，但蒙台梭利博士明确认为，儿童能更好理解的指令用语是用少数词语精心组织的，而成年人却经常使用了过多的废话。她还认为，成年人经常使用的词语，对儿童来说没有明确含义。儿童尤其不善于要求澄清(Markman，1977)，所以不明白的成人可能意识不到这一点。

（三）在蒙氏教育中学习社会行为

蒙氏教育中另一个通过观察和模仿来学习的是社会行为。蒙氏教育课程包括一部分社会行为的显性教学，即“优雅和礼貌”课程，与数学、音乐和语言课程同等重要。事实上，蒙氏教育明确地说明，其目标是全人教育，而不仅仅是智力教育。

与其他课程不同的是，“优雅和礼貌”课程通常会向全班一起展示，也许是因为优雅的社会行为显然该是在社区内培养的。在这些课程中，学前儿童学习如何安静地坐在椅子上、如何从别人的地毯旁边走路而不扰乱他们的学习、如何有礼貌地提要求、如何优雅进食等等。蒙台梭利博士甚至给儿童上课讲解如何擤鼻涕，讲解一些大人常做但很少停下来教儿童做的事情(1966，p.126)。

年龄较大的时候，“优雅和礼貌”课程会要求儿童表演社交场景，展示与他人互动的成功和失败方式。在全班面前表演特定的行为以及应对方法，为儿童提供了实践良好行为的机会以及观察他人行为(好的和坏的)的机会。蒙氏教育的小学教师说，这个年龄段的儿童认为表演不良行为(要么是教师假扮成儿童，要么是另一个儿童)非常滑稽，因此这种教学方法极其有效。这样儿童就能知道应该模仿好的行为而不是模仿不良行为。结合刚才描述的研究来看，它是否完全成功？简单地模仿不良行为是否会导致儿童更容易变得粗鲁？如果能知道这些结果会非常有趣。也许观看一个明确被认定为粗鲁行为的例子，可以让儿童不再这样做。

“优雅和礼貌”课程在小学使用的另一个主要方法是，讲述即使在很差情形中儿童依然保持良好行为的故事。教师们讲英雄故事，目的是启发儿童也能做出英雄事迹。有研究显示:仅仅是有趣的特定想法就能引发模仿行为,这项实践与此研究不谋而合。蒙氏课程明确地使用模仿和讲故事来教授社会行为。

在蒙氏课堂上,学生还可以在自然地、不用提前规划的情况下观察别人,从而学习社会行为。在传统课堂,学生学习如何静静地坐着听教师说话,而在蒙氏课堂他们可以学会如何相互交流。教室里最大年龄的学生可以作为低龄学生的榜样。"缺乏纪律的儿童通过他人的陪伴学习而形成纪律,而不是通过有人指出他很'调皮'而学习的。"(Montessori,1967a / 1995,p.246)

(四)最佳模仿对象

虽然模仿研究表明,儿童显然是从所有榜样中学习,无论是同龄人还是成人,但是模仿研究中的模仿对象通常是成人。研究表明,幼儿可以从同伴和成人榜样身上学习。最近两篇文章综合叙述了儿童模仿的基本原则:第一篇文章根据现有研究对儿童倾向模仿的对象提出了五个建议(Wood,Kendal & Flynn,2013)。首先,儿童很容易模仿那些打算教他们的人。研究表明,那些更具吸引力、更专注、有眼神交流以及通过其他方式来教儿童的人,更容易被模仿(Nielsen,2006)。其次,儿童更容易模仿表现优秀的人(Poulin - Dubois,Brooker & Polonia,2011)。有关验证学习的研究发现,如果有人以前给已知物体正确地贴过标签,儿童就会模仿(学习)他给新物体贴新标签(Koenig,Clément & Harris,2004)。第三,儿童还更有可能模仿群体内被公认为有能力的模范人物。比如,如果同龄人和成人都示范与目标有关和无关的动作,同龄人示范时儿童只模仿有关联的动作,而成人示范时他们则模仿全部动作(Wood,Kendal & Flynn,2012)。这似乎有道理,因为成年人传递既定的文化,是得到群体认同的。第四,儿童更容易模仿与自己相似的人,特别是语言相同(Shutts,Kinzler,McKee & Spelke,2009)和性别相同的人(Shutts,Banaji & Spelke,2010)。最后,儿童对地位敏感,所以更倾向于模仿地位高的人,即使是在幼儿园阶段(Flynn & Whiten,2012)。

第二篇文章主要讲解儿童从同龄人和成人身上倾向学习的信息类型(Zmyj & Seehagen,2013)。当行为是他们所熟悉的,例如像幼儿熟悉拍手一样,他们更容易向同龄人模仿;而新奇的行为,更容易向成人模仿。最后,与同龄人相处较多的儿童,例如日托班的儿童,比相处得少的儿童更容易模仿同龄人。

大多数研究都使用同龄人或成人做示范。混龄课堂一个有趣的问题是,儿童最容易学习哪个年龄段的榜样,是同龄的、稍大的还是年长很多的(成人)? 在一项相关研究中,研究人员让14到18月龄的婴儿接触一名成年女性或一名三岁男孩,让他们执行各种动作(Ryalls,Gul & Ryalls,2000)。当儿童坐在妈妈的腿上,观察模仿他们的一系列动作顺序,比如把球放入塑料鸡蛋壳中,合上蛋壳,摇晃蛋壳。研究人员紧接着马上给儿童这些物体，一周后再给他们示范一次，以观察他们是否模仿了这些动作。尽管时间延迟，那些由稍大同伴示范的儿童，比由成人示范的儿童模仿出了更多的复杂动作顺序，这表明年长同伴激发了儿童更多的模仿。因为两种情况均只用了一个人示范，所以除了同龄和成人因素之外，这两位榜样的其他差异可能也会对结果有影响。比如，我们知道人们特别倾向于模仿与他们更类似的人（Bernieri，1988），或许是年龄以外的其他因素使他们感觉与这个同龄人更融洽。在这个问题上，需要用更多不同的同龄人和成人模范做更多的研究，但是目前这个发现还是很有趣的。

多项研究表明，混龄分组会让学前儿童受益（Bailey，Burchinal & McWilliam，1993）。混龄课堂（两岁至六岁）的儿童，在运动、认知、沟通和全面发展方面一年中会表示出二次进步，而那些在单一年龄班级里的儿童只有线性改善。随着年龄达到班级年龄上限，这些差异变得不太明显，这或许是因为缺乏更大年龄的模仿对象和指导机会。儿童的社会认知方面也有类似的发现。中国有一项关于城市独生子女的研究显示，幼儿园混龄班级的儿童比那些在单一年龄班级的儿童在错误信念任务上表现得更好（Wang & Su，2009）。这些发现可以用儿童通过观察和模仿稍微年长的儿童而学习来解释。

这带来一个重要问题：班级构成。如前所述，传统学校每个班级往往是单一年龄构成，相比之下，蒙氏学校三岁一个年龄段，便于同伴提供更广泛的能力水平以供模仿。

（五）蒙氏的三岁年龄组

（在蒙氏教育学了一段时间后）儿童……突然注意到他的同伴们，他们像我们一样对同伴的进步和工作深感兴趣。

——玛利亚·蒙台梭利（1917/1965，p.335）

蒙台梭利博士利用三岁年龄段分组，在某种程度上鼓励儿童向同龄人学习。这确保了儿童在教室里活动时会接触到大一点或小一点的同龄人，以促进模仿学习和同伴指导（稍后讨论）。蒙台梭利博士明确指出了这种年龄组合的必要性：“最重要的是，这些群体应该包含不同的年龄……要想成功，必须要有这样的不同年龄……所有儿童互相感兴趣。”（Montessori，1989，pp.68 – 69）儿童在两岁半或三岁入园，一直待到完成“教具循环”，即用完整套蒙台梭利博士设计的最适用于学前的教具。对大多数儿童来说，掌握全套教具大约需要三年。然后升到小学低年级学习，大约三年掌握那里的补充教具，然后进入小学高年级。

多年龄组合增加了模仿学习的可能性，因为儿童可以从稍年长的人那里学习。

六岁儿童通过观察七岁甚至九岁儿童的工作,可以知道他们用来做较简单数学算术的教具,在长大后如何运用于复杂的方程。稍大的孩子就可以成为他们学会制定行动的结构化顺序最好的模范。这就是很多蒙氏学习发生的源泉。请注意,这与儿童特别容易模仿地位较高的同龄人原则(之前提出的原则)是一致的:在混龄课堂,年龄较大的儿童自然是地位高的。在高度专注状态下重复行动的结构化顺序,儿童会得出独到的见解。

前文讲到过儿童看到同伴开始写字便受到激发而写字的例子。蒙台梭利博士指出混合年龄有激发动机的作用。“了解年长的儿童正在做的事情,使年幼的儿童充满热情。”(1967a / 1995,p.228)幼童可能看年长儿童使用磁力贴摆出一个极其有创意和复杂的设计,之后便自己尝试摆一个。这还可以让他们开始使用本来不想使用的教具。他们或许观察了年长儿童使用他们还没学过的活动字母箱,就也会要求做这项活动。这时教师会看他们是否准备好了,如果还没有准备好,教师可以告诉他们需要做什么才能达到目标,可能会告诉他们应该先多使用砂纸英文字母。通过观察前面的人做自己不久也会做的事情,使得他们手头的活动目标清晰可见。

有人可能会想,在蒙氏课堂,年龄最大的学生使用很多最高级别的教具,他们是如何进行观察学习的。蒙台梭利博士强调,为了便于大龄学生观察,允许他们去其他教室参观。“三至六岁学生的教室与七至九岁的教室并不是严格分隔,因此,六岁儿童可以在高一级的班里获得灵感。学生总是可以散步去学习的!”(1967a / 1995,p.227)

同伴学习的另一个问题是班级规模。在有多少同伴可供观察和学习这一点上,蒙氏教育显然是与主流观点相反的。

(六)大班

提供足够多数量的学习模范,是蒙氏教育提倡的一个符合当今标准的课堂因素:每位教师对30至35个学生①。蒙台梭利博士认为:教室里没有足够多的儿童,就没有足够多不同种类的内容让他们充分观察和学习,也没有足够多的性格让他们练习与之相处的社交技巧。“当班级规模较大时,性格差异更为明显,获得的经验也越多。对小班而言,这是不容易做到的。”(Montessori,1967a/1995,p.225)

相比之下,在传统学校里,人们通常感觉小班教育对儿童更好。关于这方面的研究实际上是模棱两可的,至少关于成就是这样的(Ehrenberg, Brewer, Gamoran & Willms,2001)。即使在传统环境下,小班授课是有明显优势的,但是这并不意味着在主要通过与同龄人的互动和使用教具进行的学习环境中,小班授课就更好。传统环境中,当一个教师同时教全班学生时,他要有更多的注意力放在每一个儿童身上,而

①据说圣洛伦佐(San Lorenzo)的第一个课堂有50多个学生。

班上儿童少的话就可以得到更好的教学。当儿童学习教材并互相学习、由更多不同的人指导和被指导、和更多各种各样的人合作、有更多不同类型的学习任务(激励儿童自己做这样的工作)时,可能更有益。可以用较小的和较大规模的蒙氏班级进行实证研究来解决这个问题。

蒙台梭利博士主张在小学课堂上只有一名教师,学生始终单独跟一位教师[尽管教师至少要配一个助理,(Montessori,1967a / 1995,p.279),显然是指小学课堂]。理论上,越少接触成年人,同伴指导的机会更多,成人控制的可能性就越小(本书第三章讨论了较多由儿童控制的环境的益处)。有趣的是,蒙氏教育工作者报告说,当有一个以上的成人活跃在教室里时,儿童不太倾向独立学习,而是寻求成人的帮助。这是一个有趣的问题,有待正式研究。本书第五章讨论了单一教师的其他观点,如知识的整合问题。

总之,研究清楚地表明,儿童可以通过模仿学习,而且他们很早就开始这样做,他们可能会特别容易模仿年龄稍长的同伴。蒙氏教育在学业和社会领域的教学都利用模仿学习,通过使用动手操作的教具、授课的方式、三岁一个年龄分组以及一位教师持续教授多个大班等实现这一目标。

二、同伴指导

没有什么比教别人学到得更多。

——玛利亚·蒙台梭利(1989,p.69)

个性化指导比全班指导更有效(Falvey & Grenot - Scheyer,1995;Galanter,1968)。蒙氏教育就利用了这一点,教师可以自由地与儿童单独一起工作。教师能够这样做,是因为其他学生正忙于学习教具和互相学习。传统学校教育中,教师没有时间一一单独指导所有学生,因为学校的设置大多数时间不能让其他学生独立学习。在蒙氏教育中,学生除了能够得到教师的个别指导,还可以有效地互相指导。最近的元分析证实,同伴指导具有较强的学业和社会情感方面的益处,不同年级、不同收入家庭的学生都是如此,典型发展中的学生以及残疾儿童也如此(Bowman-Perrott et al.,2013;Ginsburg-Block,Rohrbeck & Fantuzzo,2006)。下一节将介绍其中的一些干预措施。

(一)传统学校中的同伴指导

如果任务编排恰当,并且同伴可以有效指导,这种安排可以让指导者和被指导者在学业和社交中双双受益。蒙台梭利博士就应用了这样的结构化任务。教育研究人员开发了结构化同伴指导任务和项目,并已在传统学校成功地实施。在同伴指导项目中,教师将学生分成两人一组(可能每周换一次),儿童就特定的主题轮流互相指导。以拼写为例,指导者念一个词,其他学生拼写;如果不正确,指导者可能建议再写一次、做些提示或者直接写出正确的词进行示范。一天安排一段时间全班都这样做。例如,在25分钟的环节中,两个成员轮流当"教师"10分钟,最后5分钟进行评估。

一项对这种系统的有效性研究针对的是低收入学校的一、二年级学生(Greenwood et al.,1987)。教室被随机分配成拼写同伴指导教室和条件控制教室。在控制组教室,教师使用拼写的标准化教学方法:附带生词表和词汇练习的工作簿、黑板、自学和家庭作业。而在同伴指导教室,课堂拼写的学习由上文所述的同伴指导取代。经过两年的研究,同伴指导组的学生拼写正确率为87%,而其他教室的学生为75%。这不是一个巨大的差别,但肯定是一个有意义的区别。同伴指导项目似乎也在教室产生了许多社交效益(Fantuzzo,Riggio,Connelly & Dimeff,1989;Maheady & Sainato,1985)。此外,显然它们还有助于学习其他主题,并且更长远见效。

一项研究阐述了这些益处,并将同伴指导学习研究扩展到阅读、数学和语言方面,并检测了儿童多年的成绩。无论是在当时还是两年后升到了中学不再参与该项目,同伴指导组的儿童在这三个方面的成绩显著好于对照组。他们还在两个非指导的主题上表现更优秀:科学和社会学习。在所有这些领域,他们甚至和高级的SES项目学生表现得一样优秀(Greenwood et al.,1989)。此外,指导组里较少的儿童被纳入特教班级(Greenwood,Terry,Utley,Montagna & Walker,1993)。该研究只是诸多研究中的一个,它们均表明,结构合理的同伴指导项目会改善传统学校的教学效果,并且其益处可以跨越时间,跨越主题(见Topping & Ehly, 1998)。

(二)同伴指导的结构和奖励

同伴指导项目每个指导环节的结构有所不同,而较完善的结构通常会带来更大的成功。互惠同伴指导(RPT)是一个更加结构化的教学项目(Fantuzzo & Ginsburg-Block,1998),也被用来检验奖励的效果。该项目首先开始训练团队与合作精神,告诉学生他们可以通过团队获得奖励。RPT项目助教演示如何互相指导,然后进行每周两次每次45分钟的互动。使用的教具是特殊闪卡,上面一边写着问题,另一边写着解决步骤。在每一个环节,学生先自主决定谁先"当教师",一起学习10分钟然后交换角色。20分钟后,教师检查问题练习表,让学生们尝试解决问题,而后与伙伴交换练习表,互相修改。练习题的结果表现计入分数,作为奖励,优胜者可以为教师做助手或者进入下一轮特殊项目。

当学生被随机分配到同伴教学项目组和传统教学组中,同伴项目组的学生一致表现出更高水平的数学成就(Fantuzzo & Ginsburg - Block,1998)。还有两个备选小组,一组有奖励但缺乏闪卡提供的结构,另一组有结构但没有奖励。奖励和结构的结合,带来了成就和积极社会行为方面的最大收益。没有奖励的单纯结构,可以使指导组和传统组的学生行为都更好。学生也认为,自己使用结构化指导比非结构化指导时更有潜力,但没有奖励的情况下成绩并没有提高(Fantuzzo,King & Heller,1992)。因此,在传统学校环境中,有奖励的、较为结构化的同伴指导最大程度优化了学习效果和学习行为。奖励是重要的,我将在合作学习中做进一步讨论。

正如这项研究所表明的,指导课程结构紧凑会让同伴指导更加成功。有时候人们批评蒙氏教育过于结构化,但是蒙氏教具以特定的方式使用,遵循一系列特定的步骤,它们(可能具有的优点之一,将在本书第十章中讨论)有望优化蒙氏课堂同伴指导的学习效果。

(三)最佳指导者:成年人还是同龄人

虽然同伴指导弥补了大班教学的不足,能够提高学生成绩,但是相较于同龄人,成年人的指导更为有效。研究提出了几个原因,从而阐明了同龄指导如何能够做到最有效。首先,成年人在完成任务的过程中会清晰地聚焦于总体目标,而儿童伙伴则常常只关注到问题的某些部分而忽略整体——这种差异使人联想到同龄专家和新手之间的差异。例如,如果有项任务是规划出一个尽可能高效完成一组事件的方法,儿童相互指导也能够把所有事情做完,但不如成人高效,因为他们专注于单独解决每一个事件,而不是想着怎样把几个事情合并处理以便更为高效。成人指导会让儿童考虑将事情合并。然而,如果该任务的同龄指导者被训练过将事物分类的话,被指导者的表现的确会有改善。但是,即使训练过,其效果也达不到成人指导的水平(Gauvain,2001)。

成人指导更成功的第二个原因可能是,成人往往能使儿童更多地投入手头任务。其他儿童可能会变得专制,因为他们更倾向于关注分工。儿童喜欢动手,而成年人更容易坐下、观察和引导。有研究表明,当同伴们更多地相互倾听和提问时(我将在下面的章节中介绍),同伴学习才更成功;这些技能是许多成年人拥有但许多儿童还没有学会的(Gauvain & Rogoff,1989)。因此,同龄指导者的第二个问题是,当任务结构分工变得不明显但是又需要动手操作的时候,指导者往往想要独立完成并控制互动过程,这就不如成人指导更有效。因此,结构化或脚本化的同伴指导更有效。

(四)被指导者的最佳水平

也许部分上因为同伴指导者会变得专制,所以一些研究表明,被同伴指导时,指导者的水平稍高而不是高很多时,被指导者才能最大程度受益。例如,对科学和道德推理的研究表明,儿童受益于接触比他们现有水平稍高的思维过程(Damon & Killen, 1982;Kuhn,1972;Turiel & Rothman,1972)。这在皮亚杰和维果茨基的框架中都是有意义的。如果同伴的思维过程太先进,学习者适应不了他们的思维结构,所以难以理解新信息。同样,如果同伴高于被指导者的最近发展区,学习者就不能接纳新的推理或行为。这些模式中,稍大的同龄人做指导者更成功,这源于他们能够调整自己的行为以更加接近被指导者的水平。

年龄差距较大、水平较悬殊的同伴指导者除了不太能够调整到被指导者的低水平,有时还会表现出社交强势。前文提到的专制变得加剧,一项研究发现,被指导者因为参加不到决策过程而学得很少。该研究中,将五岁的新手学习者与五岁或者七岁被认为是路线规划专家的儿童进行配对(就在刚提及的研究中;Duran & Gauvain, 1993)。学习者在与自己同龄而不是年龄差距较大的策划者合作时,参与的任务更多,并且在参与过程中表现得更好。该实验中使用的特定年龄差距(五岁至七岁这一年龄段)是否特别有问题,将是一个有趣的研究课题。六岁是儿童一个关键的年龄,世界上许多文化都认为,这是一个开发更多潜能(让儿童做更多事情)的适当时机,比如开始正规的学校教育(Rogoff,1981)。皮亚杰推测,六岁时儿童能够进行脑力运算(例如想象加减法),蒙台梭利博士认为六岁是儿童第一个和第二个发展阶段之间的过渡。她说,在每一个层面上,儿童的想法都不同。检验六岁与八岁的儿童、七岁与九岁的儿童之间是否能进行更有效的指导配对,会是很有趣的研究。研究表明,那些水平稍高而不是太悬殊的同龄人是最理想的指导者,但也可能是某个特定年龄段的最佳指导者。

(五)做指导者的好处

在同伴指导项目中,指导者和被指导者并不总是交换角色互相指导,有时候能力较强的同学会经常帮助能力欠佳的同学。有人可能会担心这种情况不利于能力强的学生发展,但通常情况并非如此。比如有人指出,"正是当学生被迫向他人解释和证明自己的时候,他们才能更好地了解自己"(Brown, Collins & Dugid, 1989, p.317),这个立场基本上与皮亚杰一致。心理学家德亚娜·库恩(Deanna Kuhn)(2001)生动地描述了"红毛猩猩实验":"如果我有了新想法,我会带一只红毛猩猩进入房间对它解释我的观点。虽然它只是坐在那里吃香蕉,不过等我走出房间时,我比以前明白得多了。”(p.239)有些研究赞同这种观点:在同伴指导情况下,指导者和被指导者的受益程度至少一样大。

在一项研究中,大学生被分成三组:一组只是阅读文章,然后进行测试;另一组阅读文章并被告知要讲解本文章,但实际上最后并没有这样做;第三组阅读并讲解了该文章(Annis,1983)。结果第三组学生对文章的理解水平最高,第二组次之,第一组学生表现最差。

其他研究发现,希望教书的学生在很多方面都比仅仅学习的学生受益得多(Benware & Deci,1984)。普通心理学班级的学生假期要阅读一篇关于大脑发展的文章,最终进行自我测试或者教给另一个学生。假期结束后,研究人员检测他们对这些材料的理解情况并询问他们学习过程的参与和享受情况。为了教别人而阅读的学生认为自己的阅读更主动、对材料更感兴趣、更喜欢这项实验。就概念学习而言,两组之间有显著性差异:教学组的学生得分几乎是测试组得分的两倍。在记忆背诵方面,教学组略微有胜出,但不显著。最近,一个控制更为严格的研究揭示了类似的效果:对同一材料,仅仅期待讲授材料就比等待测试内容产生更好的学习效果(Nestojko,Bui,Kornell & Bjork,2014)。

即使是三岁的儿童似乎也能从教学中受益。给这些儿童两个解决方案观念都相似的问题故事(Brown & Kane,1988)。例如,一个故事是,有人需要把轮胎放在一个高架子上,解决办法是堆放一些轮胎作为梯子。听完第一个故事后不能自己解决问题的儿童(大约80%)会被告知解决方案。第二个故事是,有人要把成捆的干草放到很高的卡车上,这个问题也可以通过堆放物品解决。有些儿童的任务只是听故事,而其他人则被要求听完故事给青蛙木偶柯密特讲解如何解决问题。后者自主想出解决方案的速度比前者高两倍。

其他许多研究也表明,教与被教在学业和社会交往方面都会受到积极的影响(Bargh & Schul,1980;Greer & Polirstok,1982;Polirstok & Greer,1986)。动力增加似乎是造成这一现象的部分原因,因为学生说,当他们期待自己教授别人时,他们在学习中会更投入。也有人认为,学习时期待传递信息会调动更有条理的认知结构,并且会使有教学欲望的人增加认知收获(Bargh & Schul,1980;Zajonc,1960)。本章结尾会进一步探讨为什么同伴学习的氛围对此是有益的。

(六)总结:同伴指导研究

综上所述,儿童通过特定的结构化指导向同伴学习的情况是很有益的。当被指导者更多地参与任务时受益较多,因为他们更喜欢和年龄相仿的人在一起。此外,指导者和被指导者都能从指导中受益。同伴教学项目可以纳入传统的教育方法中,并且为了让项目中的儿童受益被用得越来越多。在蒙氏教育中,它们是不可或缺的。

(七)蒙氏教育中的同伴指导

人们有时担心,让五岁儿童讲解,会阻碍他自身的进步。但是,首先,他并不是一直在讲解,并且我们尊重他的自由。其次,讲解能帮助他更好地理解已知的东西,他必须先分析和整理自己的知识库,然后才能教给别人。

——玛利亚·蒙台梭利(1967a/1995,p.227)

蒙氏课堂中既有正式的也有非正式的同伴指导,幼儿可以在蒙氏课堂观察较大儿童的学习并向他们提问,从而得到学习。较正式的形式是,在教师的斟酌下,蒙氏儿童有时会互相展示教具的使用方法。如上文讨论的,指导和被指导者双方都可以从同伴指导中受益,动机和成绩都有提高。指导者在教的过程中学习,向他人学习的儿童往往学习效果也很好。指导者步骤清晰的时候,同伴指导最有效;由于蒙氏教具的使用非常结构化,它正符合这种条件。此外,由于儿童喜欢求助于朋友,而朋友一般不太可能试图支配对方,所以因支配社交而影响学习的问题在某些指导情境中可能得到缓解。

蒙氏教育也很容易使用类似于传统学校同伴指导项目的安排。例如,蒙氏学生可能会互相测试数学或单词拼写。因为他们都独立学习,所以这可以随时自主地发生。蒙氏教育中另一个自然的同伴指导机会,发生在学生学习使用教具时:他们总是能够互相观察并互相帮助。大童在发现小童的学习问题后,甚至会停下来帮助他们。这种帮助发生的频率是多少(还不清楚)很有趣,但显然蒙氏教育的设置对此是有利的。蒙氏学校不同于强调成绩的学校环境,也不同于淡化成绩的学校(见本书第六章),它的结构有可能促进学生之间的合作,或许这提高了同伴指导的可能性。

总之,即使传统教育体制是在平日大班教学空隙穿插同伴指导的,对儿童也是有益的。相比之下,蒙氏教育中的同伴指导机会是建立在课堂结构中的。儿童通过提问自然地相互学习,教师可能会要求儿童互相展示如何做新的任务。指导者和被指导者应该都能从这种安排中受益。

三、合作学习

同伴指导是一个学生教另一个学生,而合作(有时称为协作)学习是指每组两个或两个以上的儿童一起学习。许多研究表明,人们合作学习比单独学习时效果更好(Azmitia & Crowley, 2001; P. A. Cohen, Kulik & Kulik, 1982; Damon, 1990; Gauvain &

Rogoff, 1989; Glachen & Light, 1982; Johnson, Maruyama, Johnson, Nelson & Skon, 1981; Okada & Simon, 1997; Phelps & Damon, 1989; Qin, Johnson & Johnson, 1995; Slavin, 1980; Teasley, 1995; Tomasello et al., 1993);最近一项1995年之后研究的元分析证实了这些成果(Kyndt et al., 2013)。与同伴指导教学一样,安排合作学习的好处不仅限于学业成绩,还可以改善提高课堂的社会环境(社会关系、纪律等),提高个人的幸福感(Aronson, 2002; Johnson & Johnson, 1983; Maheady, 1998; Wright & Cowen, 1985)。在拼图教室里可以发现合作学习的典型例子。

心理学家艾略特·阿伦森(Elliot Aronson)设计的拼图程序,最初是为了解决20世纪60年代奥斯丁和得克萨斯公立学校合并之后的骚动(混乱)问题(Aronson & Patnoe, 1997)。他认为,学生之间为了帮助他人而进行的密切接触可能会缓解问题,因此他创造了能够带来这种接触的学习环境。在拼图模式中,儿童被分成五或六人一组,学习的主题被分成许多小部分。例如,内战这个主题,一人去研究奴隶制的历史,另一个人研究那个时代使用的武器类型,还有一人研究主要的战争,等等。儿童自己研究各自的主题,然后将各组负责同一主题的学生临时组成一个新的小组。这些"同质"群体互相分享信息并一起打磨主题汇报。最后,他们再和原来的小组聚合,每人讲述自己的材料。接下来研究人员通常会对所有材料进行测试。研究发现,拼图方法能够提高学习效果并能改善课堂上的社会关系(Aronson, 2002; Bridgeman, 1981; Doymus, 2008; Lazarowitz, Hertz - Lazarowitz & Baird, 1994)。在学业成绩方面,这对少数年轻人是特别成功的;对其他学生而言,该方法在一些情况下促进了他们的学习,且在任何情况下(据我所知)都没有对此产生负面影响(Lucker, Rosenfield, Sikes & Aronson, 1977; Slavin, 1983)。

拼图方法已经演变了多种变化,其中比较有名的例子是由心理学家安·布朗(Ann Brown)和约瑟夫·坎皮奥内(Joesph Campione)(1994)发起的学习者社区项目。合作系统具有以下共同特征:将所有儿童视为其他人学习的潜在资源,儿童和教师一起为课堂学习提供指导和方向,将学习过程视为与学习成果同等重要。研究人员注意到,参与此类项目的儿童的推理能力和学习能力高于他们正常年龄的预期水平。

在一项合作学习的研究中,四个学生一队共同学习物质粒子理论,这些理论呈现在强调特殊的问题解决式任务的基准测试课程中(Palincsar & Herrenkohl, 1999)。学生们首先尝试各自解决问题,然后组织了一些会面,学习如何识别物质、描述事件、用所学知识进行解释以及与同伴互动。参与这种结构化协作项目的儿童,在物质概念理解的后测中得分显著高于用传统方式学习该主题的标准对照组的学生。

即使是同伴合作非常有限的环节也改善了学习。在一项研究中,同伴合作学习只进行了六次,每次都相隔一周,但是在需要推理的任务上,学生们的学习仍有显著的收获(Phelps & Damon,1989)。死记硬背和抄写的任务没有带来任何收获,这又是跟皮亚杰和维果斯基理论一致的。当学习推动儿童进入新领域时,同龄人之间尤其能够互相帮助。

即使成人同伴间的协作也有积极的成效。被同龄人公认的极具创新力的个体,往往通过常见的集中学习、然后是在空闲时间与同事讨论和最后阶段的努力工作,形成新的思想成果,最终创造最佳的业绩(Csikszentmihalyi & Sawyer,1995)。一段时间的讨论,与他人观点碰撞和思想交流,被认为是产生高创造性成果的基础。

在生命之初,仅14月龄大的婴儿已经能够在简单的活动中与成年人合作,例如在大人不方便的时候为大人开门(Warneken,Chen & Tomasello,2006;Warneken & Tomasello,2007)。两岁到三岁之间的儿童可以和同龄儿童进行简单的合作任务。例如,在一项研究中,他们同时或依次拉开两个手柄以激活玩具(Brownell,Ramani & Zerwas,2006)。虽然合作看起来有积极作用,但是尚不清楚在合作环境之外它本身是如何影响幼儿的。

在对此的一项研究中(Plötner,Over,Carpenter & Tomasello,2015),研究人员给几组三岁半和五岁的儿童两个木偶,将每组人分成两部分。每组有一半人的情况是,有个木偶与一个儿童互动,另一个木偶明显地跑到桌下与另一个人玩。合作任务是,一起想方法找到完成拼图最终所需的两块积木。对另一半儿童,使用了一个"最小群体"范式,儿童根据最小特征——颜色分成一组。实验人员一只手攥着绿色硬币,另一只手攥着黄色硬币,让孩子们选择一个手,根据他们选择的颜色进行分组。挑选之后,给他们穿上与新组相匹配的衣服;然后拿出两个木偶,一个穿绿色衣服,另一个穿黄色衣服。

接下来,两组儿童都有五项选择木偶的任务,第一选择会被打分。一种情形是,两个木偶都在试图够某个物体,观察儿童首先帮助哪一个。还有,儿童必须给两个木偶分五张贴纸:得到贴纸最多的木偶得分。还有一种情形是,两个木偶都表达了喜欢不同的(实则相同的)封闭盒子里的物品,问题是看儿童信任哪个木偶("你最喜欢哪个盒子?")第四,仅仅只问他们最喜欢哪个木偶。最后,允许他们和木偶拥抱说再见。

这些结果表明,除了分享贴纸,在其他所有任务中,五岁儿童更可能选择(或最先选择)他们互动过的或同组的木偶,而三岁半的儿童没有表现出偏好。此外,相对于最小集体实验,这些结果对相互合作更显强烈。这符合由托马塞洛(Tomasello)及其同事提出的进化模型(Tomasello,Melis,Tennie,Wyman & Herrmann,2012)。他们认为,人类首先需要合作狩猎,之后因为有合作氛围而形成的文化,人类才开始组成集体。

总之,在校的时候同伴协作显然有助于学习。到五岁时,与他人合作让他们即使对合作环境之外的人也有更多的信任、喜爱和亲社会行为。然而,在传统教育背景下,合作只是穿插,而不是融入其中的。

(一)合作学习发挥益处的限制条件

有些条件限制了同伴合作发挥其益处,因此并非所有的合作研究都改善了学习(Siegler,1998)。虽然五岁之前的合作有利于社会交往,但对非常幼小儿童的学习似乎并没有多大的好处,甚至五岁儿童的学习可能主要受益于合作环境的观察性而不是交互性方面(Azmitia,1988)。合作学习的学习效益最早见于小学(Azmitia,1996;Tomasello et al.,1993)。这与蒙台梭利博士的观点是一致的:幼童往往不追求大量的合作学习。然而,他们确实参与了一些合作,例如,洗桌子通常需要一点合作,因为把桌子搬到洗涤垫上可能还需要第二个儿童。

合作学习随着年龄的增长变得更有益的原因是,在合作学习情境中受益最多的是那些参与特定类型对话的儿童,这种对话被称为"交互对话"。在这样的对话中,儿童集中注意力倾听对方的观点并加以思考,这是一种随着年龄增长会越来越容易接受别人观点的技能(Flavell,1999)。不太愿意参与这种对话的儿童在合作中获益较少。

儿童在合作学习中使用解释性表达(解释、推理、策略等等)而不是描述性表达时也能从中受益(Teasley,1995)。实验给十岁和十一岁的儿童安排了四种情境,即"结伴/独自学习"两种情境和"鼓励/不鼓励交谈"两种情境,交叉组合两两配对组成四种情境,并要求儿童解决难题,比如确定飞船是如何移动的,或者破译计算机上某个功能键的使用效果。在一起学习并被鼓励交谈的儿童,最有可能解决难题,并且他们最能说出具有解释性的谈话。甚至当一个儿童独自学习并被鼓励自我交流时,他们对解释性谈话的使用与解决难题的能力正相关。描述性谈话是幼儿园时期儿童的特点,它与问题解决式任务的表现水平低有关联。表现最差的是那些和其他人一起学习但根本不被鼓励说话的儿童,这是传统小学的典型安排。相比之下,蒙氏学校这些年龄段的儿童倾向于一起学习,过程中经常交谈。这项研究表明,小学儿童特别受益于合作,因为六至十二岁的儿童倾向于参与促进理解的讨论:解释性谈话。年幼的儿童不太会进行解释性谈话。

限制合作发挥益处的另一个因素是儿童的特殊发展水平。儿童在成长中似乎有特别的时刻最容易从特定任务的协作交流中获益,这和本书第二章所述的高德林—米德(Goldin - Meadow)及其同事的研究一致。就像手势—语言不匹配的儿童最容易受益于教学一样,不强烈信奉单一理论的儿童最受益于同伴合作(Pine & Messer,1998)。例如,有个任务是使平衡木保持平衡,强烈信奉某个错误理论(例如到平衡木中心的距离不重要)的儿童,最不容易从合作中获益。不幸的是,工厂式的教育手段不允许学生按照个人意愿学习。而蒙氏教育可能会较好地实现这一点,因为教师只在学生准备好学习的时候才授课。由于教师可以根据每个儿童的水平调整教学,所以儿童的手头任务及其合作者不太可能被不当纠正。

(二)最佳合作伙伴

正如同伴合作模式特征对观察学习很重要一样,合作者的特征也关乎学习效果。一个重要特征是合作者之间的友谊程度。一些研究表明,当儿童与朋友结对学习时,合作学习交流会得到加强。部分原因可能是儿童自己选择伙伴(通常是他们的朋友)时互动得更多(Berndt,1989)。从皮亚杰的角度来看,互动对学习至关重要,互动越多,学习者就越有欲望学习。

一项研究阐述了与朋友结对学习对改进学习者推理能力的影响。五年级的学生被要求解决一系列分离变量的问题,如找出使植物无法生长的几个因素、哪些比萨配料导致食客减少(Azmitia & Montgomery,1993)。朋友组比非朋友组进行了更多的交互性和解释性对话;他们也更有可能批评对方的想法、提供解释并详细阐述彼此的观点。他们比非朋友组解决了更多最难的问题。但是对于不太难的问题,两者没有差异。

也许与此相关,儿童在持续的关系中比在新关系中学到更多。和更熟悉的同伴一起,不仅仅社会互动更积极和更频繁,而且互动的认知水平也得到提高(Doyle,Connolly & Rivest,1980)。此外,当同伴是更熟悉的人时,合作解决问题的能力会得到提高(Brody,Graziano & Musser,1983)。儿童从年长的哥哥姐姐那里比从和哥哥姐姐经常玩耍的同伴那里学会更多,也许部分原因是他们花更多的时间和哥哥姐姐相处,并且更了解彼此(Azmitia & Hesser,1993),通过互相了解使合作双方获益。

综上所述可以看出,儿童在与他们有更深、更积极关系的人合作时,学习得最多。我知道虽然尚未有研究支持这一点,但我的研究经验是,当教师布置了合作分组后,他们往往被安排与非朋友配对。我的研究表明,这种安排对学习不利,允许儿童自由分组才会更为理想。

当儿童与非常熟悉的人一组时,他们特别容易学习,这证明了蒙台梭利的三岁年龄段分组的另一大优势。同龄的儿童在一起三年,相隔一年的儿童在一起两年。此外,如果一所学校包含小学阶段教育,那么毕业到了新教室的儿童和一两年前从他们班级毕业的儿童又团聚了。这样的安排为不同年龄段友谊的发展提供了时间,扩大了能够成为优秀合作者的儿童群体。儿童在朋友群体中学得最好,三年的年龄分段,尤其是升到更高水平教室的儿童重复合作,为关系的形成提供了充足的机会。

(三)蒙氏教育中的合作

蒙台梭利的许多活动,特别是在小学阶段,可以成对或分组进行。蒙台梭利博士在儿童对自己发展水平其他方面的认识中发现了以下的变化:儿童进入小学课堂,

“从这个六岁儿童身上发现的第三个有趣事实是，他需要与别人交往，不仅仅是为了陪伴，而是需要某种组织活动。他喜欢融入小组，每个成员都有不同的地位”(1948b / 1967, p.6)。

在蒙氏小学，虽然大部分教具很容易用于活动，仍有一部分是专门为此开发设计的。在学前阶段，只有少数教具是专为小组活动设计的。其中有一个是珠链(图7.2)，教给较大的学前儿童四种基本的数学运算。由于这些年龄段的儿童不擅长小组学习，教师会紧密参与珠链的操作过程。通常三人一组，每个儿童取一块小地毯和一套阿拉伯数字卡片，教师也取一套同样的教具(最大数字到9999)。每个儿童都有一个托盘和一个小碟子。盘子里是条状、正方形和立方体，分别由10颗、100颗和1000颗珠子构成(根据需要)，小盘子里只是珠子，没摆成任何形状。

教师让每个儿童得到一个特定数字，如2566或3102，他们从卡片中选出数字，然后把盘子带到一个敞开的柜子处(有时作为“商店”或者“银行”)，里面放着珠链。他们要根据数字拿出珠子，比如，两个1000颗珠子的立方体，5个100颗珠子的正方形，6个10颗珠子的珠串和6个单珠。把这些带到小毯子上，小组成员之间检查彼此的数字，清查各自取回的物体并互相纠正错误。然后教师告诉他们怎么做，比如“今天，我们做加法”。儿童把他们所有的珠子带到大毯子上，珠子组合到一起再重新分组。逐个数珠子，10个珠子换成珠串，10个珠串换成正方形，以此类推。

图7.2　珠链 Laura Joyce-Hubbard 2014.版权所有

用这些去匹配放在地毯上的阿拉伯数字卡。每个儿童把他们的小数字卡片放在小地毯上，选择与他们用珠子算出的总数相对应的大数字卡片。教师让整个小组一起读卡片，显示“2566 + 3102”等是如何得到和的。同样的材料也可以用来表示减法、乘法和除法。这是合作活动的开始，是儿童进入小学阶段、在没有教师密切参与的情况下开始从事合作学习的基础。

“银行游戏”是专为小组学习而设计的一种基本教具，特别是用于乘法运算方面。该游戏的教具是与其他许多蒙氏数学教具相同的阿拉伯数字卡，如金珠子，第二套作为乘数的灰色数字卡，以及第三组说明卡。最后一张卡片可以显示多达900万的数字。

三名儿童，通常是九岁左右，扮演不同的角色：一人扮演“银行家”，另一人扮演“出纳员”，第三人扮演“客户”。出纳员主要负责沟通和联系，因此可以让年龄小、数学知识差一些的儿童扮演，他们通过观察客户和银行家进行学习。客户告诉出纳员：“8642×34。”儿童把因数分类分解（千，百，等等），然后按照一样的步骤与乘数相乘。他们列出问题卡片，并按类别开始一系列乘法运算。然后出纳员给银行家第一笔交易：“我想要4×2的结果。”银行家提供给客户有数字8的卡片。出纳员通过逐次解决每个子问题，收集卡片，汇总得出答案。出纳员将该号码带回给客户，客户检查工作。该素材用于协作学习，并赋予儿童银行家、出纳员和客户的社会角色，可以提高他们对学习的兴趣。这项工作在激发想象力和幻想游戏方面也值得称道，这在本书第六章讨论过。小学阶段的儿童似乎喜欢扮演角色，而蒙氏教育中的一些活动也是这么做的。

虽然几乎没有教具要求必须合作使用，但大多数蒙氏教具很容易满足两个或多个使用者。语法框指令卡片就是个例子，它可以和其他人一起完成，也可以单独完成。儿童拿出一张卡片并读出卡片上的信息：（对于动词卡片）“像鸭子一样摇摇摆摆穿过房间。”一个儿童表演，其他人合作猜测动作指令。蒙氏教师认为，这些卡片能激发儿童阅读的灵感；它们有助于所有儿童能清晰地表达语言。儿童似乎特别喜欢在执行这些指令时能够暂时打破课堂常规，例如，卡片指令可能是让他们把一堆文件扔到地上。另一个融合了合作学习的蒙氏数学教具的例子是用挂板来做数学运算，一个儿童移动珠子，另一个可以书写；使用做除法的数学“试管”（从字面上看，就是儿童做除法时数珠子放进去的试管），一个问题可以由四个儿童共同参与。

蒙氏小学合作学习的另一种方式是，他们可以（其实经常这样做）选择就共同关心的主题做报告（比如“编织的历史”或“火山”）。常常都是教师某节课上启发过的主题。就像伟大的课程及其后续课程一样，目的是提出更多的问题，而不是仅仅回答问题，从而让学生自主研究问题。儿童通常分组去做，因为这个年龄段的儿童尤其喜欢在一起学习。与传统的学校（所描述的合作方法如拼图）不同，蒙氏教育并没有固定合作的组织结构和人员。

总之，儿童在蒙氏课堂上做的许多工作都可以与其他人合作完成，从烹饪活动（图7.3）到擦洗桌子（图7.4）到润色报告。蒙氏小学生，无论是用科学教具给植物标本分类、构建分子模型、研究美国的殖民地、掌握乘法，还是分析句子的语法结构，经常会选择自己组成小组合作学习。

图7.3　合作烹饪活动　照片由An Vu提供

图7.4　合作活动　照片由An Vu提供

四、奖励在同伴指导和合作学习计划中的应用

讲述了期待外部奖励的负面影响之后，传统学校同伴指导和协作学习中使用外部奖励的成功可能会令人惊讶。虽然各种文献对此存有争议（Johnson & Johnson，1983），但是一些研究发现，没有奖励的合作学习并没有比整班教学效果好（Fantuzzo et al.，1989；Slavin，1996）。尚不明确奖励是否对传统环境下成功的同伴指导和合作学习很有必要（Cotton & Cook，1982；Johnson et al.，1981；Slavin，1996）。

一个重要的考虑因素是，一般是较高年级的儿童参与奖励和非奖励同伴指导与合作学习的对比研究。因为他们已经在成绩制系统的学校里学习了多年，所以他们曾具有的任何在校学习的内在动机，都已经被为成绩或其他奖励而努力的外在动机所取代。高年级的合作学习安排要求奖励，因为那些年龄的儿童已经习惯学校里有形的、预期的奖励了，如果和同伴在一起时没有学习奖励（内在或外在），他们宁愿在一起社交而不是做学习任务。本书第十一章对一所蒙氏中学的研究表明，传统学校的儿童做学习任务时往往感觉比较不满，他们对参加学习之外的任务反而更积极（Rathunde & Csikszentmihalyi，2005a）。如果在校学习的内在动机没有被打断，就像本研究显示这有可能存在（Harter，1981；Lepper et al.，2005），也许外在奖励在传统学校同伴指导和协作学习的研究中就没有必要。

本书第六章提出的研究表明，当没有明确规定高质量的工作标准时，外在奖励不仅会降低儿童对任务的后续兴趣，还会影响儿童的工作质量。这也可以解释此方法在同伴学习情境中的积极效果，因为只有高度结构化的任务才会带来成功的同伴指导。当清晰地划定成功之路时，奖励未必有害。与此不谋而合，教育研究者罗伯特·斯莱文（Robert Slavin）（1996）提出，没有唯一答案的有争议的任务，不需要小组奖励结构达到成功的结果。类似的任务还有使学生通过参与任务而接触他人思维过程的辩论和其他类型的结构性争论。不用奖励而达到成功的合作手段，就用到了这样的任务（Johnson & Johnson，1979）。

五、同伴学习的运行机制

本章最后一节讨论为什么向同龄人学习对儿童有帮助。这里考虑了四种可能的机制:整合、分布式认知、主动学习和动机。

(一)整合

同伴影响发展的一种方式是模仿他人的行为和思维过程,到一定的时候这可能改变自己的认知结构。皮亚杰和维果斯基学派的观点与此一致。显然,这种过程发生在观察学习中。在一个例子中,几组五岁儿童被要求看完模型后重建该乐高人物(Azmitia,1988)。老手对模型的态度和新手不同,因为专业的乐高建造者会看很多模型。新手受益于与老手同行结对,但受益程度因他们观察和模仿的程度而有变化。特别是,与专家结对并且后来自己很注意观察模型的新手,更善于构建与样本相匹配的乐高形式。这项研究表明,观察他人如何解决问题会直接影响自己解决问题的方式。观察和模仿本身就是同伴学习的重要过程,也有助于合作学习,因为儿童可以将同伴的行为纳入自己的行为中。在一些同伴指导的情况下,这种过程可能也会起作用。

(二)分布式认知

分布式认知是同伴交流合作学习有益的另一个原因(Kuhn,2001)。在合作中,认知工作是进行社交分配,因此减少了双方的认知工作量。与先前描述的猩猩不同,人们可以交谈、交流思想、填补彼此知识的空白,从而提高讨论水平。当一方带来另一方缺乏的技能或知识时,这一点尤其重要,让不同的合作伙伴成为彼此学习的支架。同伴合作交流也可以允许这样的分布,因为指导者可以为被指导者的理解能力提供支架。

正如心理学家布朗(Ann Brown)及其同事对分布认知的描述:

> 在一种文化中,思想通过对话和叙述被交换和修改,信仰系统通过对话和叙述得到发展和改善,因此必须促进而非抑制对话和叙述。虽然传统教育往往对它们深恶痛绝,(对话)是社会互动也是学习不可或缺的重要组成部分。它们为大量分布式知识提供了途径,对社会模型提供了详尽的支持。(Orr,1987)(Brown et al.,1989,p.40)

与分布式认知有益于协作学习观点一致的研究表明,交互对话对成功的合作学习安排是必要的(Siegler,1998)。在交互对话中,儿童清楚地了解彼此的想法,每人都为接下来的观点提供了一些支撑。有关道德发展的研究发现,相比与母亲们讨论道德难题,儿童与同学讨论之后在道德推理方面取得的进步更大。这一发现似乎取决于探讨困境时交互推理的应用程度(Kruger,1992)。与他人建立意见就是在分配认知,这似乎是协作和同伴学习发挥作用的部分原因。思考是通过网络共享的,这减轻了网络中每个成员的思维加工负担。

(三)主动学习

显然,在认知被分布并且交互对话贯穿其中时,学习才更主动和更活跃。儿童互相分享信息,比较各自的理解;相反,那些传统情境下学习的儿童可能是被动的,只听教师讲课或阅读课文。布朗描述了协作学习在学习者社群中的积极作用:

> 寻找全面解释的学生为自己创造了积极的学习环境,这与教室常出现的被动接受指定知识完全不同。参与的学生把自己的课外材料带到教室,如书本、报纸文章和电视新闻报道。他们感到自己掌握和拥有了所获知识。他们形成了一种学习文化,在此他们阅读、写作和思考是为了一个清醒而合理的目标,即学习和帮助他人学习他们十分关注的主题。(Brown & Campione,1990,p.123)

提供解释是一个能够改善学习的积极主动的过程(Chi & Bassok,1989)。众所周知,儿童和同龄人一起学习时更为活跃。在一项研究中,学生和同伴共同学习时的提问次数,比在成年教师指导全班学习时的提问次数多240次(Graesser & Person,1994)。与美国常见的班级上课时的被动听讲相比,在合作学习和同伴指导情境中,学生似乎更积极努力地为自己而接受教育。

(四)动机

儿童在参与同伴学习时积极互动,这可能激发学习,就像有研究显示学生对同伴学习的满意程度较高。从小学到高中,社会生活对儿童越来越重要(Hartup,1983)。传统学校在学习过程中将儿童分开,意味着他们在课堂上不应该交谈或互动。在学校上课的时候,儿童就在课堂上拼命地活动,传纸条、交头接耳和传递眼神,但他们通常必须等到课间休息、午餐和放学后才能公开进行显然很期待的社会交往活动。合作学习可以在一定程度上通过让儿童在各社交年龄进行社交活动,并通过在非常渴望的互动环境中激发学习过程而取得成功。这一假设的证据源于朋友间合作时有成功的事实。儿童被激励相互交流,特别是与朋友互动,在互动过程中他们的学习动力也被激发出来。

总之,向同伴学习可能会取得成功,部分原因是它允许更成熟的他人的行为和思想融入其中,或者因为它涉及认知分布。另一个原因可能是同伴学习时会提高参与者的主动性和注意力水平。最后，小学生倾向于互动，这也可以解释为什么同伴学习项目能够取得成功。

学校通常将合作学习或同伴指导视作一个特殊项目来实施，学生每周只做一个小时，或许一天。即便如此有限，也是大有好处。但是，正如心理学家芭芭拉·罗格夫(Barbara Rogoff)和她的同事们(Rogoff, Bartlett & Turkanis, 2001)描述的："增加儿童在'合作学习'团队的'技能'，和将合作固化其中的教育体系是完全不同的。"(p.13)

六、本章小结

蒙氏课堂的儿童通过模仿、同伴指导和合作学习有最充分的学习机会。蒙氏教育建立在利用教具和课程互动的学习形式上。学校和心理学实验室的研究表明，学习就是在这种情况下发生的。此外，同伴指导和合作学习安排无论在学习和社会氛围方面都优于传统的班级教学。本书下一章将讨论所有这些学习形式是如何在蒙氏课堂内外有意义的情境中进行的。

第八章　有意义的学习情境

> 教育，正如今天所设想的，是从生物和社会生活中分离而来的。在教育界，所有的人往往与社会隔离……人们通过被排斥在生活之外来准备生活。
>
> ——玛利亚·蒙台梭利(1967a/1995,pp.10-11)

蒙氏教育与传统的学校教育最重要和最大的区别之一在于学习情境的意义方面。如果传统学校教育是一个把带有行为主义倾向的儿童加工成为一个能在标准化的多选测验中选出正确答案的知识公民的工厂，那么蒙氏教育更像是一个世俗的修道院，鼓励个体展现他们的全部潜力，成为一个能交际，有意识，有智慧的人。尽管最好的学校手册上都会声称他们的教育目的更符合蒙氏教育风格，但当我参加以传统在职教师培训(teachers-in-training)为目标的学术讨论以及他们教授的学术讲座时，我发现传统学校的目标(多选测验的成绩)似乎是最普遍的。

与此同时，传统的学校教育有时备受批评，因为学习不是“有意义的”，即与现实生活没有明显的联系。显然，学校中学到的很多技能和案例是为了服务学校以外的学习者，但教育者的教学方式淡化了这些目标。这样就降低了校内学习迁移到校外情境的程度。正如康利(Conley)(2015)指出的：

> 传统的学校教育对各个部分的关注已对教学产生了深刻的影响。为了使学生在这类标准化测验中得分更高，学校把识字和计算能力分成不同的部分，各自的部分需分别掌握，很少关注学生把这些部分整合为统一整体的能力，或者在学科情境中的运用能力，又或者在其他合适科目领域的迁移能力。这一实际结果降低了传统学校教育及其内容的意义学习程度。(p.6)

康利(2015,p.6)接着提出：“如果学生对部分和片段的理解与整幅图所表达的意图不一致，那么他们是否真正地掌握了概念，会运用知识，甚至，也许是最重要的，能把知识和技能从一个情境迁移到全新的情境中去呢?”这种脱离实际的或传统的学校教育是有问题的。

传统的学校教育至少在两种模式上是与其他生活情境相脱离的。一种反映的是学校的工厂模式，另一种反映的是儿童的行为主义模式。首先，它在物理空间上是分开的，通常发生在特殊的建筑中。这对工厂模式很有意义：特殊结构最能满足生产成品的目标。将学习情境和应用情境分离是可取的,就如同客户通常会更希望他们的会计师在教室里学习税法,而不是在应酬中学习(Anderson,Reder & Simon,1996)。然而,有些人认为,学校教育和应用情境的划分对学习具有消极影响,而且把学习"置于"将被应用的情境中,会更加有利于学习者(例如,Lave & Wenger,1991)。实习就是应用情境中学习的一个很好的例子。实习之所以存在是因为有些技能和知识只有在需要的时候即有情境支撑的学习中才能更好地学习。此外,学习的动力来自需要学习的情境。传统的学校教育把学习者和知识应用场所分离开来,因而降低了学习的情境支撑和学习动机。艾伦(Allen.C)和艾伦(Allen.J)(2009)在他们关于近期美国青少年教育争论的畅销书中指出,这种脱节或缺乏明确意义的问题在青少年时期尤为严重(另请参见Wang & Eccles,2013)。

学校学习与生活脱离的第二种方式是概念化。即使在分离情境下,学习也可以嵌入到对学习者有意义的事例和情境中,并且通常可以自如地应用到现实生活中。但是,如果将学习者看作是行为主义的模型,即一个空容器,那么情境就不重要了。无论是在工厂还是农场,人们都可以把信息放入同一个容器。事实上,桑代克发现知识不能跨情境迁移,因此他认为学习应当脱离所有的情境。他关于教学的著作中也只提到了由教师呈现的刺激,而没有提及那些刺激呈现的情境。即便在今天,在使用标准教科书的传统学校课堂里,有意义的情境对于激发人的思维和加强学习的重要性也往往被忽视。数学教科书中也会问一些假设人们参加活动的应用题,但这些应用题通常与儿童处理问题的生活情境毫无关系。过去,历史教学通常会让你记住一些人物、地名和日期,只有在更有天赋的教师那里,儿童才能看到学习与他们生活之间的联系。词汇教学是以词汇单的形式来教的,而该词汇单选自其他人或其他地方编制的教学参考书,不是根据儿童目前的需求有目的的提取出来,以便更准确地描述一些东西。从概念上讲,学校学习脱离了对儿童来说很重要的情境和问题。事实上,基于年级的奖励结构可以被认为是一种替代的激励手段,因为在传统的学校教育缺乏内在的激励情境。更为极端的是,有学校工作人员向学生承诺,如果学生在国家考试中提高了分数,他们就会吃虫子或参加相扑活动,用以激励学生学习(Herricks,2004)。

相反,蒙氏教育旨在提供有意义的学习情境。一种方法是走出教室,进入现实世界学习,这个过程在小学的"走出去"和厄尔金德青少年(Erdkinder)项目中得以正式体现。在课堂上,有意义的情境来自动手操作的教具,这些教具使抽象的东西具体化,有明确的用途,并与其他教具复杂地联系在一起。

本章涉及的一些问题在本书第二章(运动和认知)和第五章(兴趣)已有所论述。此外,本章还要阐释一些与有意义情境有关的问题和研究。首先讨论的是关于有意义情境增进学习的研究,同时探究这些情境增进学习的原因,并阐述蒙氏教育是如何提供这些有意义情境的。其次讨论的是知识迁移的问题,先讨论迁移失败的情况,再讨论迁移成功的条件。本章最后讨论的是蒙氏教育怎样促进课内与课外之间的学习迁移。

一、给知识赋予意义

“学习者,特别是在学校教育环境下,经常面临一些没有明显意义或逻辑的任务。”(Bransford et al.,1999.p.58)如何使情景对学生有意义呢?如果教师仅仅强调一个主题的重要性,那么情境的意义性就不会得以体现(Shouse,2001)。研究表明,有一些简单的方法可以创建有助于学习的情境。其中一种方法是给人们提供足够的背景信息,让他们把新信息与现有的知识相联系。

(一)通过已有旧知识引导学习者

下面,我们用一个典型的例子来说明有意义的情境结构对学习的重要性:

> 这个过程其实很简单。首先把物品分成不同的组。当然,可能一堆就够了,这取决于要做的事有多少。如果缺少下一步的条件,除非那个地方必须要去,否则最好事先做好规划。重要的是做事不要过度。也就是说,一次做较少的事情比做过多的事情要好。在短期内,这或许并不重要,但如果不注意就很容易产生一些问题。错误的代价往往是很昂贵的。起初,整个过程似乎很复杂。然而,很快,它将成为生活的另一个方面。很难预见这项任务的必要性在不久的将来会有什么结果,但真正到了那个时候,说什么都无济于事了。当这个过程完成后,再把这些材料分配到不同的小组中。这样它们就被会放置在合适的地方。最终,材料将会被再次使用,整个过程将会重演。然而,这就是生活的一部分。(Bransford & Johnson,1972,p.720)

读完这一段后,要求被试一字不差地回忆他们刚刚读过的材料。毫不奇怪的是,他们并不擅长完成这个任务,因为在没有提供上下文的情况下,这个段落实际上没有任何意义。然而,当把该段落的情境用简单形式的标题如“洗衣服”提供给被试时,他们却很好地回想起了该段落,这表明结构性的情境对记忆的影响很大。这些发现与桑代克(1917)的毫无情境的教学方法形成了鲜明的对比。例如,在他的一本教科书中规定:“学习这个,1角等于10美分。”(p.59)

在传统的学校中,教授新知识往往采用一种抽象的方式来进行,与个体现实世界需要的知识没有明显的联系——在某种意义上,相当于学习(上述)“洗衣服”的段落而没有给出标题。一个很容易看出这一点的例子就是数学。在数学教科书中,当抽象的规则被呈现时,往往没有明确地指示说明什么时候可以使用该规则(除了某些教科书在接下来的几个问题中会涉及应用这些规则之外)。几项研究专门研究了在学校情境下的数学学习,而且发现提供有意义情境对学习是有效的。

在一项研究中,研究人员给学生提供了学习概率的材料,这些材料被嵌入在三种不同的学习情境中,分别是抽象情境、教育情境和医学情境(Ross,1983)。学习这些材料的学生一部分被训练成为教师,一部分被训练成护士。这样一来,这些材料对一些学生来说与他们的个体相关,而对另外一些学生来说,材料是情境化的,但与他们的个体不相关,对剩余的学生来说,材料是抽象的。对涉及概率的运算法则,三种学习条件下的学生都给予下面的内容:“*运算法则*,事件A *在*任何一次试验中发生的概率为$P(A)$,在n次独立试验中发生n次的概率是,$P(A)\times P(A)\times\cdots\cdots\times P(A)=P(A)$。”(p.521)抽象条件下的学生接着学习下面的内容,“两次试验中均做随机反应。结果Y在试验中发生的概率均为1/3。请问结果Y在两次试验中都出现的概率是多少?”在教育情境下的学生接着学习下面的内容:“一个学生在两个多项选择题上做随机猜测,每个选择题都包括三个选项。那么随机猜测正确答案的概率是1/3。请问在两个选择题中随机猜测正确答案的概率分别是多少?”而在医学情境下的学生接着被告知下面的内容:“两个病人接受白内障手术,成功的概率为1/3,那么两个病人都成功的概率是多少?”

所有的学生都接受包括三种条件问题(抽象、教育和医学)的项目测验。结果表明,在有意义情境学习条件下的学生,包括教育情境和医学情境,其概率的测验成绩好于抽象条件下的学生的概率成绩。最好的成绩出现在与个体有关的情境材料上,即与他们学习的专业有关的情境材料。

莱佩尔(Mark Lepper)和他的学生在学龄儿童中做了几项研究,都得到了同样的结果。在一项研究中,他们向十岁儿童讲授LOGO图形程序设计语言的基本元素(Papert,1980;Parker & Lepper,1992)。对照组采用抽象的形式讲授,实验组采用有意义情境的形式讲授,完成的任务都相同。在抽象形式中,儿童必须在圆环之间操作光标并触摸五个圆环。而在有意义情境下,儿童的任务结构是一样的,但圆环被描述为必须搜集宝藏的岛屿,或者宇宙飞船必须着陆的行星。

在LOGO学习中,具备有意义情境会对儿童学习和动机产生多方面的影响。训练结束后,相比对照组的儿童,有意义情境条件下的儿童在程序设计语言上的成绩更好,而且报告显示,他们更喜欢此类的练习。两周后,在有意义情境下已经习得程序设计的儿童在一项包括基本概念和技能的几何测验上的成绩更好,例如估计角度和距离。他们还表现出从计算机编程中掌握的一项重要生活技能:在执行计划时遵循一系列步骤。

随后的一项研究把结构化情境与个性化和选择联系起来(Cordova & Lepper, 1996)。这项研究要求九至十一岁的儿童学习一个计算机数学游戏。游戏的名字很奇怪(在现实生活中),叫“1+3×4 会怎样(How the West Was One + Three × Four)”(Seiler,1989)。游戏将标注了1至50的数轴呈现给儿童。每一轮,儿童都要用括号把三个数字组合在一起,以便最大限度地沿着数轴移动。儿童可以在计算机上玩这个游戏,并且可以要求计算机玩得最好或较好。当然,儿童也可以请求提示。

对照组儿童以一种不加修饰,相当无聊的形式观看游戏,游戏的名字叫“数字游戏”。而其他的儿童所看到的游戏是在一个宇宙飞船的幻想情境中呈现的,游戏的名字是“太空探索”,儿童想象他正在驾驶一艘宇宙飞船到其他星球来拯救地球免于能源危机,或者是“寻找宝藏”,儿童想象他是一艘正在寻找宝藏的船的船长。一些儿童还会有个性化的游戏,如游戏开始是儿童的名字(“祝你旅途好运,指挥官克里斯蒂!”),并让儿童带着他喜欢的食物去旅行。

儿童在学校玩三次这个游戏,每次30分钟,为期两周。一周后,研究人员对儿童在算术表达式中括号的使用情况以及不同情境中的算术运算情况进行测试。同时,对儿童在比赛中的享受程度,他们对自我表现的评价,以及在未来比赛中所期望的挑战水平也进行了评估。

结果很明显。当提供有趣味的情境时,儿童对括号如何影响算术运算表现出更好的理解,而且能更好地把知识迁移到非电脑情境中。个性化增强了这些效应。此外,学生的动机也明显受到操作的影响。有情境条件下的学生更喜欢选择让电脑玩最好的游戏,他们更喜欢这个游戏,他们也更愿意放学后留下来玩这个游戏,他们相信自己能在游戏中做得更好,而且还指出随后他们将寻求更有挑战性的游戏。有意义的情境明显地增强了他们的教育经历。

在有意义的情境中嵌入学校的数学材料如何增强学生学习的另外一个案例来自范德比尔特大学的“贾斯帕项目”(Jasper Project)及其前身(范德比尔特的认知与技术小组,2012)。“贾斯帕项目的主要思想是将学习置于有意义的情境中解决问题,这引起了对重要学术课题的持续探究。”(p.35)这最初是通过在流行电影中提出数学问题来实现的,例如,让儿童在《夺宝奇兵》电影中思考一个黄金物体的质量。后来,研究人员开发了一系列以贾斯帕命名的角色的冒险电影,并在电影中嵌入了学术问题。在这两种情形下,电影补充了一些课堂的常规课程。参与贾斯帕项目的九个州的研究结果表明,通过嵌入数学问题的有趣电影进行学习的儿童在复杂问题的解决方面要优于传统数学课堂上的儿童。

年幼的儿童也能从被赋予意义的情境学习中受益。研究人员要求三岁的儿童记住一些物品,对一些儿童来说,这些物品被当成购物清单来呈现给他们。结果显示,当情境是玩商店游戏时,儿童记住的购物清单上物品的数量是单纯让他们记住一个清单上的物品的两倍(Istomina,1975)。

这些只是众多研究中的一小部分。研究表明,将学习内容嵌入到有意义的语境中比将学习内容嵌入学校教材中经常使用的抽象语境中,学生能获得更好的学习、更大的兴趣和更大的挑战。接受这种教育的学生在医学术语的例子中也表现出色。这表明,在任何具体的有意义情境中都可以提高学习水平,且都高于在抽象情境条件下所能达到的水平,尽管与个人相关的情境是最好的。

到目前为止所给出的示例,都是通过提供一个简单的标题来说明情境,并将示例嵌入到对学习者来说有意义的情境中进行学习的。当学习者曾在其他情境中见到过学习材料并熟悉学习材料的时候,学习也会得到提升。熟悉感的极端例子是专业知识。接下来的两部分将阐述熟悉度和专业知识如何更普遍地提高认知能力。

1.熟悉程度对思维的影响

当一个人已经熟悉某样东西时,它就有意义了。即使仅仅对学习任务或对象熟悉,也能帮助人们完成认知任务。在一个典型的例子中,研究者海伦·博克(Helen Borke)(1975)让儿童完成皮亚杰著名的三座山任务,在这一任务中,一个布娃娃放在三座山模型的不同位置,要求儿童回答布娃娃看到了什么。儿童通常要到八岁才能很好地完成这项任务,他们常常会认为,从任何一个角度这个布娃娃都会看到他们当前看到的任何东西。

博克想知道问题的部分原因是否与所用的材料有关,例如一个"警察"娃娃和微型山这些材料对有些儿童来说是不熟悉的。她改进了皮亚杰的实验程序,要求儿童判断芝麻街里的格罗佛(Grover)在路边停车的时候会看到什么。这里的景观不是三座山,而是小的塑料动物,一个有帆船的湖,还有一座房子。令人惊讶的是,即使是三岁的儿童,在面对这些熟悉物体时也能展示出正确的视角,且他们能完成80%的实验,而在同样的皮亚杰最初的三座山任务实验中,做出正确换位思考的大约有40%。

博克的研究对象是宾夕法尼亚州匹兹堡地区的儿童,但是熟悉效应也在新几内亚的巴布亚省(Lancy & Strathern,1981),一个文化背景非常不同且开展的不同类型的任务上得到了证明。在那里,村里的儿童接受一套标准的认知测试,包括记忆和分类。与使用西方的新奇玩具相比,当涉及这些测试的对象是常见的日常用品,如贝壳时,儿童在解决分类包含问题,回忆物品,使用最佳的记忆策略(如在回忆中聚集物品)等方面表现得更好。

正如成人感兴趣的东西并不总是和儿童感兴趣的东西一样(在本书第五章中已经提到),成人认为熟悉的东西对儿童来说并不总是熟悉的(Bjorklund & Thompson,1983)。在一项研究中,研究人员让儿童和成人评价衣服和水果的分类哪个更好,结果表明,儿童熟悉的概念有更好的学习效果,而不是成人的。儿童认为最典型的范例与成人认为最典型的范例往往是不匹配的。随后,研究人员要求幼儿、一年级儿童和六年级儿童记住儿童和成人分别列出的物品清单上的物品。儿童从他们列出的好范例清单上记住的物品明显比成人列出的物品多得多。在总结这些研究时,作者指出:“当使用对儿童来说是有意义的、熟悉的材料来评估他们的记忆能力时,与使用更传统的材料(即成年人更熟悉的物品)相比,儿童经常表现出记忆力水平提升的倾向。”(p.341)这是源于熟悉度。当儿童可以自由选择时,他们似乎很可能选择对他们来说是有意义的、足够熟悉的东西。

2. 专业知识的影响

专业知识需要深度熟悉,因此对专业知识的研究就提供了更多的实例来说明已有旧知识对新知识同化的影响(Chi & Ceci,1987)。就像本书第五章所讨论的那样,大量研究表明,在某一领域中拥有专长与对该领域不同的思考方式密切相关。例如,如果国际象棋棋子的排列方式能反映出它们在棋赛中可能出现的位置,那么国际象棋专家(包括儿童和成人)就会比新手更能记住棋子的位置。然而,如果棋子被随机地放置在棋盘上,并没有反映出真实比赛时棋子的组织结构,那么即使是象棋专家在回想棋子位置时,也不会比象棋新手好多少(Chase & Simon,1988)。专业知识显然会促成影响记忆的知识结构,但只有当提供的信息符合这些结构时才会发生。当学习发生在一个更专业的情境中,一个人可以学得更好。在旧知识基础上清晰地建立新知识的学校课程,将会产生更有效率的学习,然而学校却频繁改变教科书的知识结构。这是一个挑战。

在一个领域的专业知识也会在该领域中产生更复杂的推理是不足为奇的。这在一项关于低智商赛马爱好者的研究中得到了证实(Ceci & Liker,1986)。尽管所有的被试几乎每天都参加比赛,且表现出很高的兴趣,并且所有人的智商都很低(在80分左右;平均是100分),但一些人仍被认为是很专业的,这是由他们计算赔率上的技能决定的(基于人们在每匹马上下注的金额)。这些专家似乎也有理由比非专家谈论更高水平的比赛。当被要求参加障碍赛时(确定一匹马需要增加多少额外砝码才能平衡每匹马获胜的概率),他们使用了一个复杂的乘法模型。相比之下,那些缺乏专业知识的人使用的则是更简单的加法模型。由一个领域的某一方面决定的专业知识,也会导致在另一方面使用信息时采用不同和更复杂的方式,即使在智商水平相同的情况下也是如此,拥有专业知识背景可以使人的认知能力更强。

在一些领域中,我们已经认识到有意义的学习情境的重要性。有关在校学习的研究中,即使参与者仅仅又熟悉涉及任务的对象,他们在任务中的表现也比不熟悉这些对象时要好。专业知识可能是造成这一情形的极端例子。当参与者对该领域非常熟悉，并且已经具有相应的专业知识，他们就会使用更高层次的推理。所有的这一切都表明，如果学校提供的材料是被有意义组织的，而且新概念是在已有的知识基础上建构起来的，那么就会导致更深入的学习。不幸的是，学校每年都在改变课程和教科书，而且不同地区的课本也从不被整合，而这会导致教师们提供这种整合的难度加大。

（二）为什么提供有意义的情境有助于学习

在一个有意义的、熟悉的情境中进行操练似乎可以改善认知功能。先验知识和情境对新知识习得的影响存在三个可能的原因，分别是同化、加工和动机。接下来，我会逐一讨论这三个概念，讨论完每个概念后，我会探讨在蒙氏教育中如何创建有意义的情境。

1.同化

"同化"一词源于生物学，指的是将营养物质纳入身体，皮亚杰借用这一术语，并将其运用于知识，指的是一个人如何吸收新知识纳入到已有的心理结构（Flavell，1963）。例如，一个儿童学习了一种动物，通常会同化到他关于动物概念的知识中，而且假定这种新动物也会呼吸，自主运动，等等。与同化对应的另一个过程叫顺应，在这种情况下，心理结构会因新知识而改变。这些过程连接在一起进行工作，所有的学习都需要其中的一些过程。在新动物不同于儿童已有的一般动物概念的地方，儿童会改变已有的动物概念（顺应）以适应新信息。

刚刚回顾的结果可以理解为皮亚杰同化概念的例证。当新信息能在其他信息背景中得以理解时，例如一个人洗衣服的过程，或者熟悉的物体，又或是棋盘会是什么样子，那么新信息将更容易整合。这似乎在很大程度上是因为先验知识——有意义的情境——提供了一种结构，使得新信息可以被同化。

有关学习技能的文献证明了当预先建立起与新知识相适应的认知能力时，就能促进新知识的同化。在阅读本章之前，复习本章大纲或者是阅读本章摘要都可以提高学习和记忆能力，就像带着问题阅读一样（Anderson，1990；Thomas & Robinson，1972）。回顾大纲和提出问题都可以激活心理结构，使得信息能被同化。

这两种方法都为学习提供了有意义的情境，因此能够促进学习。没有有意义的潜在认知结构，学习者就缺乏学习新知识的关键支撑点。

2.加工

在新信息纳入认知系统之前，拥有相适应的认知结构或者是激活的认知结构能减轻整合新信息的加工负荷。所有研究中的熟悉效应也可以这样来理解：这种效应源于对认知资源的保存，因为创建和维持一个已经熟悉的对象的心理表征需要的资源可能更少。从神经系统方面来看,有人可能会说,如果一组突触已经[使用赫布(Hebb)的(1949)著名短语]连接起来并能一起活动(因为它是熟悉的项目),那么使这些神经元再次作为一个组被激活所需要的能量,比创建一组新的、之前未分组的神经元组激活所需要的能量要少(Lillard & Erisir,2011)。对于熟悉的项目而言,可以把更多的资源用于其他的认知过程,例如,保持一个记忆跟踪活动。虽然与同化解释并无完全不同,但可以从另一个视角(加工)清晰地看到有意义情境对于学习的好处。

3.动 机

当学习与已知的某些东西建立联结后会增强学习的另一个可能原因是动机。如果一个人在学习新信息时,需要这些信息来填补现有知识的空白,那么他可能比一开始没有任何知识的人更有动力。

刚才提到的一些研究直接涉及了动机,而且发现了有意义情境的动机效应。例如,在"1+3×4 会怎样(How the West Was One + Three × Four)"计算机数学研究中,在有意义情境条件下,学生不仅学到了更多的数学知识,而且他们也接受了更大的挑战,对游戏的反应更积极,对自己的能力评价更高,甚至愿意放学后留下来玩这个数学游戏。很明显,在一个有趣的情境中获得的信息会影响他们参与学习活动的动机。在贾斯帕项目中,实验组儿童也表现出了更多的动机,因为他们对数学的态度比对照组的儿童更积极。当人们学习的东西被嵌入到一个有意义的情境中时,他们会更有动力去学习,这种动机可能就是学习增强的原因。

(三)总结:有关情境效应的研究

在传统学校里,教师和教科书往往不能利用有意义的情境来传授新信息(Bransford et al.,1999)。有意义的情境把新旧知识联系起来,并/或明确其适用性,抑或简单地使学习环境更加丰富、有意或有趣。在缺乏有意义情境的情况下,儿童不仅缺乏清晰的同化新信息的方法,他们也可能缺乏学习的动力,而且可能会在编码过程中耗费更多的认知资源,从而导致学习的其他方面的可用资源更少。有意义的情境可以为同化提供支撑,减少一些处理负荷,以增加学习的动力。

二、有意义情境在蒙氏教育学习中的应用

在这里,教育的一个基本原则是:讲解细节会带来困惑;而建立事物之间的关系就会带来知识。

——玛利亚·蒙台梭利(1948a/1976,p.94)

在蒙台梭利博士开发的教育项目中可以反映出她非常关注于教育对儿童的有意义性。

蒙氏教育通过多种方式为学习提供有意义的情境。第一,将新旧知识以一种比传统学校教育更连贯的方式结合在一起。第二,课程和练习的构建使学生能够了解他们所学东西的意义。并通过故事来提供有意义的情境。最后,在本书第七章中讨论的蒙氏教育中学习所处的社会背景,也可能会成为增强儿童学习动力的一个方面。

(一)新旧知识的联结

在传统学校课程中,要想让教师们把新信息与儿童之前所学的知识整合起来是非常困难的。课程的每个主题都使用了不同的教科书,这些教科书可能会由毫无交互联系的出版公司出版。当学校选出或任命新的管理人员,学校通常会改变他们的教科书和课程计划,而新课程计划很少参照学生以前学过的内容。对于随意分派的儿童(特别是这个儿童如果是从另一所学校转来的),教师通常只跟儿童待一年,而且可能还不知道这个儿童前一年学了哪些东西。随着儿童在学校的进步,他们越来越有可能在不同的课程上有不同的教师,并且经常被跟踪学习情况,以评估儿童在不同课程的不同水平。在这种情况下,教师要想在课堂上为所有儿童开展整合所有课程信息的课将是非常困难的,而且考虑到新教科书和课程被采用的频率,试图这样做的教师像是在追逐一个移动的目标。

蒙氏教育的不同之处在于它所涉及的课程和教具包含了从出生到12岁的整个教育计划。蒙台梭利博士密切参与了整个课程的开发。她是一个非常聪明的人,拥有非凡的洞察力、沟通能力和整合信息的天赋。她非常清楚这些年龄阶段的课程构成,这使得蒙氏教育具有高度的合理性、连贯性,以及充满人文主义关怀。在真正的蒙氏学校里有相对固定的成套课程,并且教具也相对稳定,因此,如果某个儿童的家庭搬家了,该儿童也会在新学校找到同样的教具和课程。新教师只需要知道儿童处于课程和教具的哪个学习阶段就可以了。虽然蒙台梭利国际协会的教学委员会在必要时也审查和调整这些课程和教具,但该委员会须在对整个蒙台梭利教育系统有广泛而深入的了解的基础上才能做出调整和改变。

由一个人跨越不同的主题和年龄范围开发整个课程的一个优势是,知识可以同时贯穿于课程和儿童成长历程中,并有机联系在一起。儿童可以从以前学过的教具中建构出心理结构,同化新的、精心设计的教具(同时也能及时地调整心理结构)。

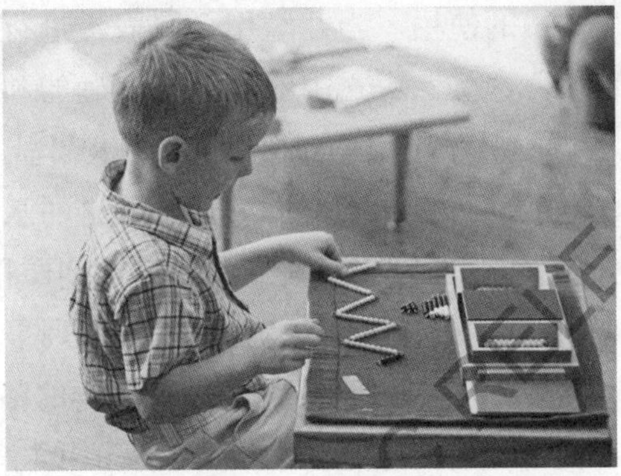

图8.1　蛇游戏:负数　Laura Joyce-Hubbard 2014.版权所有

例如,在小学低年级,儿童利用几何图形嵌板学习不同形状的名称,然后在小学高年级学习如何计算这些形状的面积。他们学习计数,也学"跳数"(如两个两个地数,三个三个地数,等等)以及在小学就可以使用玻璃串珠(参见图2.6和2.7)在"蛇游戏"中学习负数(图8.1),他们在小学高年级还可以使用同样的教具学习平方和立方。分数嵌板(图8.2)在小学低年级用于设计和学习等值,在高年级用于学习分数的四种数学运算。在小学低年级,儿童学习植物的六个主要部分,而在高年级,他们将学习每个部分的种类,以及这些种类的特点是如何促进对不同环境的适应。在小学低年级,儿童在单词功能的练习中学习语法符号,然后用这些符号帮助他们在小学创作作品时形成自己的写作风格(见图6.1)。研究表明,这种相互联系使新概念的同化变得容易,这可能是因为一个人在50年的时间里为各个年龄阶段开发的课程的内在连贯性。

图8.2　分数嵌板　照片由An Vu提供

课程内部也具有连贯性。例如,儿童把言语中"形容词"这一词性的重要性与科学实验联系起来,在实验中他们发现了哪些细胞膜具有渗透性,哪些细胞膜不具有渗透性。把语法和科学有机地联结在一起,儿童就可以在通过科学来理解实践情境中一套通用的抽象概念（语法）的使用。当儿童用金属嵌板进行设计时，他们同时也在致力于艺术创作和几何学。这些课程之中的联结是明确的和预先设计好的，不是偶然的，因为在一个传统的课堂教学情境中，那些开发艺术课程的人可能从来没有和发展数学课程的人一起交流过。回忆一下本书第五章所讲的水是如何被引入的：蒙氏课程设计的目的是让学生形成知识联结，以帮助儿童看到课程领域和课堂以外的世界的联系。蒙台梭利博士指出，小学生“不满足于仅仅罗列事实，他还试图找出它们的原因。利用这种心理状态是很有必要的，它通过对事物的整体进行观察，并让儿童注意到宇宙中的一切都是相互关联的”（1948a/ 1976，p.36）。蒙台梭利博士所称的“心理状态”是小学生的特点，这种将不同的事实整合成一个整体的能力，在童年中期的讨论中并没有得到普遍的关注，这可能是一个需要进一步研究的有趣的问题。现有的研究表明，当所有年龄段的人学习的东西是相互连接的，他们会学得更好，即使是年幼的儿童也会寻求解释（Wellman，2011），并发现这些解释是有意义的（Alvarez & Booth，2014）。

（二）意义明确

蒙氏教育提供有意义的内容的第二种方式是儿童从事的活动类型。例如，在小学阶段，儿童可以很容易地掌握日常生活活动的意义。当儿童擦洗桌子时，桌子就会变得干净；当一个儿童挤压橘子时，果汁就会出现，并且儿童在课堂上还可以喝他们挤压的橘汁。正如本书第二章所述，这些活动除了使儿童参与有意义的活动之外，还有许多目的，而这些活动本身也能用来传授抽象概念。例如，日常生活练习可以传达一个人的行为具有建设性的目的，也可以透露一系列的步骤应该以一个特定的顺序执行，还可以告知一个人把精力集中于他们应完成的任务上，等等。然而，儿童并不需要看到所有这些目的来理解活动的直接意义。

讲授勾股定理（毕达哥拉斯定理）的教具说明了蒙氏教育的情境是如何使一个抽象的公式变得有意义的（同时也增强了兴趣，正如本书第五章所讨论的那样）。虽然大多数儿童在学校里学的都是 $a^2 + b^2 = c^2$，但只有极少数儿童是建立在理解的基础上来学习的。对多数儿童来说，它只是一个通过运算来得出结果的公式。蒙氏教育在讲授这个公式时所使用的教具却向儿童表明了它的意义，给儿童开启了一扇理解其来龙去脉的思考之门（见图8.3）。该教具的特点是一个不等边三角形，其每条边都有一个向外延伸的正方形。其中一条边上的正方形又分成了9个一样大的小正方形，因此它是由3×3的单元组成，或者是 3^2。另一条边是16，或4×4的单元。这样就向儿童展示了如何从一边取9个单元，再从另一边取16个单元，和起来就可以完全填满斜边的正方形：$9 + 16 = 25$，或 5^2。这样一来，儿童就能真正地明白 $a^2 + b^2 = c^2$。在这里，抽象的公式不再仅仅是一个抽象物，它已经被赋予了某种意义。

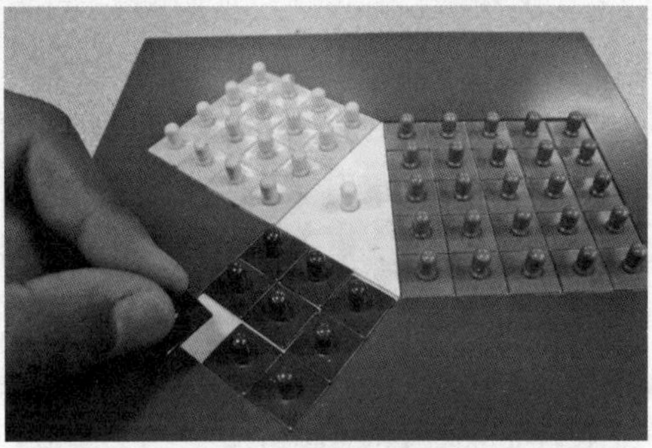

图8.3　勾股定理教具　照片由An Vu提供

另一种明确目的和意义的方法是在需要时提供信息。许多人都经历过，当进入一个新的国家时，对新语言的学习曲线会变得多么陡峭，部分是因为人们突然之间明白了真的需要这门语言。蒙氏教育利用这一原理，在需要的时候给儿童提供新信息。词汇学习就是一个例子。在传统的学校教育中，词汇通常是由词汇表来传授的，经常体现在批量生产的练习册中；儿童需要查找定义，并在他们编造的句子中使用这些词汇，或者由教科书的开发人员设计，儿童的任务仅仅是插入正确的单词。除了练习册之外，这些词与儿童生活中的任何东西都没有联系。

在蒙氏教育中，儿童是在他们正在学习的真实物体（或该物体的微缩模型）面前学习生词，在儿童所处的情境中学习新词汇。例如，在学习植物的某些部分时，低年级学生会观察一株植物，并对整株植物进行自由绘图，然后，在单个页面上画出每一个部分。单个部分被着色以用来区分它们，每一页上都会写上突出部分的名称，并且这些页面被放在一起编成一本小册子。这样一来，在一个真实的植物和他们自己作画的情境基础上，低年级学生就学习了"雄蕊"以及"雌蕊"等词。词汇可以让儿童精确地描述教室和生活世界中的物体。在小学高年级，许多新词汇都来自写作报告，这些报告构成了蒙氏小学教育的很大一部分内容（而不是大多数小学的偶尔练习）。例如，一名儿童在撰写关于南极洲的报告，可能需要用新术语来描写不同类型的冰。儿童是在描述他们感兴趣的生活世界中学习所需要用到的词汇。

蒙氏教育将同样的方法运用到拼写教程中。蒙氏学校的儿童学习的词汇都是他们需要掌握的，因为他们在报告或其他写作中拼错了这些单词，而不是人手一本出版的拼写练习册，每个班的儿童都能从中学习同样的单词（就像工厂一样）。事实上，儿童学习的所有信息都是写作报告的一部分，而不仅仅是拼写和词汇，但是所有的事实和关系，都是在需要的时候学到的。一个特定的单词或概念的学习都有明确的目的：这个词或概念是嵌入在其他学习经验中的。

1.故事作为学习情境

心理学家布鲁纳强烈支持这样一个观点:“我们以叙事的形式——故事、借口、神话、做的理由和不做的理由等等——来组织我们的经历和对人类事件的记忆。”(1991,p.4)人类天生就会在叙事中找到意义。小学教育的五大课程(本书第五章中介绍的),以及随之而来的许多重要的课程都是叙事形式的,因此,小学教育课程的核心是在一种人们发现具有内在意义的结构中做出的。由于讲故事的时候是通过关注故事间的相互联系而展开的,所以这些故事给儿童的知识表征提供了一个相互关联的组织结构。当一位蒙氏教师在故事中激发儿童的想象力时,他就会将新信息与儿童先前的知识,以及与故事有关的实践教具和演示联系起来。回想一下在本书第五章关于水的介绍中,蒙台梭利博士将水与动物和数学等其他要素联系起来。就像所有的好故事一样,这些描述都是用具体的术语来讲述的,例如,将海底下的山脉描述为儿童在地面上看到的山脉,以及在描述鱼群的大小时依据一艘船要花多长时间才能绕过它。人们的想象力与这些画面产生了共鸣。另一个例子是在本书第五章中提到的拉绳工的故事:通过历史故事的讲述(同图8.3的教具展示),使学生掌握了$a^2+b^2=c^2$。儿童学到的几何公式和毕达哥拉斯所做的一样(随着故事的发展),而且当人们在洪水后需要重新绘制地界线的真实和现实情境中再来考虑这个公式时,它可能还会增加人们的兴趣。此外,在蒙氏课堂上图像随处可见。例如,在高空大气变得稀薄的课上是这样介绍的,空气是分层呈现的,就像叠起来的一堆毯子一样。离地球中心越近,毯子就越厚,随着向外扩散,毯子就变得越来越稀薄。儿童被这样的画面所吸引,并受到激励,不停歇地继续学空气和大气这一课。

因此蒙氏小学的课程中充满了图像,通常是以故事的形式提供的,它们都与课程的其他部分和熟悉的实体相关联。这样的情境化会有助于促进理解。这些故事无疑是为了激励儿童去探究它们的各个方面,例如,激励儿童做关于水的三种形态的实验(固态、液态和气态),以及水的精确成分。这种个人激励的参与无疑也很重要,这在本书第五章和第六章的有关讨论中都有提及。教师在蒙氏教育中接受培训时,就明确知道教学指的就是为儿童学习创造情境,把思想与他们所知道的联系起来,以及帮助儿童理解意义。在传统的教师培训中,这可能会以抽象形式来完成,但在具体情境中却永远无法做到,因为教师们将会去学校,在那里他们使用不同的教材,而且教学信息也不同。蒙氏教师培训内容包括教师将要讲授的具体课程,以及如何在这些课程中使用对儿童有意义的方式方法。蒙氏课程被认为是一种礼物,可以让教师专注于每个儿童和他们的需求。相比之下,在传统学校里,教师们则会耗费大量时间打造自己的课程,在学校课程计划改变时也需要再进行修改。

（三）社会因素：与他人分享知识

人是社会性动物，小学生尤其如此。在蒙氏学校中，学习的合作性质提供了一种情境，这种对儿童更具个人意义的情境也可能会促进学习。就像在本书第七章中所看到的，当人们认为他们稍后会被要求向他人传递信息（为了教）时，他们就会更好地学习，部分原因可能是由于信息具有一些超越自己理解的联系。在前面提到的贾斯帕项目中，儿童很有动力去写书给他人分享，以至于教师制定了一个规则（虽然这很奇怪）："不要提前结束课间休息回教室写你的书。"（Bransford et al.，1999，p.61）蒙氏学校的儿童知道，他们可能会教其他儿童关于一种教具的知识，以及可能会和全班分享他们在写报告时获得的知识。因为小学生通常都是和别人一起做报告，因此分享也会发生在发现新知识的情境中。儿童似乎喜欢分享他们获得的知识，而且当他们知道会把教具展示给其他人时，就赋予了他们额外的学习目的。

在蒙氏课程中，儿童的社会性也会被用来激发优势。其中一个例子是关于发散线和收敛线的课程（图8.4）。在学习这些区别的时候，蒙氏教师会给儿童一些小纸娃娃并让他们放在线上。儿童可以看到，当角度是收敛时，娃娃就会向彼此靠近；当角度发散时，娃娃就会彼此背离。对于这个年龄阶段的儿童来说，即使是如此小的一个社会性融入几何教学中，也会使发散线和收敛线这一组抽象的概念变得更有意义，更令人愉悦。不管它是否能改善学习都将是一个有趣的测试。

图8.4　收敛线和发散线　照片由An Vu提供

综上所述，蒙氏教育可以在一定程度上促进新知识的获得，部分是通过在连贯的课程中建立新旧知识联系，部分是通过使用具有明确潜在目的和与抽象概念相联系的有意义的教具和课程，以及利用故事和社会背景。在所有这些方式中，蒙氏教育都强调新知识与旧知识以及环境的联系。

三、知识迁移

关于有意义情境的第二个重要问题是迁移,包括课堂内,不同课堂之间,以及从课堂内到校外生活世界的主题间的迁移。在任何情境下获得的知识如果能应用到其他情境中,那它就是最有用的。蒙氏教育通过两种方式来促进迁移:一个是教学内容之间的高度相似,另一个是让儿童在校内和校外"真实世界"情境之间实现真正的来回跨越。在接下来的几部分中,我讨论了迁移失败和迁移成功的情况,包括在英国的两所非常不同的学校所做的案例研究,然后再讨论蒙氏教育的迁移。

(一)迁移失败

不能从学校情境迁移到其他情境通常被认为是一种:

> 几乎普遍存在的现象:能够在课堂情境中进行符号操作活动的学生,表现出对某些物体的"掌握",却往往无法将他们所执行的符号操作活动的结果辐射到具有象征意义的系统上。他们没有将正规的符号操作程序与符号所代表的"真实世界"的对象联系起来,这构成了教学的重大失败。(Schoenfeld,1988,p.150)

数学课似乎是教得很好,教师们仔细复习教学内容,儿童显而易见地理解了教学内容,而且在考试和作业上都表现良好,这是最好的例证。尽管采用了这种教学法,但学生们往往不能在他们所学的有限的情境之外来使用这些概念。其中在尼泊尔(Nepal)一项向店主学徒讲授数学的研究表明。尽管学徒们在课堂上表现良好,但他们的知识却被证明是死板的,因为他们无法将其应用到实际的商店情境中(Beach,1995)。

除了课堂,学习也未应用到校外情境,甚至在学校情境中迁移也没有发生过。在一项研究中,一位教师向学生解释如何得到平行四边形的面积(Wertheimer,1959)。学生把公式应用到几个问题上,并布置了十个左右的问题作为家庭作业。第二天他们在测试中做得很好,如此看来学生已经学得很好了。研究人员随后提出了一种新的平行四边形,该平行四边形的方向与教师所使用的所有例子完全不同。儿童不知所措;其中一个还说道:"教师,这个部分我们还没有学习呢。"虽然他们把公式正确地应用于一类问题,但他们对公式理解得不够充分,还不能灵活运用它。这说明了训练方法的一些问题:儿童可以做得很好,但缺乏理解。学习基本事实很重要(Willingham,2006),但是缺乏理解的学习对于新情境来说就是无效的,不适用的。

另一种缺乏迁移的情况是从现实世界问题迁移到学校问题。在这些情况中,应用情境中展现的知识不能运用于同一知识的抽象表征。在美国,家庭购物者能够很好地评估超市里最合算的商品,但他们往往无法将这些技巧迁移到数学中的相同但抽象的纸笔计算上(Lave,1988)。玛雅的儿童在木制织布机上用彩色木棒重建编织图案没有任何困难,但是让他们在纸上解决同样的问题时,儿童看起来很困惑,他们无法重建这些图案(Greenfield & Childs,1977)。同样,巴西街头儿童在街头卖糖果时表现出了一些数学能力,但要求儿童在学校情境中展示这些能力时,他们却无法表现出这些能力(Carraher,Carraher & Schliemann,1985)。美国低收入家庭的儿童也是如此(Taylor,2009)。当儿童不能在应用情境中清晰地表现他们的能力时,学校的测验就没有任何价值。

(二)迁移成功

当然也有迁移成功的情况,包括从学校到其他情境,从抽象到具体刺激上。我接下来要讨论的是与迁移成功相关的刺激特征。然后,阐述它们在蒙氏教育中是如何实现的。

1.信息源与目标相似

信息源与目标情境之间的相似性越明显(Singley & Anderson,1987),越有可能发生迁移。在本书第二章和第五章中都提到的朱迪·德洛克(Judy DeLoache)对符号理解的研究中,向儿童展示了一个实际尺寸大小的房间和该房间的微型模型,并且指出它们的相似之处(DeLoache,Kolstad & Anderson,1991)。例如,在大房间里放着一个大沙发,在模型房间里,在同一个相对位置上,也标注了一个缩小版的沙发且具有同样的沙发套。在大房间里有一张大桌子,在模型房间的同一个相对位置也有一个小模型桌子。在指出了这两个空间的相似之处之后,实验者向儿童展示了一个大的史努比(Snoopy)动物和该动物的一个微型模型。在儿童的全部视野中,小史努比藏在模型房间的一个地方,或许是在微型沙发上的一个枕头下面。实验者向儿童告知:"现在我要在你的大房间里的同一个地方藏一个大的史努比。你在这儿等着。"实验者离开了儿童的视线,把大的史努比藏在了大沙发上的大枕头后面,实验者回来后提醒儿童,大的史努比藏在你的大房间里,就像小史努比在他的小房间里一样。儿童的任务是根据模型中玩具位置的信息,在大房间里找到玩具。

两岁半以下的儿童往往不能解决这个问题,在大房间里随意地寻找大史努比,显然他们未能理解小空间是较大空间的一个象征。但是,在第三年末会有一段快速的过渡期;到三岁的时候,大多数儿童会马上去枕头那里,并找到大史努比。这里体现的重要一点是,模型与目标的表面相似性会对儿童的能力产生很大的影响。如果使得两个空间之间的相似性不那么明显,例如,改变家具上的沙发套,或者桌子的形状等,都会导致效果降低(另请参见 Gentner & Toupin,1986)。外观相似性有助于儿童发现两个空间之间的关系,并将在一个空间上获得的知识应用到另一个空间上。熟悉度和认知加工的有关研究也表明相似性有助于迁移。由于看到了相似之处,个体会很容易地将新事物与已知的事物联系起来。

相似性对学习的影响不仅体现在内容相似的情况下,而且也体现在一个人的学习情境与测试情境相似的情况下。这种效应并不见得相当大,但确实是真实存在的(Willingham,2001),这表明当我们学习信息时,它应与我们的学习情境结合在一起。在一项与此有关的经典研究中,让潜水者在水下或陆地上学习词组(Godden & Baddeley,1975)。随后的测试发现,那些学习情境与测试情境都一样的被试记住的单词要比那些情境不一样的被试多出40%。在最近的一项研究中,将文字添加在视频中,当这段视频被检索重播时,单词的记忆变得更强了(Smith & Manzano,2010)。跨情境的一致性提高了人们在另一情境中运用信息的能力。因此,信息源和目标相似性是知识从一种情境向另一种情境迁移的一个重要因素。

2.课程材料间的相似性

这些发现同样适用于整个课程。材料的相似性越明显,人们越有可能发生学习迁移。在传统学校中,这种相似性很罕见。教材方案年年都不一样,而且经常发生变化,所以在注释和符号上都很难达成一致。跨学科课程也更难发现一致性。"目前,我们的各种专业研究——科学研究者、数学研究者、文字研究者等等——都反映的是学院式的结构,而不是教学式的结构。认识到这种碎片化问题的课堂教师,要么努力把它们与自己的学科联系起来,要么让碎片散落到他们可能散落的地方。"(Wineburg & Grossman,2001,p. 489)

3.应用明确

迁移更有可能发生的另一种情况是非常明确地阐述教学指导与应用情境之间的关系。在之前提到的尼泊尔店主学徒的研究中,店主本人也是学生中的一员。虽然学徒不会知识迁移,但店主发生了知识迁移(Beach,1995)。店主们对课堂上数学知识的理解比徒弟更灵活,大概是因为他们熟悉知识应用所需要的情境。同样,在德洛齐的模型房间研究中,向儿童明确地表明模型和房间的对应关系对于那些确实想通过测试的儿童来说是至关重要的:当这种对应关系没有被明确指出来时,三岁儿童并不能把模型当作大房间的一个象征。

信息应用明确导致迁移成功的另一个案例是关于雏鸡性别判定的研究(Biederman & Shiffrar,1987)。对出生只有一天的雏鸡性别进行判定显然是一项非常困难的任务,通常需要多年的经验才能达到高度的准确性。然而,有对特定知觉特征的认识——在生殖器的特定区域有更凹或凸的外形——就很有可能做出正确的判断。对一些不熟悉雏鸡的研究对象告知了这一特性,而其他的则不告知。重要的是,对于那些被告知这一特性的参与者来说,其应用情境是非常明确的:他们知道这个特征与雏鸡的性别特征有关。被告知这一信息的参与者对雏鸡性别的判定达到了与专业性工作者一样的准确水平,而那些没有被告知这一特征的人则是靠运气对难以区分的雏鸡进行性别判定的。总而言之,把抽象信息的应用明确化,就能促进知识在实际应用情境中的迁移。

明确的口语教学指导使知识顺利地进行跨情境迁移的另外一个经典例子是在儿童用飞镖击中水下目标准确性的研究中发现的(例如 Hendrickson & Schroeder, 1941)。研究中,儿童先向水下目标投掷飞镖,以此来建立一个成绩的基线水平。然后,一半的儿童接受光折射的课程教学,该课程教学与儿童刚刚完成的飞镖问题之间的关系非常明确。另外一半儿童没有接受该课程教学。根据指导,改变目标在水中的深度,再次评定儿童命中目标的准确性。结果发现,接受光折射课教学指导的儿童在向新定位的目标投掷飞镖时,相对于基线成绩,其准确性要比没有接受信息指导的儿童高得多。该研究再次证明,当特别明确地阐述某个规则与其应用情境之间的关系时,掌握该抽象规则是有助于提高成绩的。

应用明确导致迁移成功的另一项研究探讨的是告知大学生一个应用题及其解决方案,大学生需要先从中概括出一个规则,然后将该规则应用到第二个应用题中(Gick & Holyoak, 1980)。首先被试阅读了一个军事问题及其解决方案:

一个将军想要占领一个堡垒,它位于一个国家中心地带。有多条道路从堡垒向外伸展出去。所有埋藏的地雷以这样一种方式发挥作用,大部队通过一条道路时会引爆地雷,而小分队可以安全地通过每条道路。因此,大规模的直接攻击是不可能的。将军的解决办法是把他的军队分成几个小分队,把每个小分队分派到不同的道路上,并让这些小分队同时在堡垒会合。

读完之后,要求被试解决一个医学问题:

你是一位医生,面临一个胃里有恶性肿瘤的病人。对病人做手术是不可能的,但是必须摧毁肿瘤,否则病人就会死亡。有一种射线可以用来摧毁该肿瘤。如果这种射线一次性同时到达肿瘤,并且强度足够高,则就能摧毁该肿瘤,但这样一来,周围的组织也会受损。而在较低强度下,射线对健康的组织是无害的,但同时也不会对肿瘤产生影响。什么样的操作方法既能用射线来摧毁肿瘤,同时又避免损害健康的组织呢?

读完这些短文后,很少有大学生能够解决第二个问题。然而,当明确告知他们可以借用军事问题的信息来解决医疗问题,结果90%的人都能够解决第二个问题。因此再次证明,当一种情境可以明确应用于另一种情境时,各个年龄阶段的人更有可能将其他情境中发现的信息进行应用。在讨论蒙氏教育中如何促进迁移之前,先回顾一个有趣的情境化学习的案例研究。虽然可以得出的结论有限,但这是一项特别深入的研究,为思考迁移(和深度学习)提供了或多或少可能发生的条件。正如接下来要讨论的问题一样,这项研究在美国学校中是可以重复进行的,迄今为止的研究结果也颇为相似。

4.鲍勒情境化学习的案例研究

该报告的研究说明了了解一个人正在做的事情如何与其学习环境之外的生活其他方面建立联系的重要性。在学校里,传统的信息教学方式要求教师特别努力来建立那些联系;而仅仅讲授和背诵抽象规则是远远不够的。

教育学教授乔·鲍勒(Jo Boaler)对英国的两个学校项目进行了为期三年的深入研究,结果表明,即使是表面上非常优秀的传统学校也会因此而失败(Boaler,1997;对于最近的应用,参见Sullivan,Jorgensen,Boaler & Lerman,2013)。该研究还表明,非传统的方法在促进新知识的跨环境迁移方面是如何成功的。这里阐述的非传统方法包括一些可能有助于学习的因素,但本章特别关注的是,学校的运作方式是如何使学习变得更有意义,以及如何促进学习迁移到新情境中。

该研究的对象是两所学校的四堂数学课,一所学校采用传统教学方法,另一所采用情境化教学方法。这两所学校所在的社区是相似的,主要服务于低收入家庭的学生。重要的是,家长选择这些学校是因为它们离家很近,而不是因为它们所采用的方法(有一所学校在新的数学课程开始讲授之前通常会采用更先进的方法,这是众所周知的事情)。在研究开始之前,两所学校都采用相同的数学课程,其中包括七年级和八年级的个人学习资源包,并且研究开始时,每个学校的儿童在几个不同的数学测试成绩上都是均等的。

在长达三年的研究中,传统的琥珀山(Amber Hill)学校一直坚持这一数学项目,并用教科书来补充完善该项目。就像他们的美国同行一样(Stigler et al.,2000),英国琥珀山学校的教师们站在黑板前,在每节课的前半部分讲课和举例,然后让儿童独立解决几个问题。学生定期接受测试,并给予等级。学校里的孩子们纪律严明,学习努力,教师们也是如此。课程结构紧凑,自成一体。儿童相信数学是一门重要的学习科目,并有动力去学好。鲍勒观察了10堂课,每堂课约有20名学生,他注意到,课堂前10分钟内,100%的学生在听课,课堂中间有99%的学生在听课,而在课程最后10分钟,92%的学生还在倾听,这是对学生课堂注意力的极好评价。琥珀山学校也极力强调为国家测试做准备。

相比之下,另一所名为菲尼克斯公园的学校(Phoenix Park)采用情境化的教学。教师提出一个问题让儿童解决(或者几个问题,儿童从中可以选择),其后教师不介入儿童的问题解决,让他们在接下来的几个星期里自己解决。例如,其中有个问题是:

假如某物的体积是216平方厘米，请思考其形状可能是什么样子。然后，儿童可以自由地提出一些方法来使该问题变得对他们自己来说有意义。儿童可以按照自己的意愿单独或分组工作，也可以自由地选择在主教室或相邻的小房间里工作。教师们围着儿童转，并指导他们学习上遇到的问题。尽管有时候，当一个问题被提出时，教师会向小组或个人提出新方法，作为他们解决该问题的特殊方法。例如，针对体积是216平方厘米这一问题，一些学生可能把想法固着在立方体上，这时候，教师可能会向他们展示一种寻找216的因数的方法，这会引导儿童发现特殊的长方体也可以满足问题的标准。教师不用等级而用评语来对他们的工作进行评价，而且除了在十一年级，其他年级并不强调国家考试，而传统课程是专门为学生应考做准备的。大规模测评促成了工厂式学习，因为每个儿童都需要学习相同的信息。在菲尼克斯公园学校的十一年级之前，对学习外部原因的弱化也可能提高了儿童对学习活动的意义感。

这项研究持续了三年，在此期间，对学生进行了多时间点、多方式的口头测试和书面评估。该研究的一个重要发现是，在琥珀山学校，儿童只有在那些与教科书相似的问题上才表现得很好，而且这种表现也仅仅是在他们接受测试的单元学完后不久出现的，而这正是传统教育存在的一个普遍问题。他们似乎不知道如何将课堂上的学习应用到与教科书中的问题完全不一样的问题上，而即使能解决一些问题，也只是在学完这样的问题之后短时间内完成的。这一缺陷既体现在标准化的和常规的测试中，也反映在口语测试中。

例如，鲍勒观察到的一个常规测试是让学生设计一套房子(即公寓)。学生须指定公寓的主人，决定他们需要什么样的房间，以及如何安排房间，还要注意一些事项，如窗户的位置、厨房和浴室之间门的数量等。接着，他们必须算出公寓需要多少块地毯，以及现有的临街大门是否符合规定(通过计算角度来确定)。项目评分标准是正确的测量，比例的适当使用，建筑规则的考量，以及设计比例的恰当，等。

琥珀山学校的儿童对这个项目很热情，但他们的成绩却很低。他们的设计被评定为粗浅的、不准确的和普通的。尽管96%的学生在数学课本中能正确计算出结构相似的问题，但是他们对地毯的实际估计往往是不准确的：只有43%的学生估计正确。因此，学生的表现证明了前面提到的迁移问题：无法将课堂学习应用到新情境中。

相比之下，菲尼克斯公园的儿童表现出更灵活的数学运用能力，他们能将学到的知识应用到以前没有遇到过的情境中。在地毯的估计方面，菲尼克斯公园学校中，71%的学生获得了最高分，而在琥珀山学校，只有38%的学生获得了高分。在公寓设计上，菲尼克斯公园学校中，61%的学生获得了最高分，而在琥珀山学校中，只有31%的学生得到了高分。有意思的是，菲尼克斯公园学校中，许多学生给自己布置了一个更具挑战性的任务：33%的学生在设计中加入了不同寻常的房间，比如保龄球馆，而在琥珀山学校中，只有3%的学生这样做了。

长时记忆测试结果显示，以项目为基础的学校与传统学校表现出相似的积极结果。在教授一个特定的概念后，对这个概念进行即时测试，并在六个月后再次进行测试。在菲尼克斯公园学校中，学生整体的长时记忆保持率大约是琥珀山学校学生的两倍。

在标准化的国家考试中，来自琥珀山学校的学生（提供计算器）在单纯的程序性问题上表现得稍好一些，但是来自菲尼克斯公园学校的学生在概念性问题上比琥珀山学校的学生表现更好。无论是对一个问题做更深入的理解，还是把它运用到新情境中去，菲尼克斯公园学校的儿童都能做得很好。在口语测试方面，琥珀山学校的学生比菲尼克斯公园学校的学生表现出更强烈的动机来做好测试，但在那些涉及新问题和概念理解迁移的测试方面，他们做得并不好。

菲尼克斯公园学校的学生也用不同的方式来看待数学。例如，他们说，在所有的学校科目中，数学与英语和艺术最相似，而琥珀山学校的学生并没有发现数学与任何东西相似。此外，当要求学生描述数学和"生活"之间的联系时，菲尼克斯公园学校的学生报告说它们之间存在密切的联系，而琥珀山学校的学生则报告说二者之间存在巨大的脱节。琥珀山学校的学生报告说，他们在课堂外的日常数学中使用的数学策略与课堂上使用的大不相同。

虽然案例研究可能很有趣，但始终应提出这样的担忧：研究结果只适用于所涉及特定的研究对象和环境中，而且研究对象和环境的其他方面甚至也可能影响研究结果。例如，也许是新课程的介入，而不是菲尼克斯公园项目的其他方面导致了这些差异。又或许是每所学校的教师采取的教学方式，而不是方法本身导致了这些差异。为了解释这类问题，鲍勒和她的同事在加州的高中继续进行这项研究（Boaler & Staples，2008）。在这项研究中发现，经过改革的数学项目大大提高了数学成绩。

在学习任务上，除了与时间相关的成绩得到提高之外，在对待数学态度和信念方面，综合情境化项目中的学生与传统项目中的学生的反应是不同的：他们明显对数学更感兴趣，认为数学对他们未来的职业更重要，认为数学与他们"发生在现实生活中的事情"更相关，认为数学涉及思考而不是记忆，学习数学的动力更受内部因素而非外在成绩驱动，他们也不认可"我喜欢数学是因为它不需要努力"这种观点。因此，后续研究似乎表明了英国教育中存在的这些普遍趋势。

尽管鲍勒研究中参与研究的课堂教学数量有限，但是他们在细节和测试方法方面做得非常丰富，并且结果与一些实验室研究的结果是一致的。成绩提升有诸多可能的原因，在本书其他章节也提到了，包括缺乏对评价、合作学习，以及在所研究的非传统课堂中提供选择和兴趣的重视。更具情境化的学习方法也可能是另外一个原因。综合本章的其他研究可以看出，学习和应用之间的联系变得清晰时，学习和迁移就会得到增强。

四、蒙氏教育中的迁移

蒙氏教育至少通过三种途径来促进迁移。第一，教具外观上具有大量相似之处。第二，小学生积极主动地跨越学校和真实世界之间的情境，真正走出学校去使用和收集信息。第三，学校的知识在实际情境中得到了明确的应用，这在一个称作"青少年厄德金德"(Adolescent Erdkinder Program)的项目中得到了很好的体现。

(一)蒙氏教具的外观相似性

蒙氏教具不管在课堂上，还是在不同层次阶段上都具有表层和深层的结构相似性。同样的教具经常出现在不同的授课内容或概念上，这样一来，教具就会变得熟悉，还能降低儿童的编码需求。例如，用于表示特定属性的颜色保持不变，在那些强化十进制的教具上，像个位、十位和百位的颜色都统一地分别用绿色、蓝色和红色表示。在凸显音节的教具中，元音一直是红色的，而辅音是蓝色的。在句法分析中，名词总是黑色的，冠词是褐色的，形容词是棕色的，动词是红色的，等等。正如前面所提到的，相同的教具还可用来表示不同层次阶段上出现的不同概念，因此二项式立方体在小学低年级是一个可以拼在一起的拼图，而在小学高年级就是二项式定理的传送者。高级的教具也可以建立在低级的教具上，因此三项式立方体与二项式立方体非常相似，只是更加复杂而已。蒙氏教具的高度相似使儿童在学习新信息时让已有的信息变得更容易获得和实现迁移，从而促进他们的学习。

(二)蒙氏课堂与外部世界的迁移：走出去

让我们把儿童带出来，给他看真实世界的东西，而不是创造那些表征观念的东西，并把它们锁在橱柜里。

——玛利亚·蒙台梭利(1948a/ 1976，p.34)

走出去的目的既不是纯粹为了……健康，也不是为了一个实际需要，而是一种生活的体验，这将使儿童意识到现实。

——玛利亚·蒙台梭利(1948a/ 1976，p.26)

就像本书第二章所谈到的，蒙氏儿童从学校到外部世界(以及从外部世界回到学校)发生的迁移或许是由他们离开教室来到外部世界学习的频次所推动的。小学低年级学生可能偶尔会走出去，寻找植物或动物的标本，而到了小学高年级敢于进入外部世界就会变得非常普遍，这已经成为走出去项目的常规模式。让一个儿童或一小群儿童离开教室到外面世界学习会比单纯的室内学习获得的更多。例如，一小群学习天气的儿童被安排去参观天气预报中心,在那里,知识应用是显而易见的。

教师的任务是帮助儿童为这次旅行做好准备工作:帮助他们弄清楚要去的地方,帮助他们做出可行性的安排,让他们知道需要携带什么,以及帮助他们弄明白如何从经验中学习(例如,面试需要准备的问题),等等。至关重要的是,所有这一切都是促进性的,而不是替儿童做,因为蒙氏教育有着明确的目标,那就是让儿童在真实世界中学习操作。"不要让教师忽略这样一个事实,那就是我们所追求的目标不是直接的,不是徒步旅行,而是为了让教师所教育的儿童能够自己发现适合自己的方法。"(Montessori,1948a/ 1976,p.26)就像那句谚语所说的,蒙氏教师是授人以渔而不是授人以鱼。

甚至走出去项目的机制也是为了给学习提供有意义的情境。当儿童需要计算他们外出旅行需要多少钱,包括乘坐公共汽车、博物馆门票和午餐时,数学在现实生活问题中的应用是显而易见的。当他们不得不打电话给父母,礼貌地请求父母带他们出去旅行时,优雅和礼貌的重要性就变得清晰起来。年幼的小学生就会跟教师一起有礼貌地演练打电话的情境。

小学低年级的走出去项目消除了学校和外部世界之间通常存在的隔阂。与学校的传统郊游不同,外出旅行是依据儿童当前的个人兴趣来设定的。儿童确切地知道他们为什么要出去——他们甚至为旅行做了安排——因此,他们对在学校里所做的事情(与外出郊游有关的)是很清楚的。蒙台梭利博士认为这些旅行对儿童的发展至关重要。"一个局限于有限空间内的儿童(如学校的围墙)不管其能力多么强,仍然无法实现他的全部价值,也不会成功地使自己适应外部世界。为了促使儿童快速成长,其活动和社会生活必须与他所处的文化环境紧密结合。"(Montessori,1948a/ 1976,p.26)

(三)厄德金德:大地之子项目

从蒙氏课堂到外部世界的学习迁移也体现在蒙氏教育的巅峰代表,蒙台梭利博士称之为地球上的青少年厄德金德项目中。有感于对诸多青少年研究者的感受,她写道:"学校……既不适应青少年的需要,也不适应我们生活的时代。"(1948a/ 1976,p.97)蒙台梭利博士对青少年项目的想法并没有像她对年幼儿童的计划那样十分明确,但是她在其生命最后阶段提出的基本想法是把青少年带到一个受保护但非常真实的世界情境中即一个农场(Montessori,1948a/ 1976)。大卫·卡恩(David Kahn)是北美蒙台梭利教师协会的创始人,他对蒙氏教育有着深刻而广泛的理解,他为12至18岁儿童开发了蒙氏教育方案和课程。这些方案和课程已经在俄亥俄州的赫尔希蒙台梭利农场学校(Ohio Hershey Montessori Farm School)(12至15岁的儿童)和位于克利夫兰大学圈的蒙台梭利高中(Montessori High School at University Circle)得到了实施。

而今，在很多其他地方，作为青少年的教师都接受过这种训练，并使这一思想得以推广。

蒙台梭利博士指出，青春期是一个生理变化的高峰期，在其4个6年的发展规划框架中，后两个发展规划与前两个是一致的。从0到6岁，婴儿逐渐成长为儿童；从6到12岁，作为儿童得以强化稳固；然后从12到18岁，儿童逐渐成长为成年人；从18到24岁，作为成年人得以强化稳固。因此，在她的构想中，年幼的青少年与两岁的婴儿存在许多共同特点，并且都处在一个生理发生重大变化的时期。此外，蒙台梭利博士宣称，一个儿童在蒙氏学校一直学习到12岁，该儿童将会获得贯穿高中的普通学校课程所学到的所有知识，这一断言可能是根据她所居住地区当时典型的高中课程做出的（1948b/1967，p.1）。现在的情形可能不是这样，但理论学习（以及实际应用学习）在青少年项目中还一直存在。

蒙台梭利博士指出，青春期的特点是注意力难以集中，青少年存在"一种期望状态，一种创造性工作的倾向和一种增强自信心的需求"（1948a/1976，p.101）。为了建立这种自信，她认为青少年需要处于一种情境中，在那里他们可以开始"通过自己的工作赚钱"（1948a/1976，p.103）。

鉴于儿童在青春期有一种独特的脆弱性和知识的组合，蒙台梭利博士建议让儿童在一种比之前一阶段更加严密的成人监督情境中实际应用知识。她提议，理想的情境就是农村的农场，在那里儿童会用他们在前几年学到的知识来经营该农场。在儿童似乎不知道如何适应成人世界的几年里，蒙氏教育提供了一种解决这一问题的方法。一个人在经营农场时将面临诸多问题——建造谷仓、种植蔬菜、养猪、卖鸡蛋等等。在这种情境下运用自己的知识是非常清楚的。她还提到，农场学校可能包括一个旅馆，由儿童来经营。这所学校还可以在附近的某个城镇开设一家商店，出售农场生产的农产品。儿童一起在农场生活，形成一个社区。在所有这些努力中，他们都会把从学校学习到的知识应用到现实世界情境中，视它们为继续教育的一部分。如前所述，蒙台梭利博士对青少年教育的思想和做出的改变正在美国的几个青少年项目中得到实施，其中一个特别接近的例子就是俄亥俄州克利夫兰附近的赫尔希蒙台梭利农场学校（Hershey Montessori Farm School）。而厄德金德项目是蒙氏教育试图打破传统学校与"现实生活"情境隔离这一障碍的又一例证。自从本书第一版出版以来，包括公立和私立蒙氏高中在内的更多的蒙氏青少年项目已经建立起来了。

五、本章小结

我们发现，教育不是教师的事，而是人的自然发展过程。它不是通过听话来获得的，而是通过儿童在其环境中所表现出来的有益体验而获得的。教师的任务不是说教，而是在为儿童创造的特殊环境中，准备和安排从事文化活动的系列动机。

——玛利亚·蒙台梭利（1967a/1995，p.8）

一些理论家强调情景化学习的重要性，他们将课程嵌入到实际应用情境中去，这个概念有时被称为“情境认知”。“如果我们重视学生学习参与探究和意义建构的实践，我们就需要安排他们参与这一类的学习实践。”（Greeno，1998，p.14）

莱佩尔和珍妮弗·亨德隆（Jennifer Henderlong）提出的提高学校动机的三种方式之一就是“通过将学习置于有意义的和令人振奋的情境中，以阐明其内在用途并利用学生先前的兴趣来提升儿童的好奇心”。这一篇关于情境认知的颇有影响的论文指出，使用教育方法时，“把学习置于活动中并有意利用社会和物理情境更符合从研究中产生的对学习和认知的理解”（Brown et al.，1989，p.32）。许多改革举措，尤其是来自国家数学教师委员会的（1989），都提出以情境化学习为目的的改革方案，而且有证据表明，这些改革的实施与学生学习的提高有关（Stipek et al.，1998；Shouse，2001）。

情境认知有时被极端地认为所有的抽象学习都是毫无用处的，而且信息永远不能从学校情境中迁移而来。显然情况并非如此。现有证据所支持的是，有意义的情境通过提供结构和获取新知识的动机来促进学习。尽管教师之间确实存在相当大的差异，但是传统的学校教育却无法提供这样的情境。蒙氏教育把有意义的情境置入教育教学方法中，这样一来，教师之间的差异就会明显减少。

总之，蒙氏教育着眼于使课堂上发生的事情有意义和可转移。未来的研究可以考察这些项目在多大程度上实现了这些目标。当然，教师在帮助儿童建立联系和了解他们所学的东西是有意义的等方面是非常重要的。本书下一章将讨论成人行为及其与不同儿童发展结果的关系。

第九章　成人的互动模式和儿童的反应

诚然儿童通过活动本身在环境中得到发展，但是他依然需要物质教具、引导和必要的理解。这些必需品由成人提供……如果（成人）做得不够，那么儿童就不能有意义地活动，如果成人做得太多，他就是将自己强加于儿童，扼杀了儿童的创造冲动。

——玛利亚·蒙台梭利（1956，p.154）

20世纪初，传统教师的教科书并没有特别具体地讲述教师应该如何对待儿童。工厂模式的支持者一再将教师称为工人，与工厂员工一样。教师被要求机械地履行管理高效课堂的职能，让儿童能够以最低的纳税人费用通过考试。效率是关键，并且由学校管理者提供如何管理教室的指示。

按照行为主义的主张，尤其是桑代克，明确指出教师的作用就是在儿童头脑中建立有用的联结，消除无用的和消极的联结。在行为主义的主张中，商业化的效率也很重要，行为主义话语体系中几乎没有“情感温暖”这样的概念（很少提及，见 Thorndike，1906/ 1962，p.63）。例如，桑代克关于教师如何给予指导的建议是：“做这一页上的作业。再做一次，并记录你花了多少分钟。再练习一次，直到你能在12分钟内答对所有问题。”（Thorndike，1921a，p.17）他所推荐的沟通方式是简单的、直接的和生硬的。除了少数这样的提及之外，反映出“工厂模式”和“空容器模型”的文献并没有特别详细地说明教师应该如何对待儿童。

与此相反，蒙台梭利博士非常明确地指出了教师该如何对待儿童，并且她的一系列建议与最近的心理学研究和教育研究所表明的、有利于儿童更好发展的做法联系密切。这里探讨的研究是关于儿童与他们的看护者之间的依恋关系、权威型父母、自我概念以及课堂安排。在本章的每一小节后，我都将讨论蒙台梭利博士向教师提出的主要建议，并在最后讨论蒙氏教师在蒙氏教育中的作用以及蒙台梭利博士的教师培训方法。

在继续之前，需要对心理学家所说的“效应方向”问题提出一个警告。本书的大部分研究都是实验性的，包括给予某种实验处理的实验组与不给予实验处理的对照组。通过实验，我们可以自信地认为某种实验处理导致这种效果。然而，有关父母教养的研究很少是实验性的，因为很少有父母会同意自己的教养行为是由随机分配的某种实验控制或者实验处理的内容来决定的。因此，这项研究往往更偏向从自然主义和相关性去考察成人和儿童行为之间的关系。这类研究的问题是,研究者难以确认影响方向(是父母在儿童身上创造了这些行为,还是儿童从父母那里学到了这些行为?)甚至还有第三个变量(如基因)是否与父母和儿童的某种特定行为相关。有些研究是实验性的,因而确实能够得出这类推论。在其他研究中,我们通常可以合理地假设成年人的行为会导致儿童的结果,但是必须考虑到其他可能性。这个问题也和本书第十章中关于顺序的大量研究有关。然而,表观遗传学研究也指出先天—后天关系的复杂性,如以下讨论所述。

一、依恋

一篇关于成人与儿童最佳互动的文献涉及"依恋":婴幼儿和其最初的看护人之间形成的纽带。特定的成人互动方式与特定类型的依恋有关,依恋的类型反过来可以很大程度上预测儿童的发展结果。蒙台梭利博士关于教师该如何应对儿童的建议反映了与最佳依恋模式——安全型依恋相关的互动方式。

依恋的概念最初由英国民族学和精神分析学家约翰·鲍尔比(John Bowlby,1969)提出,并作为二战后欧洲孤儿院内众多婴幼儿未能健康成长的一种解释:他们与成人缺乏亲密关系。依恋理论认为,儿童需要一个亲密的成年人,这个成人将作为儿童探索世界的安全基地,也是儿童面临压力时撤退的安全避风港。齐奥塞斯库(Ceausescu)统治下在罗马尼亚孤儿院中长大的儿童是一个最近的例子,说明了人生早期缺乏这种关系所造成的破坏性影响(Fox et al.,2014)。鲍尔比的同事——心理学家玛丽·安斯沃斯(Mary Ainsworth,1967),通过建立一种评估依恋的方法,将依恋的概念从理论领域转向经验领域。她的方法对我们理解儿童的发展非常重要,因为它使我们能够对儿童的发展结果做出可靠的长期预测。

(一)陌生环境

安斯沃斯所提出的测量依恋的范式叫作"陌生情境(Strange Situation)"(Solomon & George,2015)。婴儿通常在12个月到18个月之间(该测试在该年龄范围之外可能无效,但已有其他测试针对较大的儿童而开发),儿童在母亲或其他被依恋人(幼儿可能不止有一种依恋关系)的陪同下进入充满玩具的房间,在接下来的15到20分钟里,母亲和一个陌生人在一系列预先安排好的情节中来来往往。在某一时刻,儿童独自拿着玩具,然后门开了,进来的不是母亲,而是陌生人。这通常会让儿童感到非常不安,他们会因为独自一人而显得紧张。过了一会儿,母亲回来了,儿童在这段重聚时间内的行为对依恋分类尤其具有诊断意义。

不同的儿童行为模式表征了不同的依恋类型(Weinfield,Sroufe,Egeland & Carlson,2008)。美国婴幼儿最常见的依恋模式被称为"安全型依恋",其特征是儿童似乎很高兴见到母亲,并会从母亲那里寻求与获得安慰。大约70%的美国婴幼儿在12到18个月大时会有这样的反应,并且他们往往在未来几年的发展趋势最为积极,这将在下文中详细描述。①但是有些婴幼儿似乎会回避母亲。他们不会直视母亲的眼睛,而且似乎决心尝试独立。有些婴幼儿靠近母亲,但是紧接着又将母亲推开。后两种类型是不安全依恋关系的特征,处于这种依恋关系的儿童以后的发展情况不太乐观。

(二)不同依恋类型的结果

如上所述,长期结果研究都支持安全型依恋。例如,在一项研究中,一些已被认定为某种依恋类型的儿童在两岁的时候返回实验室,与母亲一起参加一些解决问题的任务。安全型依恋的儿童明显在解决问题上更胜一筹:他们更具同情心,表现出更大的热情,也更顺从他们的母亲(Matas,Arend & Sroufe,1978)。

另外一项研究让3岁的儿童返回实验室,与一位陌生人一起参加一个竞争性游戏(Luetkenhaus,Grossmann & Grossmann,1985)。在与陌生人的互动方面,那些在12个月的时候被归类为安全型依恋的儿童比那些过去被归类为不安全型依恋的儿童互动得更顺利。当儿童被告知自己在游戏中表现欠佳时,安全型依恋的儿童会加大自己的努力,但是不安全型依恋的儿童会减少自己的努力。在经历失败后,安全型依恋的儿童会更明显地将自己的沮丧表现出来,儿童心理学家认为这是积极的:"内化"或者不表达自己的情感与童年抑郁等其他类似问题有关。

还有一项研究调查了儿童在婴幼儿阶段的依恋状态和9至11岁参加夏令营时的行为(Urban,Carlson,Egeland & Sroufe,1991)。有不安全型依恋历史的儿童在夏令营地更加依赖成人。他们建立的友谊较少,社交能力也较差。

其他研究表明,即使已经进入成年阶段,被归类为安全型依恋的儿童有更多的朋友、更积极地和同伴交往、更爱探索、具有更高的自尊、具有更积极的恋爱关系、他们表现出更多的积极情绪(Roisman,Booth - LaForce,Cauffman,Spieker & NICHD 幼儿保育研究网,2009;Thompson,1999;Weinfield et al.,2008)。这只是大量文献中的一小部分,这些文献表明婴幼儿时期的安全型依恋可以预测积极的发展结果。对这些影响的传统解释是认知:年幼的儿童形成其最重要关系的内部工作方式,然后影响了一系列其他的结果(Sherman,Rice & Cassidy,2015)。然而,另一种解释是:最初的关系影响生物发育的方式,而后会导致不同的发展效果。

① 依恋模式及其效果在不同的文化有所不同,可能是因为"陌生环境"本身在不同的养育环境下有不同含义,这里涉及的研究主要以美国的案例为例。

(三)表观遗传机制

有趣的动物研究揭示了一种生理机制，该机制可能是安全型依恋如何影响后期结果的基础。迈克尔·米尼(Michael Meaney)和他的同事们注意到，那些幼年时期在实验室中经过实验处理的老鼠比未被处理过的老鼠更冷静，他们想知道其中的原因。通过大量的深入观察以及一系列实验，他们发现，一旦幼鼠返回笼子，对幼鼠的实验处理会引起老鼠妈妈对幼崽进行多次舔舐。为了确保是这种活动产生的效果，他们用画笔模拟舌头舔舐效果来刷了一些老鼠。果不其然，后来这些老鼠变得更冷静。画笔模拟刷老鼠的时间非常具体：出生后的9至18天(Zhang & Meaney，2010)。

在进一步的研究中，研究者发现了抚摸对今后性格的影响机制。像其他哺乳动物一样，老鼠在紧张的时候会释放皮质类固醇。一种健康的应激反应是释放皮质类固醇，但随着应激源的消退，皮质类固醇会迅速恢复到基准水平。健康状况较差的个体在恢复到基线水平方面的效率较低。皮质醇抑制是由一种特定的基因控制的，但是为了让基因表现出来，它们必须去甲基化：必须去除基因上的甲基基团，以揭开基因并且允许其转录。米尼和他的同事发现舔舐和抚摸行为实际上导致了这种去甲基化。因此，在特定发育期缺少舔舐和抚摸的幼鼠在其一生中不太容易产生应激反应，这是由基因表达所导致的。因此，养育影响天性。这种影响不仅仅局限于应激反应：那些在这个阶段被较多地舔舐和抚摸的老鼠，其认知发展方面也更好(Bagot et al.，2009)。相似的机制可以解释儿童发展、敏感养育和依恋之间的关系(Meaney，2010)。人类表观遗传学的研究尚处在早期阶段，但结果还是很有希望的(供审查，见Moore，2015，第12章)。

(四)婴幼儿期以后的依恋

安全型依恋的概念也被扩展到婴儿期以外，并被应用于人们一生中对亲密关系的表征。依恋行为Q分类卡片被用于测量学前和学龄儿童的依恋安全性(Waters & Deane，1985)。为了进行这种测量，儿童的教师或者其他经过训练的观察者将经过预选的、可能有关儿童简况的信息进行整理，推测是否这些信息或多或少是儿童的特征。这些信息大致是：儿童如何应对可怕的环境，儿童主要的情绪状态，儿童寻求亲近和安慰的频率。通过分类模型将儿童分成不同的依恋类型，这些依恋类型与前几个月或前几年在“陌生环境”中得出的依恋类型密切相关，并且预测了相似的发展结果。

“成人依恋访谈”是用来评估成人依恋的一种方法，在访谈中，人们被要求描述与他们父母之间的关系(Bakermans - Kranenburg & van Ijzendoorn，1993；Hesse，1999)。他们在采访中的反映与自己最近的人际关系互动风格有关系(Treboux，Crowell &

Waters,2004)、与育儿行为有关系(Adam,Gunnar & Tanaka,2004)、与婴幼儿期的依恋类型有关系。在一项研究中,婴幼儿期和成人期都接受了“陌生情境”测试的研究对象,72%在两个时间段的依恋类型是相同的(Waters,Merrick,Treboux,Crowell & Albersheim,2000)。因此,依恋是一种持续的建立过程,甚至适用于婴幼儿期以后。

(五)安全型依恋的前提

鉴于依恋这一结构对预测未来能力和幸福感的重要性,一个相关的问题是,是什么导致儿童与照顾者建立了特定类型的关系。鲍尔比(1969)和安斯沃斯(Ainsworth,Blehar,Waters & Wall,1978)认为依恋类型中的一个重要先行因素是成年人的敏感性,并且研究已经证实了这种可能性(De Wolff & van Ijzendoorn,1997)。以下讨论涉及“母亲”的敏感性,因为这是安斯沃斯的主要关注点,但是这个结构依然适用于其他亲密的监护人。当然,重要的依恋关系也会与父亲密不可分(Grossman et al.,2002),也和日间看护者、教师关系密切。在以色列集体农场中成长的儿童会依恋他们的照顾者,而且这些依恋关系的质量依然能预测儿童的发展效果(Oppenheim,Sagi &Lamb,1988)。虽然没有明确使用某种依恋类型,哈姆雷(Hamre)和皮安塔(Pianta)(2001)表明美国儿童与其幼儿园教师的关系与他们到八年级时的学业和行为结果相关。事实上,积极的教师关系甚至可以改善儿童对母亲形成的不安全依恋的消极效果(Buyse,Verschueren & Doumen,2011)。因此,虽然绝大多数关于依恋的研究都涉及对母亲的依恋,但是相同的原则似乎也适用于年幼儿童的其他重要关系。

1.安斯沃斯关于敏感的概念

安斯沃斯(1969)分析了母亲的敏感性有四个组成部分:对婴幼儿所传达的信号的“有意识”,对这些信号的准确“解读”,给予“及时与适当的”反应。可以看出,这些组成部分与蒙台梭利博士关于教师的观点密切相关。

“有意识”要求母亲靠近婴幼儿,以便她能够感知婴儿的信号。从20世纪70年代开始,依恋理论的这一方面引起了人们的担忧:即被放在托儿所的婴幼儿是否会对他们的母亲产生依恋。经过多年的对比,国家幼儿保育研究(the National Study of Early Child Care)对1000多名美国儿童进行了抽样调查,其中包括了各种不同的日间照料,结果显示:婴幼儿时期的日间照料本身对儿童与母亲之间依恋关系的建立没有显著影响(NICHD 幼儿保育研究网,1997)。母亲和儿童在一起时对儿童所发出信号的有意识感知和及时回应是最重要的。有人可能会修正安斯沃斯关于“有意识”的标准,认为成人必须在合理的时间内(全职工作允许母亲有足够的其他时间)与婴幼儿近距离接触,而且在接触时,必须能够感知婴幼儿的信号。除了近距离接触,“有意识”的另外一个方面是具有较低的感知阈值。成年人必须注意到儿童的信号。

安斯沃思认为敏感性的第二个主要方面是"准确解读"。成人一定要能理解儿童的信号是什么,而不是以某种方式曲解信号。成年人将自己的需求投射到婴儿身上,因为自己的需求而否定婴儿的需求,或者为了符合自己的意愿和需求而产生的其他任何(对于婴幼儿的)偏见,都可能造成曲解。安斯沃思指出,为了避免这种倾向,成人必须具有自我洞察力。

根据安斯沃思的说法,对于"准确解读"的第二个必要特征是同理心。她说,缺乏同理心的成年人会和儿童形成分离的、理智的关系,而不是温暖的、敏感的关系。"母亲可能非常清楚并准确地理解婴儿的行为以及导致儿童痛苦或者需求的环境,但是由于她不能移情于婴儿——无法从儿童的角度去看待事物——她可能会取笑他、讽刺他、笑话他,或者干脆无视他。"(Ainsworth,1969,p.2)因此,缺乏同理心会导致不恰当的反应。

即使准确地解读婴儿信号也有可能伴随着不恰当的反应。在安斯沃思看来,敏感性的第三个主要特征是对感知到的、准确解读的信号以恰当的响应。安斯沃思指出,在第一年,对婴儿的适当反应几乎总是符合儿童通过他的信号"要求"的东西:当信号表示儿童想被抱起来的时候就将儿童抱起来,当信号表示饥饿时就给儿童喂食,等等。第一年过后,安斯沃思注意到,完全按照婴儿所提出的要求做不再是最佳回应。随着年龄的增长,他们需要逐渐适应这个世界,而不总是期望世界来适应他们。相反,正如本书第三章的研究中所表明的那样,儿童也需要获得一些掌控感和效能感。安斯沃思建议,一岁后的最佳回应方式是一种折中的应对方式(compromise response),这种方式要把儿童的长远利益放在心上。

敏感性的最后一个特征是回应的时效性。安斯沃思提出,回应必须迅速以保证其有效性。专心于严格的喂养和睡眠时间表的成人可能对这个问题比较迟钝。回应一定要紧跟在婴幼儿引起注意后进行,这样才能让婴幼儿体会到自己行为的有效性。

2.敏感性和依恋的发现

安斯沃思最初对23对母亲—儿童的研究发现,母亲敏感性和儿童依恋类型之间存在显著的强相关性(Ainsworth et al.,1978)。最近一项关于这一关系的元分析表明(从统计学角度),一个儿童的安全型依恋的可能性从母亲不敏感时的38%,上升到母亲敏感时的62%(De Wolff & van Ijzendoorn,1997)。

于是就有了影响方向的问题。也许有些母亲的反应敏感性与婴幼儿的特征有关,这些婴幼儿的特征又导致后续的积极效果。从此观点出发,母亲对儿童后续的发展效果并无直接影响。需要考虑的婴幼儿最明显的特征是儿童的性格(或气质),已经有研究探讨了儿童性格和依恋安全的关系(Vaughn & Bost,1999)。这些研究的其中一个结论是:虽然性格能预测"陌生情境"中的行为的一些方面,但是并不能预测团聚行为——关系质量的最重要诊断特征。

但是，依然会有人反驳道：儿童的其他方面会对依恋类型有影响。一些实验方法会关注于此，并开展了一些干预实验，在这些研究中，母亲被训练得对自己的儿童反应更为敏感。最近一项对88个干预研究的元分析表明：对母亲敏感性实施短暂而集中的介入不仅让父母对儿童变得更敏感，也改变了婴幼儿的依恋状况（Bakermans - Kranenburg，van Ijzendoorn & Juffer，2003）。这样的研究有力地证实了母亲的敏感性会影响儿童的依恋类型。以网络为基础的教师培训项目也同样表明：教师可以通过培训来与教室里的儿童建立更好的关系（Pianta，Mashburn，Downer，Hamre & Justice，2008）。

3. 婴幼期以后的母亲敏感性

安斯沃思的评定量表是为观察母亲与其儿童而设计的。但是母亲与儿童之间的交流方式是随着时间而变化的。其他研究关注的是，和婴幼儿有安全型依恋关系的父母在婴幼儿大一点时（学步时期、学前时期）的行为。那些婴幼儿期处于不安全型依恋的儿童的母亲在一、二年级时会更多地干涉儿童（Egeland，pianta & O'Brien，1993）。他们也更多命令式地明确要求儿童该做什么。相反地，安全型依恋的儿童父母往往会提出建议、帮助儿童自己把问题搞清楚（Fagot，Gauvain & Kavanagh，1996；Frankel & Bates，1990；Matas et al.，1978；Moss，1992）。他们与儿童之间关系亲密，但不具指令性。与维果斯基相呼应，布鲁纳（1975）认为安全型依恋的父母为儿童提供了更理想的支架，为儿童内化问题解决策略建构情境（另请参见Gauvain，2001），而不安全依恋的儿童的父母更偏向命令式（读者可以回忆一下本书第六章“引导游戏”中的讨论）。婴儿时期的安全型依恋与父母的教养方式有关，随着儿童的成长，这种方式向更积极的方向发展。

（六）结论：有关依恋的研究

依恋方面的文献表明，成人的某些行为会促成安全型依恋，从而促进儿童的最佳发展。其他文献表明，同样的发现也适用于教师。最重要的行为是对儿童信号的敏感性，包括：对信号的适当理解、因情况对儿童做出迅速反应。相反，如果成人忽视儿童或者过度命令和介入则对儿童的发展不利。

二、蒙氏教师的温暖和敏感特征

不管有没有被召唤，一位教师……（一定）要随时在旁边准备好，这是为了证明她的爱心和信心。一直在那儿——这是重点。

——玛利亚·蒙台梭利（1956，p.76）

蒙台梭利博士建议教师要表现出一定程度的温暖和敏感，这能帮助安全型依恋的儿童回忆起父母的特征。依恋关系形成的关键时段（12至18个月）通常是进入蒙氏班级之前的年龄段。但是这并不表明与特定依恋类型相关的成人行为不再重要，而且这些行为确实与文献所表明的"也要对年龄稍大的儿童实施最佳养育"是一致的。随着儿童的成长，他们依然需要避风港和安全基地，他们只是降低了需要的频次并且敢于更深入地冒险。

蒙台梭利博士认为儿童时期的任务是独立，而成人的角色是帮助儿童走向独立。就像开篇引用部分所言，蒙台梭利博士主张教师应该在儿童需要的时候充当一个安全的避风港。但是，当儿童准备好去探索的时候，蒙氏教师应该对儿童逐渐增长的独立性敏感起来，留心儿童"让我独自完成任务"的呼唤（Montessori，1948a/1976，p.103）。

为了确定儿童何时需要一个安全基地，蒙氏教师被要求像一个训练有素的科学家一样敏锐地留意儿童。的确，蒙台梭利博士（1917/1965）说道："（教师必须具备的）基本素质是观察能力。"（p.130）正如安斯沃思（1969）所描述的敏感父母一样，教师感知信号的阈值应该更低。他们应该接受训练，注意并准确理解儿童内心状态的行为表现，这样才能知道下一步该做什么。正如接下来的章节所讨论的教师培训，蒙台梭利博士也建议教师发展自我理解的能力，这样他们就不会以自己的需要来误解儿童的信号。

蒙台梭利博士认为，当儿童专注于工作时应该让他们独处，因为她认为，在这种时候，儿童是在发展自己。在本书第四章，我探讨过"专注"可能是自我管理的引擎，自我管理则与个性的诸多积极方面相关。因为蒙台梭利博士将"专注"看作自我发展的驱动力，她呼吁教师注意并保护儿童的专注。举例来说，蒙台梭利博士描述了一个事件：在学校一整天都处于无秩序状态的一位儿童，带着强烈的兴趣重新整理物品。教师想阻止他，但是蒙台梭利博士却将他的行为看作是通往有益方向的协调活动，并且这表明儿童开始有决心地专注于课堂活动。

蒙氏教师也必须对儿童什么时候准备好接受新事物有敏感性。因为"大脑总是要求更为复杂的工作"（Montessori，1989，p.89）。在长时间的专注之后，儿童可能需要休息或者干脆去观察其他事物（Montessori，1989，p.19），但是在某些时候儿童就会准备好进行更复杂的工作，而教师要习惯于这样的时刻并给予儿童新的工作。进一步来讲，就像安全型依恋的儿童的父母在解决问题的情境下一样，蒙氏教师一定要能以某种方式建构环境让儿童自己探索发现。相反，命令风格的教育方式则与不安全依恋关系相关。

正如此前所提到的，不安全型依恋的儿童的父母有两种相反的行为方式。不安全型依恋的儿童的父母会干涉儿童,而不是给予儿童足够的独立性;回避型依恋的父母则是过于强调儿童独立,而未能在儿童需要的时候给予其安全基地。在有关依恋的研究出现前,蒙台梭利博士就明确反对这两种错误:"我们绝不能强迫他人接受我们的关怀,因为我们很容易被他迷人的魅力吸引;我们也绝不能排斥他的情感爆发,即使我们不愿意接受,但我们要以真诚而细腻的奉献来回应他。"(1917/1965,p.332)

与不同类型依恋风格的长期影响相一致的是,蒙台梭利博士也认为成人的早期经历对今后的发展意义重大:"在最初的两到三(年),儿童将经历改变他一生的影响。如果他受伤了,或者遭受暴力,或者在这个阶段面临严重阻碍,那么随之而来的是个性出现偏差。"(Montessori,1967a/ 1995,p.195)虽然这样的论述与关于早期经验对发展的重要性的现代概念一致(Fox et al.,2014),但是在20世纪早期,这样的观点是具有革命性的。

三、成人的指导水平:育儿方式

有关育儿方式的文献关注的是童年早期和中期父母给予温暖和控制的程度,以及相伴随的儿童发展效果,然而有关依恋的文献主要关注父母对婴幼儿的敏感性以及儿童今后的发展效果(Maccoby & Martin,1983)。接下来我们将讨论心理学家戴安娜·鲍姆林德(Diana Baumrind)在此方面具有影响力的成果,然后讨论蒙台梭利博士对教师的建议。

(一)鲍姆林德的育儿方式

经过对美国家庭的大量观察,鲍姆林德(1989)定义了四种基本育儿方式,通常定义为温暖度和控制度(Maccoby & Martin,1983)(图9.1)。每一种风格都与相应的儿童发展效果相关(Baumrind,1991;Lamborn,Mounts,Steinberg & Dornbusch,1991;Williams et al.,2009)。

一种育儿方式被称为"独裁型"。独裁型的父母是高控制度、低温暖度。他们要求严苛并且不经常对他们的儿童表示喜爱。独裁型父母很少提供他们要求儿童做某事的理由,而是说,因为他们这么说,所以儿童必须照他们所说的做。独裁型父母的儿童通常是低动力的。在学前期,他们通常显得孤僻、多疑。长大以后,这种养育方式下的女孩通常缺乏独立性,男孩通常怀有敌意。在青少年时期,独裁型父母的儿童往往社交能力、学业水平比较低。

控制程度 \ 温暖程度	高	低
高	权威型	独裁型
低	宽容型	忽视型

图9.1　父母的控制程度和温暖程度

“宽容型”父母是低控制、高温暖。他们让儿童自己制定工作表，儿童想做什么就做什么：熬夜到11点、早餐吃冰激凌等。宽容型父母对儿童的爱是开放的，但是当说到为儿童制定规定的时候，人们也许将他们的特征归为“放任”。当他们的儿童违反社会规则或者对他人不友好时，宽容型父母不会理会儿童，而只是继续给予其温暖的爱。在发展效果方面，宽容型父母的儿童往往自我控制能力差。人们通常觉得他们不成熟，而且他们在自立性、自我探索方面较弱。长大后，他们往往在成就取向上表现较弱，女孩尤其显得没有主见。这种养育方式下稍大一点的儿童更容易吸毒或者犯罪。

“忽视型”父母是低温暖、低控制。忽视型父母一点都不关注自己的儿童。没有规则，也没有任何感情信号的表达。忽视型父母的儿童往往在社会责任和社交信心方面较弱。与其他儿童相比，他们更容易表现出反社会倾向、更容易遭受心理问题，如抑郁。

最后，“权威型”父母是高控制、高温暖。他们通常对规则方面比较严格，但是也愿意与儿童讨论原因，甚至有些明智的父母会为了回应儿童所表达的观点而改变规则。但是在他们设定的限制之内，权威型父母允许儿童有相当大的自由。他们是温暖的、有感情的，并且是开放交流的。他们也会提出要求并且期望儿童成熟起来。权威型父母的儿童很明显是最优的：具有高成就动机和高自控力。他们往往更受欢迎、更有能力，并且比其他儿童更有自信。权威型父母的儿童通常也表现出高水平的社会责任感。

鲍姆林德（1989）总结以上研究时写道：

在任何一个发展阶段的最佳亲子关系都可以通过父母承认儿童的不成熟——通过提供规则、控制和规范（要求）——和父母承认儿童是一个自信、有能力的人——通过提供刺激、温暖和对尊重个性（回应）之间的平衡来识别。（p.370–371）

尽管目前所描述的结果被中产阶级的美国白人广泛接受，但就像依恋的概念一样，不同的文化背景下的育儿方式会有不同的意义（Deater - Deckard et al.，2011）。一般来说，发展效果好的儿童与高控制、高温暖的父母是分不开的。

（二）其他关于育儿方式的研究

与鲍姆林德的研究相符的父母育儿方式方面的研究着眼于父母的控制和训导，以及儿童在社会环境中的融合程度。在一项研究中，研究人员观察了100多名儿童（6至10岁）在家中如何与父母解决两个不同的问题（Dekovic & Janssens，1992）。父母的非言语行为被看作是支持（微笑，点头）和否定（身体接管任务、简短的不赞成的话语）的信号。父母也以温暖程度、回应程度、权威主张、归纳推理、绝对化要求以及限制力方面给予了评分。对各种评分进行因素分析后，得出两个因素：有权威的/民主的（温暖程度高低、建议、指导、对成熟程度的要求）或者独裁的/约束的（在禁止行为方面程度的高低、指令性和声明权威）。儿童的亲社会行为由教师和同伴评估，并且社会关系地位是通过让他的同伴指定三位"他们在班级中最喜欢和最不喜欢的人"后综合确定的。

权威型/民主型育儿方式会让儿童更受同龄人喜欢、也会让教师认为他们更亲社会。相反，独裁型/约束型父母的儿童最不可能被同伴和教师认为是乐于助人的，而且不受同伴的喜欢。这些数据虽然不能决定影响方向，但是可以得出一个与社会化理论相一致的方向性解释。

另外一项研究观察了操场上的学前儿童，通过他们的同龄人评估他们的社会性等级，并且采访了他们父母的训诫方式（Hart，DeWolf，Wozniak & Burts，1992）。基于目的的重要训诫方式是诱导性的，它与权威型育儿方式相一致，即父母要求儿童考虑自己行为的后果、为儿童提供理由而不是（父母）权威声明的气氛。在研究中，采取诱导性训诫方式的父母的儿童在操场上有较少的破坏性行为，并且在同龄人中获得较高的社会性评价。

前两项研究都涉及育儿方式和社会发展。另一项研究探讨了认知发展和父母在自由玩耍和日常活动中的指导水平（Landry，Smith，Swank & Miller - Loncar，2000）。这些研究者发现了有趣的年龄特异性效应。对于两岁的儿童来讲，父母指导和儿童测量的认知水平呈正相关。但是，随着儿童年龄的增长，父母的持续指导却与其认知功能水平的降低有关。成人对"儿童何时需要一个较大程度或较小程度的支持"的敏感性是非常重要的。所有儿童都受益于某种程度的指导，但是当儿童变得越来越有能力时，成年人的持续指导将产生负面的效果。

父母在儿童年幼时的自主支持水平也与儿童的执行能力有关（Bernier，Carlson & Whipple，2010）。研究人员在儿童15个月大时对他们在解决问题任务中的自主性支持能力进行测试，在18个月和26个月时对儿童进行执行能力测试。研究发现，即使在母亲教育和儿童认知功能水平受到控制的情况下，自主性支持也是执行能力的最强预测因子。

最后一项值得一提的研究是一项大规模的研究：询问青少年关于他们父母的惩戒行为和他们自己行为的问题（Kindlon，2001）。那些声称自己父母过于宽容的（根据他们自己的定义）青少年更容易出现饮食失调、使用类固醇、态度刻薄、学习成绩不良等问题，而且随意发生青少年早期性行为。

（三）结论：有关育儿方式的研究

有关育儿方式和儿童发展效果的研究启发我们：当儿童在成人高温暖、高控制的环境下成长时，他们的发展最好。当给予儿童清晰、立体、尊重的交流和情感温暖时，他们的发展最好。当父母为他们划定允许自由的明确范围时，儿童的发展最好。随着儿童慢慢长大，当他们的父母逐渐交出自己的控制权时，儿童的发展最好。过度宽容、放任的养育以及过度控制、专制的养育都伴随着儿童不佳的发展效果。这些发现与蒙台梭利博士对教师的建议相一致。

四、蒙氏教育提倡有限度的自由

与权威型养育方式的研究相一致，蒙台梭利博士建议教师给予儿童有明确限度的自由。“年轻人必须有足够的自由允许个人按照自己的主动性活动。但是为了让个人活动在自由的同时也有效，（活动）就必须限制在一定的范围和规则内，以提供必要的指导。”（Montessori，1948a/1976，p.113）

蒙台梭利博士还建议成人给儿童讲道理。这点在《从童年到青少年》这本书中尤其清晰，这本书讨论了如何向儿童展示教具。“儿童（尤其是六到十二岁）的头脑不仅仅满足于事实的罗列，他还试图去解释事实的根源。”（1948a/1976，p.36）她写道，小学阶段的儿童需要理解“为什么”，而不仅仅“是什么”，有关养育的研究表明，如果父母提供事实的原因，儿童会表现得更好。

相对于其他学校对儿童的期望，权威型父母同样抱有高期望，在蒙氏课堂中提出这些高期待的话，可能会受到高度重视。事实上，蒙氏教育从1920年前后在美国广受欢迎的最初时期走向衰落，主要归因于教育学教授克伯屈（1914）的著作，他反对蒙氏教育在儿童六岁前向他们介绍阅读和写作（这些将在本书第十二章进行讨论）。与蒙台梭利博士同时期的一些人认为对于如此小的儿童来说书是有害的。很明显，蒙氏教育对儿童的学业和行为具有高期望，蒙台梭利博士认为，这是儿童在特别准备的环境下，自己发现自己能做什么和对什么有兴趣的结果。

正如本书第六章讨论的，蒙台梭利博士写道，人们给儿童太多的玩具和童话故事，却很少给予其真实生活的经验，这样太过于低估儿童。她写道，如果儿童能想象童话故事，为什么不让儿童想象一下他们未看到的那部分真实世界呢？显然，让蒙台梭利博士始终感到惊奇的是儿童对真实活动而不是游戏表现出兴趣，像权威型父母一样，她建立了期望儿童成熟的教育系统作为对儿童的回应。这遭到了人们的漠视，因为人们认为蒙氏教育不够有趣。实证研究应该更直接地解决这个问题，但之前提到的关于中学的研究(Rathunde & Csikszentmihalyi，2005a)与其他有关传统思维下儿童在蒙氏教育的实践中(合作学习、缺乏外在奖励等)的动力及情感的研究却觉得这可能不值得关注。然而，儿童确实在蒙氏教室的环境中享受学习。

正如之前讨论的，蒙台梭利博士建议成人面对幼儿要充满情感温暖。儿童一定要"有一名充满爱和希望的教师关注着"(Montessori，1989，p.79)。但同时，成人对环境的最终控制权很明显居于优先地位。她在文章中指出宽容型的成人态度的缺陷。"如果将自由理解为让儿童随心所欲地做事、使用或者更可能是滥用可获得的事物，那么很明显，得到自由发展的只有他们的'偏差'。"(Montessori，1967a/1995，p.206)宽容型父母经常想成为他们儿童的朋友，这样对他们来说很难发挥权威。蒙台梭利博士看到了其中的危险："教师应该是年长者而不仅是一个朋友……(儿童)需要一个有尊严的、成熟的人……如果他们没有权威，他们就无法实施指导。儿童需要这种支持。"(1989，p.17)一些蒙氏教师，像一些家长一样，会在这方面出错。他们不会在环境上提供绝对的控制、不会以"无为"有效地处理问题，或者不会以一些积极的方式指导儿童的决定。自由因而被推向极端，而且蒙台梭利博士一再反对如此。"有一次，我看到一整个班的儿童都毫无秩序地以完全错误的方式使用教具。教师在班级里随波逐流，沉默得犹如狮身人面像……这时教师正在犯一个重大错误：她容忍了儿童的混乱，而不是试图建立秩序。"(Montessori，1956，p.140)

在蒙氏教学中另一个常见的错误则相反：教师过于僵化的使用方法，这可以通过独裁型父母略知一二。蒙台梭利博士同样反对独裁型做法："教师可以有力而严格地对待学生以帮助他改变自身的行为，但是更了解自己工作的教师会有比专制更有效的方法去让学生恢复秩序。"(1956，p.141)独裁型父母让儿童做某事是因为这件事是他们所说，他们不会跟儿童讲道理，而且他们似乎让儿童形成了一种父母掌握绝对真理的印象。然而与儿童一同工作的成人不得不承认自己也会出错(Montessori，1967a/1995，p.246)。她说，教育在传统上是指"压抑或扭曲儿童的意愿，并以教师的意愿取而代之，这要求儿童无条件服从"(Montessori，1967a/1995，p.252)。与行为主义相悖，她认为"我们不能直接塑造个体的个性、智力和感觉"(1917/1965，p.9)。

蒙氏教师采取权威型姿态的程度,以及他们的权威程度是否与最佳学业、社会性和个人发展效果相关,这些是实证研究的重要问题。蒙台梭利博士关于教师该如何对待儿童的观点很明显与当今有关育儿方式的研究一致。他们应该提供一个经过适当组织的环境,在这个环境中儿童可以自由地做决定、探索。他们应该仅在儿童行为无益的时候介入。他们应该充满爱地给予儿童高期望和理由。

五、成人行为和儿童的自我理论

依恋和育儿方面的文献关注的是成人如何回应儿童以及儿童的发展,而自我理论的研究关注的是儿童对自我的表现以及成人反馈对其可塑性的影响。正如本书第六章所述,人们对挑战的反应可以分为两种基本类别(Dweck,1999;2006)。一个是掌握取向:人们的目标是克服困难。这类人将错误看作学习的机会,而且当他们犯错时,他们仍然带着掌握的目的继续任务。第二种是无助取向,这种人会在挑战面前退缩,进而选择更容易的任务。他们往往将错误看作是自己性格的某些缺陷的反映,因而他们总是尽力避免那些使自己遭遇否定的任务。

这两种不同的反应伴随着两种不同的智力理论。无助取向对应一种固定实体智力理论,掌握取向对应着可变智力理论。本书第六章讨论的研究表明,分数似乎推动人们接受固定智力理论下的表现性目标、选择那些能表明人们非常聪明的活动。相反,掌握取向促使人们选择那些有助于学习的任务,以激励一个人掌握挑战任务(Dweck,1999;2006)。已经有纵向研究表明,这种自我理论能预测以后的成就(Blackwell et al.,2007)。

德韦克和她的同事潜在地支持着这两种理论的其中一个,成人对儿童的学习和幸福感有重要影响。一份研究调查了不同类型的成人反馈对五年级学生成就目标、归因和表现的重要影响(Mueller & Dweck,1998)。研究者尤其感兴趣的是:成人对儿童所获得的成功的反馈将会如何影响儿童今后面对失败的反应,因为成人表扬儿童成就的普遍做法是告诉儿童“他们很聪明、很棒”等。

在第一个实验中,儿童需要解决三组问题。第一组问题属于中等难度,所有儿童都做得不错。这时,所有的儿童都被告知“哇,你们在这些问题上做得非常好”。不管他们做了多少,所有学生都被告知自己做对了80%。“这确实是个高分!”(实验后儿童被“盘问”时说。)然后,大约三分之一的学生被告知“你在这些问题方面很厉害”,实际上是为儿童的高分给予他们一个本质上的或固定特征的原因。另外三分之一被告知“你一定在这些问题上下了很大功夫”,这暗示了一种智力递增理论。剩下的儿童没有得到外部反馈。可以推测这些儿童仍然保留关于智力的固有看法,即大致来说

43%的人认为智力是可变的，43%的人认为智力是固定的（剩下的人不能明确被归为某一类型）。

接下来，儿童被告知自己可以做更多的问题，并且被要求选择他们喜欢的问题类型，作为他们成就取向的衡量标准。儿童可以选择："问题不太难，所以我不会犯太多错误""问题非常简单，所以我将会解决好"和"问题是我很擅长的，所以我能表现得很聪明"（p.35）。前三个选项支持表现目标，并符合固定智力理论，产生了为了看起来聪明而表现良好的愿望。第四个选择支持学习目标，符合可变智力理论："我将从这些问题中学到很多，即使我看起来不那么聪明。"

我们记录了儿童的选择后，儿童继续完成第二组问题，我们告诉儿童这组问题是由实验者提前选定的、难度更高的问题。实验者告诉儿童，如果最后有剩余时间，他们可以自己选择问题。在完成第二组问题后，他们被告知自己的表现比第一个任务差得多。

为了检验不同反馈对儿童如何应对失败所产生的影响，接下来会问儿童他们愿不愿意将问题带回家、他们是否享受这个任务、他们对自己如何完成任务的看法以及他们对自己如何完成的归因。然后，儿童将接到第三组任务，这组任务和第一组一样属于中等难度，以便评估实验处理对儿童表现效果的影响。最后这一组任务结束后，会询问所有儿童并且告诉儿童第二组问题比第一组难得多，实际上是专为七年级学生设计的。研究者确保所有儿童在离开实验室前都为自己的表现感到自豪。

这项研究在儿童智力倾向方面的结论很有趣：儿童对反馈有多迅速表明了他们关于智力可变或智力固定的观点。根据成就动机，有92%获得努力表扬的儿童在第一组问题后选择了学习型目标，他们要求获得能让他们有所学习的其他问题。相比之下，得到智力表扬的儿童中只有8%选择了这个选项，另外92%得到智力表扬的儿童选择了容易的问题，这样他们就依然能表现得很厉害或者完成得很棒。在那些没有受到反馈的儿童中，大约一半的儿童选择表现型目标而另外一半选择学习型目标，这与主张固定智力和掌握取向的理论家所提出的美国总体人口的基准线相一致。

儿童在第二组问题完成后对失败的归因也受到了干预的影响。在第一组问题完成后因为努力而被表扬的儿童会将接下来的失败归为不够努力，而因为能力而被表扬的儿童会将接下来的失败归为能力不够。

任务乐趣的享受程度也受到严重影响，那些因为智力被表扬的儿童会比因为努力被表扬的儿童所享受的乐趣少。从坚持性角度来说，因努力被表扬的儿童更可能会将额外的问题带回家。

最后，在第三组问题上的表现也被第一组干预反馈所影响。因努力被表扬的儿童在第三组问题上的表现比第一组问题好，因智力被表扬的儿童表现更差。那些没有得到表扬的儿童未显示出前后差别。因此，一句将成功归于智力或努力的反馈，与随后失败事件引起的一系列显著不同的反应相关。

在后续的五个实验中，研究者们重复并扩展了这些基本发现。当持固定智力观点的人（长期如此或者由反馈所影响）面临失败时，他们将失败归于自身的固有特征。在这种归因的背景下，人们避免挑战，而是去寻找证明自己聪明的证据。如果实验者简短的反馈会对儿童有如此大的影响，那么父母、教师的反馈（长期来自对儿童非常重要的人）将会产生更大的影响。正如本书第六章所讨论的，即使教师只是简单地告诉儿童一个考试将显示出“你与同龄其他儿童相比有多优秀”，儿童的表现依然会下降（Graham & Golan，1991）。的确，德韦克发现那些持有固定数学智力的教师在安慰表现差的学生时，所表达的反馈会降低学生的动机和表现（Rattan，Good & Dweck，2012）。

德韦克的许多研究都涉及年龄较大的儿童和成人，但是这种模式甚至也适用于学前儿童。在上小学前，儿童不像关注自己的善恶那样关注自己的智力，所以学前儿童的实验也询问了有关儿童智力特征方面的问题。为了不给小朋友如此直接的负面反馈，实验中的儿童选择了一个洋娃娃代表自己（Kamins & Dweck，1999）。实验者设计了一系列共四件事情，第一件事情中洋娃娃是成功的，第二件是不成功的。例如，一个故事是有关洋娃娃建造一座大塔，然后教师要求另一个洋娃娃清理这座塔。故事继续：

> 你开始将积木摆在它们本该在的位置，接着你将他们堆起来。你真的很想把任务完成好，但是当你看到自己所做的事情时，你自己想着：“哎呀，这些积木歪歪扭扭地乱成一堆。”但是你很努力地将它们放好，接着你对教师说道：“比林顿（Billington）教师，我将积木放好了。”教师看着你的作品说：“积木歪歪扭扭的混乱极了。”（Kamins & Dweck，1999，p.838）

然后儿童接收到不同的反馈。注重人物反馈情况的儿童认为教师在说：“我对你很失望。”注重评价结果情况的儿童将教师的话理解为：“这件事的方法有误，因为积木没有被好好整理、很混乱。”这种情况说明了一个普遍观点，即一个人在给儿童反馈时应该关注结果而不是人。第三部分，注重策略反馈情况的儿童认为教师在告诉洋娃娃：“也许你可以想别的办法来完成这件事。”

接下来是四个这样的任务，每一个都有相似的反馈，儿童被放置到测试场景中，在场景中教师要求洋娃娃做一个乐高（LEGO）房子。洋娃娃照做了，接着我们观察到洋娃娃把房子给教师时忘记做窗户了。教师看着房子并说：“这栋房子没有窗户。”我们接下来问儿童了一些问题，如他们觉得房子怎么样、乐高的故事让他们和洋娃娃对自己有了怎样的感觉、是否愿意重新再做一个乐高的房子、接下来他们想在乐高房子的故事中发生什么。

注重人物反馈情况的儿童认为这个房子不够好，在美观度上只给打3分（总分6分），而注重策略反馈的儿童基本上都在这方面打5分。注重评价结果的儿童在此项和其他项目中给了中间分数。注重人物反馈情况的儿童在听过这个故事后对自己有消极感，并认为这样的情况会让洋娃娃感觉自己不够聪明、不够好、不够出色。注重策略反馈的儿童则相反。注重人物反馈的儿童不太愿意重做一遍，并且为故事续写了不太积极的结尾。相反地，注重策略反馈的儿童为故事续写了具有建设性意义的结尾——洋娃娃会在房子里建成窗户，并且这类儿童愿意将故事重复一遍。

在第二个实验中，即使最初四个故事里的洋娃娃成功完成，也获得了同样的反应，表明个人取向成功的人如果被表扬"你确实很擅长这方面！"就会导致在接下来的失败中产生消极反应，儿童可能会形成固有的消极印象如"不良"。最新研究表明夸张的表扬（"这幅画简直是漂亮得让人难以置信！"）对低自尊儿童的影响尤其有问题，而成人最可能给予低自尊儿童类似的表扬（Brummelman，Thomaes，de Castro，Overbeek & Bushman，2014）。

以上所描述的研究表明：即使在年龄很小的儿童身上，一项反馈事件（或少量类似事件）也会影响即时反应。但是掌握取向和无助取向对最新的反馈不只是暂时性影响。缺乏特定反馈的儿童对挑战性环境的反应表现从幼儿园到小学五年级一直保持稳定（Ziegert，Kistner，Castro & Robertson，2001），并且没有理由相信他们在小学五年级之后会发生变化。这项研究表明：成人与儿童谈论成功的方式会产生一系列重要影响。

德韦克（1999；2006）描述了许多其他有趣的结果和对这两种自我理论的看法，即可塑性或固定性。成年人的反馈似乎会促使儿童接受这样或那样的观点，这对本章的观点很重要。成年人的反馈支持对儿童智力的可塑性观点，这显然对儿童更有利。

六、蒙台梭利博士和增量与固定特征反馈

与德韦克的研究结果相一致，蒙台梭利博士反对对儿童进行任何形式的实体评价，无论是正面的还是负面的。

> 告诉一个人他是聪明或笨拙、明智或愚蠢、善良或恶劣都是一种背叛。儿童一定要知道自己能够做什么。重要的是，不仅要给予他教育方法，更要为他提供一位能告知他错误的指导者……儿童的兴趣在于做得更好。（1976a/1995，p.250）

要包容自己的错误，蒙台梭利博士建议："最好培养对错误的友好感，把错误看成是我们生活中不可或缺的一部分，看成是真正有目的的东西。"(1967a/1995，p.246)蒙台梭利博士建议教师要对自己有这种认识，并将这种认识传递给儿童。错误之所以有价值，是因为我们可以从中学习，这种态度与掌握学习方法以及增量智力理论是一致的。

不纠正儿童的工作是这种渐进方法中的一部分。蒙台梭利博士认为，当儿童能够察觉到自己的错误时，他们自然会纠正自己的错误，就像婴儿在学习走路时会纠正自己的错误一样。儿童通过重复错误明显的练习来学习，而不是通过成年人纠正自己的行为进行学习。"批改练习本意味着什么？这意味着对儿童从0分到10分进行打分数。0分怎么能纠正一个人的错误呢？"(1967a/1995，p.245)相反地，蒙台梭利博士建议：纠正来自儿童对自己结果中错误的观察，儿童使用的教具应该让儿童清楚地看到他犯了错(请见本书第六章"对错误的控制"的讨论)。这样，成年人就避免了对儿童的评价，从而无意中改善了在成人面前看起来不错的表现目标。

让儿童通过这些教具发现自己的错误，并让儿童学习如何让教具为自己所用，这对于蒙氏教育的儿童来说，会帮助自己形成(或者说提前)掌握目标。很明显，蒙台梭利博士更重视工作的内在原因而不是表现原因："如果一项工作的源头来自个体内部，那么它会更加具意义，更加富有成果。"(1989，p.85)蒙氏学校的儿童是否比传统学校的儿童更倾向于掌握学业，这是一个实证研究的问题。在其他非传统学校系统的儿童显然做到了这一点(例如Boaler，1997；Boaler & Staples，2008)。无论如何，蒙台梭利博士建议教师不要对儿童进行实质性的表扬或批评，这与自我理论研究表明的能够产生最佳儿童发展效果的建议是一致的。

七、教师的期望、控制与儿童发展结果

到目前为止，文献主要集中在家庭环境中的父母和实验室环境中的实验者身上，同类的研究问题也对学校中的教师展开。这里最基本的研究问题依然是育儿方式，即充满温情、对儿童抱有高期待的成人如果在有准备的环境中给予儿童更多控制的话，儿童会发展得更好。

一项研究中，六年级的学生被问及对他们的教师的看法，这些看法涉及从学业表现到社会行为和自我理论等变量(Wentzel，2002)。后两个变量包括亲社会行为、社会责任、掌控感以及控制点(比如儿童自己或某些外力控制他们生活中的事件的程度)。这些学生来自两种群体：一所学校是在经济水平较差区域，这里的学生多数是非裔美籍；另一所学校是社会经济中等水平(SES)群体，这里的学生大部分是欧裔美

籍。早期的一项重要研究表明两所学校的变量关系不存在差异。相同变量在中度、低度的社会经济发展水平的学校都与积极结果有关。

儿童认为教师对自己具有高期待的程度,这个变量是权威型父母的一个特征,对几项结果起着重要作用。当教师被认为对自己有高期待时,儿童会更倾向于追求亲社会目标(比如与他人分享自己的学习成果)、具有社会责任感、对课堂感兴趣,以及有更强的掌握取向:他们愿意学习,而不仅仅是为了获得好成绩。

另一个密切相关的变量是教师的消极反馈,这是独裁型父母的特征。当学生声称如果他们的成绩不佳时,教师会批评自己不努力,这使他们感觉很糟糕,并且因为他们没有尝试而责骂他们,这时教师在消极反馈方面的得分较高。当教师在这些方面得到高分数时,学生不太可能做出亲社会行为,更可能做出不负责的事情,并且取得更低的成绩。

这些数据是在春天里收集的,当时学生与教师在教室中已经相处了六个月左右。研究表明,教师可能会影响学生在课堂上的表现,但是另一种解读是儿童导致教师以某种方式行事也是可能的。接下来描述的研究虽然涉及儿童与成人关系中的"控制",但是在某种程度上解决了"影响方向"这个问题。

在儿童与成人关系中,"控制"这个词是一个反复出现的重要问题,不管在课堂内还是课堂外。正如本书第三章所讨论的,当儿童在课堂中有更多的控制感时,他们的表现会更好。教师如何努力施加控制似乎对儿童发展结果也有重要影响。在一项表明这一点的研究中,研究人员向教师展示了一组小短文,如下所示,并要求教师从几个选项中选择一个答案:

吉姆(Jim)是所在年级的一名普通水平的学生。在过去的两周,他显得无精打采,并且没有参与阅读小组活动。他的任务很明确,但一直没有完成。与母亲的电话交谈也没有透露任何有用信息。那么,作为吉姆的教师,最合适的做法是:

1. 教师应该向吉姆表明完成作业的重要性,因为他需要为了自己的利益学习这些内容。

2. 让他知道他自己现在不必完成所有的工作,看看教师是否能帮助他找到无精打采的原因。

3. 让他放学后留下,直到将当日的作业完成。

4. 让他看到自己和其他学生在作业完成方面的差距,并鼓励他赶上其他儿童。(Deci, Schwartz et al., 1981, p.644)

教师的反应决定了他们在课堂上促进学生自主性程度的分数(比如选项1)。研究发现,学生的自主性得分与学生对课堂氛围的判断显著一致,这表明学生对教师的看法与教师认为合适的做法之间存在良好的对应关系。在掌握了这些数据后，作者继续调查了这些教师的课堂上学生的内在动机和感知能力水平，并在正常学年的十月和五月进行测试。绝大多数学生都是被随机分配的班级，因此人们不会期望教室里的动机存在先验差异。

十月和五月的问卷都显示，内在动机的水平，特别是对挑战、掌握尝试和好奇心的偏好，与教师在问卷上的自主支持回答显著相关。因此，学年刚开始的两个月里，当有教师在课堂上提倡自主时，学生的内在动机更强。此外，教师支持自主鼓励方法的儿童认为自己的认知能力更强，自我价值感更高。相比之下，当教师支持更多的控制策略(选项3)和社会比较策略(选项4)时，儿童的内在动机更少，在课堂上的能力感更低。

事实上，教师的自主取向和儿童的结果之间的关系在课堂上仅仅两个月就被发现了，并且在第二年春天是相同的，这可能对“影响方向”问题有一定的影响。德威克的研究表明，成年人可能会很快地影响儿童，使他们认同不同的学习观点。关于“影响方向”，我们必须问的问题是，面对行为不同的新班级儿童，教师在学年开始后两个月的一项关于假设课堂情况的调查中回答这些问题的方式是否会受到新班级儿童的影响。

在揭示这一问题的一项研究中，来自34所高中的578名学生在学年开始时汇报了自己的参与程度以及他们对自主学习的看法，而在这之前，教师应充分了解学生，以便教师适应一个新的群体(Hafen et al.,2012)。研究人员研究了学生最初的观念以及研究者观察到的学生的自主参与程度与学生在学年末时表现出的参与程度和报告自己的参与程度之间的关系。尽管这些年龄段的学生在整个学年的参与度通常会降低，但在开学的前几周，那些认为课堂促进了自主的学生在整个学年提高了参与度(无论是自我报告还是研究者所观察到的)。

除此以外，其他研究也表明：学年开始前在课堂上更支持自主性课堂的教师所培养的学生比采取传统教育方法的教师所培养的学生更优秀。研究人员利用数学课堂教学的录像带来补充教师和学生的问卷调查和测试，并发现：“教师如果鼓励学生努力学习和具有理解力而不是表现，并且在课堂上鼓励自主性的话，这类学生在学习时比其他学生表现出更积极的情感、更享受学数学的过程。”(Stipek et al.,1998,p.483)这种课堂中的学生也会有更多的学习回报，尤其是在概念理解方面。积极的情感与程序性领域(procedural domain)的成就有关。

这部分前面提到的有关教师反馈和儿童发展效果的研究与俄国的研究相同，并且揭示了同样结果的基础模型(Chirkov & Ryan,2001)，而且澳大利亚最近的研究也与此相符(Bergsmann,Lüftenegger,Jöstl,Schober & Spiel,2013)。不幸的是，随着儿童年龄的增长,传统的美国学校不断减少而不是增加着学生的自主性(Eccles,Midgley et al.,1993)。此外,最近基于标准的大规模学校改革也让课堂变得更不自主了(Olsen & Sexton,2009;又见 Deci,2009)。心理学方面的研究也表明:当教师让儿童自己设定独立的目标,儿童往往会更有学习的内在动力、更有自尊(Deci,Nezlek & Sheinman,1981;Deci,Schwartz,et al.,1981)。当前侧重外在的测试标准促使教师做出相反的行为。在一项研究中,当教师被告知他们的学生要达到某项特定的教育标准时,教师就变得更具控制力,说话和要求更多,很少给予学生机会和自主性,表现出更多对学生的批评(Deci,Spiefel,Ryan,Koestner & Kaufman,1982)。随着学生年龄不断增长,标准化测试不断被强调,传统学校的教师会变得更倾向于创造与学生最佳的发展效果相悖的课堂环境。

在传统教育的背景下,教师会努力克服分数和测试以及他们创造的具有竞争和比较的系统所带来的负面效应。然而,这个系统依然为他们(教师)所用,正如目前对高风险考试的热情所显示的那样,作为一种文化,我们不断在回归它。教师对儿童的期望以及师生如何交流确实影响着课堂学习和自我理论的形成。

八、蒙氏教室里教师的期望和控制

有关教师和教室的文献也反映出蒙台梭利博士的方法。首先,正如之前讨论的权威型父母,蒙氏教师的期望很高。在蒙氏课堂上,儿童被期望在学业和社会性两方面均能表现优秀。儿童一部分靠自己完成任务,这是蒙氏教师的目标。如果教师仅仅在给予额外的经验时才被儿童需要,那么说明教师的工作完成得不错。“任何教育实践,如果对训练幼儿有效果,那么一定要倾向于帮助儿童发展独立性。”(Montessori,1912/1964,p.97)即使教师监视着蒙氏教室,但是那实质上还是儿童的教室,因为一切事物的比例和安排都是为了儿童。儿童有责任照顾环境:将事物归回原位、举止文明、浇灌植物、清理溢出物等。在帮助儿童养成独立性过程中,成人仅仅为儿童提供了指导者的必备素质以保证儿童做出正确的决定和参与生产性活动。蒙台梭利博士认可的教师对控制的期望和态度与呈现最佳的课堂效果的研究相一致。

在本章的最后几节中,我将讨论蒙氏教育环境中与成年人相关的三个问题:教师在蒙氏课堂中的角色、新的蒙氏课堂的建立以及如何培训蒙氏教师。

九、蒙氏教师的角色

已建立的蒙氏教室与传统的教室很不同:儿童早晨到园,选择工作,然后进行他们的工作。教室一旦建立,教师的角色就是积极地关注儿童,并给予新的、适当的经验。只有在儿童遇到麻烦或者徒劳工作的时候,教师才会介入儿童的活动。传统教育的教师在传授知识过程中充当主要角色,而蒙氏教师的主要角色是将儿童和环境联结。教师只有在儿童需要指导或者支持的时候介入儿童的活动,其他时间教师都不采取行动而是积极地关注。但建立一个新的蒙氏课堂还需要一系列特定的步骤。

十、建立新的蒙氏课堂

在建立蒙氏课堂的最初阶段,蒙台梭利博士相当形象地主张教师"应该如火光一般以自身的温暖鼓舞着、活跃着、邀请着所有人。没有必要害怕她会打扰到某个精神活动,因为这还没有开始。在专注前,教师可以或多或少地按照她所认为的最佳想法去做,她完全能在自己认为必要的时候介入儿童的活动"(1967a/1995,p.278)。蒙台梭利博士认为,教师应以游戏、诗歌、唱歌开始,组织儿童进行身体活动。这样的活动包括安置家具或者出去搜集树叶。正如本书第二章所描述的,小学教师为新生介绍的第一项蒙氏活动是日常生活练习,比如擦拭教室里的大水瓶、为架子掸灰。她写道,经验告诉她:感知和文化活动不应该在儿童能专注于实践生活练习前进行。教师应该注意(儿童)专注的时刻,这是每个儿童的目标,当儿童专注时,要避免他被打扰。

如果专注的结果是更好地自我管理,正如本书第四章所呈现的研究,那么新建立的蒙氏课堂中,在儿童开始集中注意力之前,教师最有可能关注到儿童的不良行为(当然,不良行为可能随时会出现)。蒙台梭利博士明确提出任何具有破坏性的或者不被社会接受的行为都应该被发现,不过是通过重塑而不是惩罚:教师一定要给予破坏性儿童一些事做。"应利用一切方式停止混乱,但是我们在阻止不良行为时不必采取惩罚或者批评、警告,我们可以要求儿童过来、捡起花园里的花,或者用一个玩具及其他物品吸引(儿童)。"(Montessori,1989,p.16)她也建议对行为不良的儿童给予积极关注,比如将其带到一边并给他们出示一些新事物,就好像他们是特别的学生。因而在这个阶段,实际上在儿童未能有效参与的任何时候,行为不良儿童都应该被重新转向。蒙台梭利博士重新提出了权威型养育方式的特征:高温暖和高控制。她认为没有恶劣的儿童,只有需要没有被满足的儿童。(Montessori,1989,p.78)

最终,当蒙氏课堂形成,儿童将一个接一个地开始专注。一旦儿童开始专注,成人应该停止行动。蒙台梭利博士经常用"消极"(passive)来形容这时成人的角色,但是很明显她提出的是一种非常专注的"消极","消极"指代的是成人不去干涉儿童的专注。她解释道,成人经常表扬正在专注的儿童或者纠正儿童的错误,然而这是错误的做法。她说,这两者都让儿童放弃了专注于自己工作的时刻。在错误的时间表扬和纠正都会破坏儿童完成任务的过程。

蒙台梭利博士不是反对所有的表扬。她提出，儿童（尤其是年龄小的儿童）会将自己的工作成果带到成人面前寻求表扬，在这种时刻，她建议成人给予儿童温暖而慷慨的表扬。对儿童说“真棒”是对儿童的一种背叛，这表明她（蒙台梭利博士）慎用表扬，而对于利用结果表扬还是过程表扬，或者两者兼有，她保持开放的心态。她说，当儿童到成人面前寻求表扬时，儿童是需要确认自己处于正确的方向（Montessori，1946/1963，p.88）。但是在专注时刻，如果儿童没有向外寻求任何事物，那么应该让儿童独立完成。

关于新课堂的描述似乎适合于小学教育，可能是因为她认为这个阶段的教师存在最大的困难。蒙氏小学的儿童通常已经在小学读过几年书，而教师的任务就是上课、实施“走出去”项目、监督各个方面的环境，包括社会和谐。

蒙台梭利博士主张，教师要承担这种特殊而不同的角色，需要接受广泛的培训。培训的形式是本章最后一部分的主题。

十一、蒙氏教师的培训

在美国，传统教师的培训通常包括一年的课程学习：课堂管理，评价，以及如何教授阅读、数学、科学、艺术或社会研究等主题。因为教师会进行不同种类课程的学习，所以重点在基础原理和理论的学习而不是具体课程，而这些具体课程是教师随后在研究生阶段需要重新开设的或者说偶尔作为课堂作业的形式学习的。

相反，正如之前所提到的，蒙氏教师的培训包含如何教授具体课程和蒙氏理论的学习两方面。蒙台梭利博士建立了培训课程和国际蒙台梭利协会以监督未来教师的培训、蒙氏教育项目的持续发展。虽然如今许多其他的机构提供了蒙氏教育培训，为了与书中蒙台梭利博士的观点相一致，我这里谈论的是蒙台梭利博士自己创立的培训。这种培训包含个体准备以及课程和教具的教育。

在讨论蒙台梭利博士对教师的培训前，我要说明一下对蒙氏新教师进行培训的教师。国际蒙台梭利协会培训师在培训教师如何去教学时，都已经对蒙氏教育有了至少十年的学习。这十年包括：自身培训一年，担任蒙氏教师至少五年时间，担任其他培训师的学徒至少四年时间。国际蒙台梭利协会培训师在上任前都要达到严格的标准。为了证明他们满足了这些标准，他们就蒙氏教育的特定主题撰写了文章，这些文章由委员会评阅。但是这样严格的标准在蒙氏培训中是不常见的：在许多蒙氏教师的培训项目中，培训师没有特定的标准，他们可能仅仅接受了一年（或更短）时间的教师培训，接着就进入蒙氏班级，教了几年书。

蒙氏教师的准备

未来的蒙氏教师会通过两方面进行教学学习的准备:一是亲身体验,二是作为精通蒙氏教育理论知识的实践者。在个人准备方面,培训的主要目标是观察能力。

1.个人准备:观察力的训练

观察儿童并察觉儿童需要的能力是教师实施蒙氏教育的基础。蒙台梭利博士认为:观察儿童的能力需要通过长期的实践仔细培养(1917/1965,p.130)。在国际蒙台梭利协会的教师培训课程中,大量时间被花在观察儿童行为方面,教师还要将这些观察记录下来,制成报告让培训师评阅。在教师培训之前的一般本科阶段,蒙台梭利博士提倡科学方面而不是教育方面的训练,部分原因是蒙台梭利博士对深入观察的重视(Montessori,1917/1965,p.138)。她也考虑到,以传统教育的方式进行培训可能会加大成为一名优秀的蒙氏教师的难度。“一名普通的教师不能被转变为蒙氏教师,而是必须被重新塑造,使自己摆脱教育偏见。”(Montessori,1946/1963,p.87)很明显,她担心多年在传统学校的理论和技术学习会阻碍其对教育的全新看法的形成。

除了要具备高水平的观察能力,蒙氏教师也要发展自己的某些个人特质。蒙台梭利博士写道,高水平的观察能力需要耐心的态度和自律的能力:“如果我们想让自己与外部世界建立联系并欣赏它的价值,我们必须管理和控制自己的意愿。没有这种准备,我们无法对微小的事情给予重视,而这些事情是得出科学结论的来源。”(1917/1965,p.133)为了更清楚地观察,蒙台梭利博士主张教师首先应正视自己的偏见。“我们坚持这样的事实,一位教师必须系统地研究自己,以清除那些阻碍着他与儿童的关系的最顽固的偏见……一位好教师不必完全远离错误和缺点(但是要知道错误和缺点是什么)。”(Montessori,1966,p.149)为了做到这一点,她认为部分的教师培训是让培训师指出自己所看到的受培训的新教师的个人特质,敦促新教师进行诚实的个人评估。因此培训师需要花大量的时间和受培训者待在一起以便更好地了解他们。培训师自己也需要经历这个过程。

教师必须摆脱骄傲和愤怒,变得谦逊和宽容,要去“检查那些可能会阻碍我们了解儿童的成人的内在特征”(Montessori,1966,p.153)。这方面可以回顾安斯沃思对“敏感”的讨论:敏感的母亲不会陷入由自己的需要和欲望引起的混乱之中,而是有目的地关注儿童的需要的信号。这更加强调成为一名教师前的个人准备,和传统的教师培训形成鲜明对比的是,传统的教师培训更多地关注个人怎么做,而不是个体心理状态。实际上,蒙氏教育的方法更类似于精神学家的训练,因为他们首先要对自己进行精神分析。

蒙氏教师的准备工作包括个人改变、学习成为一名敏感的观察者、学习识别那些可能会阻碍合理观察与理解儿童的个人特质。

2.基础知识的准备

对蒙氏教育方法的表面评价很常见,但是对教师的要求很少,教师需要避免干涉儿童,让儿童专注于自己的活动。但是当考虑了教具的数量、顺序、准备细节后,教师的任务就变得又活跃又复杂……她后期的“静止”标志着她的成功。

——玛利亚·蒙台梭利(1946/1963,p.86)

除了个人准备外,蒙氏教师也要学习教具及其呈现。学习蒙氏小学课堂的蒙氏教具是一项重要的任务,学习小学课堂上的教具是另一大项任务。

为了更好地呈现教具及其用法,国际蒙台梭利协会的教师培训通常需要在不同种类的蒙氏教育教室进行九个月的有关观察和实习的课程。培训师监督学员的课程学习、实习和观察。

课程和实习让受培训者学习教具以及利用教具激发兴趣和使用的各种方法,以及跨课程教具间的内在联系。受培训者学习向儿童展示各种各样的教具(在实习期通过培训师和同事进行练习)。受培训者自己也会为教室制作许多教具,尤其是小学课堂上所用的表格和图表。从创造中深度熟悉教具是非常重要的,就像儿童自己在课堂中重新创作地图和植物图也很重要一样。正如前面所说的这个原因,国际蒙台梭利协会的培训也包括制作几本“专辑”,通常是三层打印的活页,记录个人在课程中的表现。实际上,接受蒙氏教育培训的教师撰写了自己有关蒙氏教具和理论的课本。专辑中的知识当然不如培训师所提供的知识那样深入和全面,就像大学课程中学生的笔记不能完全反映教授所讲的知识一样,但是这些知识可以在未来几年给予教师实在的参考、指导教师未来的课程。其他的一些蒙氏教师培训课程通常会给教师提供知识的复印本,而不是让他们自己撰写和表达。这不是一个良好的转变:研究表明自己做笔记比阅读提前写好的笔记学习效果更好(Annis,1981;Kulhavy,Dyer & Silver,1975);事实上,即使是自己手写笔记都比用电脑写笔记更有利于深度的概念学习(Mueller & Oppenheimer,2014)。

在培训的末尾,受培训者会接受来自其他培训中心的考官的测试,以保证此次培训的效果符合国际蒙台梭利协会培训中心的知识要求。国际蒙台梭利协会标准委员会会定期开会讨论这些标准。高标准的培训不能保证有优秀的蒙氏教师,就像高水准的医学院的一个医学学位也不能保证培养的是优秀医生一样。但是,这些标准确实为蒙氏教育的原则和教具树立了较高的知识标准。正如上所述,其他蒙氏教育的培训课程有其他保证自己蒙氏教育培训标准的方法。我之所以探讨国际蒙台梭利协会,是因为它是蒙台梭利博士创立的一个组织,旨在推进她所设计的教育项目。

十二、本章小结

蒙台梭利博士提倡一种与儿童互动的新方式,这种方式与心理学有关儿童最佳发展效果的研究高度相符。我们建议教师表现出温暖度、敏感性以在课堂中有高标准的行为。在这些标准之下,儿童被允许有足够的自由去选择自己的活动和互动关系。我们建议教师敏感地观察儿童以确保环境有序。同时,教师要通过特殊的培训来理解多种多样的蒙氏教具。教具及其使用,包括整个蒙氏教育环境,都是有序的。本书下一章关注的是蒙氏教育环境中的秩序性,以及如何利用它促进儿童头脑中秩序的形成。

第十章　环境和头脑中的秩序

我们学校的儿童是自由的，但这并不意味着他们无组织纪律，事实上，如果儿童想要自由地活动，组织纪律是必要的。

——玛利亚·蒙台梭利(1967a/1995,p.244)

从教学法的角度来说，学校的工作即组织儿童活动……对我们来说，儿童活动的组织过程以及为儿童提供活动是一份非常精密的工作……正是活动的组织(促成)……秩序意识的形成。

——玛利亚·蒙台梭利(1997,pp.31-33)

当人们走进一间蒙氏教室，特别是三到六岁儿童的教室时，人们会对教室环境的有序程度感到惊讶，甚至是不安，因为它无论是从空间上还是听觉上都非常有秩序。从空间的角度来看，室内每件物品都保持整洁且各归其位，因而教室是井井有条的；从听觉的角度来看，蒙氏教室因其安静而让人感觉有秩序，特别是与幼儿在一处时，人们往往预设的情形会有点混乱，而这里的儿童通常都比较安静。

有趣的是，工厂模型和行为主义都表明传统学校应该是秩序井然的。工厂是有效率的，其运行有严格的进程安排，一切都按照固定的方式来做，物品都各归其位。行为主义也是井井有条的——严谨而科学。然而，传统学校的秩序严谨到何种程度，覆盖到哪些范围则因阶段不同而呈多样化。

传统学校在小学阶段通常有严格的时间表，一些幼儿园也是如此。在这些课程表中，小学课程趋向于采用固定的方法来执行课程表或课程中的每个环节，而学前教育活动通常可以做出更加灵活的改变(例如：玩假扮游戏时，并没有固定的脚本)。

通常，从课程的角度来说，传统美国学校并不是特别有序的。如前所述，个别学科的课程通常是在没有参考其他学科的情况下制定的。每年都会采用新的教材和课程，这样就可能造成总体课程安排上的混乱。

此外，因教师不同，传统教室的物理空间秩序也有所差异。非正式观察表明，大多数传统学校的教室在核心部分(小学的书桌成行或集中成组，幼儿园以活动为中心有序组成)都是井然有序的，而在边缘部分则常常是无序的。墙上常常贴满海报、图画和图表，在很多教室里，只要有空的地方，这些东西就被杂乱地堆在那里。多余的教具和设备则被堆放在角落或架子上，儿童的教室被描述成了“视觉轰炸”之地(Bullard,2013,p.110)。

蒙氏教室里并没有严格有序的日程安排,但是在儿童如何落实每个活动任务方面非常有序,后文将对此进行更深入的讨论。在课程层面,蒙氏教育是非常有组织性的。每节课及教具都是参照整个课程设计的,涵盖了所有主题且有很大的年龄跨度。从物理空间秩序的角度来说,蒙氏教室是井然有序的,没有任何冗赘物品。

蒙氏教室的组织性绝非偶然:蒙台梭利博士坚信,"儿童自由发展的秘诀在于……为他组织其内部发展所必需的工具(在这样一个有组织性的环境中),儿童的品格开始自我组织并显示其特征"(Montessori,1917/1965,p.70)。她建立了一个有组织的教育体系,并呼吁教师们保持教室井然有序。

但与传统教室相比,蒙氏教室在某种意义上又是非常无序的:因为没有既定的日程表。这就允许了儿童拥有一定程度的选择和控制权。在传统学校里人们所见到的秩序,其执行方式往往与选择和控制相冲突。本研究所考虑的是什么程度的秩序和自由对儿童的发展来说是最积极的。

本书中展示的很多研究,特别是年份较早的研究,都不是实验性的。正如对其他变量所讨论的那样,当它们仅仅相关时,存在着其他因素("第三个变量")构成这种关系基础的可能性;秩序和良好结果也存在同样的问题(Brody & Flor,1997)。[①]然而,近年来也进行了其他关于可能的第三个变量的统计控制研究,以及关于秩序的实验室研究。总的来说,来自众多不同人群的有力证据表明,这一秩序促进了儿童更积极的发展(Evans & Wachs,2010;MTA Cooperative Group,1999;Seymour,Brock,During & Poole,1989)。

本章我将从四个方面考虑秩序。第一个角度是时间:即以可预见的线性顺序发生的常规活动。第二个角度是空间秩序,涉及有序的物理空间布局。第三个角度是噪声和拥挤,这通常是有序环境的禁忌。第四个角度是感官教具,我参照了一些研究,这些研究表明大脑如何"组织自己"对感官输入做出反应,并且与蒙台梭利博士对感官的有序教育有关。在每一节中,我都讨论了有关这一类秩序的研究及其在蒙氏教育中的实施。

一、时间秩序

时间秩序指的是使用日程表和常规活动。时间秩序在两个层面上是相关的:其

① 例如,家庭压力与家庭日常生活遭到破坏相关(Steinglass, Bennett,Wolin & Reiss,1987)且很可能会直接影响儿童的发展。但被破坏的日常生活本身可能不会直接影响到儿童的机能。另一个潜在的第三变量是家庭收入,部分研究显示低收入儿童家庭特征之一便是缺乏秩序(Klaue & Gray,1968;Pavenstedt,1965)。同时,低收入家庭通常受教育程度较低且兼具其他可能独立导致不良的儿童发展结果的特征。本章后面所引用的近期研究也提到了这些问题。

一是宏观层面上学校的每日安排,其二是微观层面上的任务或活动中的固定顺序(例如在数学课上展开活动的模式)。此外,时间秩序还有比学校的每日安排更高的层面,如学年,但由于蒙氏学校与传统学校在这一方面相似,因此将不考虑这一点。

传统的小学环境倾向于在宏观层面的日常日程上组织严密。比如,早上上课前可能会先宣读效忠誓词,然后上一个小时的数学课、半小时的拼写课、一小时的阅读课,接下来是休息和吃零食的时间等,其余的课余时间被分成了不同的时间段,每个时间段都安排有预定的活动。在微观层面上,传统的小学课堂往往是有序的。例如,美国的大多数数学课从复习家庭作业开始,接着是向学生展示新的课程内容,然后是学生单独练习所学的新内容(Hiebert,1999;Stigler et al.,2000)。英语和社会科学这样的课程可能会因教师而异,但是大部分教师多数时候都会遵循相似的教学模式。传统的小学教育似乎在时间组织的宏观和微观层面上都遵循严格的时间顺序。

相反,传统的学前教育则一直以来在两个层面上都没什么秩序。在此我提出这一历史观点,尽管有证据表明至少今天的幼儿园教室更有秩序(Bassok et al.,2016)。相比之下,尽管有些学前教育机构遵循着宏观层面上的日程安排,但是他们中很多都是允许儿童在一天的大部分时间里自由选择什么时候做什么。学前儿童通常还可以在微观层面上自由选择怎样(在合理范围内)进行这些活动,只使用一组积木或者农场的动物是不现实的。2000年,在美国随机挑选出的400所托儿所报告表明,大多数的学前教室里"儿童有一些选择的机会,例如,儿童可能会被分配一些活动,但是他们可以选择如何使用教具"(Peisner - Feinberg et al.,2000,p.13)。

参考学前教育和小学教育的时间结构,人们可以了解到儿童从几乎没有从成人强加的时间秩序的学前教育系统转换到严格有序的小学系统的过程。正如本书第九章所述,严密的结构和秩序是好的,但是这是在本书第三章所建立的背景下:当儿童有选择和自控力时,他们才会茁壮成长。

从某种意义上讲,本章与本书第三章是对应的,因为秩序往往是由成人强加给儿童的,由此反映出儿童控制力不足。蒙氏教室和传统教室都要求教师和管理者最终要对环境是否有序以及组织工作如何完成负责。这与本书第三章存在明显矛盾,解决方法可能就在于将儿童的秩序与选择控制到不同层面,这样儿童才能表现得最好。

蒙氏教育在不同层面上的秩序安排也有所不同。从宏观上来讲,在日常安排的层面上较少有成人强加的结构化形式。儿童按时上学放学,他们可能(也可能不)在固定的时间吃午饭。教师也可能在一天固定的时间里安排一些课程,通常教师会在早上将一天的安排写在黑板上,以便儿童了解当天要做什么。除此之外,每一个儿童都可以决定自己何时准备好开始下一项活动(在儿童知道如何去做的一系列活动时)。因此,从宏观层面上来说,很少有强加的秩序。然而,从微观层面上来说,蒙氏教育是秩序井然的,对其任何教具的使用都要遵循一套特定的步骤。研究表明这种在微观的、常规层次上的秩序与宏观的、日常安排上的自由的混合可能对儿童的发展是最理想的。

针对时间秩序与儿童发展效果的研究往往关注家庭秩序,其原因可能是由于时间秩序因家庭不同而多种多样。传统学校的时间秩序在小学阶段是普遍存在的。针对家庭的研究着眼于微观层面的常规活动,如个人在睡前进行的一系列活动(如刷牙、换上睡衣、找父母、读故事等等);同时也关注在宏观层面的日常活动(固定的就寝时间)。更为重要的是,那些在固定时间安排像晚餐这样的重大活动的家庭在微观层面也倾向于有秩序的日常安排(Baxter & Clark,1996)。在家里安排重大活动的时间是否会像传统小学那么固定是值得怀疑的,传统小学的时间表可能是这样的:4:00—4:30,玩乐高积木;4:30—5:00,和邻居玩球;5:00—5:30,读书;等等。

但是为重大活动设固定时间(晚饭、就寝时间)确实与更有秩序的微观日常安排相关。与就寝时间等因素有关的其他因素应被视作是微观层面的日常安排,而不能像典型的小学在校生活那样按照时间表来安排家庭生活。

(一)常规的认知及社会心理结果

部分研究表明,当家庭的日常生活更规律时,儿童的认知和社会心理发展结果会更好。接下来我将从小学儿童和青少年儿童的研究着手,然后转向针对更年幼的儿童的研究。

1.小学儿童

在很多家庭里,时间秩序以及家庭常规活动的实施与儿童良好的发展有关。有一项研究要求四岁儿童的父母填写一份全面的调查问卷,内容涉及他们的家庭仪式和日常常规,如晚餐时间、周末及文化和宗教传统(Fiese & Kline,1993)。问卷反馈了两方面的信息:家庭常规的规律性和预见性,以及常规的象征意义可以到何种程度。并在四年后,即在其儿童八岁时对他们的学业能力进行测评,结果表明,儿童四岁时常规的可预见性和象征意义与儿童在八岁时的整体学业成就显著相关。四岁时儿童对常规的可预见性也与八岁时的数学学习成绩显著相关。

一项针对离异家庭中一到五年级儿童的研究显示,在第一个时间节点(平均离婚四年后)设定固定的就寝时间,与两年后儿童一些积极的发展成果相关(Guidubaldi,Cleminshaw,Perry,Nastasi & Lightel,1986)。对于男女儿童来说,在第一个时间节点上有固定的就寝时间可以促进身体健康,且两年后更少缺课。其他的研究结果因性别不同而有差异。对男孩来说,在第一个时间节点有规律的就寝时间与在第二个时间节点有更好的学业表现息息相关。而对女孩来说,在第一个时间节点有规律的就寝时间与在第二个时间节点有更好的心理状态相关:如果女孩在第一个时间节点开始有规律的就寝时间,女孩会更快乐,有更多的朋友,并与自己的父母有更积极的亲子关系。

另一项在南方农村地区开展的针对单身母亲的小学生的研究中也发现了与上述研究相似的结果(Brody & Flor,1997)。使用诸如“上班族家长每天同一时间下班回家”和“每天晚上家里会有一段安静的时间”这样的项目进行评估。并将母子交流的录像作为关系质量的评估依据,从这些指标涉及的维度来衡量儿童的自律:“在行动之前制定计划”和“注意自己正在做的事情”。对儿童学业成就的测量采用了标准认知测试,教师们也协助完成了儿童的心理调查表。结果表明,参与家庭日常事务与儿童的学业成就及自律能力,包括更高质量的母子关系都显著相关。这也预示着儿童的内在问题较少。

这种日常安排所带来的积极影响会持续到青春期,尽管随着儿童的成长,家庭常规活动最好具有一定程度上的灵活性(Henry & Lovelace,1995;Baxter & Clark,1996)。这种情形的出现可能是因为这种灵活性体现了家庭对日趋成熟的青少年的一种尊重。

(二)有序的日常活动对幼儿的影响

秩序和日常活动与幼儿更好的认知能力和心理状态也有关联。例如,有一项研究通过幼儿为找到隐藏的物体而取下遮盖物,揭示了有规律的就寝和午休与15个月幼儿形成客体永久性的认知水平显著相关(Wachs,1976)。客体永久性指的是儿童知道物体独立存在于自己的感性接触之外(Flavell,1963)。然而,儿童的观察行为显示尽管很小的婴儿知道物体就在那里,他们却不知道自己还可以拿到它(Baillargeon,1987)。传统的客体永久性目前被视作是一种挖掘儿童协调知识和行动能力的方式。客体永久性的传统衡量方法——拿走遮盖物以得到被隐藏的物体——可能与儿童自我意识中的“能做到”的感觉相联系。常规的规律性和可预见性会促进这种感觉的产生;而总是习惯于不确定下一步会发生什么会导致儿童的控制感减弱(参见本书第三章)。在随后的研究中发现(Wachs & Gruen,1982),常规与客体永久性之间的联系会出现在不同的年龄阶段,有时仅在男性中出现;但当从整体上考虑的时候,这种联系的一般模式就很清楚了。即在那些对重大事件有固定时间和惯例的家庭中,婴儿和幼儿的认知水平更高。

还有一些研究表明,有固定就寝时间的学前儿童有更积极的发展结果。一项针对200多名4到5岁儿童的研究表明,儿童每晚在不同时间睡觉与教师较低的积极适应评分和较高的消极适应评分有关(Bates,Viken,Alexander,Beyers & Stockton,

2002)。这一研究还通过对两个变量进行统计控制以解决中介变量问题:家庭压力和育儿实践。结果表明,这两个变量都不影响固定就寝时间与儿童发展之间的关系。

另一项研究考察了启蒙期儿童固定睡觉和进餐的时间与学业表现之间的联系。教师对91位低收入家庭儿童的各种社会行为进行了评估,同时儿童的家长们也回答了一系列有关家庭常规安排的问题(Keltner,1990)。研究人员从以下两个维度分析了教师们给出的社会行为评价:儿童对学前教育的兴趣和参与度以及合作和顺从程度。并根据家长描述家庭参与就寝常规和进餐常规的程度,预测了两个维度下儿童的得分。此外,结果显示儿童的进餐和就寝时间越规律,他们就越合作,越顺从,越感兴趣,也越积极参与。

值得注意的是,为开展主要活动而设置固定的时间和方式与这些活动相关的微观层面的常规有关(Baxter & Clark,1996)。一个有固定晚餐时间的家庭有可能也是有固定晚餐习惯的家庭(固定桌子、坐下、祈祷、上菜、谈论一天发生的事等等)。但这并不意味着该家庭一天中每一刻的日常安排与典型的学校日常安排相类似。

一些关于时间秩序与幼儿的调查采用了在儿童发展研究中常用的家庭养育环境测查表(HOME:Home Observation for Measurement of the Environment)。家庭养育环境测查表的子量表关注物理空间组织和时间组织,而子量表的研究报告中没有单独考虑物理空间和时间维度下的指标。因此此处的研究也涉及物理空间秩序,即本章的下一个研究主题。

家庭养育环境测查表形成于19世纪70年代,用以测量婴儿的家庭环境(Bradley & Caldwell,1976b)。那时的另一项研究采用了社会经济地位作为婴儿环境指标,但是家庭养育环境测查表的使用者们认为这一边缘化的测量可能无法反映出家庭内部的实际情况,且已有证据显示家庭养育环境测查表比社会经济地位指标对儿童发展结果的预见性更强。为了收集家庭养育环境测查表信息,一位研究员需要花几个小时到一个儿童的家里观察并采访其父母。

婴儿家庭养育环境测查表共有45道题,可分为六个维度,分别与母亲的情感和言语反应、家庭的组织情况等主题相关。重要的是,这些维度主要是通过统计程序得出的(Bradley,personal communication,August 2003),因此这些维度能较合理地反映出家庭的实际结构,而非仅仅基于研究者个人的猜想。在组织维度上,有三个问题与时间组织相关。这些题目包括儿童是否会定期看医生或去诊所进行医疗保健,是否至少每周会去一次杂货店,是否每周至少会出门四次。剩余的题目与时间规律性的联系似乎不是那么明显——可能儿童每天去公园的时间不同——但是这通常也能反映出儿童是否有固定的日常安排,例如定期去日间托儿所。从某种程度上人们可以看出,这三个题目是如何与家庭中有规律的日常安排紧密相关的。接着两个关于儿童是否有特殊的地方存放玩具,以及儿童玩耍的地方是否安全的问题,则是与物理空间组织相关。在组织维度下的第六个问题是如果母亲离开,儿童是否有不超过三名固定的替代照料者,这是一个有关照料者的可预测性的问题。这六个问题的得分总计作为"组织维度的分数"。

有一组纵向研究将婴儿期几个阶段的家庭养育环境测查表分数与儿童六个月到四岁半的发展结果联系起来。婴儿六到十二个月的家庭养育环境测查表在组织维度下的分数与贝利婴儿发育量表(Bayley Scales of Infant Development)的得分相关(Elardo, Bradley & Caldwell, 1975),其中包括了像婴儿是否会在六个月大的时候对着镜子笑,或者在十二个月大的时候模仿实验员推玩具车之类的任务。从三岁左右开始,其他的测量工具会更加合适,如比奈智力测试(Binet intelligence test)。采用这一测量方法的研究发现,儿童两岁时家庭养育环境测查表的组织维度分数与其三岁(Bradley & Caldwell, 1976a)及四岁半(Bradley & Caldwell, 1976b)时比奈智力测试分数显著相关。

研究还表明,环境的有序程度也可以用来预测智力分数的变化。当如上所述的纵向研究中的儿童三岁时,从贝利量表分数居中的样本中进行二次抽样,将新的样本分为三组:从半岁到三岁之间分数降低的(参照群体标准)、持平的以及增长的(Bradley & Caldwell, 1976a)。对每个儿童的初始分数统计控制后发现,在此期间分数增长的儿童都来自半岁时更有秩序的家庭,同样地,分数降低的儿童来自组织性较差的家庭。

一项关于唐氏综合征儿童的研究佐证了家庭养育环境测查表对智商分数的预测功能:唐氏综合征儿童的智力测验分数随着时间的推移而降低。在这项研究中,六个月前家庭养育环境测查表中组织维度的分数可以用来预测儿童在智力测验中表现的下降幅度(Piper & Ramsay, 1980)。

本章中所提到的其他的一些研究,通过控制各种不同的因素,来研究单一因素如社会经济地位,以确定两者之间的关系。社会经济地位低的家庭通常都不太有序(Klaus & Gray, 1968; Ramey, Mills, Campbell & O'Brien, 1975),也许社会经济地位是独立影响儿童智商的,而秩序只是中介变量。为了解决这一问题,研究者们对一组全部由来自低经济地位家庭的儿童组成的样本进行了分析。即使是在这一组样本中,以母亲智商作为控制因素,儿童一岁半时测量的家庭养育环境测查表在组织维度上的分数仍与斯坦福—比奈测验的分数显著相关。但这仅仅出现在一个样本的子集中:这一样本是每周在格雷厄姆(Frank Porter Graham)日托中心工作40小时得来的,是一个十分成功的干预项目(Ramey, Farran & Campbell, 1979)。家庭的秩序情况对于不在这家日托中心的儿童的智商无法预测,原因尚不清楚。一种可能性是在没有高质量的日托服务的情况下,其他变量的影响更大。例如,在这项研究中,母亲的智商可以预测控制变量下的儿童的智商分数,但是对日托干预中的儿童不可行。或许是为儿童提供高质量的日托服务可以克服母亲智商较低的影响,从而为家庭秩序等因素的影响力让路。

当然,母亲的智商可能与家庭养育环境测查表的组织分数相关,因此可以解释在一些研究中家庭与儿童智商的关系。即可能是倾向于家庭有序的父母赋予了他们儿童在智力测验中获得高分数的基因。不幸的是,还没有针对家庭养育环境测查表在组织维度的研究证明这一结论,仅有一项研究调查了整体的学前家庭。这一研究表明,尽管遗传在整个过程中起到了一定作用,但它并不能解释所有问题。研究者们调查整体家庭养育环境测查表分数、社会经济地位和智商在收养和非收养家庭中的关系(Thompson,Fulker,DeFries & Plomin,1986)。对这两种类型的家庭来说,家庭养育环境测查表的分数对儿童的智商分数都有着直接和独立的影响。

并不是每一项采用家庭养育环境测查表的研究都能体现每个年龄段的组织分量表与认知测验有显著相关(Gottfried,1984),尽管这种相关是在人们预期的方向上(Field et al., 1978; Rice, Fulker, DeFries & Plomin, 1988; Stevenson & Lamb, 1979; Thompson et al.,1986)。家庭养育环境测查表的其他方面,如母亲参与的分量表与儿童的发展成果始终有强烈的关联性。但是纵观各项研究,有一种普遍模式的联系,当家庭养育环境测查表的开展与认知测试在时间上更接近时,其影响力更强。

总的来说,采用家庭养育环境测查表的研究就像是对日程安排与常规活动的研究一样,表明秩序和可预见性与儿童的积极发展结果相关。关于有序与混乱家庭环境的影响的研究,特别是对稍大一些的儿童的影响,随着家长量表的发展而扩大,称为混乱量表(混乱、嘈杂和顺序量表),该量表已通过客观观察得到验证(Matheny,Wachs,Ludwig & Phillips,1995)。采用混乱量表的研究证实了家庭养育环境测查表的调查结论:将家庭环境的无序与低智商、行为问题、破坏性行为、注意调节匮乏及许多其他消极结果联系在一起,即便其他变量可能产生的联系是由统计控制的(Deater - Deckard etal.,2009;Jaffee,Hanscombe,Haworth,Davis & Plomin,2012;Wang,Deater - Deckard,Petrill & Thompson,2012)。时间与空间上的有序与儿童发展成果之间的积极联系一直持续到青春期,尽管日常安排中的一些灵活性在这一阶段也会起到积极作用。有一些固定安排的事件(如睡觉或晚餐时间)以及家庭中更有序的微观日常(Baxter & Clark,1996)与儿童更好的发展结果相关。

可能有人会将针对时间秩序的研究解释为,传统小学将儿童的行为具体到了每一个小时,这对儿童发展是最优的。然而,这一结论并非完全绝对,其应考虑到:一是现实生活中家庭环境很少能够将日常安排到像传统小学那样的规范程度;二是选择与控制,以及父母教养的问题。最优化的环境似乎与研究所见的命令式的教养模式相一致:有严格的限制,紧凑的结构以及自由的选择。这种平衡儿童的控制需求和结构化需求的方法,正是蒙氏课堂中所用的方法:在宏观层面上减少结构化,但是在日常安排和任务方面组织严谨。

部分读者可能会想是否有别的可能的方式来平衡选择与控制:如在宏观层面上要求秩序而在微观层面上为其提供选择的自由。这意味着在一个固定的时间里,儿童必须学习数学,但是儿童可以完全决定自己如何去学。对非结构化的发现学习范式的研究表明这一模式会导致消极结果:当在微观日常安排上缺乏结构性时,儿童显然不能从与教材的互动上获得具体的概念(Alfieri et al.,2011;Klahr & Nigam,2004);事实上,学前儿童在以自由玩耍为特色的课堂上获取的知识是最少的(Chien et al.,2010)。儿童似乎是从结构化的步骤中获益,从与世界互动的过程中学到具体的概念。蒙氏教具的设计就是为了在具体情境下讲授详细概念,这种微观层面上的结构化可能更有助于学习。

在进一步讨论蒙氏课堂的时间秩序之前,我们还有最后一个关于睡眠习惯的时间顺序的儿童发展成果专题。尽管睡眠似乎与学校强加的秩序无关,但是这一研究因其实验性(而不是必然联系)仍值得深究,且它向人们展示了另一个要点:有序的微观日常活动对儿童的发展大有裨益。

1.睡眠规律与儿童发展结果

健康的睡眠对健康发展十分重要(El - Sheikh & Sadeh,2015)。有研究表明,学习情况取决于睡眠质量(Maquet,2001)。如果一名儿童学习了一项活动后拥有规律的睡眠,那么二到四天后,他会在这项活动上有所进步。然而,如果儿童在学习到新的活动后30小时内没有睡眠,则其在这项活动上不会有进步(Stickgold,James & Hobson,2000)。睡眠通过神经元树突小棘(树突上增强神经通信的小突起)的形成来发挥其作用;在睡眠不足时,树突小棘无法形成或无法持久(Yang,Lai,Cichon,Ma,Li & Gan,2014)。即使是在不太有序的家庭中,儿童尽量拥有充足的睡眠时间也是很重要的。一项以九到十二岁以色列儿童为研究对象的调查发现,那些连续三个晚上比平时多睡一个小时的儿童在认知测试中表现得要比平时少睡一个小时的儿童好得多(Sadeh,Gruber & Raviv,2003)。因此,逐步增强睡眠对儿童有积极影响,而持续的睡眠不足则会对儿童的认知测试表现造成消极影响。

第二个研究观察了小学儿童为期一周的睡眠模式并检验了其在听觉和视觉活动中记忆任务的表现:儿童一次性可以记住的项目数量(Steenari et al.,2003)。经常熬夜以及夜间入睡时间较长的儿童在这些任务中的表现更差。睡眠质量似乎与工作记忆能力相关,最近英国一项以一万多名七岁儿童为研究对象的研究显示,幼年睡觉时间规律的儿童更少出现行为问题。对睡眠不规律的儿童来说,若使其休息规律,则会减少其行为问题（Kelly，Kelly & Sacker，2013）。

一些研究者发现，许多会在夜里醒来的儿童在幼年时父母都没有规定有序的就寝时间，相反，每天晚上都会有各种事情要做（Seymour et al.，1989）。为了研究有规律的常规活动对睡眠的影响，研究员们随机选择了45名年龄范围在九个月到五岁之间的儿童作为研究对象，并将其分为三组。这些儿童经常有夜里醒来的困扰，研究者给第一组儿童设置规律的就寝时间，包括如果儿童在夜里哭泣时采用的应对步骤，并有一位治疗专家保证其实施。第二组儿童也有同样的就寝常规，但是仅仅以书面的形式给出，且没有治疗专家的协助。第三组为对照组被列入在候补名单上。

研究发现当父母开始遵循就寝常规时，不论是否有治疗专家协助，儿童夜里醒来的次数都显著减少。随着这些常规逐步实施，儿童开始更早地睡觉，这也就意味着他们获得了更多的睡眠。这些积极的影响在随后的一到三个月会一直保持。相比之下，对照组中没有任何进步。

关于儿童睡眠的文献中，并没有就睡眠的减少会对儿童在各方面的表现上产生消极影响达成完全一致。例如，一晚上将八到十五岁儿童的睡眠时间减少四个小时，他们会昏昏欲睡，但是并不会影响他们在持续注意和反应抑制测试中的表现（Fallone，Acebo，Arnedt，Seifer & Carskadon，2001）。未来需要更多研究来区分哪种类型的睡眠剥夺对哪个年龄段的哪些任务活动是不利的。我们已经了解到睡眠剥夺有时会对儿童的一些任务活动造成不利影响，安排规律的休息时间以及休息时间的微观日常安排与儿童更好的睡眠息息相关，同时有规律的就寝时间和健康的睡眠与重要的学习和调整措施相关。

二、蒙氏课堂的时间秩序

蒙氏教育将宏观层面上的自由选择和微观层面上日常安排的常规结合了起来。

> 我们早已得到了一个非常有趣的结果，因为我们发现可以采用新的方式使儿童达到更加平静和善良，我们可以通过经验来确立这些方法。我们的成果的全部基础都建立在我们已经发现的这些手段上，它们可以被分为两个部分：工作安排和自由。（Montessori，1914/1965，p.187）

正如本书第三章所述，蒙氏课堂在学校的一天中几乎没有什么秩序，取而代之的是连续三小时让儿童专注于他们所选择的活动，然而在那个时代儿童所选择的活动都是十分有序的。

蒙氏教育的微观常规与特定的晚餐时间或就寝时间相类似，都是程式化的系列活动。在授课方面，蒙氏教师们极少或者不用语言，而是用非常精准的动作向儿童演示这些活动步骤。蒙氏教师“教授所有的动作：如何坐、如何起立、如何拿起和放下物品以及怎样将物品优雅地提供给其他人。他们也采用同样的方式教会学生将盘子一个个摞好，并不产生任何噪声地将其放在桌子上”（Montessori，1914/1965，p.57）。这些动作都被整理为精准的步骤，儿童通过模仿来学习。儿童在小学通过“日常生活练习”和“感官教具”活动首次接触这些序列步骤。

在本书第二章中简单介绍过的擦洗桌子活动，是日常生活练习中常见的一项活动。它阐明了蒙氏教育日常生活练习的精确度和有序程度（见图10.1）。为了参与到擦洗桌子活动中，儿童需遵照教师之前所展示的程序，并且常常可以观察其同伴的桌子擦洗过程。

图10.1　擦洗桌子活动　照片由An Vu提供

确定的活动步骤可能因班级的不同而存在差异：日常生活练习系列活动是蒙氏教育的教师们最具个性化输入的一类活动。接下来是对这一活动程式的一种可能性的描述，为了方便理解，这一活动中的空间秩序也有描述，它与本章后文内容相关。

首先，儿童选择一张桌子来擦洗。为了便于儿童选择，蒙台梭利博士建议家具采用浅色上漆，这样污垢可以很容易被看到。在教室日常生活练习区域的一个架子上，放置着整套擦洗桌子活动需要的工具。儿童将一个塑料垫拿来放置在桌子旁边的地板上，将椅子移开，再将桌子抬起来（可能需要同伴的帮助）放在垫子上。之后儿童回到架子处，拿一个空的水罐在水槽里灌一半水，接着将这个罐子带到塑料垫那里，放在垫子上一个特定的位置——这个位置是在设计这一活动时，为了方便学生活动，教师们精心挑选的。接着儿童回到架子处，用一个盆子装满水罐里的洗涤水，用一个桶装废水,然后再拿一个托盘用来放置整洁有序的一套擦洗工具:肥皂及肥皂碟、海绵、一个软毛刷子以及一块毛巾。儿童将这些东西放置在垫子上固定的地方,再用水罐向水盆中倒入半英寸深的水,接着拿起海绵,将其弄湿,用双手将海绵挤干,再用特别规整的动作将桌子弄湿,例如从左至右(间接为写作的方向性做准备)。儿童检查桌子的湿度,在发现桌子上有干的污点时继续将其弄湿。当整张桌子都湿润后,儿童用双手冲洗海绵,然后把肥皂擦在刷子上,接下来就是擦洗桌子,重复与海绵相同的活动顺序,以此类推。

擦洗桌子这一活动有着极大的精准性和秩序性,正如所有的日常生活练习活动和蒙氏教育的教具一样。日常生活练习日程安排的目的与秩序和发展相关(Montessori,1948a/1976,p.17),这部分在文中已有提及,在此重申。这些活动也是为了帮助儿童独立,蒙台梭利博士认为这是教育的首要目标。她坚信,儿童的生活可以被视为一段增强自立能力的旅途。通过重复简单的日常行为,不仅仅是擦洗桌子,还包括插花或擦亮物品(见图10.2),儿童可以作为代理人获得自我意识,并有能力独立完成有用的、有意义的活动。

图10.2　擦鞋　照片由An Vu提供

为获得掌控感,重复训练每种既定的规则可能比立即实现预定目标要重要得多。蒙台梭利博士说她经常看到儿童在擦完银色罐子之后还会反复地擦,乃至于到最后罐子都已经被擦得发光了:儿童似乎从参与这种常规活动中就能够收获很多。与结果相反,这样的重复是否能够更好地提高儿童的掌控感,对于进一步的研究来说将是一个非常有趣的主题。日常生活练习的另一个目的是对儿童动作的教育。通过参与并重复该项目中的活动,儿童的行为会变得更加有秩序感,更加精确。蒙台梭利博士发现日常生活练习中的行为准确性对幼儿是有帮助的,并能够起到激励作用。

事实上,如果我们向(儿童)准确地展示了如何做某件事情,那么这种精确性本身就是他们的兴趣所在。为了让每个行动都有一个能够被指导的真正的目的,第一个条件是利益,第二个条件是这种精确的行动方式本身,它能够使儿童的努力变得持久、稳定,由此,使他们获得进一步发展。我们发现,秩序感和精确感是儿童在学校中自发工作的关键。(Montessori,1967a/1995,p.186)

其次,另外一个有趣的实证研究是:儿童是对有序的常规活动感兴趣,还是对随意的、杂乱无章的活动更感兴趣呢?儿童发展中关于"过度模仿"的研究是最近的热点,但是相比于儿童的发展,这些研究更多地关注其在文化发展中的作用。日常生活练习的另一个目的是让儿童一直遵循一种精确的程序。蒙台梭利博士认为,通过这种精确性可以发展儿童的"数学思维"[从帕斯卡(Pascal)那里引用的一种术语]。蒙台梭利博士认为,自然不会给儿童提供精密的数学用品,这样的物品需要由人为的环境提供。感官教具是另一个达到这种精确性的早期途径。

除了帮助儿童独立,开展教育活动和提高思想准确性之外,日常生活练习的另一个重要目的是锻炼注意力。当儿童注意力高度集中时,他们的工作和思想就会井然有序。蒙台梭利博士注意到,人类文明伟大进步的取得通常不是通过知识,而是集中思想,这往往是思想的源泉(Montessori,1956,p.70)。通过给幼儿一个容易想象的目标,然后让他们按照一系列有序的步骤积极努力。日常生活练习在培养儿童专注于工作的能力方面发挥了重要的作用。

最后,蒙台梭利博士发现日常生活练习在恢复儿童精力方面也发挥了很大的作用(Montessori,1917/1965,p.150)。一个儿童可能会在高度集中的数学学习或者在社交聚会中遇到困难之后,选择擦洗桌子的活动,这样,这个活动就会使他的精力得到恢复。事实上,这种活动发挥了传统学校中课间休息的作用,但是,由儿童自己选择何时休息。有大量的文献表明了休息的好处,甚至20分钟的午睡对成年人的表现也非常有益(Hayashi, Watanabe &Hori, 1999; Galinsky, Swanson, Sauter, Hurrell & Schleifer,2000)。但是就我所知,是否按照自己的意愿去休息比按照一个预定的计划表休息更有益这一问题还没有被研究过。

儿童通过日常生活练习训练的许多技能,都能适应于蒙氏课堂内的其他工作。因为这些技能是学前阶段获得的,所以在小学中没有这样的练习:"既然儿童已经独立,这些练习就不用再继续了。也就是说,他知道如何投入到一项不再需要成年人帮助的活动,而且他还学会了协调运动。"(Montessori,1948a/1976,p.17)儿童在小学里仍然自己照顾自己,留意周围的环境,但这是在其他工作的背景下。

总之,蒙氏课堂没有日常作息时间表,通常早上或者下午儿童可以不被打扰地工作三个小时，有的儿童甚至可能会在教室待整整一天。在这些时间段内，儿童可以自由选择建构性的工作。但是，微观层面的活动安排对于蒙氏教育的开展是非常重要的。日常生活练习仅仅是这些工作中的一个例子：所有可用的蒙氏教具都是有一系列使用程序的。这些特殊的规则将蒙氏教育与自由开放的发现学习范式区分开来。儿童可以通过遵循有序的步骤来探索蒙氏教具。

三、空间组织和儿童发展结果

空间组织也与积极的发展结果有关。在这一部分中，我将研究任务要素的空间组织。然后，我会考虑更大环境中的组织，比如家、学校，包括对拥挤的、充满噪声的环境的研究。

（一）任务层面的空间组织与学习

第一组的研究关注的是任务层面的空间组织，而不是家庭或邻里空间。对人类记忆的研究表明，相比于随机呈现，当信息以概念组织的方式呈现时人们会学得更好。在一项研究中，大学生被要求记忆分层树形结构中的单词列表（Bower, Clark, Lesgold & Winzenz, 1969）。一半的大学生所看到的单词是在树状结构中以概念的方式组织起来的。举个例子，比如“矿物”（Minerals）被列在树结构的最上方，“金属”（Metals）和“石头”（Stones）在下面的分支中，而石头又可以分为“宝石”（Precious）和“砖石”（Masonry），等等。另外一半的大学生看到了相同的树状结构，但是这些物品被随机插入到树中，因此“砖石”可能是在顶部的，在下面的树枝上会有“宝石”和“金属”。

记忆在学习阶段受到材料组织的显著影响。例如，在一次试验中，被试需要记忆112个单词，以组织结构的方式学习的被试平均回忆起73个单词，但学习随机排列单词的被试仅仅只能记忆21个。另一项实验表明，这种组织不是绝对的；联想的组织结构也能带来很好的学习效果。重要的是，基础结构是要有组织的。

同样的效果也在儿童记忆物体的过程中得到了证明（Rogoff & Mistry, 1990）。未受学校教育的儿童在回忆材料清单时比接受学校教育的儿童有更多的困难，这一发现可以说明，没有受过学校教育的儿童缺乏基本的认知技能。心理学家罗格夫（Barbara Rogoff）和她的同事们认为，这一结果可能是因为儿童被要求记住一份与自己不相关的物品清单。在传统的学校中，这是儿童必须做的事情，例如，列出不相关的词汇表或拼写单词，但在学校之外儿童可能就不会做这种事。如果未受学校教育的儿童被赋予一个对他们来说是有意义的结构组织，他们的记忆能力可能与受过教育的儿童的记忆能力相当。研究所涉及的结构性组织是一个微型小镇的立体场景,包括20个小物品,即动物、汽车、人物等,并按一定逻辑关系呈现出来,而未受过学校教育的儿童、玛雅人和美国八岁和九岁儿童则在一旁观看。然后,用他们所画的80件物品替代20件物品,让儿童重新建构场景。虽然玛雅儿童在之前的标准清单任务中表现出较差的记忆,但他们在这项任务中的表现甚至比美国儿童还要好。

另一项研究考察了一年级学生的传递性推理能力,研究表明任务层面的组织对认知功能有一定影响(Schnall & Gattis,1998)。传递性推理任务是当一个人学习A>B和B>C时,那么,他就必须推断出A>C。当儿童要推理的物体按照他们概念关系的物理顺序进行排列时,正确推理的次数比物体随机排列时更多。所有这些研究都表明,任务层面的组织有助于认知过程。

(二)在更大空间中的物理秩序

在更大空间里的秩序已经被证明会影响一系列的发展结果。前面描述的使用家庭养育环境测查表的研究也表明了这一点。这些研究表明,儿童在认知测试中表现得更好,因为他们的家庭更有秩序和可预测性。例如,他们为自己的玩具安排了单独的空间。环境混乱的一种方式是"杂乱无章";与之相反的是相对稀疏,或者物品较少。

最近的研究支持为幼儿提供更空旷的学习环境(Fisher, Godwin & Seltman, 2014)。在一个实验中,幼儿园的儿童首先要在5小时内熟悉一个与他们原教室相邻的新教室,然后上一堂科学课,并对火山和虫子等事物进行知识预测。然后开始实验:在两个12人的小组中,孩子们两周内去教室上了六次课,并在五到七分钟的时间里阅读了关于六个科学主题之一的不同书籍,然后进行纸笔测试。至关重要的是,其中三次课的教室装饰方式类似于大多数学前教室。而另外三次课的教室中,环境布置很少,更像是一个蒙氏教室,仅在墙上有与当天的课程直接相关的一些元素,观察者还根据视频对儿童的注意力进行了编码:他们是在看着教师和书,还是在脱离任务,看着墙壁或他们的同龄人?

研究结果是非常惊人的。当儿童在装饰好的教室里时,他们看了四次墙壁;他们学到了大约一半的东西(他们的分数提高了18%,而在装饰较少的教室里,分数提高了33%),而且在个别儿童中,注意力分散程度和学习水平直接相关。另一项研究中,戈德温(Godwin)和费希尔(Fisher)(2011)在这两种不同的环境中给不同的儿童上了相同的课程,结果是相似的。最后,这项研究的结果与英国一项大型自然主义研究的结果相吻合,该研究对3766名三至十一岁的儿童进行了调查,这些儿童分布在27所不同学校的153个教室。研究结果表明,儿童在整个学年里,在具有中等程度刺激,即不太沉闷、不太复杂的教室中学习时取得的成绩最好（Barrett，Davies，Zhang & Barrett，2015）。具体而言，这些研究人员得出的结论是："整体外观，包括房间布局和墙上的陈列必须有一定刺激性，但要达到一定程度的平衡，最好不要杂乱无章。同样，高强度和高亮度的色彩更适合作为重点或高光，而不是教室的主色调。"（p.129）

其他研究也发现，有序的环境与更高的能力相关，而不那么有条理的家庭与一系列消极的后果有关，从较差的认知能力，到不恰当的语言，到更难控制的脾气，再到更低的掌控动机，最后到更多的意外伤害（见Wachs，2000）。例如，一项早期研究表明，当一个儿童的社区被认为是有秩序的温室的时候，或者当儿童的家被认为是"内部装饰有组织地变化时，很小的儿童也会表现出更高水平的认知能力"（Wachs，Uzgiris & Hunt，1971）。

拥挤是造成身体紊乱的一个相关风险因素。但拥挤并不一定会导致身体的混乱，正如飞机非常拥挤却很有秩序。然而研究表明，在家庭中，人口密度越高就越混乱（Wachs et al.，1971）。几项研究调查了拥挤的影响，它们清楚地表明，拥挤对人类功能有负面影响。当然，生活在更拥挤的环境中往往与较低的社会经济地位，和其他健康发展风险因素有关，但即使控制了这些变量，拥挤似乎也会产生负面影响（Epstein，Woolfolk & Lehrer，1981）。在拥挤的环境中的人对于复杂的认知任务的表现也较差（Nagar & Pandey，1987）。一项针对印度工薪阶层中学生的研究显示，长期居住在拥挤的情况下有很多负面的影响，比如学业成绩不佳、学校行为适应差、学习无助、高血压，以及亲子关系较差等问题（Evans，Lepore，Shejwal & Palsane，1998）。所有学生在社会经济地位量表上的得分均位于中段，这表明了拥挤的独立效应，或者其他与拥挤有系统关联的变量。一项针对低收入家庭儿童的研究也显示，密集的住房可能会导致消极的后果：密集住房中的儿童不太可能坚持尝试解决难题（Evans，Saegert & Harrid，2001）。

这些调查结果让人想起了密集住房对无助行为的影响（Rodin，1976）。在一项实验中，小学生们被赋予了一项任务，在这项任务中，他们能够控制收到糖果奖励的时间表。来自人口密集住房的儿童不太可能控制奖励计划。另一项实验发现，来自高密度家庭的初中学生比来自低密度家庭的学生更容易产生无助感，在解决一个难以解决的难题之后发现，来自高密度人口家庭的学生成功的可能性更低。

另一项研究发现，即使是短期拥挤也会对儿童的心理功能产生负面影响（Aiello，Nicosia & Thompson，1979）。研究人员将近200名四年级、八年级和十一年级学生分为四人一组，安置在中等或高度密集的环境下。对于那些处于密集拥挤环境中的儿童，尤其是男性在拥挤体验中表现出更高的压力，所有儿童都说感到紧张和恼火。在拥挤体验之后，那些处于更密集拥挤环境中的人更具竞争力。

因此,拥挤的环境往往(但不绝对)导致儿童组织习惯较差且与不良的品质相关,例如习得性无助,身心健康较差,学业成绩较差以及执行任务的持续性较差。为什么拥挤的环境与这些品质有关?已经探讨过的一种可能性是,拥挤无序的环境的负面影响并不完全对儿童造成直接影响(虽然实验表明,如上述研究,它是部分直接的),也有可能由成年人如何处理这些环境影响的行为所导致。

例如,来自受过良好教育的双亲家庭的一岁儿童的家庭具有"拥挤的"、堆满"随处可见的物品"和"家里凌乱"的特点,根据语言和非语言反应程度对他们父母的行为进行评判,结果表明"结构和时间上的混乱以及高度拥挤的家庭模式,皆与父母对儿童的言语反应程度较差,和不太会向儿童展示或演示一个物体,以及较少的言语刺激有关"(Corapci & Wachs,2002)。因此,对于年幼的儿童来说,拥挤、杂乱无章和嘈杂的环境与不太恰当的成人指导可能会影响儿童行为的发展。

有关物理上的有序空间的好处的发现在一个方面得到了验证,至少在对成年人的研究中是这样的(对儿童的此类研究尚未完成):成年人在杂乱的而非有组织的环境中创造了一个物体(乒乓球)更为新颖的用途(Vohs,Redden & Rahinel,2013)。进一步的研究表明,至少在成年人中,原因是紊乱倾向于新颖,而有序则倾向于传统。从积极的方面来说,成年人更有可能选择健康食品(一个苹果,而不是一块巧克力),在一个有序的环境中,他们会向儿童慈善机构捐赠更多的钱。其他研究表明,有序环境下成年人的自我调节能力较强(Chae & Zhu,2014)。创造力(类似于交替使用任务)与自我调节之间的关系很复杂,需要进一步的研究来阐明。无论如何,对于儿童的研究结果非常明确:一个物理上有序的空间可以进一步促进(儿童)积极的发展。

四、蒙氏教室的空间秩序

儿童可以自由地开展活动,而且能够在周围环境中找到一些与他的内心世界有直接关系的东西,这个内心世界是按照自然规律发展的。

——玛利亚·蒙台梭利(1917/1965,p.70)

蒙氏教室的空间秩序不仅体现在物体的常规上,而且也体现在物理空间中。这有时会让人们失望,他们习惯于把儿童的环境弄得乱七八糟,如果情况相反,反而觉得不安。蒙台梭利博士指出,在她的教室里,儿童倾向于遵守秩序,具有精确性。

儿童想要同样的东西在同一个地方,他们就会搬家具,在花园里工作,并把它们放回到原来的地方。有一次,我看到两个儿童正在搬桌子,并持续调整了一段时间;我对他们的行动感到好奇,并问他们在做什么?他们回答说,桌子一直放在灯下,他

们正试图把它放回到原来的位置。(1989,p.67)

她指出,环境中的某些材料特征可以帮助儿童建立秩序感,促进儿童有序行为的出现:

(儿童)可以携带的轻便家具,伸手可及的低矮的梳妆台,可以很容易操作的锁,用脚轮支撑的箱子,可以随时打开和关闭的轻型门,固定在墙上的高度适中的衣夹,他的小手就能抓住的刷子,可以握在一只手掌里的肥皂片,可以清空的足够小的盆子,有短而平滑手柄的扫帚,可以很容易地穿上和脱下的衣服,这些环境吸引着儿童活动,在这些环境中,儿童将逐渐完善自己的动作而且不会感到疲劳,并获得人类的优雅和灵巧。(1917/1965,p.151)

蒙氏教师以一种合乎逻辑的方式组织物理教室。如本书第一章所讨论的,每个学科领域都在蒙氏教室的指定区域教学。因此,一个小学教室将有很多提供"日常生活"课程、感官教具、数学、地理、语言等领域的空间。在这种秩序之中,每个物体都在架子上有自己的位置。教师根据班级中的儿童在课堂中的位置以及他们感兴趣的内容,轮换可用的教具。事实上,一个全新的教室通常只有三岁的儿童,教师可能只能开展几个日常生活练习,甚至一些非蒙氏教育活动,如拼图。当教师上课时,会添加更多的蒙氏教具,并移除非蒙氏教具。在任何教室里,儿童不使用的教具都会暂时存放起来。通过这种方式,使房间保持有序,并且不会与儿童不使用的教具相混淆。丽乐德(Paula Polk Lillard)解释说,物理秩序是蒙氏教育环境中的一个关键因素:

秩序意味着儿童可能在使用这些教具的过程中完成一个完整的活动周期。他会找到他选择的练习所需的所有东西,没有什么会被打破或丢失,不会有人打断他或干扰他的工作。他会把这些教具归还到他发现这些教具的地方并保持原状。通过归还教具,儿童不仅参与了整个活动周期,而且成为维持课堂秩序不可或缺的合作伙伴。(1972,pp.56-57)

把东西收起来在一定程度上是一种社会行为。然而,蒙台梭利博士还观察到儿童似乎喜欢为了秩序把东西放回原处,他们似乎想维持空间秩序,就像他们喜欢遵循常规一样。

因此,教室和书架在空间布局上是有序的。任何工作都有其自己的组织,体现了组织的任务水平。当儿童去做银器抛光时,他或她会发现一个托盘,所有的物品都在一个合理的位置,可以随时使用。在儿童来之前,教师很可能已经把海绵弄湿了,抛光容器里有足够的抛光剂,用来给儿童放置银色抛光剂的盘子是干净的,儿童将要用的抹布也是干净的。托盘上每个物体的位置按照使用顺序从左到右摆放。

美学也推崇一定程度的有序:我们倾向于选择模式而不是随机排列。一排一种类型的树或一种花往往比各种各样的树或者花的组合更令人愉悦,并且在为图片选择框架时,我们会寻找重复或补充图片中的某些内容的图案。蒙台梭利博士希望把教室布置得美观宜人。在蒙氏课堂中,这一点的一种表现形式是重复的颜色图案。蒙氏教具的颜色是经过精心挑选的。事实上,许多蒙氏教具颜色的选择都是有实验依据的。一个月大的婴儿和成年人觉得最令人愉快和有吸引力的颜色是红色和蓝色(Bornstein,1975)。家具和教具的外壳通常是枫木等木材,可以让儿童很容易地看到他们什么时候变脏。在日常生活练习中,颜色趋于一致,所以银色抛光托盘上的教具都是蓝色的,而那些包括桌面清洗剂在内的教具都是橙色的,等等。除了颜色之外,教具的所有美学都是为了吸引儿童,吸引他们进行活动。扫帚的手柄上可能涂有小蝴蝶,而按钮框可能有美丽的骨钮。除了具有美学上令人愉悦的教具外,教室里还有"令人愉悦的艺术图画,这些画面不时地随环境的变化而变化,显示出儿童、家庭、土地、花和水果,以及历史事件"(Montessori,1914/1965,p.40)。观赏植物也被放在指定家具(这一类物品)中,包括每个儿童可能拥有一株植物。这些物品将以整齐、有序的方式摆放。

在课程顺序上,秩序感也贯穿所有教具。前面已经给出例子,比如数学教具中不同小数位的颜色,涉及语音分析的教具中的辅音和元音的颜色(砂纸字母,可移动的字母)以及不同词性的不同符号。相同的教具在更高的层次甚至在不同的教室重复相同的模式,形成了一种真正值得注意的深度和广度。如果环境中的秩序真的有助于思维的秩序——而研究表明确实如此——那么蒙氏教育应该通过这个因素来辅助逻辑思维的培养。

除了美学和概念上的秩序。工作本身往往是为了使事情井然有序。儿童从他们的底座上取下木制圆柱体,把它们混合起来,然后按照正确的顺序,从小到大的放回原处。粉红塔、棕色梯、红棒、颜色卡、乐铃、音筒以及其他所有的教具都以同样的方式工作。儿童会在教具的物理配置中重新创建秩序,就像是使较大的空间保持有序一样。

蒙氏教育环境的另一个特点是在蒙氏教室里有大量的开放式地板空间。蒙台梭利博士建议,大约一半的地面空间应开放给儿童在地板上工作,并允许儿童自由活动。她还建议蒙氏教室比传统的教室更大,以便(儿童)可以开展这种程度的运动。当然,增加尺寸也会减少拥挤。因为蒙氏学校不需要像传统的学校一样设置专门的房间来开展艺术、音乐和其他课外活动,所以他们的整体规模不一定比同龄人数相当的学校要大。此外,任何一所学校都需要与当地的环境相协调,例如我看到在印度人口密集的城市里,有很多儿童在非常小的蒙氏教室里学得很好。

总而言之,蒙氏教育环境在物理空间上是非常有序的,哪怕只是临时用的教具,在教室里、在架子上甚至在托盘上都有它们的位置。一套教具有其特定的颜色。活动往往是把东西整理妥当,把它们弄干净,或者把它们放到适当的地方。

五、蒙台梭利博士认为儿童存在秩序的敏感期

蒙台梭利博士认为,儿童实际上存在一个秩序的敏感期(有关蒙台梭利博士"敏感期"的讨论见本书第五章)。例如,她注意到,当肥皂被放在肥皂盒外面时,两岁的儿童很可能会把它放回去,三岁和四岁的儿童在没有被要求的情况下,通常会把蒙氏教具放到它原来在架子上的确切位置。

她观察到,当儿童变得心烦意乱时,他们有时会整理一些无秩序的东西。有一个故事讲的是一个六个月大的儿童,当一把雨伞放在桌子中间的时候,他非常不高兴,当伞被拿走时,他就不再哭了。第二个是说一个稍大一些的男孩,当他母亲的外套被折叠着在胳膊上而不是像往常一样穿在身上时,他哭了,母亲一穿上外套,儿童的哭声就停止了,他低声说着:"外套,肩膀。"(Montessori,1966,p.51)另一个故事是讲到一个男孩,当他的帽子在桌子上时,他非常生气;当把帽子放在邻近的走廊上时,他就会平静下来,说:"大厅,挂钩。"(Montessori,1967a/1995,134)还有一个儿童突然莫名其妙地无法入睡,并抱怨肚子不舒服。在得知这家人最近把他(独自)搬到一张床上睡觉时,蒙台梭利博士在床上放了两个枕头,儿童在他们之间爬来爬去,嘴里咕咕地叫着"床",然后睡着了(Montessori,1966,p.57)。她认为,儿童的痛苦有时是他们需要秩序感的表现。

蒙台梭利博士还对儿童玩躲藏游戏的方式进行了有趣的与顺序相关的观察。她讲述了皮亚杰和他的一个儿童玩躲猫猫的游戏:把一个东西藏在枕头下,让他的儿童离开房间,然后把物体移到另一个枕头下,然后让儿童去找。当儿童没有看到第一个枕头下的东西时,他就放弃了。然后皮亚杰向儿童展示了他是如何移动物体并重复这个过程。儿童的表现完全一样,皮亚杰拿起第二个枕头问道:"你没看见我把它放在这儿了吗?"(在先前的隐藏审判中)"是的,"他的儿童回答,"但它应该在那儿。"(指着第一个枕头)(Montessori,1966,pp.53-54)虽然皮亚杰的任务很可能是关于儿童推理能力的,但对蒙台梭利博士来说,这件事则是关于儿童需要在适当的地方找到物体的。她还指出,儿童经常躲在同一个地方玩捉迷藏,或者躲在最后一个人被发现的地方。她认为这也反映了儿童对秩序的需求。

她声称,在早期阶段,一个有序的环境是很重要的,因为儿童在让他或她的大脑反映环境。正如本书第四章中关于人类倾向的讨论那样,在环境中有一定的秩序是

人的基本需要,没有秩序,我们将无法定位并找到我们所需要的东西。而对成年人来说,秩序可以成为快乐的源泉,她声称对于儿童来说,这是一种真正的需要。

六、嘈杂的环境

无序、拥挤的环境的另一个特点是它们往往是嘈杂的,噪声(无论是来自拥挤的环境还是其他外部来源)显然与认知功能的衰退有关(Wohlwill & Heft,1987)。蒙氏教室,特别是小学教室往往很安静,因为儿童正在专注于他们的活动。一项涉及7个月到22个月大的5个年龄组婴儿的研究显示,噪声对婴幼儿的发育有着强烈的影响(Wachs et al.,1971)。样本中的婴儿有一半来自低收入家庭,一半来自中等收入家庭。研究人员用诸如客体永久性和手段—目标理解等任务来研究认知发展,同时考察了家庭环境的特点。在所有年龄段,与认知发展最一致和反复相关的变量是有关噪声的变量。在"家中有高分贝声音""家中无法逃避噪声""房子狭小、吵闹""电视长时间开启""家中经常举办活动"等问题得到肯定答复的家庭中,婴幼儿的认知度分数较低。另一项研究发现,在家庭中远离噪声的地方为儿童设置一个"刺激避难所",与第二年多个时间点的认知发展的几个测量指标成正相关(Wachs,1976)。

噪声对儿童发展产生负面影响的一个可能的原因是,为了努力将噪声拒之门外,儿童也会把对自身发育有益的刺激拒之门外(Wachs & Gruen,1982)。如果儿童想通过将刺激物拒之门外来应对嘈杂的环境,那么也就排除了人们可能在涉及注意力任务上所期望得到的特定结果模式。一项研究通过比较安静家庭和嘈杂家庭的学前儿童的注意力来调查这一现象(Heft,1979)。通过让儿童在20张卡片中找到一张匹配的卡片来检查视觉注意力。这项任务重复了10次,并记录了儿童的累计搜索时间。

第二项任务是测量第一项任务中儿童注意力的分布,以及偶然学习的情况。为此,在第一部分任务中使用的10张"背景卡片"与一套新的10张卡片混洗,并要求儿童指出之前看过的20张卡片中的哪一张。第三项任务是研究儿童在嘈杂和非嘈杂的条件下如何处理匹配熟悉数字的表现。在嘈杂的环境中,儿童学习时会以中等的音量读一些常见的单词。

来自嘈杂家庭的儿童完成第一项任务的总体搜索时间比来自安静家庭的儿童的整体搜索时间更长。他们在第二项任务中也没有出现偶然学习的情况。即使在控制家庭收入、儿童的年龄、学前经历和其他环境指标(如家庭活动水平)的情况下也是如此。

这项研究中另一个重要的发现是嘈杂的家庭的儿童在进行数字匹配任务时受到外来噪声的负面影响较小。这表明,嘈杂家庭的儿童在一定程度上适应了在嘈杂的环境中工作。在有噪声的情况下，来自嘈杂家庭儿童的表现与来自最安静家庭的儿童的表现大致相同，而在安静的环境中，来自安静家庭的儿童表现得更好。这与儿童在嘈杂环境下屏蔽刺激的想法是一致的：在某些情况下，这是适应性的，但它也阻碍了一些发展。最明显的是，在嘈杂的环境中屏蔽刺激可能会影响听觉辨别能力的发展。一项研究为验证这一假设，调查了生活在高速公路上一幢高层建筑里的小学生（Cohen，Glass & Singer，1973）。由于高速公路产生的噪声会随着公寓大楼的上升而减弱，人们预计噪声的影响也会随着楼层的上升而降低。研究发现，即使控制了父母的教育水平，而且在所有公寓居民的收入范围差别不大的情况下，住在楼层较低的公寓的儿童的听觉辨别能力比住在更高的楼层的儿童更差，比如"near（附近）"和"gear（齿轮）"这两个词。此外，一个儿童在这种建筑中所住的时间越长，公寓的噪声水平和听觉辨别能力之间的关系就越强。

除了说明噪声和听觉辨别之间的联系外，该研究还显示听觉辨别能力和阅读分数之间有一定关系。另一项研究也说明了听觉辨别能力与阅读理解和词汇等一系列阅读技能之间的关系（Deutsch，1964）。在听觉辨别任务中，研究人员给儿童提供了40对单词，其中30个单词在初始或最后的声音中不同，如"tea（茶）"和"bee（蜂）"，"root（根）"和"room（房间）"等。对每一对单词，儿童要说出这些单词是否相同或不同。在这项任务中表现较差的儿童，相对于同龄人和相同社会经济地位的人，阅读能力也较差。鉴于生活在嘈杂的环境中会影响听觉的辨别，而且听觉辨别会影响阅读，已有的证据表明，长期暴露在嘈杂环境的儿童也不会阅读。

另一项研究直接验证了家庭噪声水平与语言成绩之间的关系（Michelson，1968，引自Parke，1978）。这项研究比较了710个三年级学生的社会经济地位（SES），以降低由社会经济地位等外在因素影响结果的可能性。家庭中噪声水平越高，则每个社会经济地位得分段上的拼写和语言测试分数就越低。迈克尔逊（Michelson）还指出了一个抵消这些影响的重要缓冲措施：在家里给儿童一个安静的空间——一个刺激的庇护所——他们可以到那里去做学术工作，这样一来，他们就不会受到噪声对成就水平的负面影响。

这些关于家庭噪声的研究发现也应用到了教室中。有一项研究是在一个儿童看护中心进行的，该中心最初的声学设计很差，因此教室非常吵（Maxwell & Evans，2000）。过了一个夏天，教室里安装了吸音板，噪声显著减少。在中心的四间教室里，儿童的声音字母对应和押韵等阅读技能都在安装前一年和安装后一年的春季进行了测试。虽然在每个教室里的儿童的平均年龄和年龄范围大致相同，而且教师的语言行为预计不会发生变化，但儿童第二年的阅读技能明显好于第一年。不幸的是，并没有一个控制教室安装声音控制面板，也就不能排除其他影响。尽管如此，研究结果仍具有启发性，与其他研究一致，都表明噪声对听觉辨别和语言发展有影响，并表明即使在幼儿园的教室里，噪声的减少也与最优的发展相关。

一些研究也表明长期处于噪声环境中会影响大龄儿童的课堂功能。一组研究调查了飞机噪声及其对课堂认知功能的影响。研究发现，与其他学校的儿童相比，在洛杉矶国际机场（Los Angeles International Airport）的飞行模式学校就读三、四年级的儿童完成拼图的时间更长，而且完成不了的可能性更大（Cohen，Evans，Krantz，Stokols，1980；Cohen，Krantz，Evans & Stokols，1981）。此外，这种影响随着儿童在学校时间的增长而增加。相反，在听力分散测试中，在校两年以上的儿童比那些在校时间少的儿童更少受噪声干扰，这也与之前的研究结果相一致。巴黎奥利国际机场（Paris Orly International Airport）的飞行路线上就读于没有隔音的学校的儿童也获得了类似的结果（Moch - Sibony，1981）。与巴黎同一地区的隔音学校的儿童相比，他们的听觉辨别能力更差，对挫折容忍度也更低。最近在伦敦的一项针对飞机噪声对小学儿童影响的研究也得到了相同的结果，与社会经济地位相匹配的其他学校的儿童进行比较，在控制了年龄和家庭收入后，噪声较大的学校儿童在难度更大的测试（但不是全部）中的阅读成绩下降，烦恼程度也更高。其他研究表明，学校在火车轨道和高速公路附近的儿童也有类似的情况（Wohlwill & Heft，1987）。

来自流行音乐（包括人声）和电视的噪声也会对认知功能产生负面影响，包括在做家庭作业期间打开电视以及在学校自习室中佩戴音乐播放设备的情况。例如，一项对婴儿的研究表明，当一个充满弹性的电影配乐（用在电视节目“*抑制你的热情*”时）在视频中播放，婴儿从视频中学习动作序列的能力就会被削弱（Barr，Shuck，Salerno，Atkinson & Linebarger，2010）。一组有趣的研究表明，电视和音乐噪声的影响与大学生的个性会产生交互作用。尽管所有人似乎都受到背景噪声的负面影响，但内向者比外向者更易受影响（Furnham & Bradley，1997；Furnham & Gunter - Peterson，1994；Furnham & Strbac，2002）。

总之，在个人环境中，无论是在家庭还是学校，长期或临时的环境噪声对儿童和成人的机能都有负面影响；尽管在这一节中提到的一些研究是较古老的经典研究，但这与最近的发现是一致的，甚至可以扩展到健康领域，如血压（见 Evans，2006；Ferguson，Cassells，MacAllister & Evans，2013 年关于环境和儿童发展的一般审查）。虽然噪声可能是有规律和有序的，但是较多的噪声往往会使人产生听觉混乱的感觉。有重要证据表明，更安静的环境与更积极的发展结果相关。

七、安静的蒙氏教室

蒙氏教育的环境在听觉上也是有序的。小学的教室特别安静,可能还会伴随有一些古典音乐和安静的交谈。蒙台梭利博士认为,教室应该具有“安静的氛围”和“宁静的环境”(1914 / 1965 p.59)。如前所述,这可能会使人望而却步。但我们习惯于认为三到六岁儿童的教室应该是嘈杂而且有些混乱的,但又有证据表明安静的秩序是有利的。除了普遍安静的蒙氏教室之外,还要回顾本书第四章所述的沉默行为。

本章最后的研究主题从不同的角度考虑了秩序。最近的神经科学研究说明了大脑是如何根据感觉输入来组织自己的。蒙氏教育涉及对感官非常有序的教育,而对大脑的自我组织特性的研究可以看作是对这一教育过程的佐证。

八、感官教育中的秩序

感官辨别能力往往受到人们的忽视,直到失去某一感官辨别能力时才会引起人们的注意。如人们失去了嗅觉就无法享受事物,失去听力时就会开始退缩,当视力开始下降时就会变得不安。敏锐的感官能力是至关重要的,甚至可以说,人的感官越敏锐(达到一定程度),人的功能水平就越高。高尔顿(Galton)(1883)和斯皮尔曼(Spearman)(1904)提出假设:至少一些感官辨别能力与智商有一定的关联。在一项针对儿童(平均年龄为12岁)研究中,辨别颜色和声音的能力与几项智力测试的分数之间存在显著的相关性,其中不存在歧视。第二项研究以18至62岁的成年人为对象证实了这一发现(本书第二章中提到的这项研究也发现,手指灵活性与一般智能有重要关系,Dreary et al. 2004)。潜在的共同变量的确切原因尚不清楚,但在较年幼的儿童中,这种关联更为强烈,其中潜在因素显示出一种很强的关联性。另一项研究在小学生中进行了不同的任务,发现感觉分辨(视觉判断线的长度和触觉判断关于物体的质量)与标准的任务中得出的智力有很强的相关性(r=0.78)。有趣的是,这种关系在五岁到六岁(r=0.81)和九岁到十岁(r=0.95)之间比七岁到八岁(r=0.61)之间变得更强,他们假设这与小学阶段的认知重组有关。

造成这种关系的一个可能的原因是,感官分辨能力可能会影响到许多高层次的能力。语言是通过音素之间的细微的听觉辨别来实现的,而且是通过非常快地辨别来实现的。语言处理困难的先兆通常是对类似的、快速呈现的刺激物(Merzenich,2001)的处理时间异常延长。即使在一些有语言障碍的儿童的语言前阶段,用类似语言中使用的输入流进行细微区分的能力也会受到影响。

科学的进步得益于人们仔细观察现象并对所感知的事物做出细微区分的能力。

当医生能察觉到病人表现出的问题的细微差别时才能更好地锻炼他们的医术，比如说，在显示黑色素瘤的组织差异上。欣赏和创作音乐涉及在音符之间听到的细微差别。在视觉艺术上对颜色和纹理的精细辨别可以增强鉴赏力。在任何空间中导航通常依赖于精细的视觉和听觉的辨别，而在战场或运动场等极具挑战性的情况下，这种辨别的速度和准确性会得到提高。感官辨别是个人的一种非常重要的能力，但我们往往把这看成是理所当然的。

研究表明，一个人的感官辨别能力受到其在生命早期的感官体验的影响。这些经验有助于人们以一种对早期生活中所经历的刺激特有的最优辨别能力的方式来组织认知结构。此外，由于较高的认知过程是由较低的认知过程产生的，所以早期的认知组织可能对较高水平的认知加工产生重要的影响。

一些古希腊人和英国经验主义者长期共有的看法是，知觉是所有知识的起源。柏拉图和后来的卢梭认为，知识是与生俱来的。令人兴奋的心理学研究正在探索一个人可以在多大程度上接受知识是与生俱来的这一观点（Spelke & Newport，1998）。然而，即使有些知识是与生俱来的，我们所感知的东西对我们所知道的东西的重要性是无可争辩的。早期的环境经验显然对辨别能力有深远的影响。

特定信息输入会改变皮质结构，优化了生物体对这种输入类型的辨别能力。在一项实验中，老鼠幼仔和它们的母亲每天被放置在一个声音室里10到16个小时，在那里它们反复接收一个特定频率——一组为4赫兹，另一组为19赫兹。这个实验进行了20天，老鼠幼仔的年龄为9到28天。在每天剩下的时间里，老鼠都在正常的实验室环境中。在治疗过程中，记录了幼鼠听觉皮层神经元对0.5至30赫兹音频范围内音调的反应。这些记录能够构建一幅地图，该地图显示了在听觉皮层中对不同频率的声音做出反应的细胞集合的组织。

在14天大的时候，持续暴露在低音调中的幼鼠表现出对低音调的神经反应，比没有持续接收低音调的幼鼠早了四天。其他的差异不仅仅是早熟问题，还涉及反应的敏感性和具有持久差异性的结构。例如，相比那些没有接触到低音调的老鼠，接收低音调的幼鼠的皮质区域对低音调的反应百分比显著增加。此外，在接收低音调的幼鼠中，神经元的感受也更大；因此，他们对大约4赫兹音调的总体反应比没有特定接触的老鼠要大。重复接收高频音调的老鼠对高频信号也有同样的效果。对于成年大鼠（80天），他们没有得到相同的听觉体验，这表明出生后是老鼠听觉皮层发育的关键时期。

神经学家默策尼希（Michael Merzenich）总结了本研究所涉及的广泛研究项目的研究结果：

例如，如果一种动物经过训练，能够对特定的声音刺激做出逐步精细的区分，那

么,皮质神经元就会以一种更具体的、渐进的放大方式来呈现这些刺激。在可塑性的学习阶段:

由这些行为上重要的刺激直接激发的皮质神经元在数量上逐渐增加;

不断增长的神经元群对其在技能学习中处理的行为重要刺激的光谱(空间)和时间维度有越来越大的特异性反应;

越来越多的选择性反应神经元放电与逐渐增强的时间相协调(分布式同步性)。(2001,p.68)

此外,输入特定的经验可以显著缩短或延长大脑的皮质处理时间。部分是因为时间问题,部分原因是神经元数量、大小和对特定刺激的神经元的反应性发生了变化,扩大了认知系统。一个人对特定对象特征的神经反应强度可以预测这些特征决定其知觉组织的程度(Ward & Chun,2016)。这种区别的重要性不仅在于它对输入所固有的分辨能力的影响,也在于它对其他进程的影响。发展的过程是将低级水平提炼,并将其与高级技能相结合的过程。正如威廉·詹姆斯(William James)(1890)所指出的,发展的一部分是自发性的增加。这些较低水平的分辨能力会导致更高水平的分辨能力,成人大脑的组织会受到早期经验的深刻影响。

应该强调的是,在这些过程中,大脑不仅仅是简单地记录和存储内容。它不仅仅是一台填补字典并构建地址系统,以促进其复杂的关联和操作的塑料机器。通过调整它的光谱/空间和时间滤波器,*大脑皮层会有选择性地改进其处理能力,以适应手头的每项任务*,建立自己的一般处理能力。同时,这种"学习如何学习"决定了记录、关联和操作特定类别信息的保真度和便利性。(Merzenich,2001,p.68,斜体部分来自原文)

在考虑这一研究时,出现了一个问题,即幼儿需要怎样的经验来优化他们后来的语言、艺术、科学以及所有涉及知觉分辨活动方面的能力。本章的最后详细介绍了蒙氏教育环境中的感官教具是如何服务于这种发展的。在继续之前,重要的是要考虑在可塑性的初始阶段之后,大脑的重组发生的条件。

传统上,神经科学家认为可塑性是年轻大脑的一个特征,可塑性是指大脑根据经验灵活地组织自身。最近,组织变化也被发现在成人大脑中(见Lillard & Erisir,2011)。这并不奇怪,因为我们在一生中要不断学习。但是,学习可以简单地说是神经的连接出现更根本性的变化,例如神经组件的大小随着特定输入(例如手指上的触觉压力)的变化而改变,这将更加令人惊讶。成年人和发育中大脑重组的关键区别可能在于刺激物与生物体的相关性。在刚刚描述的研究中,通过老鼠幼崽和音调,生物体被动地接受刺激。这种声音对老鼠没有特别的意义，它并没有这样的含义："食物现在可以在右手边的食物碗中找到。"

与年轻的生物体在被动接受输入时的神经系统重组能力相反，当重组发生在更成熟（但甚至不是成人）的大脑时，它可能只发生在生物体主动接受刺激的情况下。从目前的证据可以看出，重组发生在一个可塑性周期之后，这需要对有机体进行有意义的刺激，这个刺激会使得有机体特别注意它，甚至可能表现出与之相关的行为。究竟什么时候从被动输入时期变化到这个"有意义"的标准出现的时间，是实证研究的主题；当然，它在不同的生物和不同类型的感觉输入之间是不同的。

在一项说明性研究中，年轻的成年猴子被赋予了一项任务，将100个随机地放置在五个不同大小的容器中的香蕉味食物丸取出（Xerri，Merzenich，Jenkins & Santucci，1999）。猴子从大碗里取回食物很容易。然而，从小容器中取出是很困难的。它要求猴子改变使用单指弹出弹丸的典型初始策略（通常导致弹丸留在较小的碗中，或在某些情况下，从碗中飞出并飞到地板上，猴子无法使用），更改为使用两根手指，用手指夹住弹丸。研究人员每周用碗给猴子进行三次实验，持续八到十四次。最后研究人员发现了猴子神经组织的变化以及其行为和成功率的变化。

凭借经验，猴子能够用较少的尝试，成功地从小碗中取出小球，而且它们这样做的策略也稳定了。神经重组是在这种经验的基础上发生的，每只猴子的重组形式都与猴子用于小碗的手指相关。一只猴子用来从小碗中取出小球的手指所代表的大脑皮质区域的面积是同一只手的其他手指的两倍，而且也是另一只手的相同手指区域的两倍。这种变化仅限于那些手指，与其他证据一致，表明年轻的成年动物的神经重组是为了应对一项艰难而有意义的任务。此外，神经组织的变化程度与猴子获得小球的熟练程度相对应：神经变化程度越大，行为越熟练。

综上所述，神经科学的研究表明，大脑是根据早期发育时的输入来组织自身的。在最初的细胞组织和神经连接被创造之前，可塑性最大的时期是生命早期。在青少年期，也可能在成人期，作用于生物体的有意义刺激物仍然会使大脑产生结构上的变化，这与生物体跟刺激物互动的熟练程度是相对应的。这项工作可以表明，为了优化儿童的感知能力，他们应该在幼儿时期接触有序的感觉信息。研究表明，在某种程度上，为了让这种刺激产生效果，儿童需要对信息采取行动。确切地说，当转换发生在被动接收的时候，就足以影响神经组织对主动交互的需要，这在不同类型的感知信息和不同的生物之间是不同的。因为较高的认知能力建立在较简单的认知能力的基础上，这样的组织可能对较高的认知功能具有指数性影响。对这个问题的初步研究表明它确实如此。

九、学前中的感官教具秩序

蒙台梭利的感官教具来源于伊塔尔(Itard)最先使用的教具,伊塔尔曾经与他的追随者塞金(一起研究过阿韦龙野孩,他的追随者塞金研究当时的心理测试,以及她自己的研究 Montessorl,1967b,p.99)。就像所有的蒙氏教具一样,她声称,感官教具是通过儿童对他们的反应的观察发展起来的,并在此基础上进行了改进,直到她确信自己找到了一种最理想的教具。

感官教具在许多感官上都体现了秩序。其中一种排序方式是,每种教具都要有能够干扰某一感知觉的特征[通常只有一个特征(颜色、味道或声音)]。例如,不同颜色的平板电脑;它们的重量、大小、尺寸和感觉都是恒定的。当一种物质本身的性质会同时呈现出两种感觉——例如,不同等级的砂纸摸起来和看起来都不同,蒙台梭利博士将这样的教具和眼罩一起使用,隔离了触觉。她指出,眼睛可以干扰手所知道的东西(Montessori,1914/1965,p.105)。正如本书第二章所讨论的那样,当一个方面而不是多个方面发生变化时,人们对差异更加敏感(Treisman & Gelade,1980)。

体现感官教具秩序的第二种方式是他们的使用顺序是相似的。最初教师会为儿童指出一个鲜明的对比。例如,触觉是通过触觉板来训练的。这些木板(大约四英寸)上粘有一些粗糙和光滑的砂纸。最初的木板有一个非常粗糙和非常光滑的带子,并排摆放,教师向儿童展示如何洗手、擦手,坐在板上,感受差异,并为这种特征命名。第二步是拿一组包含各个等级的木板,并在蒙上眼睛的同时匹配不同的粗糙和平滑板。第三步是按照线性顺序排列一组木板,例如,从最粗糙到最平滑。与大多数感官教具一样。儿童学习识别特定类型的教具并进行配对,然后学习按顺序放置教具。最终教具之间的变化变得更加精细,进一步培育儿童的敏感度。体现感官教具秩序的第三种方式是,它们中的许多都涉及将物体按特定顺序排列。

还有许多其他的练习可以培养感官。如用于热感觉练习的教具包括感觉金属瓶中不同温度的水,或使用不同材质的平板(如毛毡、玻璃、软木、木材、钢铁和石板),这些教具的触感要么更热,要么更冷。为了培养儿童的质量感知,儿童会拿起不同种类且重量不同的木片,对它们进行配对,并按顺序排列,最后学会区分更细的层次。为了培养儿童对颜色的感知而设有彩色平板。儿童最初只得到三种颜色——红色、蓝色和黄色,教师向他们展示如何将它们进行配对。当儿童已经掌握了这三种颜色,配对的数量会增加到十一种(主要的、次要的、黑色和白色)。最后,儿童认识最后一组颜色卡,其中有九种基本颜色,每个颜色七个阴影。儿童学习如何排列一种颜色的深浅,比如说,七个药片显示不同深浅的绿色。教师通过给儿童一个有组织的方法来帮助他们,比如总是从最深的颜色开始。

还有更多的感官教具。例如，为了训练嗅觉，有一套气味圆柱体，木质圆筒的布头里面含有各种气味的物质。也有音筒，这是一种木制圆柱体，里面装着各种不同的物体，它们在震动时发出不同的声音。甚至还有训练味觉教具。而其中，秩序是所有感官教具所固有的。

神经发育的研究表明，大脑会根据输入信息来自我组织，而那些被要求进行特定感觉辨别的生物体会更快地进行神经重组，从而更快地做出反应。一个相关的研究问题是，使用“感官教具”是否能够使蒙氏儿童更快速、更准确地感知环境，以及是否在练习时和以后的生活中更具优势。目前对这个问题的研究认为它们是相关的。蒙氏项目提供了一种准实验研究的机会，可以说明这种关系是因果关系。感觉练习还有很多其他的目的，包括练习有序的活动和训练注意力，但是对观察技能和感知环境的反应的潜在结果的研究将会非常有趣。

十、本章小结

总而言之，蒙氏教育并不是按照日常计划的宏观层面安排的。因为儿童需要自由选择工作并在教室里连续工作三个小时以上，以便集中精力从事她所谓的伟大工作：与蒙氏教材进行深入、持续、集中的互动或其他工作的互动(见本书第四章)。然而在其他方面，蒙氏教育是非常有序的。教室的布局是合理的和有组织的，教室里每项活动的布局也是如此。每种蒙氏教具都有固定的使用程序。听觉环境是有序的，课程遵循的是连贯的、内在的、一致的逻辑进展。最后，蒙氏教育体系能够系统地训练感官辨别能力，因而这种活动可能会促使人们的神经组织快速对环境做出反应，从而为其他活动释放认知资源。

第十一章　关于蒙氏教育的近期研究

教育和社会改革是我们时代的需要,他们的基础必须建立在……科学研究之上。

——玛利亚·蒙台梭利(1949/1974,p.12)

在2004年我写这本书的时候,总是想证明怎样的书籍对儿童的发展和教育有益,我在蒙氏教育中发现了诸多如此的证明。遗憾的是,我也意识到传统课堂上发生的典型事情实际上与证据表明的最佳实践是不一致的。确实,蒙氏教育,不是传统教育,其有着强有力的间接证据支持。

然而,作为一名发展心理学家,我也有一个核心信念[哈佛大学的心理学系首席教授伊丽莎白·斯皮克(Elizabeth Spelke)对我明确阐述的、也被众多人认可的]。当我向她谈论我关于蒙氏教育的第一项研究(后续有说明)时,她断言我是在挑战她的信念:没有哪个学校项目能对儿童发展效果产生实际影响。确实,基于大量的数据,许多发展心理学家认为父母是唯一能对儿童发展产生真正有影响意义的人。父母通过两种途径影响儿童:一是遗传基因。一般来说,基因解释了每个个体一半的个人特质。对于有些人类特质来说,基因能解释得更多,而对于其他特征解释得更少,但是平均而言,个体发展效果有一半是受到遗传基因的影响;二是父母对孩子成长的环境有很大影响。他们创设家庭环境,在这里,儿童受制于父母的动机、欲望、恐惧和渴望。父母还决定儿童成长的社区、日间托儿所以及就读的学校、谁来照顾他们等等。表观遗传学的新研究证明,环境影响也在改变着基因表达(Moore,2015)。

支持"父母的影响胜于一切"这一观点的是全国幼儿保育研究。在20世纪90年代早期,一些发展心理学家担心,随着母亲越来越多地外出工作,依恋关系会被破坏。早期的一些研究证明,这可能只会轻微引起不安全—回避型依恋的增加。这导致了有关日间看护的大型研究,在这项研究中,儿童从出生前一直被追踪到15岁(Vandell,Belsky,Burchinal,Steinberg & Vandergrift,2010)。总体来说,如果把父母的影响因素考虑在内的话,日间看护的影响很小。接受高质量照顾的儿童有稍高一点的成就和更少的社会问题,而长时间待在看护中心的儿童,再加上不敏感的母亲,会导致攻击性行为的少量增长。总体而言,这项研究进一步证明了如果将育儿方式考虑在内,学校对儿童发展的影响很小:即使在一个幼儿前几年的成长过程中,每周都在日间看护中心花费40个小时,效果依然不明显。

因此,我在完成这本书的时候,一方面我想到在父母影响之后,学校会有些许影响。另一方面,我回顾了那些证明蒙氏学校相对于传统学校对儿童更好的大量证据。所以我开始研究蒙氏教育是否对儿童发展有实际影响。

现存有关蒙氏教育影响的研究不令人满意,大致源于两大基本问题。第一问题是非随机分配。阐述这个问题的研究于1976年出版:怀特(White)、尤森(Yussen)和多彻蒂(Docherty)的"蒙氏托儿所和传统教育托儿所的儿童在序列、分类和守恒方面的表现"。"序列"要求儿童按照逻辑顺序排列事物,比如从低到高;"分类"按照类型组织事物;"守恒"是能理解如何在改变某物的表面特性的同时保持其他基本特性不变——举例说明,黏土球的形状的改变并不会改变它的体积。研究者假设蒙氏儿童会在这三种认知技能上表现得更优秀,这三种认知技能是当时认知发展研究的核心。原因是它们对皮亚杰来说很重要,而他的理论则是其认知发展研究的驱动力。(实际上,皮亚杰正是因为其认为蒙氏教育在儿童生理上未获得这些能力的时候教授儿童这些技能,所以反对蒙氏教育。)怀特和他的同事们测试了80名四岁儿童,其中40名接受蒙氏教育,另外40名接受传统教育,他们发现蒙氏儿童在"序列"和"分类"上表现更好,但是在"守恒"方面与传统教育相等(在这方面,他们与皮亚杰一致地认为,是由于这方面技能对于这个年龄过于超前,而无关于教育)。

这个研究的问题在于,我们无法从研究设计中得知:蒙氏儿童是否是在蒙氏教育中习得的这些技能,或者蒙氏儿童是否在一开始就与其他儿童存在某方面的不同而导致其在这两方面表现更好,以至于不管他们接受何种教育,他们在这些测试上本身都会表现得更好。这又回到了父母的问题上。蒙氏教育是一种独特的教育系统。很有可能是某种类型的父母挑选了某些独特的教育系统。正是这种类型的父母影响着儿童。谁又能说是学校系统而不是父母的影响?尤其是在我们知道父母是影响儿童的最有力因素的前提下。

这是一个根本性的问题——引用这些例子可以证明学校可以孕育伟大的发明:谷歌创始人谢尔盖·布林和拉里·佩奇,维基百科创始人吉米·威尔士,亚马逊创始人杰夫·贝佐斯,发明"模拟城市"电脑游戏的威尔·赖特,以及当代其他有创造力的领军人物,他们都接受过蒙氏教育(Gaylord,2012)。也许他们的创造性才能的真正来源是父母,他们也热衷于不同的学校体系,而且即使处于传统教育中,他们也会创造出卓越的发明。为了解决这个问题,需要一个更好的"控制组"——举例来说,要么是那些不是因为父母的选择而接受蒙氏教育的儿童,要么是父母选择蒙氏教育却因名额不足未能进入的儿童。如果不能进行随机分配的话,最好的办法是按照最有可能遗传自父母的先天特点将儿童匹配;父母教育和收入水平(往往是共同变化的)也被利用起来,性别和种族也被考虑在内(虽然一旦将父母教育和收入考虑在内,后者往往不会产生差别)。

怀特及其同事的研究和众多的蒙氏教育研究中的第二个问题是对蒙氏教育质量的疏忽。"蒙台梭利"(Montessomething)这个玩笑的起因在于:使用"蒙氏教育"这个名字的学校各式各样,但与蒙台梭利博士在书中的描述偏离甚远。仔细阅读蒙台梭利博士的著作就会发现:在教室中设置一个与蒙氏教育发展阶段相对应的三岁年龄范围是非常重要的(Montessori,1946/1963,pp.14-15)。同时,以每周五天计算,三个小时不间断的晨间工作以及两到三个小时不间断的下午学习对专注力的发展是非常重要的。充足的蒙氏教具补给、一大组同伴、自由选择、经过严格训练的教师(仅一位教师)以及这里讨论的其他特点都很重要。然而,大部分的研究者都未去寻找这些特点,并且假设一旦这所学校自称蒙氏学校,那么它就实践了真正的蒙氏教育。与此相关的问题是,以某些研究为例,儿童很少接触蒙氏教育,他们可能仅仅接受了几个月的蒙氏教育。

最后,第三个问题是参与的儿童太少。对于小样本来说,很难得到统计学意义,小样本有时也会产生"侥幸"结果,这使得重复探讨非常重要。因此,许多蒙氏教育研究仅涉及一到两个蒙氏班级,与传统教育的一到两个班比较。在这种情况下,人们无法知道是否有任何发现的影响是来自教师、教室的其他方面,还是方法。

针对这些问题,我们将继续讨论其他更早的实验。有关蒙氏教育长远影响(高中)的一项罕见研究于2003年在密尔沃基公立学校进行(Dohrmann,Nishida,Gartner,Lipsky & Grimm,2007)。这项研究克服了之前所提的问题,它涉及了许多蒙氏教师(不同班级),使用了大量来自儿童的数据,并且选取拥有较高的蒙氏教育质量的学校。尽管受国家要求的约束,所有公立学校都有国际蒙台梭利协会(蒙台梭利博士发起的、经认可用于监管蒙氏教育质量的机构)的"关联"地位。除此以外,儿童享受经过延长的蒙氏教育:3至11岁。不利的一面是,样本未经过随机安排。虽然蒙氏公立学校的学生最初是通过抽签录取的,但没有跟踪调查未被录取的学生,因此无法作为对照组。这种抽样存在问题。为了解决这一问题,选择了一组非常有挑战性的儿童与蒙氏儿童进行比较,以便找出两组的差异。同等类型的中学生,将其性别、民族和社会经济地位(SES;这里使用的是免费午餐状况)相匹配。研究中的201名蒙氏教育学生(59%是少数族裔)中,有超过一半的学生在密尔沃基最好的四所高中(该研究中的一所国际文凭学校是州内的顶尖高中)接受教育。因为有诸多因素促使学生进入这所学校,所以最终作为比较组的是高水平的一组学生。比较理想的是在接受处理之初组成比较组,而不是在四年或处理后更久。

鉴于这样的比较组,研究结果非常显著。在密尔沃基公立蒙氏学校接受教育的学前阶段至五年级的儿童,在四到八年后对其进行测试,在标准考试中(ACT以及WKCE)数学/科学方面的得分明显高于同一高中控制组的儿童;在GPA考试中,蒙氏教育组的原始平均分比未接受蒙氏教育的学生的高(2.72比2.59),但不是很明显。

尽管如此,结果依然需被谨慎解释。这项研究中的蒙氏教育组是自选组,父母影响可能是结果的根源。也就是说,匹配过程(性别、种族、免费午餐状况和所处高中)可能没有抵消父母的影响;也许蒙氏儿童的父母都有一些共同的因素,让他们选择了蒙氏教育,也让他们的儿童在数学和科学方面表现不错。

如上所述,蒙氏教育研究存在的第二个问题是质量监控。一个例子是20世纪70年代开始的启智计划中的蒙氏教育研究(Karnes,Shewedel & Williams,1983;Miller & Dyer,1975)。值得赞扬的是,这些研究中的儿童被随机分配进蒙氏教育或者当时流行的其他类型学前教育项目,并且关注到父母选择问题。然而,蒙氏教育的实施与我在这本书中描述的相差甚远:在其中一项研究中,儿童每天花费20分钟使用蒙氏教具。教室中只有四岁的儿童,而不是三岁的儿童。教师所接受的培训非常有限,只涵盖了夏季之前,而且蒙氏教育只进行了六个月。因此很难断言这些研究能真实地测出蒙氏教育,尽管它确实也具备了某些因素。虽然在六个月的课程结束后,研究结果并不是那么令人印象深刻,但多年过后依然会对这些接受"准蒙氏教育"的人有益,尤其是对男孩(Miller & Bizzell,1984)。然而,当时的数量非常小,因此可能是一种"侥幸"影响。

因此,当这本书的第一版开始印刷时,经过同行评议的、已出版的蒙氏教育研究少之又少。确实有许多有关蒙氏教育的研究,然而大部分缺乏对随机分配、充足的参与者、对蒙氏教育质量的关注。如今有许多未出版的研究报告,也有很多已出版的未经过同行评审的或者至少缺乏学术杂志同行评审标准的报告。这些报告通常难以被采用,而且一旦被采用,人们也会注意到同一问题:未能随机分配或者缺少对蒙氏教育质量的关注。尽管有一份进程中的研究(稍后讨论)已经做得足够好,但是如今依然没有已出版的研究解决了这三个问题。我讨论了一些已经解决其中一个或两个问题的研究,我在这里讨论的这些问题,是从我在完成第一版时受到启发所做的研究开始的。

一、2006年的科学研究

为了测试蒙氏教育是否对儿童发展有实际影响,需要将一组接受过高质量蒙氏教育的儿童与另一组父母想让他们接受蒙氏教育却因为一些偶然因素未能入学的儿童进行比较。在蒙氏教育讨论会上,我第一次谈到这本书,之后,密尔沃基的一所公立蒙氏学校的校长找到了我,这所学校在威斯康星州已经开办了十年有余[与多尔曼(Dohrmann)研究中的学校不同]。这所学校一直通过抽签接纳学生,因为它每年只能容纳54名三岁儿童,但每年约有100对父母想让自己三岁的孩子来注册入学。许多公立蒙氏学校被超额预定,但是大部分学校都舍弃了许多没有抽签进入的学生。这位校长在大学学习心理学时就知道随机分配的价值,所以每年他都将这些姓名塞进文件柜里,以防有朝一日用得着。此外,这所学校还获得了国际蒙台梭利协会美国分会的认可,保证了它在教师培训和课堂实践上的高质量。这个称号意味着教师要接受九个月关于蒙氏教育的培训课程,并且这些课程的培训师本身已经接受过多年培训、通过了那些能证明他们具备教授这些课程的资质的考试(详见本书第九章)。从培训师那里接受的艰苦培训是国际蒙台梭利协会培训项目的真正特性。据我所知,其他教育机构并不会过问教师培训师是否有专业证书,更不用说国际蒙台梭利协会所要求的培训深度和广度了。除此以外,毕业前,新教师们会接受经过认证的主考官(不是他们的课程培训师)的测试,因此每一个经过国际蒙台梭利协会认证的教师都有一个外在强加的知识标准。要得到国际蒙台梭利协会的认证,所有课堂都要坚持(合理的)一套外在标准:他们有三小时工作时段,一整套蒙氏教具(缺少非蒙氏教具),三岁年龄组代表了蒙氏教育的发展水平,师幼比为1:25到1:35并且配有一名非教师助手。总而言之,这所学校具备随机分配和蒙氏教育质量两个条件。

随机分配有更高的标准。医学上的黄金定律是双盲随机分配:病人服了药片,病人自己和搜集结果数据的医护人员都不知道药片含有被测试的成分还是只是一片安慰剂。显然这不适用于学校项目。更深一层的随机分配,会选某所学校的儿童并随机将其分入蒙氏课堂或者普通课堂。这样的设计更能说明问题,我所知道的唯一一项研究是之前我已提过的启智计划(不具备有质量的蒙氏教育)。另一个最好的研究设计是这里提过的,研究中的每一位学生都是经过抽签随机进入蒙氏教育的小班级,剩下的进入待挑选名单或者进入普通学校。

学校和学区都同意参与到研究中。两个私人基金会提供基金。威斯康星州一所大学的博士生妮可·埃尔斯—奎斯特(Nicole Else - Quest)同意将材料整理组合并控制被试以换取学年论文的赞助,因而我们就可以空闲下来。

第一步是获得儿童样本。我决定测试处于刚入蒙氏小学和刚从蒙氏小学毕业的儿童,也就是五至六岁和十一至十二岁。这些儿童分别在三年前和九年前通过抽签进入蒙氏学校。

全区学校的抽签于每年二月进行,接着是众所周知的三周申请阶段。密尔沃基有非常多的学校可供选择;在研究的那一年,可供选择的学校清单大约一米厚且包括了诸多种类:从华德福教育到西班牙语浸入式学习、从艺术到环境科学。密尔沃基的所有家庭都能获得这样一本清单并且可以申请自己最想进入的三所学校。学校校长会告知学区自己学校的空位数量,电脑会将每个儿童排序并随机按照序列填补空位。

未能排上空位的儿童将进入依次等待名单。

与本研究相关的父母都将蒙氏学校列入自己的第一选择。蒙氏学校严格遵循儿童的等待顺序,除了那些通过随机抽签而接收的儿童的兄弟姐妹们。一般地,学校每年为已进入的儿童的兄弟姐妹们留五到八个空位(除了抽签名额)。由于年长的兄弟姐妹本身就是通过随机挑选而进入学校的,如果蒙氏学校的申请者每年变化不大的话,有兄弟姐妹们的家庭的其他特征仍应与对照家庭大致相同。

除了蒙氏学校和密尔沃基公立学区校长的来信,我们还发出三轮招生信,向家长们解释:

我们正在进行一项非常重要的研究,主要是评估公立蒙氏教育的潜在影响。您的儿童参与这项研究对我们理解克雷蒙氏学校的潜在影响极有价值,我们的来信旨在了解您是否愿意让您的儿童参与到这项研究之中。如果参与的话,需要您的儿童在学校里儿童和教师方便的时候花费1至2个小时。您的儿童会被研究者提问几个关于社会推理、上学的个人动机、学业知识等类似的几个问题。研究者会尽力让参与到这项研究中的儿童感到有趣和开心,而且儿童在不愿意继续的时候可以随时停止。所有程序都得到了密尔沃基公立学校及弗吉尼亚州委员会的支持以保证儿童参与研究的安全,并且广泛用于其他与儿童一起的研究。

如果您愿意让您的儿童参与,请填写附件的表格。填写此表的原因在于,我们将把克雷蒙氏学校的儿童与其他2至3岁儿童进行比较——他们的父母在随机抽签中失去了进入克雷蒙氏学校的机会。了解到这两组儿童在某些因素如收入或者教育水平方面的差异是非常重要的。因此这张表格的内容有关这些因素。这些信息将会得到严格保密,并且保证除了研究蒙氏教育和非蒙氏教育样本的相似性以外,不会被作为其他用途。

我们将这些信件(含有已填写的人口统计信息表)寄往其子女早年经过抽签进入学校的家庭,他们的家庭地址仍然在密尔沃基公立学校的数据库内——可能是因为他们的子女仍然在学校系统内。密尔沃基委员会的相对稳定性是一个巨大优势,这是我日后在康涅狄格州的首府哈特福德(Hartford)的蒙氏学校进行另外一项研究时所感受到的。数据库里仍有90名5岁儿童和86名12岁儿童,他们都是早几年申请进入学校的,这组成了潜在的控制组。在蒙氏学校,有54名的5岁儿童和36名的12岁儿童。12岁儿童更少是因为蒙氏学校的特色是金字塔形的结构,更高的年级有更少的班级。这源于家庭不可避免要搬离——有些需要搬家,其他选择了某些程度上更传统的教育——同时接收的新学生较少。3岁后进入蒙氏学校需要文化转型。举例来说,传统课堂的儿童适应于外在奖赏系统的文化。我的女儿在13岁的时候向我解释道，进入传统学校两周后，当她被问到是否需要阅读从学校带回的东西时，她说：“不，考试不考这些。”对于没有考试的蒙氏学校来说，这对形成有益的课堂文化态度不利，因此三岁后的儿童很难被蒙氏学校接收（蒙氏学校的大课堂中存在少数的传统学校的儿童不是什么大问题，因为他们会倾向于适应同伴的习惯）。

在接下来的几周里，控制组有32名5岁儿童回信，33名12岁儿童回信。除去进入其他的蒙氏学校或者在家接受教育的儿童，最终的数量是控制组的5岁儿童有25名（与蒙氏教育组的30名5岁儿童比较），控制组的12岁儿童有28名（与蒙氏教育组的29名的12岁儿童比较）。正如蒙氏教育实验中随机抽取样本所预期的那样，样本都比较相似。儿童的平均年龄和年龄范围相同，两个样本中，参与家庭的中间收入是20000美元到50000美元。两组家庭中的书本平均不到100本，父母的教育水平也相似。由于我们不想让家长感觉种族是本项研究的主要关注点，因此未获得直接的种族信息，但是蒙氏学校和密尔沃基学区都是由60%的美国黑人和18%的美国白人组成。

我还选择了一系列结果测试来分析整个人的发展，而不仅仅是学业。我们知道人生的成功取决于诸多能力——个人管理、社会技能、洞察力。我想挖掘出一系列相关能力。我选择了一些众所周知的测试——在之前提到的全国幼儿保育研究和关于儿童发展的其他研究中得到广泛应用，并且这些测试比较容易获得。接下来是对测试及其结果的说明。

我在10月的时候到密尔沃基，遇到了研究助理并为她演示了如何操作实验。她接下来对克雷蒙氏学校的59名蒙氏儿童、来自39所不同学校的53名控制组的儿童进行测试，在控制组和蒙氏儿童中来来回回。控制组的大部分儿童在城市的公立学校，但是有12名在郊区公立学校、特许学校和私人开办的学校。2月份，研究助理明显开始不能胜任测试所有的儿童的工作，因此来自弗吉尼亚的3名有能力的研究生来到密尔沃基帮忙。6月份，我们得到了一套完整的数据集合——最令人振奋的将是：这些能表明什么？蒙氏教育确实有所不同吗？简单来说，它的确有非常之处。表现在哪些方面呢？

我从5岁儿童开始。所进行的测试是标准的伍德科克—约翰逊智力（Woodcock - Johnson）测试，这个测试经常被用于评估学习问题和测量学校项目的效果。有两个测验评估早期阅读能力：单词字母，这个测试让儿童首先识别字母（指着a），接着回想字母（“这是哪个字母？”），然后阅读单词，从简单到复杂。“单词字母”存在的一个问题是儿童会从听到单词以及单词的外形来回忆，进而完成得很好，而不是通过读来完成。我用的第二个阅读测试是单词进攻，通过用没有一个人见过的、胡乱编写的单词（“zoop”）。通过这些阅读测试，蒙氏教育组的5岁儿童明显得分高于其他儿童，也就是说蒙氏教育的某些方面促进了他们早期的识字技能。

儿童在学校的另一项基本技能有关计算能力。这部分我选择伍德科克—约翰逊智力测试的应用题部分,同样是因为它被广泛知晓并应用。这部分测试以简单的数物开始,接着是简单的加法[“如果你有3辆车(图示),别人又给了你1辆,你有多少辆?”],然后拿出钟表表盘(“指出9:00”),拿出钱币(“这有多少钱?”)以及数学应用题。这其实是从简单加减到特殊知识的非常快速的跳跃(如果没有人给儿童展示过有长短针的钟表,或者硬币,那么他当然无法完成好这些问题),但是这个测试是标准的。同样在这个测试上,蒙氏教育组的5岁儿童明显比控制组的儿童表现好。

在另外3项伍德科克—约翰逊智力测试中——图片字母表、空间关系、理解方向和概念形成——蒙氏教育组的5岁儿童比控制组得分稍高,但是在这样的小样本下,差异不是非常明显。

我们进行的另外一项测试是尺寸更改卡片分类(DCCS),用来测试执行功能,这是前额叶的功能:用以指导问题解决和目标定向行为,可回顾本书第四章。在尺寸更改卡片分类中,为儿童展示一系列卡片,这些卡片上有两种颜色的两个物体(如红蓝两色的船和花朵)。要求儿童按照一定规则分类卡片(“将蓝色的放在这,红色的放在那”),在正确分类6张卡片后,给予他们另一种规则来给接下来的6张卡片分类(“将花放在这,将船放在那”)。因为儿童在初次分类的时候必须要记住第一种规则,然后在用第二种规则分类的时候又要抑制第一种规则,所以这能测试儿童的执行能力。许多3岁儿童在分类第二批的前几张卡片时操作正确,然后慢慢又恢复用最初的规则,即按照颜色(或者形状,如果这是第一种规则的话)分类。尽管每一张卡片的规则都是重复的,甚至儿童都能背诵正确的规则——但是依然会按照其他规则分类。然而,许多5岁的儿童能够应对规则的变换,这就是本项研究的情况。我们预测到了这一点,所以也准备甚至对成人来说都有难度的第三阶段:“如果卡片有黑色边框,按照颜色分类;如果没有,就按形状分类。”正确排序卡片的数量就是得分。在这个测试中,5岁的蒙氏儿童得分明显高于控制组。

另一项测试执行力的是延迟满足,也就是本书第四章所描述的由沃尔特·米歇尔(Walter Mischel)发明的经典棉花糖测试。在这里,部分儿童一点都没有等待,而其他儿童等待了15分钟,两组样本呈现出“双峰分布”。但是平均来看,蒙氏教育组的儿童比控制组的儿童多等待了两分钟。这在统计上算不上非常显著的差异结果,但是似乎也值得人们注意。

儿童也经历了“错误信念”测试,这是社会理解的标准测试。我们都知道人们现实中的行动不是依据它“是什么”,而是依据人们“怎么认为”,人们如何在“头脑中表现”它。因此,如果我认为树洞里的大片阴影是一只熊,那么我将把它按照一只熊来反映,即使它实际上只是一个石头。这是基本的理解。在儿童身上,我们通过呈现一个人拥有错误信念的情景来测试其理解力。在经典测试中(Wimmer & Perner,1983),一个叫马克西(Maxi)的男孩有一些巧克力,马克西出去玩的时候将巧克力放在抽屉里。他出去玩后,他的妈妈看到了抽屉里的巧克力并将它移到了碗柜中。测试的问题是:“马克西回来后会去哪里寻找巧克力?”结果发现年幼儿童一般都回答错误,认为马克西将会去碗柜里找巧克力,这样的结果引起20世纪90年代家庭手工业关于错误信念的研究。关键在于通过各种问法和许多测试概念的相似范例都得出一致结果(Wellman,Cross & Watson,2001)。此外这具备所谓的预测效度:年幼期通过错误信念测试的儿童往往有更多的朋友、并且他们的教师对他们的社会能力评价较高(Wellman,2014)。因此我也对儿童进行了一套标准的错误信念测试。因为这里只有两个答案选项(碗柜和抽屉),所以猜测的结果是50%的正确率。控制组的5岁儿童凭借运气回答这个问题,而蒙氏教育组的5岁儿童很明显超越了碰运气。

社会问题解决的测试是观察社会能力的另一个方法。经典的测试是20世纪70年代肯·鲁冰(Ken Rubin)设计的。这部分关注的是,告知儿童三个小片段,内容有关两位与他们年龄相仿的、正在面临社会性问题的儿童:一位儿童正在使用另一位儿童也想要的物品。举例来说,在一个故事中,一位儿童(与接受测试的儿童的性别、民族相同)已经玩了很久的秋千,另一个儿童(同样是与接受测试的儿童性别、民族相同)也很想玩秋千。接着问儿童,第二个小朋友要想玩秋千的话,可以怎么说或怎么做;为了在每个故事中获得更多的答案,会问儿童“还有吗?”以及“你会怎么做?”儿童对这些故事的回答可能非常平凡(如“说‘请。请让我玩。’”),但是有时也会具有创造性(“我会看看她想做什么、我玩秋千的十分钟内她可以做什么”)我们对这些创造性的解决办法非常感兴趣,因为他们同时考虑两个人的视角并想出一个对两个人都有好处的解决办法,这似乎表现出更高水平的社会道德推理。这些儿童尽力在找寻一个社交方面“刚好”的办法。我们将儿童的这样的回应编码为“社会公正”,并且我们发现蒙氏儿童明显比控制组的儿童更容易想出这样的办法。

对社会技能的最后一项测试将在操场实施。在课间休息时,我们对每个儿童进行了15分钟的观察,并对每分钟内儿童主要的活动进行了分类。我们发现蒙氏儿童明显更倾向于参与“积极的共享游戏”,意味着他们与一个或多个儿童一起玩,并且似乎相处愉快。他们也明显地较少参与被称作“模糊粗鲁及摔倒的游戏”,这类游戏往往比较粗鲁,观察者无法辨别儿童是在游戏还是天生就具有攻击性。最后,与许多人担心的蒙氏儿童脱离集体而学不到社会技能相反,蒙氏教育组的儿童和控制组的儿童相比,较少选择独自游戏。

除了测试的这些社会技能,在研究中出现了另外两项能显示蒙氏儿童积极方面的社交技能。第一，研究者评价与蒙氏学校的儿童一起工作是多么容易——他们懂得尊重与服从。第二，校长提到说城市巴士的司机向我们反映想要走蒙氏学校这条线路，因为蒙氏学校的儿童对巴士很友善。

在许多领域，接受蒙氏教育的5岁儿童比通过抽签进入其他学校的儿童表现得更好。那么12岁儿童呢？要知道12岁儿童是开拓者。在他们3岁进入初级班的时候，学校刚开办了两年，所以他们是第一个有5岁同学的3岁班级，并且这些5岁儿童没有更年长的同学了。在蒙氏学校，人们有时会说，学校直到第6年的时候才能运转得好，因为从高年级同学那里的学习是很重要的。如果儿童（从3岁开始接受蒙氏教育）他们自己有那些已经在蒙氏学校的年长同伴，那么这位儿童可从优秀的年长的儿童那里学习。因此，12岁的儿童处于不利地位，因为他们在较早的班级中。第二个不利有关考试。传统学校的儿童经常接受考试，而且一些伍德科克—约翰逊智力测试和这些考试相似。蒙氏学校的儿童几乎没有考试，在密尔沃基，考试在很大程度上只限于必须在某些学年进行的那种“不让一个儿童掉队”类型的考试。这也使得12岁儿童处于不利地位。

与此相一致的是，和控制组相比，蒙氏教育组的12岁儿童在伍德科克—约翰逊智力测试中的得分较高，但不是很明显。然而，在其他类型的考试中，蒙氏教育组的12岁儿童确实得分更高。其中的一项测试是补全叙事（Narrative Completion）。儿童有5分钟时间用词干补充完成一个故事：“……在学习最好/最糟糕的一天。”无任何信息的编码员通过几个因素为故事打分，包括技术错误的数量（拼写、语法和标点错误）、整体创造力、句子结构的复杂性和词汇水平。举个例子，这是一个接受传统教育的儿童的故事，讲述了一个最糟糕的一天，但这个故事的创造力却得到了很高的评价：

索拉（Sora）在学校度过了最糟糕的一天。他经历了所有考试却一无所知。他进行了数学、社会研究、阅读和语言艺术的考试。但是他什么都没学习，当考试开始的时候他迷茫地看了第一道题，他本有两个月的时间来鞭策自己。教师看了他一眼，他也看了教师一眼。索拉是如此疑惑以至于尖叫出来。每一个人都看着他并剧烈地笑他。索拉胆怯把头埋在卷子上，他不知道自己该怎么做。最后，他的分数完全不及格。

这是蒙氏学校的儿童写的有关学校里最糟糕的一天的故事，以创造性得了高分（有趣的是，这位儿童选择从教师的视角来写）。

一天，索瓦（Sova）在学校度过了最糟糕的一天。她的一位学生和她顶嘴了，然后她将这位学生带回办公室。她不知道学生是否直接去了办公室，她打了个电话问问学生是否去了办公室。当她听说学生不在的时候，她感到很担心。大约5分钟后，学生回来了。索瓦非常生气，她给学生的妈妈打了电话并告知她所发生的事情。她妈妈要求和学生讲话。5分钟后，学生挂了电话并哭了。索瓦感到抱歉，这天剩下的时间她让每个人都描绘并撰写一个相关的故事。

两组都有技术错误（并且这部分没有分数差异），但是总体来讲，蒙氏教育组的儿童所写的故事在创造性、所使用的句子结构的复杂性、词汇水平方面都得分更高。以上展示的两个故事也揭示了蒙氏教育组的儿童和控制组的儿童在另外一个方面的差异——其他类型的考试所显示出的方面。也就是说，儿童认为学校是一个友善的地方还是不友善的地方，似乎有不同的感受。

对“活动”和“感受”的测试有几个子测试，包括“对学校和教室的感受”。在后者方面，有显著差异。这方面的条目如下：

我所在班级的学生互相关心

我所在班级的学生愿意尽力地去帮助别人

我所在班级的学生尊重别人

学校里的人互相关心

学校里的学生会一起努力解决问题

我所在班级像一个大家庭

当我遇到问题时，别的学生会来帮忙

这个班级的学生会在学习上相互帮助

学生们会以“完全不符合，有点符合或者非常符合”进行打分。蒙氏学校的儿童在这些条目上得分明显更高。这与拉桑德（Rathunde）和奇克森特米海伊（Csikzentmihalyi）的研究相符合，这个研究会在本章的后面部分阐述，但是在他们的研究中，儿童未被随机分配至蒙氏学校或控制组的学校。比如，蒙氏教育的许多方面可能有助于增强社区意识，花3年时间与相同的儿童（和教师）在一起，让3岁的混龄小组按照自己的意愿选择项目，不让成绩和外在的奖励增强学生之间的竞争意识。当然，学生在6年级时去了解自己的同学是一种不错的方式，但在之前的故事中差异也非常明显。

另一项测试以另一种方式表明了社会问题：12岁的儿童将如何解决社会问题。学校故事（Crick & Ladd，1990）为儿童呈现了6个故事，如以下的“午餐故事”：

有一天，你正在寻找一个地方坐下吃饭。你看到房间对面有一位认识的儿童在吃饭。他们互相边吃边笑，似乎很开心。你走过去，坐下并给大家打招呼。他们看了看你，不以为然，什么都没对你说。几秒之后，他们又开始互相交谈，但是没人理睬你。

读完这个故事，给儿童几个必答问题，有关他们如何应对这个矛盾，分别代表公开攻击、关系攻击、自信友善、回避：

这种情况下你会怎么做？

A.我会对他们发起一个问题以进入交流

B.我将攻击桌子上的一个儿童

C.我会转移到另一桌

D.我会对我的朋友讲这些人的坏话

蒙氏儿童很明显比控制组儿童更容易选择最积极的回应（自信友善，如选项A）。

总之，在我有关蒙氏教育效果的第一项研究中（Lillard & Else - Quest，2006），通过抽签而随机分配进入低收入城区的、正规的蒙氏学校的儿童在许多方面比同地区那些在抽签中失去机会而进入其他各类（大部分）公立学校的儿童表现得更好。在5岁时，表现在几乎所有方面；在12岁时，主要体现在社会性和书写方面。关于后者，目前尚不清楚蒙氏教育的一些优势是否会随着时间的推移而减少，或者因为12岁儿童是学校最早的班级所以12岁儿童处于不利地位。关注这方面的一个研究是多尔曼及其同事早前进行的，这项研究对这一点有一定的解释。（这研究）针对密尔沃基不同的公立蒙氏学校——通过抽签招生的，发现了蒙氏学校毕业生在数学—科学方面发展效果更好。但是她未能关注抽签失败的儿童，所以对我的研究意义不大。

二、蒙氏教育实施的多样性

这些年通过埃尔斯—奎斯特（Else-Quest）成果的出版，我在《科学》杂志上的研究以及多尔曼等人的文章，并随着蒙氏教育委员会为第一所蒙氏学校庆祝100周年和这本书第二版的发行，我拥有了去全世界大胆论述蒙氏教育和参观教室的机会。我所看到的蒙氏教育实施的多样性令人震惊。

我看了蒙台梭利博士所形容的那些学校，那里的儿童幸福而平和，完全专注于工作；儿童之间的互动自然而亲切；教室里整洁有序，有充足的蒙氏教具，没有无关事物；每个教室的教师正在观察儿童，或者给一位儿童或者一个小组上课。另一方面，我看到了能被形容为“混乱”的教室：儿童用“红棒”当枪，没有收拾好工作、没有摆好椅子、没有将教具放进架子，似乎未进入专注状态或者对别人表示友好。在有些教室，大量的塑料玩具与蒙氏教具混在一起；有时会有几名成人徘徊在儿童周围（不清楚哪位是教师）；等等。这些学校都被称为蒙氏学校，负责人认为他们正在实施蒙氏教育计划。基于本书各章节的检查清单（有自由选择吗？学习是否置于背景之中？），可能除了“秩序”，这些学校的其他方面都做得不错；确实，我用这张检查清单试验后发现，我认为实施得很好的蒙氏学校与我认为已经误入歧途的那些学校在得分上并无区别。

在我观察大量蒙氏学校期间，我突然想到一个认为对蒙氏儿童积极影响较少的研究（Lopata，Wallace &Finn，2005）。这项研究比较了四所学校的四年级和八年级学生，一所是公立蒙氏学校，一所学校非常有吸引力，一所提倡“回归基础”设计，最后一所学校是归行政区管理的、数学和语言艺术标准化测试合格、并没有太大吸引力的学校。虽然行政区仅仅被指定为一个“纽约西部大型城市地区”（p.8），并且我未能亲自向作者确认，那时并没有很多蒙氏公立学校有八年级，作者也都是基于布法罗（Buffalo）市的情况，所以很可能是布法罗市唯一一所开办的公立蒙氏学校。四所学校在人口统计学上很相似，但是为了以防万一，研究者在他们的分析中控制了性别、种族和社会经济地位。

四所学校在四年级的语言艺术方面差别不大。在数学方面，蒙氏儿童比有吸引力学校的儿童得分高，但是与传统学校的儿童相比表现不太好。四所学校在八年级数学方面的表现差异不大，但是在语言艺术方面，蒙氏学生与其他学校相比，表现不太好。

之前所描述的两个研究表明的蒙氏儿童与其他儿童相比，表现相当或者更好，但这里的蒙氏儿童却表现更差，如何解释这些差异呢？一个可能性是发展。也许蒙氏儿童与其他学校类型的儿童相比，有不同的发展轨迹，比如他们在早期时候表现更好，在初中表现不佳，接着在高中又胜过他人。这也许符合蒙氏教育提出的童年时期对其他成长阶段意义重大，而且不适合过于强调智力、努力。所以需要更多关于蒙氏教育的纵向研究来验证这一点。

但是还有另一个可能，即质量差异是由于实施的保真度不同。洛帕塔（Lopata）和同事们注意到他们的研究没有处理保真度，因为他们仅仅是研究现存的学校教育。我检查了布法罗市的公立蒙氏学校2007年的网页。很明显这所学校尽力地践行蒙氏教育理念，但也揭示了几个关键的偏差、家庭作业的安排，分数以及大量的“特色（课程）”：不同的教师教授着非蒙氏教育课程。每一个家庭作业的安排（根据定义）与自由选择的原则相抵触，分数显然是来源于外在的评价，“特色（课程）”是在减少课堂专注力、破坏自由选择、减少（使用）经精心选择的具有内在联系的蒙氏教具的时间。

洛帕塔的研究并不是唯一一个从明显不真实的蒙氏教育项目中表明蒙氏教育的不佳效果的研究。克拉夫特（Krafft）和伯克（Berk）（1998）表明蒙氏学校的个人演讲比以游戏为主导的传统幼儿园少，但个人演讲与更好的自我管理有关，这在幼儿园很盛行。但是，研究中所描述的蒙氏学校与蒙台梭利博士在书中所描述的蒙氏教育有明显区别，因为书中的蒙氏教育“在桌子和地板上都设有‘工作站’”(p.644)和一小段工作时间。考虑到这些结果再加上早期的启智计划研究实施也很差，以及我在世界各地的蒙氏学校看到的差异程度，我想知道是否对真实蒙氏教育实施的偏离能够解释现存研究的不同结论。这是我的下一个蒙氏教育研究的问题：实施的保真度是否与蒙氏教育效果有关，或者是“蒙氏教育方法”的实施与更好的效果有关系？

经典的补充研究

这项研究采用易获得的来自四所蒙氏学校的12个蒙氏班级的一组儿童样本(Lillard,2012)。作为对实施保真度的测试，我想看看相对于其他材料，有多少儿童在任何特定时刻在使用蒙氏教具。当然，这只是保真度的一小部分代表，但是我能推断那些将非蒙氏教具隔离在教室之外的教师很可能也会将非蒙氏实践隔离出去。采用这个代表的挑战是关于蒙氏教具是什么，但没有形成完全一致的答案，因为蒙台梭利博士自己也没有留下名单。为了获得初级蒙氏教具的清单，我与培训蒙氏教师的人一起做了一项研究(Lillard,2011a)。并列出了一份清单，我们可以在一学年中的四个观察点用这份清单来确定班级里有多少儿童在使用蒙氏教具。因此，研究助理会带着一份清单，上面列出了小学阶段所需的所有蒙氏教具，在每个班级待五分钟；唯一的规定是在工作时间进行观察，而不是在圆圈时间或用餐时间。观察者浏览教室并记录每个儿童的所作所为，我们将使用蒙氏教具和参加其他活动的比率绘制成表，然后将每个班级的四个观察点平均起来，得到一个参与度的百分比分数。

与我在游历中的观察相一致，12个班级中每个班级的儿童使用蒙氏教具的百分比存在诸多差异：四个观察点平均来讲的波动范围是38%—100%。但是，在许多方面，12个班级都遵循最基本的蒙氏教育：都有三个年龄段分组(3至6岁)，教师以个体或小组授课，许多蒙氏教具都被放置在很低的架子上以便儿童按照意愿拿取，没有很明显的外在奖励，等等。虽然有些班级的工作时间不足三小时，但是都至少保证了两小时的时间专注于工作。尽管在所有这些方面都是“蒙氏教育”，但在儿童使用蒙氏教具时的投入程度方面有巨大差异。

在这方面，12个班级分为两组。在三个班级中，基本上全部(98%—100%)的儿童在观察期间都使用了蒙氏教具。在其他九个班级，使用比例从38%到56%不等；剩余时间儿童进行其他活动，比如艺术和手工活动，商业游戏以及写练习册。我把前者称为“经典班级”，把后者称为“补充班级”。

我也有兴趣将两种蒙氏教育形式与传统学校教育相比较，看看补充班级是否比传统学校做得更好。因为在这项研究中，儿童不是通过抽签进入私立蒙氏学校的，因此“那些为子女选择蒙氏学校的父母”这一相关因素是一个问题。为了解决这个问题，研究人员通过询问在蒙氏学校学习的儿童的父母"如果未能进入蒙氏学校，您的儿童将进入哪所学校？"排名靠前的几个选择是公立学校，但是社区内的两所私立学校也得到了较多选择。这两所学校有六个学前班级，他们同意将其作为传统教育的代表。人们认为的好的私立学校内的学前教育是这样的：有角色扮演游戏，有阅读、数学、科学和历史课，有音乐、艺术和西班牙语的设置等。一个主要区别在于儿童按年龄分组，三岁、四岁和五岁的儿童在不同的班级。除此以外，虽然各种类型的学校的儿童平均年龄相似，但是总的来讲，传统学校的儿童比蒙氏学校的儿童稍年长一点（大约大半岁）。各类型学校中父母的文化程度、种族和性别都相似。

在密尔沃基的研究中，我们在一学年里对所有儿童仅仅测试了一次，但是我们进行了抽签设计以确保样本的相似性。在这项研究中，控制主要来源于两方面：一方面是控制与发展差异相关的父母变量（收入，文化程度）；另一方面是通过前测设计和后测设计，得到学年开始时的儿童得分，接着在学年末对儿童再进行测试。因此这项研究测量了儿童的成长，并了解："通过学校教育，儿童的得分从秋季到春季有何变化？"

在密尔沃基研究中，我对测试有关人生成功的各种不同发展结果很有兴趣。第一项是执行力，这里用头、脚趾、膝盖、肩膀（HTKS）进行任务测试。（也用了第二个"延迟"任务的测试，但是后期发现存在问题，有兴趣的读者请参阅本文进行讨论。）HTKS是一种"对立面"任务，类似于"西蒙说"。实验者告诉儿童："当我说请拍拍你的头时，我是想让你摸摸你的脚趾头，当我说请摸摸你的脚趾头时，我是想让你拍拍你的头。"如果儿童能很好地完成10个这样的口令，接下来就会添加第二条规则（膝盖/肩膀），如果他们能很好地完成10组两套规则的话，那么规则将变换（头的意思是膝盖等等），而且会听到不止10个口令。秋季的时候，这个任务的完成没有差异性。但是春季的测试揭示了不同班级类型测试结果的明显不同。具体来说，蒙氏教育的经典班级得了13.72分，而蒙氏教育的补充班级得了7.22分，传统学校的得分是7.67分（图11.1）。在经典的蒙氏教育中，这种增长在三岁的儿童中尤其明显。

在这项研究中，我们不像在密尔沃基研究时那样仅仅用错误信念来测试人们的心理理论，而是用一系列任务探寻难度等级不同而呈现的心理状态差异（Wellman & Liu，2004）。

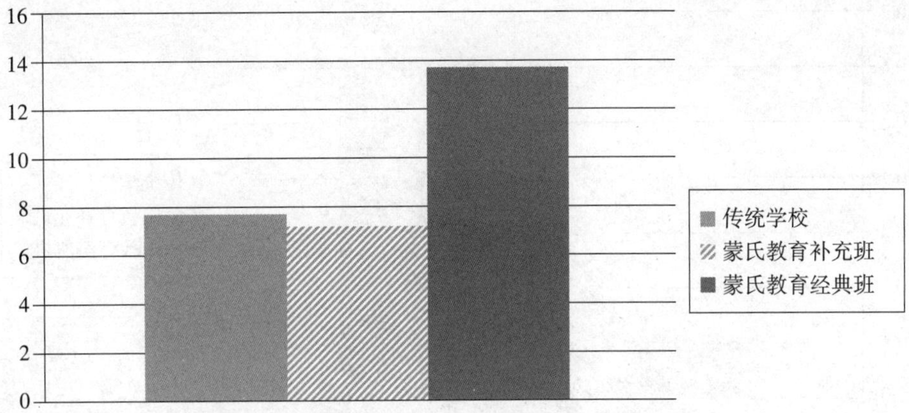

图11.1　头、趾、膝、肩任务(HTKS)的学年变化

统计显著性检验：$F(2,170)=11.09$，$p<0.01$。

儿童首先接受了错误信念任务测试。在这里，没有采用上次马克西和他的巧克力这个片段，而是给了儿童一盒创可贴，并被询问他们是否知道里面是什么。儿童大多能猜到具体内容；如果不能，会提醒他们(盒子里经常放的是什么?)，接着就会猜对。接着，打开盒子，并展示其中的内容，接着实验者会说："啊！快看，里面放的是一支铅笔！"然后关上盒子，拿出一个洋娃娃。实验者会解释道，这个洋娃娃(Peter)从来没在盒子里见过，然后会问儿童他认为里面有什么，里面实际上放的又是什么。对两个问题都能回答正确的儿童会得到2分并接受一个更难的任务以评价他们是否能理解情感是可以被隐藏的。答错一题的儿童不得分，并会接受一个相对简单的任务以评价他们的知觉通达。也就是，一个人必须通过看到才能知道是什么。

在知觉通达任务中，会拿出一个没有特征的木柜子，柜子里有密闭的抽屉，抽屉里放了一个小壳子，问儿童"你认为抽屉里有什么?"不管儿童回答什么，实验者都会说"我们来看看，"接着打开抽屉。"真的有一个壳子！"然后实验者会说明，一个叫波莉(Polly)的洋娃娃没见过抽屉里的东西，他拿出波莉并问儿童，波莉是否知道里面有什么。对于更难的"隐藏情感"任务，儿童会被告知一个关于乔伊(Joey)的故事，研究人员会告诉他们乔伊"很想在生日的时候得到一辆自行车，他认为他的叔叔将给他一辆自行车"。但是，他的叔叔给了他一个球。接着问儿童，当乔伊"拿到球的时候是什么感觉?"和"当乔伊得到球的时候他的'脸'是什么样的?"儿童可以口头说出答案也可以从5张包含非常悲伤到非常喜悦的表情图中指出对应的表情。

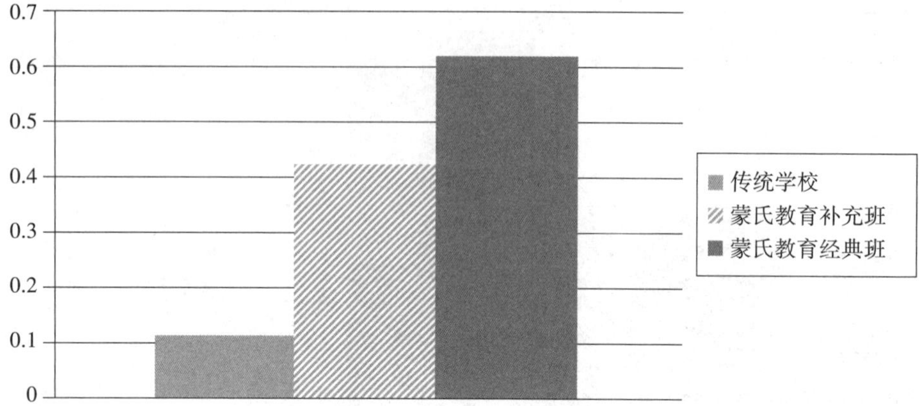

图 11.2　心理理论的学年变化

统计学显著性检验:Kruskal-Wallis 非参数检验 $p<0.05$。

对于心理理论,皮尔逊—卡方(Pearson Chi-squared)检验测试表明组内差异在秋季的时候不明显,但是在春季明显(图11.2)。具体来说,虽然传统学校组和蒙氏教育的经典班级没有区别,但是他们都比蒙氏教育补充班级的儿童得分高。回想一下,传统学校组的儿童稍大一些,这就可能解释了为什么他们在一些任务上比蒙氏教育补充班级做得更好。

在下一个社会性理解的任务,也就是密尔沃基研究中用的社会问题解决任务中,传统学校和蒙氏教育经典班级有明显差异。为了节省时间,这个研究我们只用了一个故事,因为儿童往往对所有故事的反应方式相同。给儿童看一系列图片,图片上的两名儿童与他们性别相同,年龄相似,其中一名儿童阅读一本书已经很久,另一名儿童很想看这本书。这个任务中的差异很突出,蒙氏教育经典班级的儿童表现出这一学年的成长,因为他们倾向于利用社会性策略将两名儿童的立场都考虑在内,而其他组的儿童没有表现出自己的成长(蒙氏教育补充班级)甚至是表现出从秋天到春天的能力倒退(传统学校组)(图11.3)。

对于所有的学业任务(来自伍德科克—约翰逊智力测试的“字母单词”“应用数学问题”和“词汇卡片”,分别见图11.4、11.5和11.6),在蒙氏教育经典班级中存在显著差异。具体来说,蒙氏教育经典班级在“字母单词”方面的得分增长(平均)超过11个项目,而另外两组的不足6个项目。对“应用问题”来说,补充班级的儿童和传统学校的儿童的得分分别是3和3.5,相对来说,蒙氏教育经典班级的得分是4.5。在“词汇卡片”方面,蒙氏教育经典班级的得分增长接近3分,而其他两组的得分增长基本上是1分。

总体而言,这项研究有力地支持这一观点:专门使用蒙氏教具的蒙氏班级的儿童在经常从事的活动和受到传统教育重视的活动中都表现出众。有个令人感兴趣的问题,那就是教具本身对这样的结果有多大作用。

图11.3　社会问题解决任务的学年变化

统计学显著性检验：ANCOVA：$F(2,170)=2.30$，$p=0.03$。

简单的计划对比蒙氏教育和传统项目（0.54，$p=0.04$）。

一位校长建议我调查一下这个问题。在学期中间，移走一所学校内两个小学班级（共三个小学教室）的非蒙氏教具。儿童随后接受测试，然后4个月后再接受测试。我们发现儿童的执行能力（HTKS）和字母单词的得分明显高于另外两个班级，被移走非蒙氏教具的班级的儿童在数学方面也更优秀（Lillard & Heise，2016）。虽然是一个小研究，但也表明儿童在仅有蒙氏教具的教室中成长更快，这证明了仅有蒙氏教具这一点有作用。

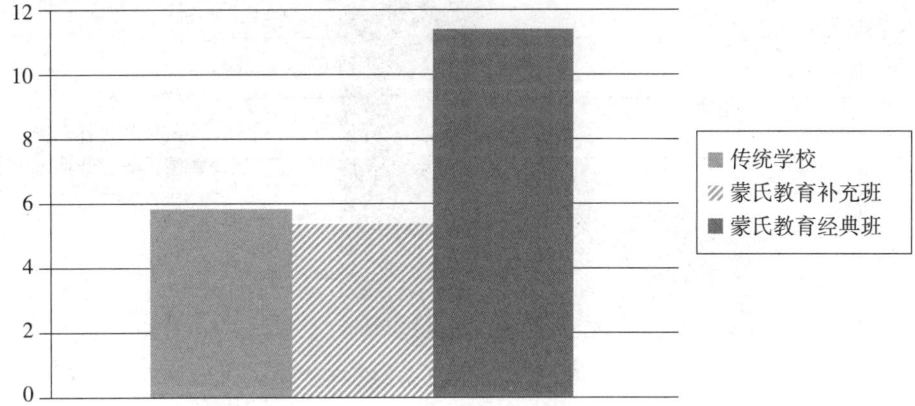

图11.4　字母单词任务的学年变化

统计显著性检验：$F(2,169)=4.17$，$p=0.02$。

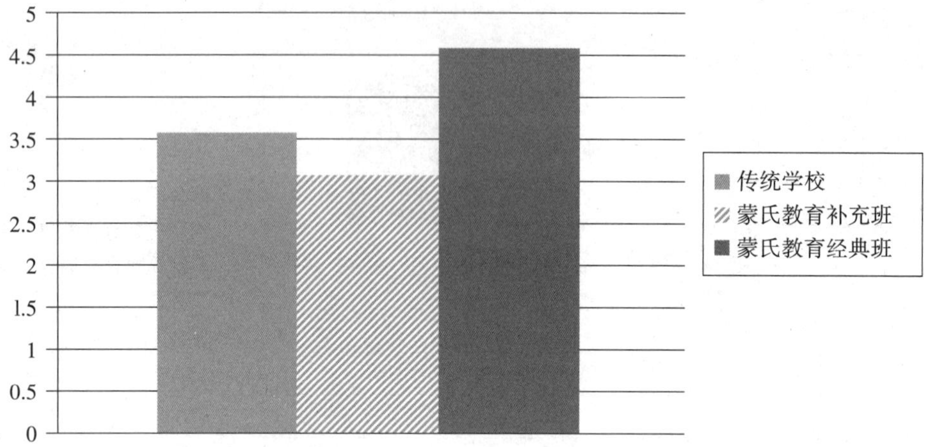

图 11.5　应用数学问题任务的学年变化

统计学显著性检验:Kruskal-Wallis:6.37,$p<0.05$。

使用蒙氏教具的儿童的比例似乎是实施保真度的一项重要指标。实施的保真度确实对蒙氏教育的效果有影响。虽然儿童做得好的方面可能来自蒙氏教育实施的其他方面——而且可能来自他们在蒙氏教育补充班级和传统教育的影响——这里的一系列测试(执行力,社会知识和技能,以及早期学业技能)中,蒙氏教育经典班级的儿童在学年的收获最大。

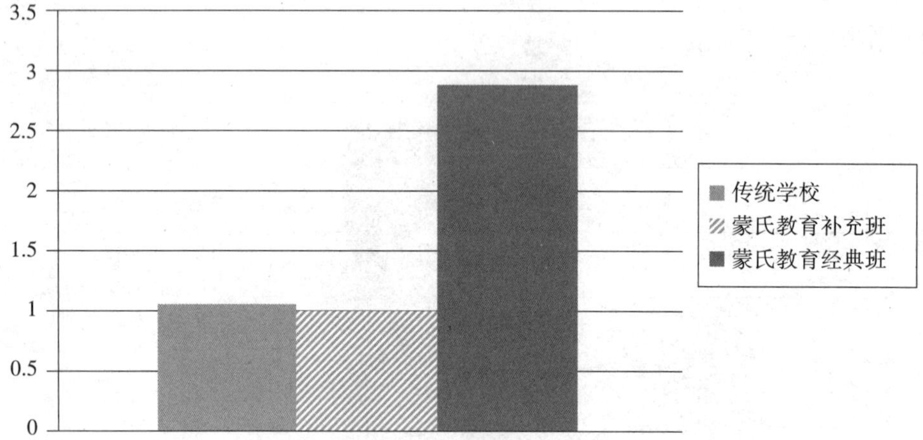

图 11.6　词汇卡片任务的学年变化

统计显著性检验:$F(2,168)=4.08$,$p=0.02$。

三、近来关于蒙氏教育的其他研究

迄今为止,我已经回顾了从第一卷出版至今的五项研究(Dohrmann et al.,2007;

Lopata et al.,2005;以及我的三项研究)。虽然有关蒙氏教育的高质量研究不多(Walsh&Petty,2007),但是也有另外几个值得一提的研究。

拉桑德(Rathunde)和奇克森特米海伊(Csikzentmihalyi)(2005a,2005b)报告了两项有关蒙氏学校和传统中学的学生的社会风气和动机的研究。样本与许多变量匹配,包括种族多样性,父母受教育水平以及父母的就业率。五所蒙氏学校被精心挑选为高质量项目。大约300名学生对“经验取样法”做出了回应。在这个方法中,他们在一星期内每天会被随机按8次蜂鸣器,接着会填写一份有关这几天他们感觉如何的问卷。第一项报告(2005a)涉及动机,并且在本书第五章有提及。除了学业背景,两组在情感和动机上比较相似。与控制组相比,如果控制一系列相关变量,蒙氏学校的学生更专注,更有活力,更具内在动力和完整的兴趣,也能在做学校作业的时候融合高度的内在动机和意义。传统学校的学生在做学校作业的时候表现出更高的显著性,但是这伴随着的是较低的内在动机。第二项研究关注对学校和学校环境的感受。蒙氏学校的学生感受到更多的教师支持、情感温暖和课堂秩序。他们会参与更多的学业工作和学校的杂务工作,但是社交活动较少,在闲暇活动如看电视或者其他媒体,吃饭等方面花费的时间较传统学校的学生少。在课堂活动中,蒙氏学校的儿童会花费更多的时间在合作性工作上,更多的时间在个体项目上,更少的时间在讲座等被动倾听活动上,更少的时间在观看媒体上。虽然他们说自己与同学在一起的时间较多,但是研究发现他们更经常与朋友在一起,这说明他们更倾向于将班级同学看作自己的朋友;这在八年级尤其常见(在六年级就没这么常见了)。这两项研究呈现了非常不同的两幅场景,即高质量的蒙氏中学与服务相同人群的传统中学的生活是什么样的。除了我在密尔沃基的研究中提出的几个与这些问题相关的问题外,这两项研究在解决蒙氏学校的风气和动机方面是独立的。近期的两项研究是有关创造力的。

贝桑松(Besancon)和吕巴尔(Lubart)(2008)测试了法国小学的创造力,发现与传统学校和法国的替代教育“Frienet”相反,一年级到四年级的蒙氏学生最具创造性。这里没有提及蒙氏教育的实施质量,儿童也没有经过匹配和随机分配,所以不清楚是什么导致了这样的结果。近来的另外一项研究(Kirkham & Kidd,2016)发现蒙氏小学班级的儿童在绘画上的创造性较弱[与考克斯(Cox)和罗兰兹(Rowlands)早期的斯泰纳—蒙台梭利绘画比较相呼应,2000],并且与斯泰纳学校的学生相比,更倾向于选择替代物品而不是虚假的想象物。在这些研究中有许多关于研究设计的问题,但是也可能是因为斯泰纳学校的儿童确实在这些方面表现更好,他们的课程更强调自由流畅的创造性和想象力,并且没有采取其他措施。

近期的其他研究考察了蒙氏儿童的精细运动技能,因为有研究表明学前精细运动技能会显著预测学业成功(Cameron et al.,2012;Grissmer et al.,2010)。巴蒂亚

(Bhatia)、戴维斯(Davis)和沙马斯—布兰特(Shamas - Brandt)(2015)使用了前测和后测设计来比较蒙氏学校的50名五岁儿童和同年龄段的一所优秀乡村学校的儿童。经前测控制差异后,蒙氏儿童在接近学年末测试时表现出明显更强的精细运动技能。正如不必对斯泰纳学校的儿童在艺术创造测试上表现出色感到意外一样,使用蒙氏教具的儿童在精细运动技能方面表现出色也不足为奇——但是鉴于它的预测价值,这是非常重要的信息。

安萨里(Ansari)和温斯洛(Winsler)(2014)调查了2002年到2007年迈阿密第一所公立学校幼儿园(pre-K)里的上千名儿童的考试成绩;有770名儿童在蒙氏教育机构,近一万三千名儿童在海因斯科普(High Scope)幼儿园。近三分之一的蒙氏儿童是拉丁美洲人,大部分儿童在家中讲西班牙语,三分之二的蒙氏儿童是黑人(正如文章中所说)。儿童在秋季和春季接受认知、语言和精细运动技能的测试,以及来自教师和父母对社会技能和行为问题的评价。最重要的发现是所有儿童都得到了pre - K教育的帮助,但是与其他组相比,拉丁美洲的蒙氏儿童从秋季到春季成长更多;黑人儿童在学校教育下的变化不大。虽然我认同调查的大量数据,但是有关这项研究我有两个问题。首先,我质疑蒙氏教育的实施;作者声称遵循了经典的蒙氏教育的实施,但是并没有具体的支持性证据。实际上,这里唯一提供的具体信息是,教室里的儿童被限制在四岁;因为三岁的年龄跨度是蒙氏教育的关键,所以这是对经典实施的严重偏离。第二,他们声明五所蒙氏学校主要位于黑人区,三所主要位于西班牙裔区。没有实施保真度的保证,可能那三所拉丁美洲学校运行得更好,而不是蒙氏教育课程对拉丁美洲儿童的影响。考虑到种族差异,我那篇关于密尔沃基的研究和多尔曼的研究在非裔美国人占主导地位的密尔沃基城市学校中取得了积极的结果。我正在康涅狄格州的哈特福德(Hartford)进行的高保真蒙氏公立学校的纵向研究,应该会对种族和蒙氏教育成果有更多的了解。

近期发表的两项研究专门针对数学和蒙氏教育,因为蒙氏教具应该支持儿童学习场所的价值。第一项研究(没有涉及蒙氏教育的项目的质量,也没有提供太多关于所使用学校的信息)对幼儿园一年级、二年级和三年级的儿童进行了纵向测试(不同时间点的不同方面)。在幼儿园中,蒙氏儿童比其他儿童表现得好,但是这种优势会随时间消失(Laski,Vasilyeva & Shiffman,2016)。形成鲜明对照的是,与第一项研究目标相同的第二项研究发现了"睡眠者效应",在幼儿园结束时蒙氏儿童与传统学校儿童表现相似,但是二年级时蒙氏儿童比传统学校的儿童在数学方面表现明显更好(Mix,Smith,Stockton,Cheng & Barterian,2016)。为了关注教育质量,这项研究提到涉及的三所蒙氏学校在当地都名声很好并且已经运行了超过25年:一所得到了国际蒙台梭利协会的认可,而且另外两所学校的教师要么是得到了国际蒙台梭利协会的认可,要么是得到了美国蒙台梭利协会(AMS)(American Montessori Society)的认可。蒙氏儿童尤其擅长解决概念性的数学问题。这项研究的灵感来自发现那些接受过传统教育的儿童,他们在接受蒙氏教具的培训后,数学也有了更高的进步。需要进一步的研究来梳理这两项关于数学表现的研究产生不同的结果模式的原因。这些差异可能是由实际的数学测试造成的。如上所述,米克斯(Mix)(2016)等人的研究发现蒙氏儿童在更深层次的概念理解测试中表现尤其出色。举例来说,在"学校销售"问题中,儿童必须要理解等级关系;他们被要求搞清楚当每个袋子能装5个橡皮时,需要多少个袋子装38个橡皮。拉斯基(Laski)等人(2016)在研究中所用的测试更加基础,例如在没有语境的情形下解决简单的减法问题。

最后,值得一提的是一项新研究。佩特(Pate)等人(2014)用加速计监测了9所蒙氏幼儿园和8所传统幼儿园共301名学前儿童的体育活动。控制了性别、种族、父母受教育水平、社区贫困以及身体质量指数,蒙氏儿童明显比传统学校的儿童活动量大。

蒙氏教育研究还处于初级阶段,但是可以预计大量成果即将出现。我了解到两个测量蒙氏儿童的神经功能的团队、两个致力于蒙氏教育研究的杂志:美国的《蒙氏教育研究》,欧洲的《蒙氏教育研究与教育》近期已开始着手,想要弥补这方面的空白。希望在未来几年里,我们将对蒙氏教育的成果有更全面的了解,包括该项目的不同变化。

四、本章小结

虽然在2005年前已经进行了有关蒙氏教育的研究,但是重要的方法论问题以及蒙氏教育实施质量的低下导致研究无果。不过情况正在好转,我已经做了两项有关高度保真的蒙氏教育研究,一项利用了抽签方法,另一项用前后测法,并得出了非常有意义的结果。近期正在进行的研究整合了这两个方法和为期三年的纵向设计,并配合了相当大的样本规模。其他人也贡献了非常重要的研究,虽然未能充分关注蒙氏教育的实施质量,尽管如此,其所展示的有趣结果也为后续的探索奠定了基础。

第十二章　儿童教育

为重建社会而进行的最紧迫的活动之一是重建教育。它必须通过……给儿童提供一个适应他们(本性)的环境得以实现。

——玛利亚·蒙台梭利(1949/1974,p.100)

正如在公众讨论中很少注意到的那样,构成我们传统教育体系的主要教育模式并不适合儿童。尽管有些儿童在这套体系下表现得很出色,但学生普遍认为学校是充满痛苦的,并且不是特别有趣。这说明肯定有些地方出现了问题。学习本可以是一件引人入胜、鼓舞人心的活动,因此学校教育应该被认为是愉快的。问题根源在于我们传统教育的基本模式与儿童的天性并不匹配。

这个问题有多严重呢? 显然并不是每一所学校提供给学生的教育都是那么糟糕。许多进步学校已经采取了更适合儿童学习方式的做法(不打分,并辅以大量的小组活动)。有些人可能会担心,以这种方式接受教育的儿童在竞争更激烈的文化中不会取得好成绩,但事实表明儿童显然做到了。对于那些接受传统基础教育的儿童来说,优秀的教师仍然可以激励儿童,尽管在这本书里所呈现的调查研究表明,在不同的教育体系中学习的学生最终取得的学习效果会更好。在没有接受最优秀教师教育的儿童中,那些来自灌输强烈教育价值观并且帮助儿童学习在学校取得成功所需技能的家庭的儿童在学习中表现仍然相当好。

但情况本可以好很多。在考虑教育改革时,重点往往是教师与家庭因素或者相对次要的项目问题而不是学校教育的基础。过去的"不让一个儿童掉队"的测试项目本应通过让学校负责的方式来改善教学,还有许多项目试图通过很少的改变或帮助家庭来改善学校教育。但这类项目正在打一场硬仗,因为问题的根源比我们想象中的要复杂。我们文化体系中学校应该提供的教育模式与儿童实际该有的学习方式并不相符。儿童在工厂里是不会茁壮成长的,在工厂里,他们都受到同样的对待,被动地从一节课学到下一节课。他们在填鸭式教育下也不会学得多好。从杜威开始的进步教育家已经意识到这一点,并且过去半个世纪的心理学研究也充分表明,儿童在积极构建他们自己的知识体系。

设计适合儿童天性的教育体系的正确方式就是研究儿童如何学习与发展,并相应地改变学校。这正是蒙台梭利博士一个世纪前做的事情。她对儿童的见解精辟地预测了当今心理学研究的几个主要原则。事实上,许多原则都与美国心理学会的心理学家联盟最近发表的二十大教学和学习原则相对应(APA,2015)。

大脑与手是密切相关的,当我们能够以与大脑认知相一致的方式运动我们的身体时,我们学习效果最好。这并不奇怪,因为我们的大脑进化是为了行动,为了适应环境。传统的学校教育并没有注意到这一事实。但蒙台梭利博士很久之前就明白了这一点。

当人们能够对自己的生活与环境做出选择,而不是受别人控制的时候,可以得到更好的发展。传统的学校教育不允许儿童得到自主选择权。但在蒙氏课堂里,在对儿童有益及对社会有利的范围内,儿童可以自行决定什么时候做什么。让儿童有这种自由体验自己做选择的过程,对儿童来说是一项重要的生活技能。它还建立了一种情境,在这种情境中,儿童必须学会自我调节,而不是极大程度受外部因素的控制。

在生活中取得成功的最重要预测因素之一就是执行功能。传统的学校教育由于过于注重学术内容,而不是儿童个性发展,已经变得失败。蒙台梭利博士认为,对注意力的控制是人类发展的基础,人类许多积极的发展都源于此。正如学校和美国心理学会心理学家联盟所表达的那样,“学生的自我调节有助于学习,而且可以教授自我调节技能”(APA,2015,p.6)。在蒙氏教育看来,自我调节比这更基本,而且自我调节技能会在设计好的情境中展现出来。

人们对自己最感兴趣的主题学习得最好。传统的学校教育中,所有的儿童按照预先制定的课程进行学习,不能很好地回应儿童个人的兴趣。蒙氏教育允许每个儿童选择学习的内容和时间,如果儿童没有完成部分课程,则偶尔会受到限制。小学生会投入大量时间研究和撰写个人感兴趣的主题。儿童的学习会从一个深层的兴趣核心开始,延伸到所有的课程中,而不是让所有课程都按照预先的顺序和时间进行。用美国心理学会心理学家联盟的话来说,“当内部动机大于外部动机时,学生倾向于享受学习,学习表现得更好”(APA,2015,p.6)。兴趣就是内部动机。

非常年幼的儿童有学习的动力,但在传统学校里,儿童的这种内部动机在逐年降低。部分原因可能是传统学校教育以星级和分数的形式作为奖励。大量研究表明,当人们在没有奖励的情况下,已经有动机去做事情却获得奖励时,他们的动机就会下降。蒙台梭利博士的第一批学生使她发现,内在奖励足以激励他们在学校学习。还有部分原因也许是蒙氏教学非常有趣,儿童不需要外部激励。没有外在的激励因素,儿童也会维持掌握目标,而不是采用表现目标。美国心理学会心理学家联盟指出:“当学生采用掌握目标而不是表现目标时,他们坚持面对具有挑战性的任务,并且更深入地处理信息。”(APA,2015,p.6)

美国心理学会心理学家联盟还指出,“学习发生于多种社会环境中”,人际关系对学习很重要。然而,在传统的学校教育中,学前阶段是历史上唯一公认的社会学习的重要时期,只有这样,儿童才能在每天的大部分时间里自由社交互动。当儿童上小学时,社交时间就结束了:儿童通常在不同的课桌间换来换去,而且必须独自学习和考试。然而,这与我们对儿童的了解相反:学前儿童往往更喜欢玩平行游戏(儿童模仿其他儿童的游戏,但是并不主动加入他们),因为他们的社交技能往往没有得到很好的磨炼。在小学里,儿童变得非常喜欢社交,非常想要与他人互动。蒙氏教育所教的儿童就是现在的样子。因为事实上:儿童可以从同龄人和好的教具中学习得很好,不需要教师的一对一或一对多教学。小学生通常喜欢一起学习,当他们在一起学习时,儿童会学习得很好,在蒙氏课堂上,他们就可以这样做。

传统的学校教育通常将学习与使用情境分开。导致的结果之一就是,有时儿童在学校学习信息和程序,却看不出这些信息和程序与学校情境有什么相关性,或者不知道如何在学校以外的情境中应用。在蒙氏课堂上,动手实践的教具提供了一个可以使应用性更加凸显的情境。随着儿童年龄的增长,个人兴趣通过"走出去"计划将他们带进社区,让学习直接与其产生和应用的情境联系起来:"学习基于现实情境。"(APA,2015,p.6)

传统的学校教育似乎并没有规定教师应该采用何种教学方式,但是心理学研究明确提出成年人与儿童的最佳方式。儿童需要坚实的支持和温暖的爱,我们需要以认识到儿童需要自由和指导的方式来对待她们。对儿童进行静态的个人品质评估,即使是积极的个人品质评估也是不利于他们成长的。蒙台梭利博士在讨论教师应该如何对待儿童时,找到了这些最优的互动方式。她还在教具中加入了错误控制,这在很大程度上将教师和儿童从一种公开的评估关系中解放出来。美国心理学会心理学家联盟与蒙氏教育对于良好教学的指导方针也相一致。

研究表明,儿童在生活中对秩序和可预测性反应良好。传统学校教育中的小学阶段是严格有序的,但在学前班通常不是。在微观层面上,蒙氏教育对时间与空间的安排非常有序。然而,在宏观层面上,每天的日程安排都是开放的,让儿童自己去安排。儿童能自由选择自己感兴趣的工作。通过这种方式,蒙氏教育允许有序安排和自由选择的结合,给儿童安排结构化的日常活动,但儿童自由决定什么时候做什么。研究表明,这种结合可能是最理想的。当日常活动没有明确安排规定的时候,儿童可能学不到什么东西,但是当一天的日程安排确定好时,儿童的控制感就会打折扣。有序安排的蒙氏感官教育同样值得注意,因为它可能会对儿童的认知能力有显著影响;最近的研究支持了斯皮尔曼(1904)的猜想,即感官辨别是智力的基础。

因此,蒙氏教育似乎比传统的学校教育更符合我们对儿童发展、儿童如何学习以及儿童茁壮成长条件的认知。自2005年以来,一些关于蒙氏教育成果的报告已经发表在同行评议期刊上。正如本书第十一章所讨论的那样，这些报告大多表明蒙氏教育对儿童是有利的，特别是当蒙氏教育按照蒙台梭利博士在她书中描述的方式实施时。受蒙氏教育的儿童往往在学业表现上更好，更重要的是，他们的执行功能更发达。与接受传统教育的同龄人相比，他们往往更有创造力，有更强的社交能力。

一、蒙氏教育的常见问题及其担忧

本章接下来的部分将讨论一些蒙氏教育的常见问题以及关注点。这些问题包括蒙氏教育课程和实施、蒙氏教育方法对特殊儿童的适宜性、如何更多地了解蒙氏教育以及关于蒙氏教育和社会的问题。

计划和实施

1. 蒙台梭利教育方法是一种回归本源的还是一种进步主义的方法呢？

蒙氏教育两者兼具。这也许就是为什么两大阵营的人有时都避开它，而且如果他们理解蒙氏教育，他们可能真的会尊重它。蒙氏教育教给儿童基本的语法、数学、生物等知识。他们学到了大量术语，而且他们的学习安排结构严密。所有这些都表明了蒙氏教育“回归基础”。然而，接受蒙氏教育的儿童也可以自由选择他们学习的内容与时间，他们经常是合作学习，没有分数，很多学习都是以项目为中心，等——这些都是进步学校的标志。

尽管从某种意义上说，蒙氏方法是一种“发现学习”的方法，但它并不是那种研究表明不如直接教学有效的无指导的方法（Alfieri et al.，2011；Klahr & Nigam，2004）。蒙氏教育在儿童的发现中密切引导他们，意图是通过反复使用，儿童就会发现那些教具都是明确设计用来教授的。蒙氏方法融合了回归基础与进步主义项目的最好部分。通过正确的理解和实施，蒙氏教育可以结束学校课程之间的“战争”。

2. 你说过并不是所有的蒙氏课堂都按照你描述的方式进行。为什么会存在这种差异？

一方面，人们很难摒弃关于儿童和学校教育的文化传播理念，所以蒙氏教育的教师经常采用传统学校的做法，因为这些做法对家长和他们自己来说都是熟悉的，而且从表面上看是起作用的。例如，如果一位教师对于参与日常生活练习的儿童奖励一颗金星，其他学生都会开始这么做，这位教师可能会认为他找到了一个重大的新的蒙氏教育技巧，而没有意识到恰恰相反，这样的做法堵塞了儿童一条重要的通往自我选择活动课堂的发展道路。如果一个蒙氏教育教师从来没有进过一个真正好的蒙氏课堂，他甚至可能不会注意到使用传统教学方法的相反效果。此外，蒙氏的实践活动肯定是协同合作的。例如,如果一个人没有了选择,兴趣就会立即受到影响,这将对内部奖励产生影响。因此,只要一种做法改变,就可能真正改变蒙氏课程的质量。

预想到蒙台梭利教育方法可能转变为传统教学方法这一问题,蒙台梭利博士建议蒙氏教师不要教授传统的教育课程,因为这样的课程会进一步加深他们对传统教学方法和理念的坚持(Montessori,1946/ 1963,p.86)。即使公立蒙氏教育学校的教师个人拒绝传统教育做法,他们也经常被要求采用诸如使用练习册或经常给儿童考试等主流做法。

影响教学质量的另一个问题是,蒙氏教师可能没有接受过良好的培训,甚至根本没有受过培训。有一些因素会影响教师培训质量。许多蒙氏教师培训项目非常短,只持续几周或几个月。一些项目试图主要通过实习来培训蒙氏教师,但这种培训并不能确保监督蒙氏教师符合任何标准。即使有既定的标准,通过课堂学习也可能会遗漏一些重要的信息,而这些信息将在课堂和实习中与教具一起提供。优秀的课堂教师通常会过于关注儿童在学校的一天,以至于无法同时向实习教师解释教材的许多变化和细微差别(即使他们在培训的时候学到了这些知识),而且在一天结束的时候,他们可能会因为太累而无法这样做。函授课程也变得越来越普遍,且存在明显的潜在问题。

另一个问题是,在一些培训项目中的培训师也可能没有接受足够的培训,即使他们有多年的课堂教学经验。令人惊讶的是,大多数蒙氏培训机构对教师培训师的标准很低甚至没有。一个类似的例子是,一个拥有英国文学学士学位的人要培训其他人成为英语教师。然而,我们要求处于这种职位的人在教别人成为英语教师之前,必须接受特殊培训并取得博士学位。开展蒙氏教育课堂涉及大量使用教具的程序。此外,蒙氏哲学的深度以及教具与哲学之间的广泛联系可能需要与受过良好培训的教师培训师进行深入研究,而不是和那些只有实践经验的教师培训师一起研究。其中有一个例外,国际蒙台梭利协会,它为那些有兴趣培训未来蒙氏教师的人提供了一个加强版的准备项目。

总而言之,不是所有的蒙氏课堂都以蒙台梭利博士所认可的方式来实施这个项目,这可以从她的书中描述看出。蒙台梭利并不是一个商标术语,一所学校可能有教具,但缺乏对自由选择、组织和秩序、合作学习和互动等方面的重视。正如她在演讲中所描述的,一些学校确实在践行蒙台梭利教育方法,研究人员应该用更真实的学校来公平地实施蒙台梭利教育方法。在这本书中,我很大程度上采纳了蒙台梭利博士自己对蒙氏课程的描述,以及参加过她开发的培训课程的蒙氏教师的描述。在本章的后面,我将讨论如何找到一所实施良好的蒙氏学校。

3.似乎没有哪个静态教学系统是完美的,总是有提升的空间。蒙氏教育关于创新的立场是什么?

蒙台梭利博士鼓励创新,许多蒙氏教师已经开始创新(Chattin - McNichols,1992;Wentworth,1999)。对美国人来说虽然创新和变革的实践听起来是积极的,但是这些创新有时会导致蒙氏课堂效果不太理想。蒙台梭利博士在世界各地的蒙氏学校全职工作了近50年来开发蒙氏学校系统及其教具。今天从事新学校项目的从业者和教授很少(如果有的话)能在教学实践中拥有如此长久的奉献精神与广阔的文化视野。

在基本的蒙氏教育系统上发展创新至少有三个潜在的问题。第一,创新者在开始改变蒙氏教育之前,可能对它的运行机制没有深刻的理解。一些教师甚至在他们还在接受蒙氏教育培训的时候就受到鼓励去着手改变蒙氏教育系统,他们甚至没有在一个优秀的蒙氏课堂上观察过,更不用说在一个课堂上教学了。跟大多数领域一样,一个人在试图改变一种方法之前,应该先掌握它。

第二,创新者可能不会仔细观察儿童。在蒙台梭利博士设计的培训课程中,数十个小时的培训都是为了观察儿童:一名学员坐在教室里,什么都不做,只是看着儿童做笔记,然后由培训师转录并阅读。并不是所有的培训课程都花那么多时间向未来的教师教授观察技巧,并且由训练有素的培训师非常细致地对观察结果进行评论。创新最好是由优秀的儿童观察者来创造,蒙台梭利博士似乎就是这样。

最后,创新者可能永远不会有一个观察儿童的良好环境。蒙台梭利博士主张,儿童只有在适当准备的环境中才能获得自由,只有在这种自由的条件下,他们才会显露出“真正的本性”。我们不应该让小学的儿童在互联网上或城市街道上自由,也不应该让蹒跚学步的儿童在不安全的家庭中自由活动,因为这些都不是准备好的环境。在蒙台梭利博士看来,毫无准备的环境会给儿童带来“偏差”,而不是“正常化”的健康发展。从蒙氏教育的角度来看,在一个准备不充分的环境中研究儿童就像试图在一个受感染的培养皿中研究正常的细胞生长一样。蒙氏项目的变化可能最好来自在一个正常运行的蒙氏项目中观察这些变化产生的积极影响,而不是来自一个一开始就没有很好实施的蒙氏项目。

由于这些原因,与试图创新的课堂相比,那些更紧密地遵循蒙台梭利博士的原始教学方法和教具的课堂更适合研究蒙氏教学方法及其教学效果。蒙台梭利博士明确支持创新,但这是以已经精通该方法为前提的。人们根据对蒙氏的深刻理解而进行修订,仔细关注这些创新在整个系统中的影响,肯定可以做出积极和可行的改变,从而改善该系统。

4.蒙氏教育学校太自由了，我的儿童需要更多的规矩

这种对于蒙氏教育的普遍担忧，可能反映出家长希望学校看起来更严格，就跟他们年轻时上的学校一样，但同样真实的是，一些教师听取了“自由”的呼吁，导致目前为止教学缺乏秩序（见本书第九章）。这种做法在年初的新的小学班级中没有问题：蒙台梭利博士谈到教师需要耐心等待，将儿童与周边环境联系起来，并从儿童陆续地集中注意力的那一天开始观察。然而，有些课堂从来没有真正进入正题。问题在于教师允许儿童自由地互相干扰，以他们不喜欢的方式使用教具，等等。蒙台梭利博士很清楚这不是她所说的自由。自由伴随着对自己与社会具有建设性的责任。国际蒙台梭利协会可以派遣顾问到教室去观察接受国际蒙台梭利协会培训的教师，以便在此类问题出现时帮助诊断。

5.蒙氏学校过于严格，应该给儿童更多的自由

有时，这种担忧更多来源于开设蒙氏学校的人而非学校。有些父母因为他们的儿童不被允许盖有粉红塔的房子，或者每天早上不让随意快速地画几十幅画而感到不安。儿童需要自由和限制。但就像前一段所讨论的关于蒙氏学校过于自由的担忧一样，对一些教师来说过于严格、死板的担忧是有效的（见本书第九章）。有些教师喜欢蒙氏教育的严格有序并且过度实施，监视儿童的一举一动并纠正。这显然也不是蒙台梭利博士所指的秩序，但对一些教师来说，确实很难保持自由与秩序之间的平衡。

6.蒙氏教育忽视语言的发展

这种批评甚至出现在蒙氏教育的学术报告中（Stodolsky & Karlson，1972），但它体现了人们对蒙氏课程的无知。蒙氏教育的数学教具经常在众多的系统中被提到，因为它们是如此的不同寻常与睿智。语言教具可能没有那么特别，看起来也比较简单（例如，表演句子）。但是关于语言的课程实际上是非常丰富和经过深思熟虑的。蒙台梭利博士有意地利用了儿童早期对语言习得的敏感时期（Montessori，1967a/1995）。

讨论一些语言课程。感官教具（声筒，音乐铃）可以提升儿童听力和听力技能，因为帮助儿童专注声音通常有助于语言的发展。这样做是否有效应该由经验来检验。“沉默”的课程也旨在训练儿童对声音的注意力。在语义学方面，感官教具强调描述世界的性质：大、更大、薄、厚、蓝、绿、粗糙、光滑等。因此，儿童正在学习物体的不同性质，以及如何命名这些差异，重点是准确地使用词语来描述世界。这些教具通过提高儿童的判断能力和描述能力来发展语言能力。

蒙氏教育使用丰富的教具来发展词汇。在儿童学习读写的过程中，除了简单地标记常见的物体与动作之外，蒙氏教育的学生甚至在六岁之前就学会了植物的部位、世界的各个国家、各种地质构造等等。在蒙氏教育中学习读与写的过程中所涉及的

音素分析也有助于提高对语言中使用声音的认识，并可能有助于发音——这是另一个有趣的研究课题。

就像大多数幼儿园一样，在蒙氏教室里，通常有一个藏书充足的角落。与许多学前教育项目相比，蒙氏教育的不同之处在于：到五岁时，教室里的大多数儿童都能阅读课本，因为他们在三岁和四岁时在教室已经做了类似的功课。稍大一点的儿童可能会在小学教室里给年龄小一点的儿童读书。

教师在工作时间内引导的对话也被认为是课程的一部分。蒙氏教育特别建议教师要注意自己的发音，而且要讲得非常清楚和清晰（Montessori，1914/1965，p.244）。事实上，蒙氏教育不鼓励成年人模仿婴儿说话，因为这样会干扰语言学习。这是与蒙氏教育研究不同的一点，因为婴语实际上似乎能提高婴儿对语言的注意力，并有助于语言学习（Kemler Nelson，Hirsh - Pasek，Jusczyk & Cassidy，1989；Ma，Golinkoff，Houston & Hirsh - Pasek，2011）。唱歌也是蒙氏课程的一部分，蒙台梭利博士认为唱歌也有助于语言的发展。

在蒙氏小学的教室里，儿童似乎比在传统的教室上交流得更多。当儿童在小学说话少，那是他们的选择。与此同时，当儿童使用教具时，他们会在发展语言能力方面取得长足进步。蒙氏课堂似乎为语言发展提供了很好的条件。

7.蒙氏教育里没有外语学习

蒙台梭利博士并没有创造出一套外语教具。但她知道，在早年学习语言是最理想的。在《蒙台梭利博士手册》中，她说："事实上，幼儿时期是语言形成的时期，也是学习外语发音的完美时期。"（1914/ 1965，p.102）在《人的形成》一书中，她提到印度一个八岁的儿童在学校学习一门外语，并把这作为一个独立的项目。今天，一些蒙氏教育学校通过语音磁带和儿童可以选择的其他独立的语言工作来实施外语训练，另外一些人身处双语环境，蒙氏学校通过让一个助理经常说不同的语言，以及在放学时提供语言课程来实施外语训练。对儿童来说在年幼时学习第二语言显然有积极影响，一项新出现的研究表明，学习第二语言的儿童在注意力的执行控制方面的能力更强（Bialystok，1999，2015）。有一种理论认为，儿童必须抑制他们的第一语言才能使用第二语言，而这通常会发展他们的自我调节能力。蒙氏学校可以兼容第二语言的习得。

8.蒙氏教育中父母的参与太少

大量研究表明，当父母更多地参与传统的学校课堂中，儿童会表现得更好（Connors & Epstein，1995）。事实上，"如何使家长参与学校教育的方法的研究表明，为家长提供可参与的选择以及在决策过程中扮演的角色是很重要的"（Fantuzzo & Ginsburg - Block，1998，pp.135 - 36）。尽管蒙台梭利博士在关于她的圣洛伦索学校的原始文章中强调了家长的参与,一些蒙氏学校可能在这方面仍然做得不够。对于既没有定期与教师商讨也不将蒙台梭利教育方法扩展到家里的家长来说,他们无法保留儿童在学校学习的特权。这些父母都很贫穷,也没受过教育,我们可以假设他们觉得让孩子上学是一种巨大的特权和便利,而不是在他们工作的时候让孩子在公寓里到处乱跑。

如今那些想要参与到蒙氏学校的家长可能不像上面提及的那些家长。有些人来到蒙氏学校,对蒙氏课程的理解非常肤浅,可能是被实施不良的课程误导了,还有一些家长觉得有权要求教师改变他们教育儿童的做法。因为方法具有很大差异,蒙氏学校需要努力教育家长。在提及犹他州的一所非蒙氏进步教育的替代学校时,罗格夫和同事们声称,这所学校成功的一个主要因素是不断向家长重申学校的办学理念,进而使他们对学校体系和教学实践无须担心(Rogoff,Turkanis, et al.,2001)。这对蒙氏学校来说是一样的:办学理念是非常不同的,教学实践是很有意义并且是充满善意的,但是受过传统教育的家长往往不理解它们。为了帮助儿童,学校就必须帮助家长了解这个教育体系,家长也必须腾出时间接受教育。

然而,让家长参与课堂与蒙氏教育的观念是不相符的,因为一个关键的因素是蒙氏课堂是儿童的地方。面对随时可以获得的成年人的帮助,儿童可能会停止互相帮助。家长也可能会试图干预,影响儿童的选择和兴趣。因此,让家长进入蒙氏课堂可能不会奏效。如果经过适当的训练,父母能做的就是不干扰儿童的独立性,他们可以做小学外出活动的陪同者,或者担任中学实习项目的导师。家长也可以充当专家,偶尔给儿童做简短的演讲或示范。但父母需要尊重他们在蒙氏课堂中的日常参与,与传统教育不同的是,这可能并不需要父母积极参与,因为蒙氏教育是要帮助儿童变得独立,而传统教育更强调成人向儿童传授知识和控制儿童的行为,因而当更多家长参与其中的时候,这些目标更容易完成。

9.蒙氏教育似乎过时了,特别是在计算机教学方面

蒙台梭利博士建议,小学教室的某个区域应该有"时代科技"板块,这样儿童就能学会使用电脑。这表明,如果蒙台梭利博士今天要建立一个小学教室,她会在教室里放一两台电脑样本。在我看来,这里的问题不是电脑会做什么,而是在多大程度上以及在什么情况下,电脑可以在帮助儿童过上有意义的生活,成为对社会有贡献的成员。这些应该是制定教育决策的标准。

一些成年人认为,儿童必须尽早掌握电脑,才能在当今世界取得成功。但是还没有研究表明,当所有条件都相同的情况下,在教室里使用电脑会对儿童发展有帮助。有时儿童能够合理利用电脑,但其他时候电脑似乎分散了教学的注意力,所以这个任务就变成了如何掌握PPT制作技术,而不是如何找到分析、评判、整合和交流信息,这

些内容儿童可以从书中学习得更好,而且学校的花销也会减少得多(Oppenheimer,2003)。电脑不仅会在最初购买时要花钱,而且电脑的更新换代也是非常昂贵的。没有证据表明它们所带来的教育效益与它们的花费相称。

我曾经听到有人说过,儿童需要学习的是大自然的世界和人类的世界。计算机并不是最好的媒介,即使它们的编程很好且对儿童学习大自然和人类世界两者都有帮助(但是,如果一个人可以直接展示人与自然,那又何必麻烦呢?)。2002年5月,达特茅斯大学(Dartmouth University)名誉校长詹姆斯·弗里德曼(James O. Freedman)对罗切斯特大学(University of Rochester)的毕业生说道:

> 电话、电视、录像机、传真机、电脑、互联网、电子邮件、手机、寻呼机,以及所有这些即时通信方式,常常制造出一连串令人眼花缭乱的噪声和疯狂的动作。就好像是我们用这样的技术把自己包围起来,以避免短暂的沉默和沉思。
>
> 如果我们想要成功地保持我们的个性,对抗这种技术暴虐,我们需要放慢生活节奏,扩大我们注意力的范围。我们需要强调一种人文教育的形式,帮助学生建立丰富的内心生活和持久的开放心态。在道德上的自我反省只有在一个坚定的、私密的自我身上才有可能发生(Steinberg,2002)。

蒙氏教育为儿童提供舒适的环境,而大多数为儿童设计的计算机软件则不然。正如本书第四章所提到的,计算机软件可能经常出问题,我怀疑原因与电视是一样的:许多计算机程序是替儿童调节注意力,而不是帮助他们学会调节自己的注意力。当然,当一个人懂得如何辨别有益的与无益的信息以及有用的和无用的程序时,计算机可以是一种很好的资源,但电脑也可能无法向儿童提供其真正需要的东西。

一些研究指出了计算机辅助教学相对于传统教育的好处。如果考察一下这些研究中的方法,那么真正带来好处的可能不是计算机本身,而是计算机软件中所包含的选择的要素、个性化指导和兴趣。这些在传统学校很难实施,而在蒙氏学校可以通过其他方式实现。在我实验室的一些新近研究中,我们发现,儿童从蒙氏世界地图拼图中学习澳大利亚各州状况比从模拟该教具的应用程序上学得更好,而且随着时间的推移,他们在实物地图上的学习效果更好(Eisen & Lillard,2016 - a)。

关于儿童使用电脑需求的另一个需要考虑的因素是技术变革的速度。如果10年后,传统的QWERTY键盘将不再使用,儿童还需要学习打字吗?当我需要使用微软的Word命令、统计软件和互联网的时候,我从小学到的计算机技能——基础编程和使用打孔卡片——对今天的我已经没有用了,所有这些都很简单,不需要终身训练。我们不知道什么技术技能在10年到20年后对人们有用。掌握人们所处时代的技术可能是有帮助的,但是人们必须明智地对待它,了解其究竟在多大程度上、在多大年龄时能真正帮助儿童发展,以及成本是否与收益相符合。

10.蒙氏教育就像一个令人狂热的偶像

有时它的确是这样。尤其是当一个人是创设了一种方法时,这种情况可能会发生:遵循这种方法的人会不断地回到这个人的身边,崇拜他,而不是仔细地审视这个人的想法。弗洛伊德和皮亚杰有时也会这样。蒙台梭利教育方法的目标旨在帮助儿童。显然,对儿童最好的帮助不是盲目地跟随一个特定的观点,而是仔细地评估什么对他们才是最有帮助的。

二、蒙氏教育对特定儿童的适宜性

(一)蒙氏教育对学前儿童来说是很好的,但在那之后,儿童会进入传统学校读书。他们还能适应我们的文化吗?

这个问题的最佳答案将来自对那些在蒙氏学校就读的学前儿童的发展结果所进行的研究。这些证据大多都是道听途说的,表明这种转变很少会有问题,但是这从来都没有一个对照条件:我们不知道,如果某个孩子一直在传统学校里学习,他会表现得好还是不好。最近密尔沃基(Milwaukee)对在公立蒙氏教育学校五年级儿童进行的研究,可能是目前对于这个话题最有用的数据。正如本书第十一章所提到的,这项研究表明,在蒙氏教育学校学习的儿童在标准化测试以及缺勤和不良行为等问题上的表现与其他儿童(他们主要是在为天赋异禀的学生所开设的项目中学习)一样好,甚至更好。人们希望看到对这些毕业生生活的更深入的探索。他们是否倾向于拥有更富有成效和建设性的职业生涯?他们更倾向于帮助人类吗?我们的标准化测试并没有涉及这些问题。即使可以测试,研究也需要正确的对照样本:必须把受过蒙氏教育的和未受过蒙氏教育的对照组的儿童都随机分配,或者必须通过使用一组"彩票输家"来控制父母变量,即这些人希望自己的儿童进入蒙氏教育学校,但没有被随机选择到。这种研究可以解决出现的偏差问题。

(二)蒙氏幼儿园对女孩来说很好,但是我的儿子很吵闹,这样的学校不适合他

除了学术技能和知识,蒙氏教育的儿童还学会了如何控制自己的行为,如何做出选择,如何与他人相处,如何作为社区的一员进行工作,如何集中精力,等等。这些技能对男孩和女孩都很重要。事实上,鉴于男孩的注意力难以集中和阅读问题普遍存在,蒙氏教育对儿童早期的注意力和音素分析研究工作,可能对男孩尤其有益。使用

随机分配的两项主要的启智计划研究中的一项表明，蒙氏教育特别有益于男孩(Miller & Bizzell,1984)，我在《科学》杂志上的研究也暗示了这一点(Lillard & Else－Quest,2006)：尽管样本太小，无法报告结果，但在12岁时，我们发现男孩在学业指标上存在学校差异，而女孩在这两种学校里的表现都差不多。其他研究没有显示出蒙氏教育学校对男女双方都有特别的益处。

(三)蒙氏教育主要面向有学习障碍的儿童

有学习障碍的儿童可以在蒙氏课堂中表现良好。例如，有阅读障碍的儿童可能特别受益于阅读时采用的语音方法，而有注意力缺陷障碍的儿童可能特别受益于强调集中注意力和日常活动。这种方法的源泉在于弱智儿童使用早期版本的“感官教具”取得了极大的成功。然而，蒙氏教育并不是主要面向有学习障碍的儿童。相反，它表明这是一种可能特别适合所有儿童的教育体系。

三、蒙氏教育的更多信息

(一)如何找到一个实施良好的蒙氏学校参观？

蒙氏课程的质量参差不齐，有时甚至发生在同一所学校的教室之间。蒙氏指南(Montessori Guide)是一个很棒的网络资源。在那里，你可以看到许多蒙氏课堂的好案例，其间穿插着蒙氏教师培训师讨论的方法。诚然现场观课是无法替代的。增加找到好的蒙氏学校机会的一个方法是找到一所被国际蒙台梭利协会认可(或认证)的学校，这一差别只适用于美国的学校。当然有一些优秀的学校没有得到国际蒙台梭利协会的认可，他们不想寻求这种差别，或因为他们没有达到任何一个蒙氏教育的要求，但使用国际蒙台梭利协会所认可的学校名单是一种方式，该方式可以确保来到蒙氏学校的新来访者看到的是一所严格遵循蒙台梭利博士教学方法的学校。国际蒙台梭利协会美国分会的网站中列出了被认可的蒙氏学校(以及它们被认可的等级)，这些学校必须每三年就重新认证一次。

访客规定因学校而异。有些学校让来访者透过单向玻璃观察教室，并由一名工作人员陪同解释正在发生的事情，而另一些学校则会让来访者独自坐在教室里。如果一所学校允许来访者单独进入教室，那么应该会在教室里待上一到两个小时。儿童会做他们自己的事情，而来访者安静地坐着观察，尽量减少双方的互动，以免干扰儿童的注意力(Montessori,1989,p.8)。尊重儿童的活动不仅对儿童非常重要，而且也让观察者看到蒙氏教育中在注意力方面产生的转变。有时，儿童会自发地向来访者打招呼，并自豪地展示他们的作品，但我们不鼓励或延长这样的互动，这样可以让来访者更清楚地了解蒙氏教育。

以下问题反映了在蒙氏课堂上进行观察时应该注意的方面：

物质环境漂亮吗？

有一种安静的感觉吗？

有很多不同类型的工作在做吗？

是否缺少工作表和练习册？

环境是否只包含蒙氏教具而没有普通玩具？

儿童看起来轻松愉快吗？

儿童做事有使命感吗？

儿童彼此友好礼貌吗？

儿童在小学的时候是否很专注于他们的学习？

即使有些儿童在随意地与他人交谈，小学的儿童还是很认真地在学习吗？

教师是否似乎一直在关注整个教室，只有在儿童看起来漫无目的、没有建设性或者正在打扰其他人的时候才进行干预？

教师对儿童的爱和尊重是显而易见的吗？

在最好的蒙氏教室里，所有这些问题的答案都是肯定的。

（二）我还可以怎样更多地了解蒙氏教育？

在蒙台梭利博士的著作中，《吸收性心智》可能是对蒙台梭利博士思想最通俗易懂的介绍。《家中的儿童》和《儿童的创造性发展》（两册）也很精彩。她的其他书都不太容易读懂，原因有几点。首先，蒙台梭利博士大部分的书实际上都不是她自己写的。她的大部分书籍都是由她的演讲稿的抄写本编纂成册的。她的演讲也不是她自己组织和写下来的。蒙台梭利博士来到演讲厅，通常没有准备笔记，然后直接开始演讲（Montessori，1989）。这在演讲中效果很好，但在写作中效果不太理想。

其次，蒙台梭利博士所处的时代和地方：20世纪之交，意大利。就像与她同时代的美国著名作家斯坦利·霍尔（G. Stanley Hall）一样，她的语言在今天看来似乎有些怪异。她的演讲可能非常宏大，她的语言有时“华丽”。尽管她是一位被逻辑实证主义浪潮席卷的科学家，但蒙台梭利博士在其他地方的著作表明，她是一位虔诚的罗马天主教徒，人们必须从她的作品中挖掘这些特点，才能发现她提出的教育理论和教育方法的易懂的细节。此外，早期书籍中的一些信息已经过时，因为她后来改变了教育方法的某个方面(或者国际蒙台梭利协会的教育委员会最近更改了)。例如,在早期,儿童建造了粉红塔,然后把它推倒了。后来,她修改了方法步骤,让他们把塔一块一块地拆下来。

关于蒙氏的更多信息来源,包括在主要的蒙氏教育组织的网站上推荐的其他作者的书籍。同样,我也推荐蒙氏指南网站。

四、蒙氏教育和社会

(一)我们讨论的有研究支持的诸多见解都在我们当地的小学中得到了体现。初中以前不对儿童进行任何等级划分,儿童经常合作,有许多动手实践活动。显然,从内部进行的改革比激进的变革更有效,因此,改善学校的最佳方法难道不是对我们现有的教育系统所进行的缓慢而渐进的改革吗?

诚然,传统学校正在逐渐发现并尽可能地接纳蒙台梭利博士提出的一些相同的原则。一些最好的传统学校看起来有点像蒙氏学校,而这些学校却没有教具。然而,罗格夫(Barbara Rogoff)在本书第一章的观点值得再次强调:"在课堂上运用新'技术'并不会导致连贯思想体系的发展。"例如,在"合作学习"团队中增添新技术与固有的协作系统是完全不同的(Rogoff,Turkanis,et al.,2001,p.13)。传统学校的基本模式是工厂模式和容器模式,这些模式仍然可以从一些教师和管理人员的较好的教学实践中窥视出来。尽管如此,这些改变应该会改善传统学校教育对儿童的适应性。

不幸的是,绝大多数儿童都没有享受到这种创新带来的优势。例如,谈到美国的数学教学,一位著名的研究人员最近写道:"当一些人得知我们在美国有一种非常一致的、可预测的数学教学方式,并且使用相同的基本方法已经接近一个世纪的时候,可能会感到惊讶。"(Hiebert,1999,p.11)这个方法,在本书的其他地方有所阐述,对于任何经历过传统学校教育的学生来说是很熟悉的:复习作业,在黑板上展示新的流程,让学生练习,然后布置第二天晚上的家庭作业。这个国家的大多数儿童并没有从学校的渐进式创新中获益。

蒙氏教育项目越来越多地在公立学校和主流学校得到实施。有些学校,比如密尔沃基学校,已经施行长达三十年之久。时间终将告诉我们,他们是否能够成功地将蒙氏教育纳入主流,或者现有教育体系的渐进式变革是否能取得更好的结果。

(二)为什么蒙氏教育的知名度不高？

鉴于蒙台梭利博士已走在时代的前列，但很有趣的是，她在心理学和教育界几乎被忽视了。人们只能猜测原因。其中一个可能的原因是，她是一名女性，在她工作的年代，女性出现在公众视野通常是作为著名男性的妻子或女儿，比如玛格丽特·米德(Margaret Mead)和安娜·弗洛伊德(Anna Freud)。①

另一个促成因素是哥伦比亚大学教师学院的教育学教授克伯屈(William Kilpatrick)(1914)出版的一本名为《蒙台梭利教育体系的考察》的书籍。在阅读这本书的时候，很明显感觉到克伯屈对他所研究的东西没有很好的把握，事实上，他并不是一个非常深邃的思想家。尽管如此，这本书还是对于初任教师产生了很大的影响，部分原因是克伯屈是一位受欢迎的教师，他的演讲很吸引人，而且参与人数也很多(Zilversmit，1993)。

克伯屈在书中对蒙台梭利博士有一些赞扬，但最终得出结论说，她的教育体系不会持久或产生重要的影响，因为她没有新的、正确的想法。克伯屈说，蒙台梭利博士的好思想，如自由的重要性和生活必备的学习技能，都是由克伯屈的导师杜威提出的。也许对克伯屈来说，蒙台梭利博士可能对杜威产生威胁(甚至可能是对他的剽窃)。杜威和蒙台梭利博士有共同的见解，而且他略早于她：杜威的第一本重要出版物于1903年出版，比第一所蒙氏学校成立早四年。然而，她似乎没有读过他的作品。美国和欧洲远隔重洋，虽然两人有一些想法相似(蒙台梭利在美国很受欢迎，并于1915年在这里演讲了一年)，但是美国和欧洲在行为科学方面走的是不同的道路，美国主要是注重实验和行为主义，欧洲则放弃了冯特(Wundt)和其他人所奉行的实验，走上了弗洛伊德和精神分析学派所开辟的截然不同的道路。尽管她非常了解裴斯泰洛齐、福禄贝尔和她在欧洲的其他前辈，蒙台梭利博士似乎对美国的教育现状知之甚少。我怀疑她是否读过杜威作品的第二个原因是，蒙台梭利博士在她的工作中会慷慨地引用其他人的观点。如果她在写第一本书时就知道杜威的思想，我想她会引用他的。

除了认为蒙台梭利没有新的想法之外，克伯屈甚至声称她有几个糟糕的想法。一个是儿童的个性是先天形成的，而教育仅仅是帮助儿童展现个性的过程。随着行为主义在美国的盛行，这样的批评可能会产生巨大的影响。然而，这些批评更加反映了对蒙台梭利博士的过于简单化的解读。与她同时期杰出的人相比，尽管她确实相信人的发展在很大程度上受到生物学的引导，而且某些能力，比如学习语言，是天生的，但她也明确相信适应环境的作用，这就是她着手设计比传统学校更有利于学生健康发展的环境的原因。

① 有趣的是，当时的男性教育作家提到了许多我从未听说过的女性研究人员和教育工作者，就好像他们在20世纪初就很出名一样。

克伯屈还批评蒙台梭利博士在幼儿园里教“三R课程”(指读、写、算三种基本技能),他说这是在浪费时间。他提倡演奏和学习社交技能,还有一些基本技能,比如使用胶水和剪刀,以及一系列歌曲和故事曲目。事实上,当时许多伟大的教育家都认为让儿童很小就读书是有问题的。杜威写道,在八岁之前学习阅读“会阻碍而不是促进智力发展”(J. Dewey,1972,pp.254 – 61,引自Ravitch,2001,p.215),斯坦利·霍尔认为,有经验证据表明八岁之前的阅读、写作、拼写和数学学习对儿童的发展没有积极作用(Hall,1911)。我们现在都知道这不是真的,但蒙台梭利博士挣脱了那个时代思想的束缚,逆流而上,走在了时代前面。就连皮亚杰也批评蒙台梭利博士在儿童还没有准备好学习概念之前就引入了这些概念(Piaget,1970),然而今天大多数研究人员都认为皮亚杰低估了儿童的能力。

克伯屈对蒙台梭利的另一项批评是,她教的是无用的技能,因为他的想法和他的哥伦比亚大学的同事桑代克当时有影响力的研究结果一致,即技能是不可转移的。例如,儿童通过蒙氏教具学习区分不同重量,他们不会把它迁移到一封信是否需要另一张邮票的实际技能上。如今,技能不会转移的观点不再占主导地位。有时,正如第八章所讨论的那样,人们确实看不到抽象学习在现实生活的适用性,但与桑代克相反的是,许多技能确实可以迁移。

据说,克伯屈的书在20世纪初美国对蒙氏教育的冲击很大。蒙氏教育在20世纪60年代复兴,并就此不断发展。但蒙台梭利博士的观点尚未渗透到心理学和教育界。一个可能的原因是蒙台梭利博士并没有记录她的实验,以便让其他人效仿。她一再声明,这种方法是通过实验得出来的,她偶尔也会提供一些轶事,但是读者不得不相信她的“实验”。与蒙台梭利博士形成鲜明对比的是,皮亚杰在今天的学术界非常活跃[与最近的一篇《皮亚杰已经死了,我自己也感觉太糟糕了》(Bjorklund,1997)的文章恰恰相反]。皮亚杰详细介绍了他是如何得出自己的想法的,所以人们可以效仿验证他的实验。当然,直到一位名叫约翰·弗拉维尔(John Flavell)的作家以通俗易懂的英文表达了他的想法后,他在这个国家才真正为人所知。

蒙台梭利博士在该领域缺乏影响力的一个更重要的原因可能是她对理论缺乏兴趣。毕竟,列夫·维果斯基去世前也没有留下精心的实验研究,但他今天仍是这一领域的重要人物。皮亚杰还留下了精心研究的、详细的理论遗产。蒙台梭利博士显然有很多可验证的理论思想,但在她的工作中很难被用到。她对于儿童学习与发展的理论并不感兴趣。她是一名医生,她想帮助儿童,而不想用理论武装他们。在这一点上,她批评冯特,赞赏伊塔尔(Itard):前者只对人类感知的限度感兴趣,而后者则对延伸与拓展人类感知的限度感兴趣。虽然一些理论自然而然地来源于蒙台梭利博士的工作,但她所关注的并不是理论。

蒙台梭利博士的教育遗产可能也会受到影响，因为她愿意从科学走向宗教，并在同一句话中支持所有的观点。有时，她使用的充满激情的语言与科学的语言格格不入。但也许正是这种激情使她能够开发出如此有趣的教具。优秀的课程就如同一个优秀的故事大师。蒙台梭利博士的全面性以及她在研究中把科学与激情相结合，可能是蒙氏课程如此丰富的部分原因。

人们还想知道，如果蒙台梭利博士没有选择离开她在罗马大学的职位去倡导她的新教育运动，而是留在了学院，为科学期刊而不是报社撰写文章，并为心理学家和学生而非普通大众授课，情况会不会有所不同。她可能会使用语言并发展出理论，使她在今天的学术领域占据一席之地。毫无疑问，她有着卓越的洞察力，理应对当今的儿童发展研究有所启发。

（三）既然心理学研究清楚地表明，我们在传统学校所做的很多事情都是错误的，那我们为什么还要这么做呢？为什么研究没有更大影响力呢？

许多教育理论家都写过关于这个问题的文章。本书第一章中提到的劳伦·雷斯尼克（Lauren Resnick）指出了学校仍然使用洛克模式教育儿童的几个原因（用她的话说，这是一种"联想主义学习理论"；Resnick & Hall，1998）。首先，美国的教育改革主要是改变制度安排（分组制、问责制和管理制度），而不是改革教学模式和教学方法。教学模式和教学方法的改革就留给了教师和地方决策者。此外，人们倾向于随教而教，家长期望学校看起来像他们自己童年待过的学校一样，还需要采用特定的教科书并进行标准化测试。这种结构性测试将学习分解成各个部分，以不连贯的方式进行测试，阻碍了综合学习，并强化了联想主义的观点。尽管受训的教师们读了建构主义学习理论的内容，但是他们却被置于专门为联想学习而设计的系统中。此外，由于缺乏纪律、"跟紧儿童"的做法以及未能教授基本事实与程序，许多进步学校并没有取得成功。我认为，蒙氏教育在学习事实方面做得并不差，因为课程有一系列核心材料作支撑，它可以教授一系列核心事实。但它有时会与其他"紧随儿童"的项目混为一谈，并被认为在基础教学方面做得不好。

本书第一章中，为什么杜威的进步学校没有成功取代传统学校的另一个原因是齐尔弗斯米特（1993）。除了一些已经提到的问题之外，他还引用了大萧条、人造卫星和麦卡锡主义，把美国从一个进步教育的伟大实验中吓跑了。他提出在20世纪上半叶，进步学校的学校体系似乎运转良好，但面对社会的压力，最终还是退回到了传统教育的做法。

(四)我们怎样才能让更多的儿童受益于蒙氏教育?

把蒙氏教育带给更多的儿童是一个缓慢的过程,因为这需要两个主要步骤。首先,它涉及培训更多的蒙氏教师的重要承诺。蒙氏教师需要由从事蒙氏教育的资深人士来进行妥善地培训。成为一名蒙氏教师培训师是一个巨大的承诺,可能需要十年甚至更长的时间:教孩子一年,作为自我培训;再做几年的教师;然后再做几年教师培训师的学徒。需要激励更多的人做出这样的承诺,因此才会有更多蒙氏教师培训师,才有更多的蒙氏教师可以教更多的儿童。

第二个主要步骤是国家承诺儿童从三岁开始接受教育,而不是五岁或六岁。蒙氏教育从那时开始设计,当一个人晚一点开始学习,就会错过重要的基础知识。随着学校系统从三岁的儿童开始启动小学课程,他们就可以开始培训小学水平的骨干教师。显然,这种打破传统做法的改变需要一个长远的眼光,而这不是美国人的特点。我们倾向于速战速决。此外,这种从传统学校向蒙氏教育学校的转变对于已经在传统学校就读的数百万儿童来说没有任何帮助,因为他们已经错过了在蒙氏教育学校茁壮成长的阶段。

这些现实的问题意味着,任何学校教育的变革都将是缓慢的,只能一次一所学校系统,甚至一个班级。这可能是好事,因为它允许进行实验,以解决蒙氏教育的一些悬而未决的问题。

蒙台梭利博士是一个观察儿童的天才,她得出的许多深刻见解都是与她之后的研究结果相一致的。当她目睹世界因两次世界大战而四分五裂时,她寻求更好的儿童教育方法的终极目标一年比一年更宏伟。最终,她的目标是帮助人类成为最好的自己。

> 我们最关心的必须是教育人类——所有国家的人类——以引导人类寻求共同的目标。我们必须先回过头来,把儿童作为我们最关心的问题。科学的努力必须集中在(儿童)身上,因为他们是解开人类之谜的源头和关键。儿童拥有充裕的力量、感性和建设性的本能,但迄今为止,这些本能尚未被认识到,也没有付诸实践。为了发展,他们需要给予比目前更广阔的机会。这一目标是否可以通过改变整个教育结构来实现呢?(Montessori,1972,p.31)

参考文献[1]

Acredolo, L., Goodwyn, S., Abrams, D. & Hanson, R. (2002). *Baby signs* (2nd ed.). New York: McGraw-Hill.

Adam, E. K., Gunnar, M. R. & Tanaka, A. (2004). Adult attachment, parent emotion, and observed parenting behavior: Mediator and moderator models. *Child Development*, *75*(1), 110 - 22.

Adolph, K. E. & Berger, S. E. (2006). Motor development. In D. Kuhn, R. S. Siegler & W. Damon (Eds.), *Handbook of child psychology: Cognition, perception, and language* (6th ed., Vol. 2, pp. 161 - 213). Hoboken, NJ, US: Wiley.

Adolph, K. E. & Robinson, S. (2015). Motor development. In L. S. Liben & U. Mueller (Eds.), *Handbook of child psychology and developmental science. Vol 2*, pp. 113-157. *Cognitive development*. New York: Wiley.

Aiello, J. R., Nicosia, G. & Thompson, D. E. (1979). Physiological, social, and behavioral consequences of crowding on children and adolescents. *Child Development*, *50* (1), 195 - 202.

Ainley, M. (2012). Students' interest and engagement in classroom activities. In S. L. Christenson, A. L. Reschly & C. Wylie (Eds.), *Handbook of research on student engagement* (pp. 283 - 302). New York: Springer.

Ainsworth, M. (1967). *Infancy in Uganda: Infant care and the growth of love*. Baltimore: Johns Hopkins University Press.

Ainsworth, M. D. S. (1969, March 10). *Maternal sensitivity scales*. Retrieved from: www. psychology.sunysb.edu/attachment/measures/content/ainsworth_scales.html

Ainsworth, M. D. S., Blehar, M. C., Waters, E. & Wall, S. (1978). *Patterns of attachment: A psychological study of the Strange Situation*. Hillsdale, NJ: Lawrence Erlbaum.

Alfieri, L., Brooks, P. J., Aldrich, N. J. & Tenenbaum, H. R. (2011). Does discovery-based instruction enhance learning? *Journal of Educational Psychology*, *103*, 1 - 18. doi:10.1037/a0021017

[1]为保留图书原貌,该部分未做翻译。

Alibali, M. W. & Goldin-Meadow, S. (1993). Gesture-speech mismatch and mechanisms of learning: What the hands reveal about a child's state of mind. *Cognitive Psychology*, *25*(4), 468 - 523.

Allan, B. M. & Fryer, R. G. (2011). The powers and pitfalls of education incentives. Washington, DC: The Hamilton Project.

Allen, C. & Allen, J. (2009). *Escaping the endless adolescence: How we can help our teenagers grow up before they grow old.* New York: Random House.

Alvarez, A. L. & Booth, A. E. (2014). Motivated by meaning: Testing the effect of knowledge-infused rewards on preschoolers' persistence. *Child Development*, *85*, 783 - 91.

Amabile, T. M. (1979). Effects of external evaluation on artistic creativity. *Journal of Personality & Social Psychology*, *37*(2), 221 - 33.

Amabile, T. M., DeJong, W. & Lepper, M. R. (1976). Effects of externally imposed deadlines on subsequent intrinsic motivation. *Journal of Personality & Social Psychology*, *34*(1), 92 - 98.

Amabile, T. M. & Gitomer, J. (1984). Children's artistic creativity: Effects of choice in task materials. *Personality & Social Psychology Bulletin*, *10*(2), 209 - 15.

Amabile, T. M., Hennessey, B. A. & Grossman, B. S. (1986). Social influences on creativity: The effects of contracted-for reward. *Journal of Personality & Social Psychology*, *50*(1), 14 - 23.

American Psychological Association, Coalition for Psychology in Schools and Education (APA Coalition). (2015). *Top 20 principles from psychology for preK - 12 teaching and learning*. Retrieved from www.apa.org/ed/schools/cpse/top-twenty-principles.pdf

Ames, C. (1992). Classrooms: Goals, structures, and student motivation. *Journal of Educational Psychology*, *84*(3), 261 - 71.

Ames, C. & Archer, J. (1988). Achievement goals in the classroom: Students' learning strategies and motivation processes. *Journal of Educational Psychology*, *80*(3), 260 - 67.

Anand, P. G. & Ross, S. M. (1987). Using computer-assisted instruction to personalize arithmetic materials for elementary school children. *Journal of Educational Psychology*, *79*(1), 72 - 78.

Anderman, E. M. & Maehr, M. L. (1994). Motivation and schooling in the middle grades. *Review of Educational Research*, *64*(2), 287 - 309.

Anderman, E. M., Maehr, M. L. & Midgley, C. (1999). Declining motivation after the transition to middle school: Schools can make a difference. *Journal of Research & Development in Education*, *32*(3), 131 - 47.

Anderson, J. R. (1983). *The architecture of cognition*. Hillsdale, NJ: Lawrence Erlbaum.

Anderson, J. R. (1990). *Cognitive psychology and its implications* (3rd ed.). New York: W.H. Freeman.

Anderson, J. R., Reder, L. M. & Simon, H. A. (1996). Situated learning and education. *Educational Researcher, 25*, 5 - 11.

Anderson, R. C., Mason, J. & Shirey, L. (1984). The reading group: An experimental investigation of a labyrinth. *Reading Research Quarterly, 20*(1), 6 - 38.

Annis, L. F. (1981). Effect of preference for assigned lecture notes on student achievement. *Journal of Educational Research, 74*(3), 179 - 82.

Annis, L. F. (1983). The processes and effects of peer tutoring. *Human Learning: Journal of Practical Research & Applications, 2*(1), 39 - 47.

Ansari, A. & Winsler, A. (2014). Montessori public school pre–k programs and the school readiness of low–income black and latino children. *Journal of Educational Psychology, 106*, 1066–1079. doi: 10.1037/a0036799

Armstrong, T. & Detweiler–Bedell, B. (2008). Beauty as an emotion: The exhilarating prospect of mastering a challenging world. *Review of General Psychology, 12*(4), 305 - 29.

Aronson, E. (2002). Building empathy, compassion, and achievement in the jigsaw classroom. In J. Aronson (Ed.), *Improving academic achievement: Impact of psychological factors on education* (pp. 209 - 25). San Diego: Academic Press.

Aronson, E. & Patnoe, S. (1997). *The jigsaw classroom: Building cooperation in the classroom* (2nd ed.). New York: Longman.

Arrighi, R., Cartocci, G. & Burr, D. (2011). Reduced perceptual sensitivity for biological motion in paraplegia patients. *Current Biology, 21*, R910 - 11.

Asher, S. R. (1979). Influence of topic interest on black children's and white children's reading comprehension. *Child Development, 50*(3), 686 - 90.

Asher, S. R., Hymel, S. & Wigfield, A. (1978). Influence of topic interest on children's reading comprehension. *Journal of Reading Behavior, 10*(1), 35 - 47.

Asher, S. R. & Markell, R. A. (1974). Sex differences in comprehension of high– and low–interest reading material. *Journal of Educational Psychology, 66*(5), 680 - 87.

Aslin, R. N., Jusczyk, P. W. & Pisoni, D. B. (1998). Speech and auditory processing during infancy: Constraints on and precursors to language. In D. Kuhn & R. S. Siegler (Eds.), *Handbook of child psychology, Vol. 2: Cognition, perception, and language development* (5th ed., pp. 147 - 98). New York: Wiley.

Atkinson, J. W. & Litwin, G. H. (1960). Achievement motive and test anxiety conceived as motive to approach success and motive to avoid failure. *Journal of Abnormal & Social Psychology*, *60*, 52 - 63.

Au, W. (2011). Teaching under the new Taylorism: High-stakes testing and the standardization of the 21st century curriculum. *Journal of Curriculum Studies*, *43*, 25 - 45.

Ayers, L. (1909). *Laggards in our schools.* New York: Charities Publication Committee.

Azmitia, M. (1988). Peer interaction and problem solving: When are two heads better than one? *Child Development*, *59*(1), 87 - 96.

Azmitia, M. (1996). Peer interactive minds: Developmental, theoretical, and methodological issues. In P. B. Baltes & U. M. Staudinger (Eds.), *Interactive minds: Lifespan perspectives on the social foundation of cognition* (pp. 133 - 62). New York: Cambridge University Press.

Azmitia, M. & Crowley, K. (2001). The rhythms of thinking: The study of collaboration in an earthquake microworld. In K. Crowley, C. D. Schunn & T. Okada (Eds.), *Designing for science: Implications from everyday, classroom, and professional settings* (pp. 51 - 81). Mahwah, NJ: Lawrence Erlbaum.

Azmitia, M. & Hesser, J. (1993). Why siblings are important agents of cognitive development: A comparison of siblings and peers. *Child Development*, *64*, 430 - 44.

Azmitia, M. & Montgomery, R. (1993). Friendship, transactive dialogues, and the development of scientific reasoning. *Social Development*, *2*(3), 202 - 21.

Bagot, R., van Hasselt, F., Champagne, D., Meaney, M., Krugers, H. & Joëls, M. (2009). Maternal care determines rapid effects of stress mediators on synaptic plasticity in adult rat hippocampal dentate gyrus. *Neurobiology of Learning and Memory*, *92*(3), 292 - 300.

Bahrick, H. P., Fitts, P. M. & Rankin, R. E. (1952). Effect of incentives upon reactions to peripheral stimuli. *Journal of Experimental Psychology*, *44*, 400 - 406.

Bai, D. L. & Bertenthal, B. I. (1992). Locomotor status and the development of spatial search skills. *Child Development*, *63*(1), 215 - 26.

Bailey, D. B., Burchinal, M. R. & McWilliam, R. A. (1993). Age of peers and early childhood development. *Child Development*, *64*, 848 - 62.

Baillargeon, R. (1987). Object permanence in 3½- and 4½-month-old infants. *Developmental Psychology*, *23*, 655 - 64.

Bakermans-Kranenburg, M. J. & van Ijzendoorn, M. H. (1993). A psychometric study of the Adult Attachment Interview: Reliability and discriminant validity. *Developmental Psychology*, *29*(5), 870 - 79.

Bakermans-Kranenburg, M. J., van Ijzendoorn, M. H. & Juffer, F. (2003). Less is more: Meta-analyses of sensitivity and attachment interventions in early childhood. *Psychological Bulletin*, *129*(2), 195 - 215.

Bandura, A., Ross, D. & Ross, S. A. (1963). Imitation of film-mediated aggressive models. *Journal of Abnormal & Social Psychology*, *66*(1), 3 - 11.

Bara, F., Gentaz, E. & Cole, P. (2007). Haptics in learning to read with children from low socio-economic status families. *British Journal of Developmental Psychology*, *25*(4), 643 - 63.

Bargh, J. A. (2001). The psychology of the mere. In J. A. Bargh & D. K. Apsley (Eds.), *Unraveling the complexities of social life: A festschrift in honor of Robert B. Zajonc* (pp. 25 - 37). Washington, DC: American Psychological Association.

Bargh, J. A., Chen, M. & Burrows, L. (1996). Automaticity of social behavior: Direct effects of trait construct and stereotype activation on action. *Journal of Personality & Social Psychology*, *71*, 230 - 44.

Bargh, J. A. & Schul, Y. (1980). On the cognitive benefits of teaching. *Journal of Educational Psychology*, *72*(5), 593 - 604.

Barnes, J. L., Bernstein, E. & Bloom, P. (2015). Fact or fiction? Children's preferences for real versus make-believe stories. *Imagination, Cognition and Personality*, *34*, 243 - 58.

Barnett, W., Jung, K., Yarosz, D., Thomas, J., Hornbeck, A., Stechuk, R. & Burns, S. (2008). Educational effects of the Tools of the Mind curriculum: A randomized trial. *Early Childhood Research Quarterly*, *23*, 299-313. doi: 10.1016/j. ecresq. 2008.03.001

Barr, R., Lauricella, A., Zack, E. & Calvert, S. L. (2010). Infant and early childhood exposure to adult-directed and child-directed television programming: Relations with cognitive skills at age four. *Merrill-Palmer Quarterly*, *56*, 21 - 48.

Barr, R., Shuck, L., Salerno, K., Atkinson, E. & Linebarger, D. L. (2010). Music interferes with learning from television during infancy. *Infant and Child Development*, *19*, 313 - 31.

Barrett, P., Davies, F., Zhang, Y. & Barrett, L. (2015). The impact of classroom design on pupils' learning: Final results of a holistic, multi-level analysis. *Building and Environment*, *89*, 118 - 33.

Barsalou, L. (2002). Being there conceptually: Simulating categories in preparation for situated action. In N. L. Stein, P. J. Bauer & M. Rabinowitz (Eds.), *Representation, memory, and development: Essays in honor of Jean Mandler* (pp. 1 - 16). Mahwah, NJ: Lawrence Erlbaum.

Barsalou, L. (2008). Grounded cognition. *Annual Review of Psychology*, *59*, 617 - 45.

Bassok, D., Latham, S. & Rorem, A. (2016). Is kindergarten the new first grade? *AERA Open*, *1*(4), 1 - 31. doi:10.1177/2332858415616358

Bates, J. E., Viken, R. J., Alexander, D. B., Beyers, J. & Stockton, L. (2002). Sleep and adjustment in preschool children: Sleep diary reports by mothers relate to behavior reports by teachers. *Child Development*, *73*(1), 62 - 74.

Bauer, P. J. (1995). Recalling past events: From infancy to early childhood. *Annals of Child Development*, *11*, 25 - 71.

Baumrind, D. (1989). Rearing competent children. In W. Damon (Ed.), *Child development today and tomorrow* (pp. 349 - 78). San Francisco: Jossey-Bass.

Baumrind, D. (1991). The influence of parenting style on adolescent competence and substance use. *Journal of Early Adolescence*, *11*(1), 56 - 95.

Bavelas, J. B., Black, A., Chovil, N., Lemery, C. R. & Mullett, J. (1988). Form and function in motor mimicry: Topographic evidence that the primary function is communicative. *Human Communication Research*, *14*(3), 275 - 99.

Bavelas, J. B., Black, A., Lemery, C. R. & Mullett, J. (1987). Motor mimicry as primitive empathy. In N. Eisenberg & J. Strayer (Eds.), *Empathy and its development. Cambridge studies in social and emotional development* (pp. 317 - 38). New York: Cambridge University Press.

Baxter, L. A. & Clark, C. L. (1996). Perceptions of family communication patterns and the enactment of family rituals. *Western Journal of Communication*, *60*, 254 - 68.

Beach, K. (1995). Activity as a mediator of sociocultural change and individual development: The case of school-work transition in Nepal. *Mind, Culture & Activity: An International Journal*, *2*(4), 285 - 302.

Beck, I. L., McKeown, M. G. & Gromoll, E. W. (1989). Learning from social studies texts. *Cognition & Instruction*, *6*(2), 99 - 158.

Beck, I. L., McKeown, M. G., Sinatra, G. M. & Loxterman, J. A. (1991). Revising social studies text from a text-processing perspective: Evidence of improved comprehensibility. *Reading Research Quarterly*, *26*(3), 251 - 76.

Bennett, E. L., Rosenzweig, M. R. & Diamond, M. C. (1969). Rat brain: Effects of environmental enrichment on wet and dry weights. *Science*, *163*(3869), 825 - 26.

Bennett, K. P. & LeCompte, M. D. (1990). *How schools work: A sociological analysis of education*. New York: Longman.

Benson, J. B. & Uzgiris, I. C. (1985). Effect of self-initiated locomotion on infant search activity. *Developmental Psychology, 21*(6), 923 - 31.

Benware, C. A. & Deci, E. L. (1984). Quality of learning with an active versus passive motivational set. *American Educational Research Journal, 21*(4), 755 - 65.

Bergsmann, E. M., Lüftenegger, M., Jöstl, G., Schober, B. & Spiel, C. (2013). The role of classroom structure in fostering students' school functioning: A comprehensive and application-oriented approach. *Learning and Individual Differences, 26*, 131 - 38.

Berlyne, D. (1960). *Conflict, arousal, and curiosity.* New York: McGraw-Hill.

Berndt, T. J. (1989). Friendships in childhood and adolescence. In W. Damon (Ed.), *Child development today and tomorrow. The Jossey-Bass Social and Behavioral Science Series* (pp. 332 - 48). San Francisco: Jossey-Bass.

Bernier, A., Carlson, S. & Whipple, N. (2010). From external regulation to self-regulation: Early parenting precursors of young children's executive functioning. *Child Development, 81*, 326 - 39.

Bernieri, F. J. (1988). Coordinated movement and rapport in teacher-student interactions. *Journal of Nonverbal Behavior, 12*(2), 120 - 38.

Besançon, M. & Lubart, T. (2008). Differences in the development of creative competencies in children schooled in diverse learning environments. *Learning and Individual Differences, 18*, 381 - 89. doi:10.1016/j.lindif.2007.11.009

Bhatia, P., Davis, A. & Shamas-Brandt, E. (2015). Educational gymnastics: The effectiveness of Montessori practical life activities in developing fine motor skills in kindergartners. *Early Education and Development, 26*(4), 594 - 607.

Bialystok, E. (1999). Cognitive complexity and attentional control in the bilingual mind. *Child Development, 70*(3), 636 - 44.

Bialystok, E. (2015). Bilingualism and the development of executive function: The role of attention. *Child Development Perspectives, 9*, 117 - 21.

Biederman, I. & Shiffrar, M. M. (1987). Sexing day-old chicks: A case study and expert systems analysis of a difficult perceptual-learning task. *Journal of Experimental Psychology: Learning, Memory & Cognition, 13*(4), 640 - 45.

Bjorklund, D. F. (1997). In search of a metatheory for cognitive development (or, Piaget is dead and I don't feel so good myself). *Child Development, 68*(1), 144 - 48.

Bjorklund, D. F. & Thompson, B. E. (1983). Category typicality effects in children's memory performance: Qualitative and quantitative differences in the processing of category information. *Journal of Experimental Child Psychology*, *35*(2), 329 - 44.

Blackwell, L. S., Trzesniewski, K. H. & Dweck, C. S. (2007). Implicit theories of intelligence predict achievement across an adolescent transition: A longitudinal study and an intervention. *Child Development*, *78*, 246 - 63.

Blair, C. & Raver, C. C. (2012). Individual development and evolution: Experiential canalization of self-regulation. *Developmental Psychology*, *48*, 647 - 57. doi: 10.1037/a0026472

Blair, C. & Raver, C. C. (2014). Closing the achievement gap through modification of neurocognitive and neuroendocrine function: Results from a cluster randomized controlled trial of an innovative approach to the education of children in kindergarten. *PloS One*, *9*(11), e112393. doi: 10.1371/journal.pone.0112393

Blair, C. & Razza, R. P. (2007). Relating effortful control, executive function, and false belief understan-ding to emerging math and literacy ability in kindergarten. *Child Development*, *78*, 647 - 63. doi: 10.1111/j.1467-8624.2007.01019.x

Blake, W. (1794/1984). The schoolboy. In *Songs of experience*. New York: Dover.

Blumberg, M. S., Marques, H. G. & Iida, F. (2013). Twitching in sensorimotor development from sleeping rats to robots. *Current Biology*, *23*, R532 - 37.

Boaler, J. (1997). *Experiencing school mathematics: Teaching styles, sex, and setting*. Buckingham, UK: Open University Press.

Boaler, J. & Staples, M. (2008). Creating mathematical futures through an equitable teaching approach: The case of railside school. *The Teachers College Record*, *110*, 608 - 45.

Bodrova, E. & Leong, D. (2007). *Tools of the mind: The Vygotskian approach to early childhood education* (2nd ed.). Upper Saddle River, NJ: Pearson.

Boerger, E. A., Tullos, A. & Woolley, J. D. (2009). Return of the candy witch: Individual differences in acceptance and stability of belief in a novel fantastical being. *British Journal of Developmental Psychology*, *27*, 953 - 70.

Borke, H. (1975). Piaget's mountains revisited: Changes in the egocentric landscape. *Developmental Psychology*, *11*, 240 - 43.

Bornstein, M. H. (1975). Qualities of color vision in infancy. *Journal of Experimental Child Psychology*, *19*, 401 - 19.

Bornstein, M. H. (1989). Sensitive periods in development: Structural characteristics and causal interpretations. *Psychological Bulletin*, *105*(2), 179 - 97.

Bouffard, T. & Vezeau, C. (1998). The developing self-system and self-regulation of primary school children. In M. D. Ferrari & R. J. Sternberg (Eds.), *Self-awareness: Its nature and development* (pp. 246 - 72). New York: Guilford Press.

Bouffard, T., Vezeau, C. & Bordeleau, L. (1998). A developmental study of the relation between combined learning and performance goals and students' self-regulated learning. *British Journal of Educational Psychology*, *68*(3), 309 - 19.

Bower, G. H., Clark, M. C., Lesgold, A. M. & Winzenz, D. (1969). Hierarchical retrieval schemes in recall of categorized word lists. *Journal of Verbal Learning & Verbal Behavior*, *8*(3), 323 - 43.

Bowlby, J. (1969). *Attachment and loss, Vol. 1: Attachment*. New York: Basic Books.

Bowman-Perrott, L., Davis, H., Vannest, K., Williams, L., Greenwood, C. & Parker, R. (2013). Academic benefits of peer tutoring: A meta-analytic review of single-case research. *School Psychology Review*, *42*, 39 - 55.

Bradley, R. H. & Caldwell, B. M. (1976a). Early home environment and changes in mental test performance in children from 6 to 36 months. *Developmental Psychology*, *12*(2), 93 - 97.

Bradley, R. H. & Caldwell, B. M. (1976b). The relation of infants' home environments to mental test performance at fifty-four months: A follow-up study. *Child Development*, *47*(4), 1172 - 74.

Bransford, J. D., Brown, A. L. & Cocking, R. R. (1999). *How people learn: Brain, mind, experience, and school*. Washington, DC: National Academy Press.

Bransford, J. D. & Johnson, M. K. (1972). Contextual prerequisites for understanding: Some investigations of comprehension and recall. *Journal of Verbal Learning & Verbal Behavior*, *11*(6), 717 - 26.

Bridgeman, D. L. (1981). Enhanced role taking through cooperative interdependence: A field study. *Child Development*, *52*(4), 1231 - 38.

Brody, G. H. & Flor, D. L. (1997). Maternal psychological functioning, family processes, and child adjustment in rural, single-parent, African American families. *Developmental Psychology*, *33*(6), 1000 - 11.

Brody, G. H., Graziano, W. G. & Musser, L. M. (1983). Familiarity and children's behavior in same-age and mixed-age peer groups. *Developmental Psychology*, *19*(4), 568 - 76.

Brown, A. L. & Campione, J. C. (1990). Communities of learning and thinking, or a context by any other name. In D. Kuhn (Ed.), *Developmental perspectives on teaching and learning thinking skills* (Vol. 21, pp. 108 - 26). Basel: Karger.

Brown, A. L. & Campione, J. C. (1994). Guided discovery in a community of learners. In K. McGilly (Ed.), *Classroom lessons: Integrating cognitive theory and classroom practice.* Cambridge, MA: MIT Press.

Brown, A. L. & Kane, M. J. (1988). Preschool children can learn to transfer: Learning to learn and learning from example. *Cognitive Psychology, 20*, 493 - 523.

Brown, J. S., Collins, A. & Dugid, P. (1989). Situated cognition and the culture of learning. *Educational Researcher, 18*(1), 32 - 42.

Brownell, C. A., Ramani, G. B. & Zerwas, S. (2006). Becoming a social partner with peers: Cooperation and social understanding in one-and two-year-olds. *Child development, 77*, 803 - 21.

Brummelman, E., Thomaes, S., de Castro, B. O., Overbeek, G. & Bushman, B. J. (2014). "That's not just beautiful—that's incredibly beautiful!" the adverse impact of inflated praise on children with low self-esteem. *Psychological Science, 25*(3), 728 - 35. doi:10.1177/ 0956797613514251

Bruner, J. (1975). The ontogenesis of speech acts. *Journal of Child Language, 2*, 1 - 19.

Bruner, J. (1991). The narrative construction of reality. *Critical Inquiry, 18*, 1 - 21.

Bull, R., Espy, K. A. & Wiebe, S. A. (2008). Short-term memory, working memory, and executive functioning in preschoolers: Longitudinal predictors of mathematical achievement at age 7 years. *Developmental Neuropsychology, 33*, 205 - 28.

Bullard, J. (2013). *Creating environments for learning: Birth to age eight.* Upper Saddle River, NJ: Prentice-Hall.

Butler, R. (1990). The effects of mastery and competitive conditions on self-assessment at different ages. *Child Development, 61*(1), 201 - 10.

Butler, R. & Nisan, M. (1986). Effects of no feedback, task-related comments, and grades on intrinsic motivation and performance. *Journal of Educational Psychology, 78*(3), 210 - 16.

Butler, R. & Ruzany, N. (1993). Age and socialization effects on the development of social comparison motives and normative ability assessment in kibbutz and urban children. *Child Development, 64*(2), 532 - 43.

Buyse, E., Verschueren, K. & Doumen, S. (2011). Preschoolers' attachment to mother and risk for adjustment problems in kindergarten: Can teachers make a difference? *Social Development, 20*, 33 - 50.

Byrne, B. & Fielding-Barnsley, R. (1995). Evaluation of a program to teach phonemic awareness to young children: A two- and three-year follow-up and a new preschool trial. *Journal of Educational Psychology*, *87*(3), 488 - 503.

Byron, K. & Khazanchi, S. (2012). Rewards and creative performance: A meta-analytic test of theoretically derived hypotheses. *Psychological Bulletin*, *138*, 809 - 30.

Cahn, B. R. & Polich, J. (2006). Meditation states and traits: EEG, ERP, and neuroimaging studies. *Psychological Bulletin*, *132*(2), 180 - 211.

California State Department of Education. (1992). *Mathematics framework for California public schools: Kindergarten through grade twelve*. Sacramento: California State Department of Education.

Callahan, R. E. (1962). *Education and the cult of efficiency*. Chicago: University of Chicago Press.

Camera, L. (2016). Federal education funding: Where does the money go? *US News and World Report*, January 2016. Retrieved on line from http://www.usnews.com/news/blogs/data-mine/2016/01/14/federal-education-funding-where-does-the-money-go on 6 June 2016.

Cameron, C. E., Brock, L. L., Murrah, W. M., Bell, L. H., Worzalla, S. L., Grissmer, D. & Morrison, F. J. (2012). Fine motor skills and executive function both contribute to kindergarten achievement. *Child Development*, *83*, 1229 - 44.

Cameron, J., Banko, K. M. & Pierce, W. D. (2001). Pervasive negative effects of rewards on intrinsic motivation: The myth continues. *Behavior Analyst*, *24*(1), 1 - 44.

Campos, J. J., Anderson, D. I., Barbu-Roth, M. A., Hubbard, E. M., Hertenstein, M. J. & Witherington, D. (2000). Travel broadens the mind. Infancy, 1(2), 149 - 219.

Cannon, E. N., Woodward, A. L., Gredebäck, G., von Hofsten, C. & Turek, C. (2012). Action production influences 12-month-old infants' attention to others' actions. *Developmental Science*, *15*, 35-42.

Carbonneau, K. J., Marley, S. C. & Selig, J. P. (2013). A meta-analysis of the efficacy of teaching mathematics with concrete manipulatives. *Journal of Educational Psychology*, *105*, 380 - 98.

Carey, S. & Bartlett, E. (1978). Acquiring a single new word. *Papers and Reports on Child Language Development*, *15*, 17 - 29.

Carlson, S. M., Moses, L. J. & Hix, H. R. (1998). The role of inhibitory processes in young children's difficulties with deception and false belief. *Child Development*, *69*, 672 - 91.

Carlson, S. M., Taylor, M. & Levin, G. (1998). The influence of culture on pretend play: The case of Mennonite children. *Merrill-Palmer Quarterly*, *44*, 538 - 65.

Carlson, S. M., Zelazo, P. D. & Faja, S. (2012). Executive function. In P. D. Zelazo (Ed.), *Oxford handbook of developmental psychology* (Vol. 1, pp. 706 - 43). New York: Oxford University Press.

Carpenter, M., Akhtar, N. & Tomasello, M. (1998). Fourteen- through 18-month-old infants differentially imitate intentional and accidental actions. *Infant Behavior and Development, 21*, 315 - 30.

Carraher, T. N., Carraher, D. W. & Schliemann, A. D. (1985). Mathematics in the streets and in schools. *British Journal of Developmental Psychology, 3*(1), 21 - 29.

Casey, B. (2015). Beyond simple models of self-control to circuit-based accounts of adolescent behavior. *Annual review of psychology, 66*, 295 - 319.

Ceci, S. J. & Liker, J. K. (1986). A day at the races: A study of IQ, expertise, and cognitive complexity. *Journal of Experimental Psychology: General, 115*(3), 255 - 66.

Cerasoli, C. P., Nicklin, J. M. & Ford, M. T. (2014). Intrinsic motivation and extrinsic incentives jointly predict performance: A 40-year meta-analysis. *Psychological Bulletin, 140*, 980 - 1008. doi:10.1037/a0035661

Cesario, J. (2014). Priming, replication, and the hardest science. *Perspectives on Psychological Science, 9*, 40 - 48.

Chae, B. & Zhu, R. (2014). Environmental disorder leads to self-regulatory failure. *Journal of Consumer Research, 40*, 1203 - 18.

Chartrand, T. L. & Bargh, J. A. (1999). The chameleon effect: The perception-behavior link and social interaction. *Journal of Personality & Social Psychology, 76*, 893 - 910.

Chase, W. G. & Simon, H. A. (1988). The mind's eye in chess. In A. M. Collins & E. E. Smith (Eds.), *Readings in cognitive science: A perspective from psychology and artificial intelligence* (pp. 461 - 94). San Mateo, CA: Morgan Kaufmann.

Chattin-McNichols, J. (1992). *The Montessori controversy*. New York: Delmar.

Chi, M. T. H. & Bassok, M. (1989). Learning from examples via self-explanations. In L. B. Resnick (Ed.), *Knowing, learning, and instruction: Essays in honor of Robert Glaser* (pp. 251 - 82). Hillsdale, NJ: Lawrence Erlbaum.

Chi, M. T. H. & Ceci, S. J. (1987). Content knowledge: Its role, representation, and restructuring in memory development. In H. W. Reese (Ed.), *Advances in child development and behavior* (Vol. 20, pp. 91 - 142). San Diego: Academic Press.

Chi, M. T. H., Feltovich, P. J. & Glaser, R. (1981). Categorization and representation of physics problems by experts and novices. *Cognitive Science*, 5, 121 - 52.

Chien, N., Howes, C., Burchinal, M., Pianta, R., Ritchie, S., Bryant, ... Barbarin, O. (2010). Children's classroom engagement and school readiness gains in pre-kindergarten. *Child Development, 81*, 1534 - 49. doi:10.1111/j.1467-8624.2010.01490.x

Chiong, C. & DeLoache, J. S. (2013). Learning the ABC's: What kinds of picture books facilitate young children's learning? *Journal of Early Childhood Literacy, 13* (13), 225 - 41.

Chirkov, V. I. & Ryan, R. M. (2001). Parent and teacher autonomy-support in Russian and US adolescents: Common effects on well-being and academic motivation. *Journal of Cross-Cultural Psychology, 32*(5), 618 - 35.

Chomsky, N. (1959). A review of B.F. Skinner's *Verbal Behavior. Language, 35*, 26 - 58.

Christakis, D. A., Ramirez, J. & Ramirez, J. (2012). Overstimulation of newborn mice leads to behavioral differences and deficits in cognitive performance. *Scientific Reports, 2*, 1 - 6.

Church, R. B. & Goldin-Meadow, S. (1986). The mismatch between gesture and speech as an index of transitional knowledge. *Cognition, 23*(1), 43 - 71.

Clark, C. D. (1995). *Flights of fancy, leaps of faith*. Chicago: University of Chicago Press.

Clearfield, M. W. (2011). Learning to walk changes infants' social interactions. *Infant Behavior and Development, 34*, 15 - 25.

Clements, D. H., Sarama, J., Unlu, F. & Layzer, C. (2012, March). *The efficacy of an intervention synthesizing scaffolding designed to promote self-regulation with an early mathematics curriculum: Effects on executive function*. Paper presented at the Society for Research on Educational Effectiveness, Washington DC.

Cognition and Technology Group at Vanderbilt. (2012). *The Jasper project: Lessons in curriculum, instruction, assessment, and professional development*. New York: Routledge.

Cohen, D. K., Raudenbush, S. W. & Ball, D. L. (2002). Resources, instruction, and research. In F. Mosteller & R. Boruch (Eds.), *Evidence matters: Randomized trials in education research* (pp. 80 - 119). Washington, DC: Brookings Institute.

Cohen, P. A., Kulik, J. A. & Kulik, C. C. (1982). Education outcomes of tutoring: A meta analysis of findings. *American Educational Research Journal, 19*(2), 237 - 48.

Cohen, R. L. (1989). Memory for action events: The power of enactment. *Educational Psychology Review, 1*(1), 57 - 80.

Cohen, S., Evans, G. W., Krantz, D. S. & Stokols, D. (1980). Physiological, motivational, and cognitive effects of aircraft noise on children: Moving from the laboratory to the field. *American Psychologist*, *35*(3), 231 - 43.

Cohen, S., Glass, D. C. & Singer, J. E. (1973). Apartment noise, auditory discrimination, and reading ability in children. *Journal of Experimental Social Psychology*, *9*(5), 407 - 22.

Cohen, S., Krantz, D. S., Evans, G. W. & Stokols, D. (1981). Cardiovascular and behavioral effects of community noise. *American Scientist*, *69*(5), 528 - 35.

Conley, D. (2015). A new era for educational assessment. *Education Policy Analysis Archives*, *23*, 1 - 37.

Connors, L. J. & Epstein, J. L. (1995). Parents and school partnerships. In M. H. Born stein (Ed.), *Handbook of parenting, Vol. 4: Applied and practical parenting* (pp. 437 - 58). Hillsdale, NJ: Lawrence Erlbaum.

Cook, L. S., Smagorinsky, P., Fry, P. G., Konopak, B. & Moore, C. (2002). Problems developing a constructivist approach to teaching: One teacher' s transition from teacher preparation to teaching. *Elementary School Journal*, *102*, 389 - 413.

Cook, S., Mitchell, Z. & Goldin-Meadow, S. (2008). Gesturing makes learning last. *Cognition*, *106*, 1047 - 58.

Cooper, H., Robinson, J. C. & Patall, E. A. (2006). Does homework improve academic achievement? A synthesis of research, 1987 - 2003. *Review of Educational Research*, *76*, 1 - 62.

Corapci, F. & Wachs, T. D. (2002). Does parental mood or efficacy mediate the influence of environmental chaos upon parenting behavior? *Merrill-Palmer Quarterly*, *48*(2), 182 - 201.

Cordova, D. I. & Lepper, M. R. (1996). Intrinsic motivation and the process of learning: Beneficial effects of contextualization, personalization, and choice. *Journal of Educational Psychology*, *88*(4), 715 - 30.

Corpus, J. H., McClintic-Gilbert, M. S. & Hayenga, A. O. (2009). Within-year changes in children' s intrinsic and extrinsic motivational orientations: Contextual predictors and academic outcomes. *Contemporary Educational Psychology*, *34*, 154 - 66.

Corpus, J. H. & Wormington, S. V. (2014). Profiles of intrinsic and extrinsic motivations in elementary school: A longitudinal analysis. *The Journal of Experimental Education*, *82*, 480 - 501.

Cotton, J. L. & Cook, M. S. (1982). Meta-analyses and the effects of various reward systems: Some different conclusions from Johnson et al., *Psychological Bulletin*, *92*, 176 - 83.

Covington, M. V. (2000). Goal theory, motivation, and school achievement: An integrative review. *Annual Review of Psychology*, *51*, 171 - 200.

Cox, M. V. & Rowlands, A. (2000). The effect of three different educational approaches on children's drawing ability: Steiner, Montessori and traditional. *British Journal of Educational Psychology*, *70*, 485 - 503.

Crandall, V. C. & Lacey, B. W. (1972). Children's perceptions of internal-external control in intellectual-academic situations and their Embedded Figures Test performance. *Child Development*, *43*(4), 1123 - 34.

Crick, N. R. & Ladd, G. W. (1990). Children's perceptions of the outcomes of social strategies: Do the ends justify being mean? *Developmental Psychology*, *26*, 612 - 20.

Crockenberg, S. B. & Bryant, B. K. (1978). Socialization: The implicit curriculum of learning environments. *Journal of Research & Development in Education*, *12*(1), 69 - 78.

Csikszentmihalyi, M. (1997). *Finding flow: The psychology of engagement with everyday life*. New York: Basic Books.

Csikszentmihalyi, M. & Sawyer, K. (1995). Creative insight: The social dimension of a solitary moment. In R. J. Sternberg & J. E. Davidson (Eds.), *The nature of insight* (pp. 329 - 63). Cambridge, MA: MIT Press.

Cubberly, E. P. (1916/1929). *Public school administration* (3rd ed.). Boston: Houghton Mifflin/Riverside.

Cumberland-Li, A., Eisenberg, N. & Rieser, M. (2004). Relations of young children's agreeableness and resiliency to effortful control and impulsivity. *Social Development*, *13*(2), 193 - 212.

Cunningham, A. E. & Stanovich, K. E. (1997). Early reading acquisition and its relation to reading experience and ability 10 years later. *Developmental Psychology*, *33*(6), 934 - 45.

Damon, W. (1990). Social relations and children's thinking skills. In D. Kuhn (Ed.), *Developmental perspectives on teaching and learning thinking skills* (Vol. 21, pp. 95 - 107). Basel: Karger.

Damon, W. & Killen, M. (1982). Peer interaction and the process of change in children's moral reasoning. *Merrill-Palmer Quarterly*, *28*(3), 347 - 67.

Davidson, R. J., Kabat-Zinn, J., Schumacher, J., Rosenkranz, M., Muller, D., Santorelli, S. F., ... Sheridan, J. F. (2003). Alterations in brain and immune function produced by mindfulness meditation. *Psychosomatic Medicine*, *65*(4), 564 - 70.

Davis, B. E., Moon, R. Y., Sachs, H. C. & Ottolini, M. C. (1998). Effects of sleep position on infant motor development. *Pediatrics, 102*(5), 1135 - 40.

De Charms, R. (1976). *Enhancing motivation: A change in the classroom.* New York: Irvington.

De Lisi, R. & Golbeck, S. L. (1999). Implications of Piagetian theory for peer learning. In A. M. O'Donnell & A. King (Eds.), *Cognitive perspectives on peer learning. The Rutgers Invitational Symposium on Education Series* (pp. 3 - 37). Mahwah, NJ: Lawrence Erlbaum.

De Wolff, M. & van Ijzendoorn, M. H. (1997). Sensitivity and attachment: A meta-analysis on parental antecedents of infant attachment. *Child Development, 68*(4), 571 - 91.

Deater-Deckard, K., Lansford, J. E., Malone, P. S., Alampay, L. P., Sorbring, E., Bacchini, D., ... Di Giunta, L. (2011). The association between parental warmth and control in thirteen cultural groups. *Journal of Family Psychology, 25*, 790 - 94.

Deater-Deckard, K., Mullineaux, P. Y., Beekman, C., Petrill, S. A., Schatschneider, C. & Thompson, L. A. (2009). Conduct problems, IQ, and household chaos: A longitudinal multi-informant study. *Journal of Child Psychology and Psychiatry, 50*, 1301 - 308.

DeCasper, A. J. & Fifer, W. P. (1980). Of human bonding: Newborns prefer their mothers' voices. *Science, 208*, 1174 - 76.

Deci, E. L. (1971). Effects of externally mediated rewards on intrinsic motivation. *Journal of Personality & Social Psychology, 18*(1), 105 - 15.

Deci, E. L. (2009). Large-scale school reform as viewed from the self-determination theory perspective. *Theory and Research in Education, 7*, 244 - 52.

Deci, E. L., Koestner, R. & Ryan, R. M. (1999). A meta-analytic review of experiments examining the effects of extrinsic rewards on intrinsic motivation. *Psychological Bulletin, 125*, 627 - 68.

Deci, E. L., Nezlek, J. & Sheinman, L. (1981). Characteristics of the rewarder and intrinsic motivation of the rewardee. *Journal of Personality & Social Psychology, 40*(1), 1 - 10.

Deci, E. L. & Porac, J. (1978). Cognitive evaluation and human motivation. In M. R. Lepper & D. Greene (Eds.), *The hidden costs of reward: New perspectives on the psychology of human motivation* (pp. 149 - 76). Potomac, MD: Lawrence Erlbaum.

Deci, E. L. & Ryan, R. M. (1985). *Intrinsic motivation and self-determination in human behavior*. New York: Plenum.

Deci, E. L. & Ryan, R. M. (2011). Self-determination theory. In P. A. M. V. Lange,

A. W. Kruglanski & E. T. Higgins (Eds.), *Handbook of theories of social psychology* (Vol. 1, pp. 416 - 33). London: Sage.

Deci, E. L., Schwartz, A. J., Sheinman, L. & Ryan, R. M. (1981). An instrument to assess adults' orientations toward control versus autonomy with children: Reflections on intrinsic motivation and perceived competence. *Journal of Educational Psychology, 73*(5), 642 - 50.

Deci, E. L., Spiefel, N. H., Ryan, R. M., Koestner, R. & Kaufman, K. (1982). Effects of performance standards on teaching styles: Behavior of controlling teachers. *Journal of Educational Psychology, 74*, 852 - 59.

Dee, T. S. & Jacob, B. (2011). The impact of no child left behind on student achievement. *Journal of Policy Analysis and Management, 30*, 418 - 46.

Dekovic, M. & Janssens, J. M. (1992). Parents' child-rearing style and child's sociometric status. *Developmental Psychology, 28*(5), 925 - 32.

DeLoache, J. (2000). Dual representation and young children's use of scale models. *Child Development, 71*, 329 - 38.

DeLoache, J. S., Kolstad, V. & Anderson, K. N. (1991). Perceptual similarity and young children's understanding of scale models. *Child Development, 62*, 111 - 26.

DeLoache, J. S., Simcock, G. & Macari, S. (2007). Planes, trains, automobiles—and tea sets: Extremely intense interests in very young children. *Developmental Psychology, 43*, 1579 - 86.

DeLoache, J. S., Uttal, D. H. & Pierroutsakos, S. L. (1998). The development of early symbolization: Educational implications. *Learning & Instruction, 8*, 325 - 39.

Deutsch, C. P. (1964). Auditory discrimination and learning: Social factors. *Merrill-Palmer Quarterly, 10*, 277 - 96.

Devine, R. T. & Hughes, C. (2014). Relations between false belief understanding and executive function in early childhood: A meta-analysis. *Child Development, 85*, 1777 - 1794.

Dewey, C., Fleming, P. & Golding, J. (1998). Does the supine sleeping position have any adverse effects on the child? II. Development in the first 18 months. *Pediatrics, 101*(1), 1 - 5.

Dewey, J. (1913). *Interest and effort in education*. New York: Houghton Mifflin.

Diamond, A., Barnett, W., Thomas, J. & Munro, S. (2007). Preschool program improves cognitive control. *Science, 318*, 1387 - 88. doi:10.1126/science.1151148

Diamond, A. & Doar, B. (1989). The performance of human infants on a measure of frontal cortex function, the delayed response task. *Developmental Psychobiology*, *22*, 271 - 94.

Diamond, A. & Lee, K. (2011). How can we help children succeed in the 21st century? What the scientific evidence shows aids executive function development in children 4 - 12 years of age. *Science*, *333*, 959 - 64. doi:10.1126/science.1204529

Dohrmann, K. R., Nishida, T. K., Gartner, A., Lipsky, D. K. & Grimm, K. J. (2007). High school outcomes for students in a public Montessori program. *Journal of Research in Childhood Education*, *22*, 205 - 17.

Doidge, N. (2015). *The brain 's way of healing*. New York: Viking.

Dollaghan, C. (1985). Child meets word: "Fast mapping" in preschool children. *Journal of Speech & Hearing Research*, *28*(3), 449 - 54.

Dore, R. A., Smith, E. D. & Lillard, A. S. (2015). *You are what you read (or whom you take the perspective of): Children adopt the traits of characters in fictional narratives*. Manuscript submitted for publication.

Doyle, A.-B., Connolly, J. & Rivest, L.-P. (1980). The effect of playmate familiarity on the social interactions of young children. *Child Development*, *51*(1), 217 - 23.

Doymus, K. (2008). Teaching chemical bonding through jigsaw cooperative learning. *Research in Science & Technological Education*, *26*, 47 - 57.

Dreary, I. J., Bell, P. J., Bell, A. J., Campbell, M. L. & Fazal, N. D. (2004). Sensory discrimination and intelligence: Testing spearman ' s other hypothesis. *The American Journal of Psychology*, *117*, 1 - 18.

Duncan, G., Dowsett, C., Claessens, A., Magnuson, K., Huston, A., Klebanov, P., ... Japel, C. (2007). School readiness and later achievement. *Developmental Psychology*, *43*, 1428 - 46.

Duran, R. T. & Gauvain, M. (1993). The role of age versus expertise in peer collaboration during joint planning. *Journal of Experimental Child Psychology*, *55*, 227 - 42.

Dweck, C. S. (1999). *Self-theories: Their role in motivation, personality, and development*. Philadelphia: Psychology Press/Taylor & Francis.

Dweck, C. S. (2006). *Mindset: The new psychology of success*. New York: Random House.

Dworkin, M. S. (1959). *Dewey on education: Selections with an introduction and notes by Martin S. Dworkin*. New York: Teachers College Press.

Early, D. M., Maxwell, K. L., Burchinal, M., Bender, R. H., Ebanks, C., Henry, G. T., ... Zill, N. (2007). Teachers' education, classroom quality, and young children's academic skills: Results from seven studies of preschool programs. *Child Development*, *78*, 558 - 80.

Eccles, J. S., Midgley, C., Wigfield, A., Buchanan, C. M., Reuman, D., Flanagan, C. & Iver, D. M. (1993). Development during adolescence: The impact of stage–environment fit on young adolescents' experiences in schools and in families. *American Psychologist*, *48*(2), 90 - 101.

Eccles, J. S., Wigfield, A., Midgley, C., Reuman, D., MacIver, D. & Feldlaufer, H. (1993). Negative effects of traditional middle schools on students' motivation. *Elementary School Journal*, *93*(5), 553 - 74.

Egan, K. (2002). *Getting it wrong from the beginning: Our progressivist inheritance from Herbert Spencer, John Dewey, and Jean Piaget*. New Haven: Yale University Press.

Egeland, B., Pianta, R. & O'Brien, M. A. (1993). Maternal intrusiveness in infancy and child maladaptation in early school years. *Development & Psychopathology*, *5*(3), 359 - 70.

Ehrenberg, R. G., Brewer, D. J., Gamoran, A. & Willms, J. D. (2001). Class size and student achievement. *Psychological Science in the Public Interest*, *2*(1), 1 - 30.

Eisen, S. L. & Lillard, A. S. (2016–a). As good as the real thing? A comparison of learning from hands–on materials versus apps. University of Virginia.

Eisen, S. L. & Lillard, A. S. (2016–b). Young children's thinking about touchscreens versus other media devices. University of Virginia.

Eisenberg, N., Cumberland, A., Spinrad, T. L., Fabes, R. A., Shepard, S. A., Reiser, M., Murphy, B. C., Losoya, S. H. & Guthrie, I. K. (2001). The relations of regulation and emotionality to children's externalizing and internalizing problem behavior. *Child Development*, *72*(4), 1112 - 34.

Eisenberg, N., Fabes, R. A., Karbon, M., Murphy, B. C., Wosinski, M., Polazzi, L., Carlo, G. & Juhnke, C. (1996). The relations of children's dispositional prosocial behavior to emotionality, regulation, and social functioning. *Child Development*, *67*(3), 974 - 92.

Eisenberg, N., Fabes, R. A., Murphy, B., Maszk, P., Smith, M. & Karbon, M. (1995). The role of emotionality and regulation in children's social functioning: A longitudinal study. *Child Development*, *66*(5), 1360 - 84.

Eisenberg, N., Guthrie, I. K., Fabes, R. A., Reiser, M., Murphy, B. C., Holgren, R., Maszk, P. & Losoya, S. (1997). The relations of regulation and emotionality to resiliency and competent social functioning in elementary school children. *Child Development*, *68*(2), 295 - 311.

Eisenberg, N., Smith, C. L. & Spinrad, T. I. (2011). Effortful control: Relations with emotion regulation, adjustment, and socialization in childhood. In K. D. Vohs & R. F. Baumeister (Eds.), *Handbook of self-regulation: Research, theory, and applications* (pp. 263 - 83). New York: Guilford.

Eisenberg, N., Spinrad, T. L., Fabes, R. A., Reiser, M., Cumberland, A., Shepard, S. A., Valiente, C., Losoya, S. H., Guthrie, I. K. & Thompson, M. (2004). The relations of effortful control and impulsivity to children's resiliency and adjustment. *Child Development, 75*(1), 25 - 46.

Eisenberger, R. & Cameron, J. (1996). Detrimental effects of reward: Reality or myth? *American Psychologist, 51*(11), 1153 - 66.

Eisenberger, R. & Shanock, L. (2003). Rewards, intrinsic motivation, and creativity: A case study of conceptual and methodological isolation. *Creativity Research Journal, 15*, 121 - 30.

El-Sheikh, M. & Sadeh, A. (2015). Sleep and development: Advancing theory and research. *Monographs of the Society for Research in Child Development, 80*, 1 - 215. doi: 10.1111/mono.12141

Elardo, R., Bradley, R. & Caldwell, B. M. (1975). The relation of infants' home environments to mental test performance from six to thirty-six months: A longitudinal analysis. *Child Development, 46*(1), 71 - 76.

Elkind, D. (1967). Piaget and Montessori. *Harvard Educational Review, 37*(4), 535 - 45.

Elkind, D. (1976). *Child development and education.* New York: Oxford University Press.

Elkind, D. (2007). *The power of play.* Cambridge MA: Da Capo Lifelong Books.

Engelhardt, L. E., Briley, D. A., Mann, F. D., Harden, K. P. & Tucker-Drob, E. M. (2015). Genes unite executive functions in childhood. *Psychological Science, 26*, 1151 - 63. doi:10.1177/0956797615577209

Engelkamp, J., Zimmer, H. D., Mohr, G. & Sellen, O. (1994). Memory of self-performed tasks: Self-performing during recognition. *Memory & Cognition, 22*(1), 34 - 39.

Epstein, Y. M., Woolfolk, R. L. & Lehrer, P. M. (1981). Physiological, cognitive, and nonverbal responses to repeated exposure to crowding. *Journal of Applied Social Psychology, 11*(1), 1 - 13.

Estes, T. H. & Vaughan, J. L. (1973). Reading interest and comprehension: Implications. *The Reading Teacher, 27*, 149 - 53.

Evans, G. W. (2006). Child development and the physical environment. *Annual Review of Psychology, 57*, 423 - 51.

Evans, G. W., Lepore, S. J., Shejwal, B. R. & Palsane, M. N. (1998). Chronic residential crowding and children's well-being: An ecological perspective. *Child Development, 69*(6), 1514 - 23.

Evans, G. W., Saegert, S. & Harrid, R. (2001). Residential density and psychological health among children in low-income families. *Environment & Behavior, 33*(2), 165 - 80.

Evans, G. W. & Wachs, T. D. (Eds.) (2010). *Chaos and its influence on children's development*. Washington, DC: American Psychological Association.

Fabes, R. A., Fultz, J., Eisenberg, N., May-Plumlee, T. & Christopher, F. S. (1989). Effects of rewards on children's prosocial motivation: A socialization study. *Developmental Psychology, 25*(4), 509 - 15.

Fagot, B. I., Gauvain, M. & Kavanagh, K. (1996). Infant attachment and mother-child problem-solving: A replication. *Journal of Social & Personal Relationships, 13*(2), 295 - 302.

Fallone, G., Acebo, C., Arnedt, J. T., Seifer, R. & Carskadon, M. A. (2001). Effects of acute sleep restriction on behavior, sustained attention, and response inhibition in children. *Perceptual & Motor Skills, 93*(1), 213 - 29.

Falvey, M. A. & Grenot-Scheyer, M. (1995). Instructional strategies. In M. A. Falvey (Ed.), *Inclusive and heterogeneous schooling: Assessment, curriculum, and instruction* (pp. 131 - 58). Baltimore, MD: Brookes.

Fantuzzo, J. & Ginsburg-Block, M. (1998). Reciprocal peer tutoring: Developing and testing effective peer collaborations for elementary school students. In K. Topping & S. Ehly (Eds.), *Peer-assisted learning* (pp. 121 - 44). Mahwah, NJ: Lawrence Erlbaum.

Fantuzzo, J. W., King, J. A. & Heller, L. R. (1992). Effects of reciprocal peer tutoring on mathematics and school adjustment: A component analysis. *Journal of Educational Psychology, 84*(3), 331 - 39.

Fantuzzo, J. W., Riggio, R. E., Connelly, S. & Dimeff, L. A. (1989). Effects of reciprocal peer tutoring on academic achievement and psychological adjustment: A component analysis. *Journal of Educational Psychology, 81*(2), 173 - 77.

Fantz, R. (1961). The origin of form perception. *Scientific American, 204*, 72.

Farran, D., Wilson, S. J., Lipsey, M. W. & Turner, K. (2012, June). *The effect of tools of the mind curriculum on children's achievement and self-regulation.* Paper presented at the Head Start Research Conference, Washington DC.

Ferguson, K. T., Cassells, R. C., MacAllister, J. W. & Evans, G. W. (2013). The physical environment and child development: An international review. *International Journal of Psychology*, *48*, 437 - 68

Fernald, A. (1984). The perceptual and affective salience of mothers' speech to infants. In L. Feagans, C. Garvey, R. Golinkoff, M. T. Greenberg, C. Harding & J. N. Bohannon (Eds.), *The origins and growth of communication* (pp. 7 - 29). Norwood, NJ: Ablex.

Fiedler, K. (2001). Affective states trigger processes of assimilation and accommodation. In L. L. Martin & G. L. Clore (Eds.), *Theories of mood and cognition: A user's guidebook* (pp. 85 - 98). Mahwah, NJ: Lawrence Erlbaum.

Field, T., Hallock, N., Ting, G., Dempsey, J., Dabira, C. & Shuman, H. (1978). A first-year follow-up of high-risk infants: Formulating a cumulative risk index. *Child Development*, *49*(1), 119 - 31.

Fiese, B. H. & Kline, C. A. (1993). Development of the Family Ritual Questionnaire: Initial reliability and validation studies. *Journal of Family Psychology*, *6*(3), 290 - 99.

Fisher, A. V., Godwin, K. E. & Seltman, H. (2014). Visual environment, attention allocation, and learning in young children when too much of a good thing may be bad. *Psychological Science*, *25*, 1362 - 70. doi:10.1177/0956797614533801

Fisher, K. R., Hirsh-Pasek, K., Newcombe, N. & Golinkoff, R. M. (2013). Taking shape: Supporting preschoolers' acquisition of geometric knowledge through guided play. *Child Development*, *84*, 1872 - 78.

Fitzpatrick, C., McKinnon, R. D., Blair, C. B. & Willoughby, M. T. (2014). Do preschool executive function skills explain the school readiness gap between advantaged and disadvantaged children? *Learning and Instruction*, *30*, 25 - 31.

Flanagan, R. (2013). Effects of learning from interaction with physical or mediated devices. *Cognitive Processing*, *14*, 213 - 15.

Flavell, J. H. (1963). *The developmental psychology of Jean Piaget*. New York: D. Van Nostrand.

Flavell, J. H. (1999). Cognitive development: Children's knowledge about the mind. *Annual Review of Psychology*, *50*, 21 - 45.

Flynn, E. & Whiten, A. (2012). Experimental "microcultures" in young children: Identifying biographic, cognitive, and social predictors of information transmission. *Child Development*, *83*, 911 - 25.

Fodor, J. A. (1983). *The modularity of mind*. Cambridge, MA: Bradford Books/MIT Press.

Fogel, A., Dedo, J. Y. & McEwen, I. (1992). Effect of postural position and reaching on gaze during mother-infant face-to-face interaction. *Infant Behavior & Development, 15*(2), 231 - 44.

Fox, K. C., Nijeboer, S., Dixon, M. L., Floman, J. L., Ellamil, M., Rumak, S. P., … Christoff, K. (2014). Is meditation associated with altered brain structure? A systematic review and meta-analysis of morphometric neuroimaging in meditation practitioners. *Neuroscience & Biobehavioral Reviews, 43*, 48 - 73.

Frankel, K. A. & Bates, J. E. (1990). Mother-toddler problem solving: Antecedents in attachment, home behavior, and temperament. *Child Development, 61*(3), 810 - 19.

Frankel, L. A., Hughes, S. O., O'Connor, T. M., Power, T. G., Fisher, J. O. & Hazen, N. L. (2012). Parental influences on children's self-regulation of energy intake: Insights from developmental literature on emotion regulation. *Journal of Obesity, 2012*, article ID 327259. doi:10.1155/2012/327259

Fredrickson, B. L. (2001). The role of positive emotions in positive psychology: The broaden-and-build theory of positive emotions. *American Psychologist, 56*(3), 218 - 26.

Frijters, J. C., Barron, R. W. & Brunello, M. (2000). Direct and mediated influences of home literacy and literacy interest on prereaders' oral vocabulary and early written language skill. *Journal of Educational Psychology, 92*(3), 466 - 77.

Furnham, A. & Bradley, A. (1997). Music while you work: The differential distraction of background music on the cognitive test performance of introverts and extraverts. *Applied Cognitive Psychology, 11*(5), 445 - 55.

Furnham, A., Gunter, B. & Peterson, E. (1994). Television distraction and the performance of introverts and extraverts. *Applied Cognitive Psychology, 8*(7), 705 - 11.

Furnham, A. & Strbac, L. (2002). Music is as distracting as noise: The differential distraction of background music and noise on the cognitive test performance of introverts and extraverts. *Ergonomics, 45*(3), 203 - 17.

Galanter, E. (Ed.). (1968). *Automatic teaching: The state of the art. New York: Wiley.*

Galinsky, A. D., Wang, C. S. & Ku, G. (2008). Perspective-takers behave more stereotypically. *Journal of Personality and Social Psychology, 95*, 404 - 19.

Galinsky, T. L., Swanson, N. G., Sauter, S. L., Hurrell, J. J. & Schleifer, L. M. (2000). A field study of supplementary rest breaks for data-entry operators. *Ergonomics, 43*(5), 622 - 38.

Galton, F. (1883). Inquiries into the human faculty & its development. London: JM Dent.

Garon, N., Bryson, S. E. & Smith, I. M. (2008). Executive function in preschoolers: A review using an integrative framework. *Psychological Bulletin*, *134*, 31 - 60.

Gasper, K. & Clore, G. L. (2002). Attending to the big picture: Mood and global versus local processing of visual information. *Psychological Science*, *13*, 34 - 40.

Gauvain, M. (2001). *The social context of cognitive development*. London: Guilford.

Gauvain, M. & Rogoff, B. (1989). Collaborative problem solving and children's planning skills. *Developmental Psychology*, *25*(1), 139 - 51.

Gaylord, C. (2012, August 31). Maria Montessori and 10 famous graduates from her schools. *The Christian Science Monitor*. Retrieved from www.csmonitor.com/Technology/TechCulture/2012/0831/Maria-Montessori-and-10-famous-graduates-from-her-schools/Google-founders-Larry-Page-and-Sergey-Brin

Gentner, D. & Toupin, C. (1986). Systematicity and surface similarity in the development of analogy. *Cognitive Science*, *10*(3), 277 - 300.

Gergely, G., Bekkering, H. & Kiraly, I. (2002). Rational imitation in preverbal infants. *Nature*, *415*(6873), 755.

Gerken, L., Balcomb, F. K. & Minton, J. L. (2011). Infants avoid 'labouring in vain' by attending more to learnable than unlearnable linguistic patterns. *Developmental Science*, *14*(5), 972 - 79.

Gerson, S. A., Schiavio, A., Timmers, R. & Hunnius, S. (2015). Active drumming experience increases infants' sensitivity to audiovisual synchrony during observed drumming actions. *PloS One*, *10*(6), e0130960.

Gick, M. L. & Holyoak, K. J. (1980). Analogical problem solving. *Cognitive Psychology*, *12*(3), 306 - 55.

Ginsburg, H. & Oper, S. (1979). *Piaget's theory of intellectual development*. Englewood Cliffs, NJ: Prentice-Hall.

Ginsburg-Block, M. D., Rohrbeck, C. A. & Fantuzzo, J. W. (2006). A meta-analytic review of social, self-concept, and behavioral outcomes of peer-assisted learning. *Journal of Educational Psychology*, *98*, 732 - 49.

Glachen, M. & Light, P. (1982). Peer interaction and learning: Can two wrongs make a right? In G. Butterworth & P. Light (Eds.), *Social cognition: Studies of the development of understanding* (pp. 238 - 62). Brighton, England: Harvester Press.

Glass, D. C. & Singer, J. E. (1972). Behavioral aftereffects of unpredictable and uncontrollable aversive events. *American Scientist*, *60*, 457 - 65.

Glenberg, A. & Kaschak, M. P. (2002). Grounding language in action. *Psychonomic Bulletin & Review*, *9*(3), 558 - 65.

Glenberg, A. M., Witt, J. K. & Metcalfe, J. (2013). From the revolution to embodiment 25 years of cognitive psychology. *Perspectives on Psychological Science*, *8*, 573 - 85.

Glucksberg, S. (1962). The influence of strength of drive on functional fixedness and perceptual recognition. *Journal of Experimental Psychology*, *63*(1), 36 - 41.

Godden, D. R. & Baddeley, A. D. (1975). Context-dependent memory in two natural environments: On land and underwater. *British Journal of Psychology*, *66*(3), 325 - 31.

Godwin, K. E. & Fisher, A. V. (2011). *Allocation of attention in classroom environments: Consequences for learning*. Paper presented at the Proceedings of the 33rd Annual Conference of the Cognitive Science Society.

Gogtay, N., Giedd, J. N., Lusk, L., Hayashi, K. M., Greenstein, D., Vaituzis, A. C., … Thompson, P. M. (2004). Dynamic mapping of human cortical development during childhood through early adulthood. *Proceedings of the National Academy of Science, USA*, *101*(21), 8174 - 79.

Goldin-Meadow, S. (2002). From thought to hand: Structured and unstructured communication outside of conventional language. In E. Amsel & J. P. Byrnes (Eds.), *Language, literacy, and cognitive development: The development and consequences of symbolic communication* (pp. 121 - 50). Mahwah, NJ: Lawrence Erlbaum.

Goldin-Meadow, S. & Alibali, M. W. (2013). Gesture's role in speaking, learning, and creating language. *Annual Review of Psychology*, *64*, 257 - 83.

Goldin-Meadow, S. & Butcher, C. (2003). Pointing toward two-word speech in young children. In S. Kita (Ed.), *Pointing: Where language, culture, and cognition meet* (pp. 85 - 107). Mahwah, NJ: Lawrence Erlbaum.

Goldin-Meadow, S., Cook, S. W. & Mitchell, Z. A. (2009). Gesturing gives children new ideas about math. *Psychological Science*, *20*, 267 - 72.

Goldin-Meadow, S., Goodrich, W., Sauer, E. & Iverson, J. (2007). Young children use their hands to tell their mothers what to say. *Developmental Science*, *10*, 778 - 85.

Goldin-Meadow, S. & Singer, M. A. (2003). From children's hands to adults' ears: Gesture's role in the learning process. *Developmental Psychology*, *39*(3), 509 - 20.

Goldstein, T. R. & Bloom, P. (2015). Characterizing characters: How children make sense of realistic acting. *Cognitive Development*, *34*, 39 - 50.

Goldstein, T. R. & Woolley, J. D. (2016). Ho! Ho! Who? Parent's promotion of belief in and live encounters with Santa. *Cognitive Development*, *39*, 113 - 27. doi: 10.1016/ j.cogdev.2016.04.002

Goodman, R. (1997). Strengths and difficulties questionnaire. *Journal of Child Psychology and Psychiatry*, *38*, 581 - 86.

Goodwyn, S. W. & Acredolo, L. P. (1993). Symbolic gesture versus word: Is there a modality advantage for onset of symbol use? *Child Development*, *64*(3), 688 - 701.

Goodwyn, S. W., Acredolo, L. P. & Brown, C. A. (2000). Impact of symbolic gesturing on early language development. *Journal of Nonverbal Behavior*, *24*(2), 81 - 103.

Gottfried, A. W. (Ed.). (1984). *Home environment and early cognitive development: Longitudinal research. Orlando*, FL: Academic Press.

Graef, R., Csikszentmihalyi, M. & Gianinno, S. M. (1983). Measuring intrinsic motivation in everyday life. *Leisure Studies*, *2*(2), 155 - 68.

Graesser, A. C. & Person, N. K. (1994). Question asking during tutoring. *American Educational Research Journal*, *31*(1), 104 - 37.

Graham, S. & Golan, S. (1991). Motivational influences on cognition: Task involvement, ego involvement, and depth of information processing. *Journal of Educational Psychology*, *83*(2), 187 - 94.

Grazzini, C. (2004a). Maria Montessori and algebra: The binomial theorem. *NAMTA Journal*, *29*, 79 - 104.

Grazzini, C. (2004). The four planes of development. *NAMTA Journal*, *29*, 27 - 62.

Greenfield, P. M. & Childs, C. P. (1977). Weaving, color terms, and pattern representation: Cultural influences and cognitive development among the Zinacantecos of southern Mexico. *Interamerican Journal of Psychology*, *11*, 23 - 48.

Greeno, J. G. (1998). The situativity of knowing, learning, and research. *American Psychologist*, *53*(1), 5 - 26.

Greenwood, C. R., Delquadri, J. C. & Hall, R. V. (1989). Longitudinal effects of class-wide peer tutoring. *Journal of Educational Psychology*, *81*(3), 371 - 83.

Greenwood, C. R., Dinwiddie, G., Bailey, V., Carta, J. J., Dorsey, D., Kohler, F. W., … Schulte, D. (1987). Field replication of classwide peer tutoring. *Journal of Applied Behavior Analysis*, *20*(2), 151 - 60.

Greenwood, C. R., Terry, B., Utley, C. A., Montagna, D. & Walker, D. (1993). Achievement, placement, and services: Middle school benefits of classwide peer tutoring used at the elementary school. *School Psychology Review*, *22*(3), 497 - 516.

Greer, R. D. & Polirstok, S. R. (1982). Collateral gains and short-term maintenance in reading and on-task responses by inner-city adolescents as a function of their use of social reinforcement while tutoring. *Journal of Applied Behavior Analysis*, *15*(1), 123 - 39.

Griffin, M. M. (1995). You can't get there from here: Situated learning, transfer, and map skills. *Contemporary Educational Psychology*, *20*(1), 65 - 87.

Grissmer, D., Grimm, K. J., Aiyer, S. M., Murrah, W. M. & Steele, J. S. (2010). Fine motor skills and early comprehension of the world: Two new school readiness indicators. *Developmental Psychology*, *46*, 1008 - 17.

Grolnick, W. S. & Ryan, R. M. (1987). Autonomy in children's learning: An experimental and individual difference investigation. *Journal of Personality & Social Psychology*, *52*(5), 890 - 98.

Grossmann, K., Grossmann, K. E., Fremmer-Bombik, E., Kindler, H., ScheuererEnglisch, H. & Zimmermann, P. (2002). The uniqueness of the child-father attachment relationship: Fathers' sensitive and challenging play as a pivotal variable in a 16-year longitudinal study. *Social Development*, *11*(3), 307 - 31.

Grusec, J. E. (1991). Socializing concern for others in the home. *Developmental Psychology*, *27*, 338 - 42.

Guidubaldi, J., Cleminshaw, H. K., Perry, J. D., Nastasi, B. K. & Lightel, J. (1986). The role of selected family environment factors in children's post-divorce adjustment. *Family Relations: Journal of Applied Family & Child Studies*, *35*(1), 141 - 51.

Hafen, C. A., Allen, J. P., Mikami, A. Y., Gregory, A., Hamre, B. & Pianta, R. C. (2012). The pivotal role of adolescent autonomy in secondary school classrooms. *Journal of Youth and Adolescence*, *41*, 245 - 55.

Hall, G. S. (1911). *Educational problems* (Vol. 1). New York: Appleton.

Hamre, B. K. & Pianta, R. C. (2001). Early teacher-child relationships and the trajectory of children's school outcomes through eighth grade. *Child Development*, *72*(2), 625 - 38.

Hamre, B. K. & Pianta, R. C. (2007). Learning opportunities in preschool and early elementary classrooms. In R. C. Pianta, M. J. Cox & K. L. Snow (Eds.), *School readiness and the transition to kindergarten* (pp. 49 - 84). Baltimore: Paul H. Brookes.

Hanh, T. (2001/2009). *You are here: The power of the present moment* (S. C. Kohn, Trans.). Boston: Shambhala.

Hanna, E. & Meltzoff, A. N. (1993). Peer imitation by toddlers in laboratory, home, and day-care contexts: Implications for social learning and memory. *Developmental Psychology*, *29*(4), 701 - 10.

Harackiewicz, J. M., Manderlink, G. & Sansone, C. (1984). Rewarding pinball wizardry: Effects of evaluation and cue value on intrinsic interest. *Journal of Personality & Social Psychology*, *47*(2), 287 - 300.

Harris, P. L. (2012). *Trusting what you're told: How children learn from others*. Cambridge, MA: Harvard University Press.

Hart, C. H., DeWolf, D. M., Wozniak, P. & Burts, D. C. (1992). Maternal and paternal disciplinary styles: Relations with preschoolers' playground behavioral orientations and peer status. *Child Development*, *63*(4), 879 - 92.

Harter, S. (1978). Pleasure derived from challenge and the effects of receiving grades on children's difficulty level choices. *Child Development*, *49*(3), 788 - 99.

Harter, S. (1981). A new self-report scale of intrinsic versus extrinsic orientation in the classroom: Motivational and informational components. *Developmental Psychology*, *17*(3), 300 - 312.

Hartup, W. W. (1983). Peer relations. In E. M. Hetherington (Ed.), *Handbook of child psychology: Socialization, personality, and social development* (4th ed.) (Vol. 4, pp. 103 - 96). New York: Wiley. (P. H. Mussen, General Ed.).

Havas, D., Glenberg, A. & Rinck, M. (2007). Emotion simulation during language comprehension. *Psychonomic Bulletin & Review*, *14*, 436 - 41.

Havas, D. A., Glenberg, A. M., Gutowski, K. A., Lucarelli, M. J. & Davidson, R. J. (2010). Cosmetic use of botulinum toxin-a affects processing of emotional language. *Psychological Science*, *21*(7), 895 - 900.

Hayashi, M., Watanabe, M. & Hori, T. (1999). The effects of a 20 min nap in the midafternoon on mood, performance and EEG activity. *Clinical Neurophysiology*, *110*(2), 272 - 79.

Heathcock, J. C., Lobo, M. & Galloway, J. C. (2008). Movement training advances the emergence of reaching in infants born at less than 33 weeks of gestational age: A randomized clinical trial. *Physical Therapy*, *88*, 310 - 322.

Hebb, D. (1949). *The organization of behavior: A neuropsychological theory*. New York: Wiley.

Heckman, J. J. & Kautz, T. (2012). Hard evidence on soft skills. *Labour Economics*, *19*, 451 - 64.

Heft, H. (1979). Background and focal environmental conditions of the home and attention in young children. *Journal of Applied Social Psychology*, *9*, 47 - 69.

Held, R. & Hein, A. (1963). Movement-produced stimulation in the development of visually guided behavior. *Journal of Comparative & Physiological Psychology*, *56*(5), 872 - 76.

Hendrickson, G. & Schroeder, W. H. (1941). Transfer of training in learning to hit a submerged target. *Journal of Educational Psychology*, *32*, 205 - 13.

Hennessey, B. A. (2000). Rewards and creativity. In C. Sansone & J. M. Harackiewicz (Eds.), *Intrinsic and extrinsic motivation: The search for optimal motivation and performance* (pp. 55 - 78). San Diego: Academic Press.

Henry, C. S. & Lovelace, S. G. (1995). Family resources and adolescent family life satisfaction in remarried family households. *Journal of Family Issues*, *16*(6), 765 - 86.

Herricks, T. (2004). For these educations, the diet of worms isn't just history, *The Wall Street Journal*. Published 15 June 2004. Retrieved from http://www.wsj.com/articles/SB108725077538636819 on 6 June 2016.

Hesse, E. (1999). The adult attachment interview: Historical and current perspectives. In J. Cassidy & P. R. Shaver (Eds.), *Handbook of attachment: Theory, research, and clinical applications* (pp. 395 - 433). New York: Guilford.

Hidi, S. (1990). Interest and its contribution as a mental resource for learning. *Review of Educational Research*, *60*(4), 549 - 71.

Hidi, S. (2000). An interest researcher's perspective: The effects of extrinsic and intrinsic factors on motivation. In C. Sansone & J. M. Harackiewicz (Eds.), *Intrinsic and extrinsic motivation: The search for optimal motivation and performance* (pp. 309 - 39). San Diego: Academic Press.

Hidi, S. & McLaren, J. (1990). The effect of topic and theme interestingness on the production of school expositions. In H. Mandl, E. deCorte, N. Bennett & H. F. Friedrich (Eds.), *Learning and instruction* (Vol. 2.2, pp. 295 - 308). Oxford: Pergamon.

Hidi, S. & Renninger, K. A. (2006). The four-phase model of interest development. *Educational Psychologist*, *41*, 111 - 27.

Hiebert, J. (1999). Relationships between research and the NCTM Standards. *Journal for Research in Mathematics Education*, *30*(1), 3 - 19.

Hilgard, E. R. (1987). *Psychology in America: A historical survey*. San Diego: Harcourt Brace Jovanovich.

Hiroto, D. S. & Seligman, M. E. (1975). Generality of learned helplessness in man. *Journal of Personality & Social Psychology*, *31*(2), 311 - 27.

Hirsh-Pasek, K., Golinkoff, R., Berk, L. & Singer, D. (2009). *A mandate for playful learning in preschool: Presenting the evidence*. New York: Oxford University Press.

Hogan, D. M. & Tudge, J. R. H. (1999). Implications of Vygotsky's theory for peer learning. In A. M. O'Donnell & A. King (Eds.), *Cognitive perspectives on peer learning. The Rutgers Invitational Symposium on Education Series* (pp. 39 - 65). Mahwah, NJ: Lawrence Erlbaum.

Hölzel, B. K., Lazar, S. W., Gard, T., Schuman-Olivier, Z., Vago, D. R. & Ott, U. (2011). How does mindfulness meditation work? Proposing mechanisms of action from a conceptual and neural perspective. *Perspectives on Psychological Science, 6*(6), 537 - 59.

Hopkins, E. J. & Lillard, A. S. (submitted). The effect of specific fantasy elements on children's learning from storybooks.

Hostetter, A. B. (2011). When do gestures communicate? A meta-analysis. *Psychological Bulletin, 137*(2), 297 - 315.

Huntsinger, J. R., Isbell, L. M. & Clore, G. L. (2014). The affective control of thought: Malleable, not fixed. *Psychological Review, 121*, 600 - 18.

Iqbal, S. T. & Horvitz, E. (2007). *Disruption and recovery of computing tasks: Field study, analysis, and directions*. Paper presented at the Proceedings of the SIGCHI Conference on Human Factors in Computing Systems, San Jose, CA.

Iriki, A., Tanaka, M. & Iwamura, Y. (1996). Coding of body schema during tool use by macaque postcentral neurons. *NeuroReport, 7*, 2325 - 30.

Isen, A. M. (2000). Positive affect and decision making. In M. Lewis & J. M. HavilandJones (Eds.), *Handbook of emotions* (2nd ed., pp. 417 - 35). New York: Guilford.

Istomina, J. M. (1975). The development of voluntary memory in preschool age children. *Soviet Psychology, 13*, 5 - 64.

Iyengar, S. S. & Lepper, M. R. (1999). Rethinking the value of choice: A cultural perspective on intrinsic motivation. *Journal of Personality & Social Psychology, 76*, 349 - 66.

Iyengar, S. S. & Lepper, M. R. (2000). When choice is demotivating: Can one desire too much of a good thing? *Journal of Personality & Social Psychology, 79*(6), 995 - 1006.

Jaffee, S. R., Hanscombe, K. B., Haworth, C. M., Davis, O. S. & Plomin, R. (2012). Chaotic homes and children's disruptive behavior a longitudinal cross-lagged twin study. *Psychological Science, 23*(6), 643 - 50. doi:10.1177/0956797611431693

Jain, S., Shapiro, S. L., Swanick, S., Roesch, S. C., Mills, P. J., Bell, I. & Schwartz, G. E. (2007). A randomized controlled trial of mindfulness meditation versus relaxation training: Effects on distress, positive states of mind, rumination, and distraction. *Annals of Behavioral Medicine*, *33*(1), 11 - 21.

James, W. (1890). *The principles of psychology* (Vol. 1). New York: Henry Holt.

Jennings, J. L. & Bearak, J. M. (2014). "Teaching to the test" in the NCLB era: How test predictability affects our understanding of student performance. *Educational Researcher*, *43*, 381 - 89. doi:10.3102/0013189X14554449

Jha, A. P., Krompinger, J. & Baime, M. J. (2007). Mindfulness training modifies subsystems of attention. *Cognitive, Affective & Behavioral Neuroscience*, *7*, 109 - 19.

Johnson, D. W. & Johnson, R. T. (1979). Conflict in the classroom: Controversy and learning. *Review of Educational Research*, *49*(1), 51 - 69.

Johnson, D. W. & Johnson, R. T. (2009). An educational psychology success story: Social interdependence theory and cooperative learning. *Educational researcher*, *38*, 365–379.

Johnson, D. W., Maruyama, G., Johnson, R. T., Nelson, D. & Skon, L. (1981). Effects of cooperative, competitive, and individualistic goal structures on achievement: A meta analysis. *Psychological Bulletin*, *89*(1), 47 - 62.

Johnson, R. T. & Johnson, D. W. (1983). Effects of cooperative, competitive, and individualistic learning experiences on social development. *Exceptional Children*, *49*(4), 323 - 29.

Johnson, S. L., McPhee, L. & Birch, L. L. (1991). Conditioned preferences: Young children prefer flavors associated with high dietary fat. *Physiology & Behavior*, *50*(6), 1245 - 51.

Jolin, E. M. & Weller, R. A. (2011). Television viewing and its impact on childhood behaviors. *Current Psychiatry Reports*, *13*, 122 - 28.

Jonich, G. M. (Ed.). (1962). *Psychology and the science of education: Selected writings of Edward L. Thorndike*. New York: Teachers College Press.

Kabat-Zinn, J. (1990). *Full catastrophe living*. New York: Delta.

Kabat-Zinn, J. (1994). *Wherever you go, there you are: Mindfulness meditation in everyday life*. New York: Hyperion Books.

Kaderavek, J. N. & Justice, L. M. (2005). The effect of book genre in the repeated readings of mothers and their children with language impairment: A pilot investigation. *Child Language Teaching and Therapy*, *21*, 75 - 92.

Kamins, M. L. & Dweck, C. S. (1999). Person versus process praise and criticism: Implications for contingent self-worth and coping. *Developmental Psychology*, *35*(3), 835 - 47.

Kang, M. J., Hsu, M., Krajbich, I. M., Loewenstein, G., McClure, S. M., Wang, J. T.-y. & Camerer, C. F. (2009). The wick in the candle of learning: Epistemic curiosity activates reward circuitry and enhances memory. *Psychological Science*, *20*, 963 - 73.

Karnes, M., Shewedel, A. & Williams, M. (1983). A comparison of five approaches for educating young children from low-income homes. In the Consortium for Longitudinal Studies (Ed.), *As the twig is bent: Lasting effects of preschool programs* (pp. 133 - 71). Hillsdale, NJ: Lawrence Erlbaum.

Kawakubo, Y., Kono, T., Takizawa, R., Kuwabara, H., Ishii-Takahashi, A. & Kasai, K. (2011). Developmental changes of prefrontal activation in humans: A near-infrared spectroscopy study of preschool children and adults. *PloS One*, *6*(10), e25944.

Kelly, Y., Kelly, J. & Sacker, A. (2013). Changes in bedtime schedules and behavioral difficulties in 7 year old children. *Pediatrics*, *132*, 1184 - 90.

Keltner, B. (1990). Family characteristics of preschool social competence among black children in a Head Start program. *Child Psychiatry & Human Development*, *21*(2), 95 - 108.

Kemler Nelson, D. G., Hirsh-Pasek, K., Jusczyk, P. W. & Cassidy, K. W. (1989). How the prosodic cues in motherese might assist language learning. *Journal of Child Language*, *16*(1), 55 - 68.

Kerr, C. E., Sacchet, M. D., Lazar, S. W., Moore, C. I. & Jones, S. R. (2013). Mindfulness starts with the body: Somatosensory attention and top-down modulation of cortical alpha rhythms in mindfulness meditation. *Frontiers in Human Neuroscience*, *7*, 12.

Keupp, S., Behne, T. & Rakoczy, H. (2013). Why do children overimitate? Normativity is crucial. *Journal of Experimental Child Psychology*, *116*, 392 - 406.

Kidd, C., Piantadosi, S. T. & Aslin, R. N. (2012). The Goldilocks effect: Human infants allocate attention to visual sequences that are neither too simple nor too complex. *PLoS One*, *7*(5), e36399. doi:10.1371/journal.pone.0036399

Kidd, C., Piantadosi, S. T. & Aslin, R. N. (2014). The Goldilocks effect in infant auditory attention. *Child Development*, *85*, 1795 - 1804.

Killingsworth, M. A. & Gilbert, D. T. (2010). A wandering mind is an unhappy mind. *Science*, *330*, 932.

Kilpatrick, W. H. (1914). *The Montessori system examined*. Boston: Houghton Mifflin.

Kim, S., Nordling, J. K., Yoon, J. E., Boldt, L. J. & Kochanska, G. (2013). Effortful control in hot and cool tasks differentially predicts children's behavior problems and academic performance. *Journal of Abnormal Child Psychology*, *41*, 43 - 56.

Kindlon, D. (2001). *Too much of a good thing*. New York: Hyperion.

King, R. B., McInerney, D. M., Ganotice, F. A. & Villarosa, J. B. (2015). Positive affect catalyzes academic engagement: Cross-sectional, longitudinal, and experimental evidence. *Learning and Individual Differences*, *39*, 64 - 72.

Kirkham, J. A. & Kidd, E. (2016). The effect of Steiner, Montessori, and national curriculum education upon children's pretence and creativity. *The Journal of Creative Behavior*. Advance online publication. doi:10.1002/jocb.83

Kitayama, S. & Uskul, A. K. (2011). Culture, mind, and the brain: Current evidence and future directions. *Annual Review of Psychology*, *62*, 419 - 49.

Klahr, D. & Nigam, M. (2004). The equivalence of learning paths in early science instruction: Effects of direct instruction and discovery learning. *Psychological Science*, *15* (10), 661 - 67.

Klaus, R. A. & Gray, S. W. (1968). The early training project for disadvantaged children: A report after five years. *Monographs of the Society for Research in Child Development*, *33*(4), 1 - 66.

Kleim, J. A., Swain, R. A., Armstrong, K. A., Napper, R. M. A., Jones, T. A. & Greenough, W. T. (1998). Selective synaptic plasticity within the cerebellar cortex following complex motor skill learning. *Neurobiology of Learning & Memory*, *69*(3), 274 - 89.

Klingberg, T. (2014). Childhood cognitive development as a skill. *Trends in Cognitive Sciences*, *18*, 573 - 79.

Klingberg, T., Forssberg, H. & Westerberg, H. (2002). Training of working memory in children with ADHD. *Journal of Clinical & Experimental Neuropsychology*, *24* (6), 781 - 91.

Koenig, M. A., Clément, F. & Harris, P. L. (2004). Trust in testimony: Children's use of true and false statements. *Psychological Science*, *15*, 694 - 98.

Kohn, A. (1993). *Punished by rewards*. New York: Houghton Mifflin.

Kohn, A. (2007). *The homework myth: Why our kids get too much of a bad thing*. Boston: Da Capo Press.

Krafft, K. C. & Berk, L. E. (1998). Private speech in two preschools: Significance of openended activities and make-believe play for verbal self-regulation. *Early Childhood Research Quarterly*, *13*, 637 - 58.

Kramer, R. (1976). *Maria Montessori: A biography*. New York: Putnam.

Krauss, R. M. & Hadar, U. (1999). The role of speech-related arm/hand gestures in word retrieval. In L. S. Messing & R. Campbell (Eds.), *Gesture, speech, and sign* (pp. 93 – 116). New York: Oxford University Press.

Kruger, A. C. (1992). The effect of peer and adult-child transductive discussions on moral reasoning. *Merrill-Palmer Quarterly, 38*(2), 191 – 211.

Kruglanski, A. (1978). Issues in cognitive social psychology. In M. R. Lepper & D. Greene (Eds.), *The hidden costs of reward: New perspectives on the psychology of human motivation* (pp. 19 – 30). Potomac, MD: Lawrence Erlbaum.

Kruglanski, A. W., Friedman, I. & Zeevi, G. (1971). The effects of extrinsic incentive on some qualitative aspects of task performance. *Journal of Personality, 39*(4), 606 – 17.

Kubovy, M. (1999). Pleasures of the mind. In D. Kahneman, E. Diener & N. Schwartz (Eds.), *Well-being: The foundations of hedonic psychology* (pp. 134 – 54). New York: Russell Sage.

Kuhn, D. (1972). Mechanisms of change in the development of cognitive structures. *Child Development, 43*(3), 833 – 44.

Kuhn, D. (2001). Why development does (and does not) occur: Evidence from the domain of inductive reasoning. In J. L. McClelland & R. S. Siegler (Eds.), *Mechanisms of cognitive development: Behavioral and neural perspectives. Carnegie Symposia on Cognition* (pp. 221 – 49). Mahwah, NJ: Lawrence Erlbaum.

Kulhavy, R. W., Dyer, J. W. & Silver, L. (1975). The effects of notetaking and test expectancy on the learning of text material. *Journal of Educational Research, 68*(10), 363 – 65.

Kurosawa, K. & Harackiewicz, J. M. (1995). Test anxiety, self-awareness, and cognitive interference: A process analysis. *Journal of Personality, 63*(4), 931 – 51.

Kusché, C. A. & Greenberg, M. T. (1994). The paths curriculum. Seattle, WA: Developmental Research and Programs.

Kyndt, E., Raes, E., Lismont, B., Timmers, F., Cascallar, E. & Dochy, F. (2013). A metaanalysis of the effects of face-to-face cooperative learning. Do recent studies falsify or verify earlier findings? *Educational Research Review, 10*, 133 – 49.

Laird, J. D., Wagener, J. J., Halal, M. & Szegda, M. (1982). Remembering what you feel: Effects of emotion on memory. *Journal of Personality & Social Psychology, 42*(4), 646 – 57.

Lakoff, G. & Johnson, M. (1999). *Philosophy in the flesh: The embodied mind and its challenge to Western thought*. New York: Basic Books.

Lamborn, S. D., Mounts, N. S., Steinberg, L. & Dornbusch, S. M. (1991). Patterns of competence and adjustment among adolescents from authoritative, authoritarian, indulgent, and neglectful families. *Child Development, 62*(5), 1049 - 65.

Lancy, D. F. (1996). *Playing on the mother ground*. New York: Guilford.

Lancy, D. F. & Strathern, A. J. (1981). "Making twos": Pairing as an alternative to the taxonomic mode of representation. *American Anthropologist, 8*, 773 - 95.

Landry, S. H., Smith, K. E., Swank, P. R. & Miller-Loncar, C. L. (2000). Early maternal and child influences on children's later independent cognitive and social functioning. *Child Development, 71*(2), 358 - 75.

Langer, E. J. & Rodin, J. (1976). The effects of choice and enhanced personal responsibility for the aged: A field experiment in an institutional setting. *Journal of Personality & Social Psychology, 34*(2), 191 - 98.

Langlois, J. H., Roggman, L. A., Casey, R. J., Ritter, J. M., Rieser-Danner, L. A. & Jenkins, V. Y. (1987). Infant preferences for attractive faces: Rudiments of a stereotype? *Developmental Psychology, 23*(3), 363 - 69.

Larkin, J. H., McDermott, J., Simon, D. P. & Simon, H. A. (1980). Expert and novice performance in solving physics problems. *Science, 208*, 1335 - 42.

Laski, E. V., Vasilyeva, M. & Shiffman, J. (2016). Longitudinal comparison of place-value and arithmetic knowledge in Montessori and non-Montessori-students. *Journal of Montessori Research, 2*, 1 - 15.

Lave, J. (1988). *Cognition in practice: Mind, mathematics, and culture in everyday life*. New York: Cambridge University Press.

Lave, J. & Wenger, E. (1991). *Situated learning: Legitimate peripheral participation*. New York: Cambridge University Press.

Lazar, S. W., Kerr, C. E., Wasserman, R. H., Gray, J. R., Greve, D. N., Treadway, M. T., … Fischl, B. (2005). Meditation experience is associated with increased cortical thickness. *Neuroreport: For Rapid Communication of Neuroscience Research, 16*, 1893 - 97.

Lazarowitz, R., Hertz-Lazarowitz, R. & Baird, J. H. (1994). Learning science in a cooperative setting: Academic achievement and affective outcomes. *Journal of Research in Science Teaching, 31*(10), 1121 - 31.

LeBarton, E. S., Goldin-Meadow, S. & Raudenbush, S. (2015). Experimentally induced increases in early gesture lead to increases in spoken vocabulary. *Journal of Cognition and Development*, *16*, 199 - 220.

Lebel, C. & Beaulieu, C. (2011). Longitudinal development of human brain wiring continues from childhood into adulthood. *The Journal of Neuroscience*, *31*, 10937 - 47.

Lepper, M. R., Corpus, J. H. & Iyengar, S. S. (2005). Intrinsic and extrinsic motivational orientations in the classroom: Age differences and academic correlates. *Journal of Educational Psychology*, *97*, 184 - 96.

Lepper, M. R. & Greene, D. (1975). Turning play into work: Effects of adult surveillance and extrinsic rewards on children's intrinsic motivation. *Journal of Personality & Social Psychology*, *31*(3), 479 - 86.

Lepper, M. R., Greene, D. & Nisbett, R. E. (1973). Undermining children's intrinsic interest with extrinsic reward: A test of the "overjustification" hypothesis. *Journal of Personality & Social Psychology*, *28*(1), 129 - 37.

Lepper, M. R. & Henderlong, J. (2000). Turning "play" into "work" and "work" into "play": Twenty-five years of research on intrinsic versus extrinsic motivation. In C. Sansone & J. M. Harackiewicz (Eds.), *Intrinsic and extrinsic motivation: The search for optimal motivation and performance* (pp. 257 - 307). San Diego: Academic Press.

Lepper, M. R., Sagotsky, G., Dafoe, J. L. & Greene, D. (1982). Consequences of superfluous social constraints: Effects on young children's social inferences and subsequent intrinsic interest. *Journal of Personality & Social Psychology*, *42*(1), 51 - 65.

Lepper, M. R., Sethi, S., Dialdin, D. & Drake, M. (1997). Intrinsic and extrinsic motivation: A developmental perspective. In S. S. Luthar (Ed.), *Developmental psychopathology: Perspectives on adjustment, risk, and disorder* (pp. 23 - 50). New York: Cambridge University Press.

Levin, I., Siegler, R. S. & Druyan, S. (1990). Misconceptions about motion: Development and training effects. *Child Development*, *61*(5), 1544 - 57.

Lewis, M., Alessandri, S. M. & Sullivan, M. W. (1990). Violation of expectancy, loss of control, and anger expressions in young infants. *Developmental Psychology*, *26*(5), 745 - 51.

Lewkowicz, D. J. & Hansen-Tift, A. M. (2012). Infants deploy selective attention to the mouth of a talking face when learning speech. *Proceedings of the National Academy of Sciences*, *109*, 1431 - 36.

Li, H., Boguszewski, K. & Lillard, A. S. (submitted). Can children acquire anthropomorphic information from media? Lessons from "Thomas the Tank Engine".

Li, D., Sham, P. C., Owen, M. J. & He, L. (2006). Meta-analysis shows significant association between dopamine system genes and attention deficit hyperactivity disorder (ADHD). *Human Molecular Genetics*, *15*, 2276 - 84.

Lillard, A. S. (2011a). *Materials: What belongs in a Montessori primary classroom? Results from a survey of AMI and AMS teacher trainers*. Rochester, NY: Association Montessori Internationale USA. (Also published as Lillard, A. S. (2011). Materials: What belongs in a Montessori primary classroom? Results from a survey of AMI and AMS teacher trainers. *Montessori Life*, *22*, 18 - 32).

Lillard, A. S. (2011b). Mindfulness practices in education: Montessori's approach. *Mindfulness*, *2*, 78 - 85. doi:10.1007/s12671-011-0045-6

Lillard, A. S. (2012). Preschool children's development in classic Montessori, supplemented Montessori, and conventional programs. *Journal of School Psychology*, *50*, 379 - 401. doi:10.1016/j.jsp.2012.01.001

Lillard, A. S. (2013). Playful learning and Montessori education. *American Journal of Play*, *5*, 157 - 86.

Lillard, A. S. (2015). The development of play. In L. S. Liben & U. Mueller (Eds.), *Handbook of child psychology and developmental science: Cognitive processes* (7th ed., Vol. 2, pp. 425 - 68). New York: Wiley-Blackwell.

Lillard, A. S., Drell, M., Richey, E., Boguszewski, K. & Smith, E. D. (2015). Further examination of the immediate impact of television on children's executive function. *Developmental Psychology*, *51*, 792 - 805. doi:10.1037/a0039097

Lillard, A. S. & Else-Quest, N. (2006). Evaluating Montessori education. *Science*, *313*, 1893 - 1894. doi: 10.1126/science.1132362

Lillard, A. S. & Erisir, A. (2011). Old dogs learning new tricks: Neuroplasticity before and after critical periods. *Developmental Review*, *31*, 207 - 39. doi: 10.1016/j.dr.2011.07.008

Lillard, A. S. & Heise, M. J. (2016). Removing supplementary materials from Montessori classrooms changed child outcomes. *Journal of Montessori Research*, *2*, 17 - 27.

Lillard, A. S., Lerner, M. D., Hopkins, E. J., Dore, R. A., Smith, E. D. & Palmquist, C. M. (2013). The impact of pretend play on children's development: A review of the evidence. *Psychological Bulletin*, *139*, 1 - 34. doi:10.1037/a0029321

Lillard, A. S. & Peterson, J. (2011). The immediate impact of different types of television on young children's executive function. *Pediatrics, 128*, 644 - 49. doi: 10.1542/peds.2010-1919

Lillard, A. S., Pinkham, A. & Smith, E. D. (2011). Pretend play and cognitive development. In U. Goswami (Ed.), *Handbook of cognitive development* (2nd ed., pp. 285 - 311). London: Blackwell.

Lillard, A. S., Smith, E. D. & Richey, E. M. (2015). *Checking on Bobo*. Paper presented at the LIFE Academy, Konstanz, Germany.

Lillard, A. S. & Woolley, J. D. (2015). Grounded in reality: How children make sense of the unreal. *Cognitive Development, 34*, 111 - 14. doi: 10.1016/j.cogdev.2014.12.007

Lillard, P. P. (1996). *Montessori today*. New York: Schocken.

Lillard, P. P. & Jessen, H. L. (2003). *Montessori from the start*. New York: Schocken.

Linkenauger, S. A., Witt, J. K., Stefanucci, J. K., Bakdash, J. Z. & Proffitt, D. R. (2009). The effects of handedness and reachability on perceived distance. *Journal of Experimental Psychology: Human Perception and Performance, 35*, 1649 - 60. doi: 10.1037/a0016875

Llinas, R. R. (2001). *I of the vortex: From neurons to self*. Cambridge, MA: MIT Press.

Lonigan, C. J. & B. M. Phillips. (2012, March). *Comparing skills-focused and self-regulation focused preschool curricula: Impacts on academic and self-regulatory skills*. Paper presented at the Society for Research on Educational Effectiveness, Washington, DC.

Lopata, C., Wallace, N. V. & Finn, K. V. (2005). Comparison of academic achievement between Montessori and traditional education programs. *Journal of Research in Childhood Education, 20*, 5 - 13.

Loveless, T. (Ed.). (2001). *The great curriculum debate*. Washington, DC: Brookings Institute.

Lucker, W., Rosenfield, D., Sikes, J. & Aronson, E. (1977). Performance in the interdependent classroom: A field study. *American Educational Research Journal, 13*, 115 - 23.

Luetkenhaus, P., Grossmann, K. E. & Grossmann, K. (1985). Infant-mother attachment at twelve months and style of interaction with a stranger at the age of three years. *Child Development, 56*(6), 1538 - 42.

Luna, B., Paulsen, D. J., Padmanabhan, A. & Geier, C. (2013). The teenage brain cognitive control and motivation. *Current Directions in Psychological Science, 22*, 94 - 100.

Lyubomirsky, S., King, L. & Diener, E. (2005). The benefits of frequent positive affect: Does happiness lead to success? *Psychological Bulletin*, *131*, 803 – 55.

Ma, W., Golinkoff, R. M., Houston, D. M. & Hirsh-Pasek, K. (2011). Word learning in infant-and adult-directed speech. *Language Learning and Development*, *7*, 185 – 201.

Maccoby, E. E. & Martin, J. A. (1983). Socialization in the context of the family: Parentchild interaction. In E. M. Hetherington (Ed.), *Handbook of child psychology* (Vol. 4, pp. 1 – 101). New York: Wiley.

Macmillan, M. (2000). An odd kind of fame: Stories of Phineas Gage. Cambridge, MA: MIT Press.

Maheady, L. (1998). Advantages and disadvantages of peer-assisted learning strategies. In K. Topping & S. Ehly (Eds.), *Peer-assisted learning* (pp. 45 – 65). Mahwah, NJ: Lawrence Erlbaum.

Maheady, L. & Sainato, D. M. (1985). The effects of peer tutoring upon the social status and social interaction patterns of high and low status elementary school students. *Education & Treatment of Children*, *8*(1), 51 – 65.

Manches, A. & O'Malley, C. (2012). Tangibles for learning: A representational analysis of physical manipulation. *Personal and Ubiquitous Computing*, *16*, 405 – 19.

Manches, A., O'Malley, C. & Benford, S. (2010). The role of physical representations in solving number problems: A comparison of young children's use of physical and virtual materials. *Computers & Education*, *54*, 622 – 40.

Maquet, P. (2001). The role of sleep in learning and memory. *Science*, *294*(5544), 1048 – 52.

Mark, G., Gonzalez, V. M. & Harris, J. (2005). *No task left behind?: Examining the nature of fragmented work*. Paper presented at the Proceedings of the SIGCHI Conference on Human Factors in Computing Systems, Portland, OR.

Mark, G., Iqbal, S. T., Czerwinski, M. & Johns, P. (2014). *Bored Mondays and focused afternoons: The rhythm of attention and online activity in the workplace*. Paper presented at the Proceedings of the 32nd Annual ACM Conference on Human Factors in Computing Systems, Toronto, ON.

Markman, E. M. (1977). Realizing that you don't understand: A preliminary investigation. *Child Development*, *48*(3), 986 – 92.

Markson, L. & Bloom, P. (1997). Evidence against a dedicated system for word learning in children. *Nature*, *385*(6619), 813 – 15.

Markus, H. R. & Kitayama, S. (1991). Culture and the self: Implications for cognition, emotion, and motivation. *Psychological Review*, *98*, 224 - 53.

Matheny, A. P., Wachs, T. D., Ludwig, J. L. & Phillips, K. (1995). Bringing order out of chaos: Psychometric characteristics of the confusion, hubbub, and order scale. *Journal of Applied Developmental Psychology*, *16*, 429 - 44.

Maxwell, L. E. & Evans, G. W. (2000). The effects of noise on pre-school children' s pre-reading skills. *Journal of Environmental Psychology*, *20*(1), 91 - 97.

Mayer, R. E. (2004). Should there be a three-strikes rule against pure discovery learning? *American Psychologist*, *59*(1), 14 - 19.

McCall, R. B., Kennedy, C. B. & Appelbaum, M. I. (1977). Magnitude of discrepancy and the distribution of attention in infants. *Child Development*, *48*(3), 772 - 85.

McCaslin, M., Good, T. L., Nichols, S., Zhang, J., Wiley, C. R., Bozack, A. R., … Cuizon-Garcia, R. (2006). Comprehensive school reform: An observational study of teaching in grades 3 through 5. *The Elementary School Journal*, *106*, 313 - 331.

McClary, A. (1997). *Toys with nine lives.* North Haven, CT: Linnett.

McDonald, A. S. (2001). The prevalence and effects of test anxiety in school children. *Educational Psychology*, *21*(1), 89 - 101.

McGhee, P. E. & Crandall, V. C. (1968). Beliefs in internal-external control of reinforcements and academic performance. *Child Development*, *39*(1), 91 - 102.

McGraw, K. (1978). The detrimental effects of reward on performance: A literature review and a prediction model. In M. R. Lepper & D. Greene (Eds.), *The hidden costs of reward: New perspectives on the psychology of human motivation* (pp. 33 - 60). Potomac, MD: Lawrence Erlbaum.

McGraw, K. O. & Fiala, J. (1982). Undermining the Zeigarnik effect: Another hidden cost of reward. *Journal of Personality*, *50*(1), 58 - 66.

McGraw, K. O. & McCullers, J. C. (1979). Evidence of a detrimental effect of extrinsic incentives on breaking a mental set. *Journal of Experimental Social Psychology*, *15*(3), 285 - 94.

McNeil, N. M., Uttal, D. H., Jarvin, L. & Sternberg, R. J. (2009). Should you show me the money? Concrete objects both hurt and help performance on mathematics problems. *Learning and Instruction*, *19*, 171 - 84.

McNeill, D. (1992). *Hand and mind.* Chicago: University of Chicago Press.

Meaney, M. (2010). Epigenetics and the biological definition of gene-environment interactions. *Child Development*, *81*, 41 - 79.

Meltzoff, A. N. (1988a). Infant imitation after a 1-week delay: Long-term memory for novel acts and multiple stimuli. *Developmental Psychology*, *24*, 470 - 76.

Meltzoff, A. N. (1988b). Infant imitation and memory: Nine-month-olds in immediate and deferred tests. *Child Development*, *59*(1), 217 - 25.

Meltzoff, A. N. & Moore, M. K. (1983). Newborn infants imitate adult facial gestures. *Child Development*, *54*, 702 - 09.

Mervis, J. (2004). Meager evaluations make it hard to find out what works. *Science*, *304*, 1583.

Merzenich, M. M. (2001). Cortical plasticity contributing to child development. In J. L.

McClelland & R. S. Siegler (Eds.), *Mechanisms of cognitive development: Behavioral and neural perspectives. Carnegie Symposia on Cognition* (pp. 67 - 95). Mahwah, NJ: Lawrence Erlbaum.

Meyer, C. S., Hagmann-von Arx, P., Lemola, S. & Grob, A. (2010). Correspondence between the general ability to discriminate sensory stimuli and general intelligence. *Journal of Individual Differences*, *31*, 46 - 56.

Miller, L. B. & Bizzell, R. P. (1983). The Louisville experiment: A comparison of four programs. In the Consortium for Longitudinal Studies (Ed.), *As the twig is bent: Lasting effects of preschool programs* (pp. 171 - 99). Hillsdale, NJ: Lawrence Erlbaum.

Miller, L. B. & Bizzell, R. P. (1984). Long-term effects of four preschool programs: Ninthand tenth-grade results. *Child Development*, *55*(4), 1570 - 87.

Miller, L. B. & Dyer, J. L. (1975). Four preschool programs: Their dimensions and effects. *Monographs of the Society for Research in Child Development*, *40*(5 - 6, serial no. 162).

Miller, L. B. & Estes, B. W. (1961). Monetary reward and motivation in discrimination learning. *Journal of Experimental Psychology*, *61*, 501 - 04.

Mischel, W. (2014). *The marshmallow test: Mastering self-control*. New York: Little, Brown & Co.

Mischel, W., Shoda, Y. & Peake, P. K. (1988). The nature of adolescent competencies predicted by preschool delay of gratification. *Journal of Personality and Social Psychology*, *54*, 687 - 96.

Mischel, W., Shoda, Y. & Rodriguez, M. L. (1989). Delay of gratification in children. *Science*, *244*, 933 - 38. doi:10.1126/science.2658056

Mix, K. S. & Cheng, Y.-L. (2012). The relation between space and math: Developmental and educational implications. In J. B. Benson (Ed.), *Advances in child development and behavior* (Vol. 42, pp. 197 - 243). New York: Elsevier.,

Mix, K. S., Smith, L. B., Stockton, J. D. S., Cheng, Y.-L. & Barterian, J. A. (2016). Grounding the symbols for place value: Evidence from training and long term exposure to base-10 models. *Journal of Cognition and Development*. doi: 10.1080/15248372.2016.1180296

Miyake, A. & Friedman, N. P. (2012). The nature and organization of individual differences in executive functions: Four general conclusions. *Current Directions in Psychological Science*, *21*, 8 - 14.

Miyake, A., Friedman, N. P., Emerson, M. J., Witzki, A. H. & Howerter, A. (2000). The unity and diversity of executive functions and their contributions to complex 'frontal lobe' tasks: A latent variable analysis. *Cognitive Psychology*, *41*(1), 49 - 100. doi:10.1006/cogp.1999.0734

Moch-Sibony, A. (1981). The effects of prolonged exposure to noise on certain psychomotor, intellectual and personality aspects of children: The comparison between a soundproofed and a nonsound-proofed school. *Travail Humain*, *44*(1), 169 - 78.

Moffitt, T. E., Arseneault, L., Belsky, D., Dickson, N., Hancox, R. J., Harrington, H. L., … Ross, S. (2011). A gradient of childhood self-control predicts health, wealth, and public safety. *Proceedings of the National Academy of Sciences*, *108*, 2693 - 2698.

Mol, S. E. & Bus, A. G. (2011). To read or not to read: A meta-analysis of print exposure from infancy to early adulthood. *Psychological Bulletin*, *137*, 267 - 96.

Montessori, M. (1912/1964). *The Montessori method.* New York: Schocken.

Montessori, M. (1914/1965). *Dr. Montessori's own handbook.* New York: Schocken.

Montessori, M. (1916). *The advanced Montessori method—II* (A. Livingston, Trans.). Oxford: Clio.

Montessori, M. (1917/1965). *Spontaneous activity in education: The advanced Montessori method* (F. Simmonds, Trans.). New York: Schocken.

Montessori, M. (1939). *The secret of childhood* (B. B. Carter, Trans.). New York: Frederick A. Stokes.

Montessori, M. (1946/1963). *Education for a new world.* Madras, India: Kalakshetra.

Montessori, M. (1948a/1976). *From childhood to adolescence*. New York: Schocken.

Montessori, M. (1948b/1967). *To educate the human potential.* Madras, India: Kalakshetra.

Montessori, M. (1949/1974). *Childhood education*. Chicago: Henry Regnery.

Montessori, M. (1956). *The child in the family* (N. R. Cirillo, Trans.). New York: Avon.

Montessori, M. (1966). *The secret of childhood* (M. J. Costello, Trans.). New York: Ballantine.

Montessori, M. (1967a/1995). *The absorbent mind* (C. A. Claremont, Trans.). New York: Henry Holt.

Montessori, M. (1967b). *The discovery of the child*. New York: Ballantine.

Montessori, M. (1972). *Education and peace* (H. R. Lane, Trans.). Washington, DC: Henry Regnery.

Montessori, M. (1989). *The child, society, and the world: Unpublished speeches and writings* (Vol. 7). Oxford: Clio.

Montessori, M. (1994a). *Creative development in the child I* (R. Ramachandran, Trans.). Madras, India: Kalakshetra Press.

Montessori, M. (1994b). *Creative development in the child II* (R. Ramachandran, Trans.). Madras, India: Kalakshetra Press.

Montessori, M. (1997). *The California lectures of Maria Montessori, 1915*. Oxford: Clio.

Montessori, M. M. (1966). *The human tendencies and Montessori education*. Amsterdam: Association Montessori Internationale.

Montessori, M. M. (1976). *Education for human development*. New York: Schocken.

Montie, J. E., Xiang, Z. & Schweinhart, L. J. (2006). Preschool experience in 10 countries: Cognitive and language performance at age 7. *Early Childhood Research Quarterly, 21*, 313 - 31.

Moore, A., Gruber, T., Derose, J. & Malinowski, P. (2012). Regular, brief mindfulness meditation practice improves electrophysiological markers of attentional control. *Frontiers in Human Neuroscience, 6*(18). doi:10.3389/fnhum.2012.00018

Moore, D. S. (2015). The developing genome: An introduction to behavioral epigenetics: Oxford University Press.

Moss, E. (1992). The socioaffective context of joint cognitive activity. In L. T. Winegar & J. Valsiner (Eds.), *Children's development within social context* (Vol. 2, pp. 117 - 54). Hillsdale, NJ: Lawrence Erlbaum.

MTA Cooperative Group. (1999). A 14-month randomized clinical trial of treatment strategies for attention-deficit /hyperactivity disorder: Multimodal treatment study of children with ADHD. *Archives of General Psychiatry*, *56*(12), 1073 - 86.

Mueller, C. M. & Dweck, C. S. (1998). Praise for intelligence can undermine children's motivation and performance. *Journal of Personality & Social Psychology*, *75*(1), 33 - 52.

Mueller, P. A. & Oppenheimer, D. M. (2014). The pen is mightier than the keyboard: Advantages of longhand over laptop note taking. *Psychological Science*, *25*, 1159 - 68. doi:10.1177/0956797614524581

Müller, U. & Kerns, K. (2015). The development of executive function. In L. S. Liben & U. Mueller (Eds.), *Handbook of child psychology and developmental science: Cognitive processes* (7th ed., Vol. 2, pp. 571 - 623). New York: Wiley-Blackwell. (R. Lerner, Series Ed.).

Murray, K. T. & Kochanska, G. (2002). Effortful control: Factor structure and relation to externalizing and internalizing behaviors. *Journal of Abnormal Child Psychology*, *30*, 503 - 14.

Nadler, A., Romek, E. & Shapira-Friedman, A. (1979). Giving in the kibbutz: Pro-social behavior of city and kibbutz children as affected by social responsibility and social pressure. *Journal of Cross-Cultural Psychology*, *10*(1), 57 - 72.

Nagar, D. & Pandey, J. (1987). Affect and performance on cognitive task as a function of crowding and noise. *Journal of Applied Social Psychology*, *17*(2), 147 - 57.

Nathanson, A. I., Alade, F., Sharp, M. L., Rasmussen, E. E. & Christy, K. (2014). The relation between television exposure and executive function among preschoolers. *Developmental Psychology*, *50*, 1497 - 1506. doi:10.1037/a0035714

National Assessment of Educational Progress (NAEP). (2012). The nation's report card: Summary of major findings. Retrieved from: www.nationsreportcard.gov/ltt_ 2012/summary.aspx

National Association for the Education of Young Children (2009). Developmentally appropriate practice in early childhood programs serving children from birth through age 8. Washington D.C. NAEYC.

National Center for Education Statistics (2016). Retrieved on line from https://nces.ed.gov/fastfacts/display.asp? id=66 on 6 June 2016.

National Council of Teachers of Mathematics. (1989). *Curriculum and evaluation standards for school mathematics*. Reston, VA: NCTM.

Needham, A. (2000). Improvements in object exploration skills may facilitate the development of object segregation in early infancy. *Journal of Cognition & Development, 1*(2), 131 - 56.

Needham, A., Barrett, T. & Peterman, K. (2002). A pick me up for infants' exploratory skills: Early simulated experiences reaching for objects using "sticky" mittens enhances young infants' object exploration skills. *Infant Behavior & Development, 25*(3), 279 - 95.

Nelson, J. L. (2002). School. In *The World Book Encyclopedia* (Vol. 17, pp. 180 - 85). Chicago: World Book.

Nestojko, J. F., Bui, D. C., Kornell, N. & Bjork, E. L. (2014). Expecting to teach enhances learning and organization of knowledge in free recall of text passages. *Memory & Cognition, 42*, 1038 - 48.

Neumann, R. & Strack, F. (2000). "Mood contagion": The automatic transfer of mood between persons. *Journal of Personality & Social Psychology, 79*(2), 211 - 23.

NICHD Early Child Care Research Network. (1997). The effects of infant child care on infant-mother attachment security: Results of the NICHD study of early child care. *Child Development, 68*(5), 860 - 79.

NICHD Early Child Care Research Network. (2005). A day in third grade: A large-scale study of classroom quality and teacher and student behavior. *The Elementary School Journal, 105*, 305 - 23.

Niedenthal, P., Winkielman, P., Mondillon, L. & Vermeulen, N. (2009). Embodiment of emotion concepts. *Journal of Personality and Social Psychology, 95*, 1120 - 36.

Niedenthal, P. M. (2007). Embodying emotion. *Science, 316*, 1002 - 1005.

Nielsen, M. (2006). Copying actions and copying outcomes: Social learning through the second year. *Developmental Psychology, 42*, 555 - 65.

Nikkelen, S. W., Valkenburg, P. M., Huizinga, M. & Bushman, B. J. (2014). Media use and ADHD-related behaviors in children and adolescents: A meta-analysis. *Developmental Psychology, 50*, 2228 - 41.

Nisbett, R. E. (2003). *The geography of thought: How Westerners and Asians think differently … and why*. New York: Free Press.

Nisbett, R. E. (2009). *Intelligence and how to get it: Why schools and cultures count*. New York: Norton.

Noice, H. & Noice, T. (2006). What studies of actors and acting can tell us about memory and cognitive functioning. *Current Directions in Psychological Science, 15*, 14 - 18.

Noice, H., Noice, T. & Kennedy, C. (2000). Effects of enactment by professional actors at encoding and retrieval. *Memory, 8*(6), 353 - 63.

O'Conaill, B. & Frohlich, D. (1995). *Timespace in the workplace: Dealing with interruptions*. Paper presented at the Proceedings of the SIGCHI Conference on Human Factors in Computing Systems, Denver, CO.

O'Donnell, A. M. & King, A. (Eds.). (1999). *Cognitive perspectives on peer learning*. Mahwah, NJ: Lawrence Erlbaum.

O'Donnell, M. (2007). *Maria Montessori* (Vol. 7). London: Continuum.

Ochs, E., Gonzales, P. & Jacoby, S. (1996). "When I come down I'm in the domain state": Grammar and graphic representation in the interpretive activity of physicists. In E. Ochs, E. A. Schegloff & S. A. Thompson (Eds.), *Interaction and grammar* (pp. 328 - 69). New York: Cambridge University Press.

Okada, T. & Simon, H. A. (1997). Collaborative discovery in a scientific domain. *Cognitive Science, 21*(2), 109 - 46.

Olsen, B. & Sexton, D. (2009). Threat rigidity, school reform, and how teachers view their work inside current education policy contexts. *American Educational Research Journal, 46*, 9 - 44.

Oppenheim, D., Sagi, A. & Lamb, M. E. (1988). Infant-adult attachments on the kibbutz and their relation to socioemotional development four years later. *Developmental Psychology, 24*, 427 - 33.

Oppenheimer, T. (2003). *Flickering minds*. New York: Random House.

Orr, J. (1987). *Talking about machines.* Palo Alto: Xerox PARC.

Pagani, L. S., Fitzpatrick, C. & Barnett, T. A. (2013). Early childhood television viewing and kindergarten entry readiness. *Pediatric Research, 74*, 350 - 55.

Palincsar, S. & Herrenkohl, R. (1999). Designing collaborative contexts. In A. M. O'Donnell & A. King (Eds.), *Cognitive perspectives on peer learning. The Rutgers Invitational Symposium on Education Series* (pp. 151 - 77). Mahwah, NJ: Lawrence Erlbaum.

Papert, W. (1980). *Mindstorms: Children, computers, and powerful ideas.* New York: Basic.

Parke, R. D. (1978). Children's home environments: Social and cognitive effects. In I. Altman & J. F. Wohlwill (Eds.), *Children and the environment*. New York: Plenum.

Parker, L. E. & Lepper, M. R. (1992). Effects of fantasy contexts on children's learning and motivation: Making learning more fun. *Journal of Personality & Social Psychology, 62*(4), 625 - 33.

Parish–Morris, J., Mahajan, N., Hirsh–Pasek, K., Golinkoff, R. M. & Collins, M. F. (2013). Once upon a time: Parent - child dialogue and storybook reading in the electronic era. *Mind, Brain, and Education*, *7*, 200 - 11.

Patall, E. A. (2013). Constructing motivation through choice, interest, and interestingness. *Journal of Educational Psychology*, *105*, 522 - 34.

Patall, E. A., Cooper, H. & Robinson, J. C. (2008). The effects of choice on intrinsic motivation and related outcomes: A meta–analysis of research findings. *Psychological Bulletin*, *134*, 270 - 300.

Patall, E. A., Cooper, H. & Wynn, S. R. (2010). The effectiveness and relative importance of choice in the classroom. *Journal of Educational Psychology*, *102*, 896 - 915.

Pate, R. R., O'Neill, J. R., Byun, W., McIver, K. L., Dowda, M. & Brown, W. H. (2014).

Physical activity in preschool children: Comparison between Montessori and traditional preschools. *Journal of School Health*, *84*, 716 - 21.

Pavenstedt, E. (1965). A comparison of the child–rearing environment of upper–lower and very low - lower class families. *American Journal of Orthopsychiatry*, *35*(1), 89 - 98.

Peisner–Feinberg, E. S., Burchinal, M. R., Clifford, R. M., Culkin, M. L., Howes, C., Kagan, S. L., … Zelazo, J. (2000). *The children of the cost, quality, and outcomes study go to school: Technical report*. Chapel Hill: University of North Carolina at Chapel Hill, Frank Porter Graham Child Development Center.

Pellegrini, A. & Bohn, C. (2005). The role of recess in children's cognitive performance and school adjustment. *Educational Researcher*, *34*, 13 - 19. doi: 10.3102/0013189X034001013

Pellis, S. M. & Pellis, V. C. (2009). *The playful brain: Venturing to the limits of neuroscience*. Oxford: Oneworld.

Perlmuter, L. C. & Monty, R. A. (1977). The importance of perceived control: Fact or fantasy? *American Scientist*, *65*(6), 759 - 65.

Perry, M., Church, R. B. & Goldin–Meadow, S. (1988). Transitional knowledge in the acquisition of concepts. *Cognitive Development*, *3*(4), 359 - 400.

Perry, M. & Elder, A. D. (1997). Knowledge in transition: Adults' developing understanding of a principle of physical causality. *Cognitive Development*, *12*(1), 131 - 57.

Petersen, S. E. & Posner, M. I. (2012). The attention system of the human brain: 20 years after. *Annual Review of Neuroscience*, *35*, 73 - 89.

Peterson, P. L., Fenneman, E., Carpenter, T. P. & Loef, M. (1989). Teachers' pedagogical content beliefs in mathematics. *Cognition and Instruction*, *6*, 1 - 40.

Petitto, L. A., Katerelos, M., Levy, B. G., Gauna, K., Tetreault, K. & Ferraro, V. (2001). Bilingual signed and spoken language acquisition from birth: Implications for the mechanisms underlying early bilingual language acquisition. *Journal of Child Language*, *28*(2), 453 - 96.

Phelps, E. & Damon, W. (1989). Problem solving with equals: Peer collaboration as a context for learning mathematics and spatial concepts. *Journal of Educational Psychology*, *81*(4), 639 - 46.

Piaget, J. (1926). *The language and thought of the child*. London: Routledge & Kegan Paul.

Piaget, J. (1970). *Science of education and the psychology of the child* (D. Coltman, Trans.). New York: Orion Press.

Piaget, J. (1981). *Intelligence and affectivity: Their relationship during child development*. (T. A. Brown & C. E. Kaegi, Trans.). Palo Alto, CA: Annual Reviews.

Pianta, R. C., Hamre, B. K. & Allen, J. P. (2012). Teacher–student relationships and engagement: Conceptualizing, measuring, and improving the capacity of classroom interactions. In C. M. Christensen (Ed.), *Handbook of research on student engagement* (pp. 365 - 86). New York: Springer.

Pianta, R. C., Mashburn, A. J., Downer, J. T., Hamre, B. K. & Justice, L. (2008). Effects of web–mediated professional development resources on teacher - child interactions in pre–kindergarten classrooms. *Early Childhood Research Quarterly*, *23*, 431 - 51.

Piantadosi, S. T., Kidd, C. & Aslin, R. (2014). Rich analysis and rational models: Inferring individual behavior from infant looking data. *Developmental Science*, *17*, 321 - 37.

Pine, K. J. & Messer, D. J. (1998). Group collaboration effects and the explicitness of children's knowledge. *Cognitive Development*, *13*(1), 109 - 26.

Piper, M. C. & Ramsay, M. K. (1980). Effects of early home environment on the mental development of Down syndrome infants. *American Journal of Mental Deficiency*, *85*(1), 39 - 44.

Plötner, M., Over, H., Carpenter, M. & Tomasello, M. (2015). The effects of collaboration and minimal–group membership on children's prosocial behavior, liking, affiliation, and trust. *Journal of Experimental Child Psychology*, *139*, 161 - 73.

Polirstok, S. R. & Greer, R. D. (1986). A replication of collateral effects and a component analysis of a successful tutoring package for inner–city adolescents. *Education & Treatment of Children*, *9*(2), 101 - 21.

Poulin-Dubois, D., Brooker, I. & Polonia, A. (2011). Infants prefer to imitate a reliable person. *Infant Behavior and Development*, *34*, 303 - 309.

Pouw, W. T., Van Gog, T. & Paas, F. (2014). An embedded and embodied cognition review of instructional manipulatives. *Educational Psychology Review*, *26*, 51 - 72.

Povell, P. (2009). *Montessori comes to America*. Lanham, MD: University Press of America.

Qin, Y. & Simon, H. A. (1990). Laboratory replication of scientific discovery processes. *Cognitive Science*, *14*(2), 281 - 312.

Qin, Z., Johnson, D. W. & Johnson, R. T. (1995). Cooperative versus competitive efforts and problem solving. *Review of Educational Research*, *65*(2), 129 - 43.

Quinn, H., Schweingruber, H. & Keller, T. (Eds.). (2012). *A framework for k-12 science education: Practices, crosscutting concepts, and core ideas*. Washington, DC: National Academies Press.

Ramey, C. T., Farran, D. C. & Campbell, F. A. (1979). Predicting IQ from mother-infant interactions. *Child Development*, *50*(3), 804 - 14.

Ramey, C. T., Mills, P., Campbell, F. A. & O'Brien, C. (1975). Infants' home environments: A comparison of high-risk families and families from the general population. *American Journal of Mental Deficiency*, *80*(1), 40 - 42.

Rathunde, K. R. & Csikszentmihalyi, M. (1993). Undivided interest and the growth of talent: A longitudinal study of adolescents. *Journal of Youth & Adolescence*, *22*(4), 385 - 405.

Rathunde, K. R. & Csikszentmihalyi, M. (2005a). Middle school students' motivation and quality of experience: A comparison of Montessori and traditional school environments. *American Journal of Education*, *111*(3), 341 - 71.

Rathunde, K. R. & Csikszentmihalyi, M. (2005b). The social context of middle school: Teachers, friends, and activities in Montessori and traditional school environments. *Elementary School Journal*, *106*, 59 - 79.

Rattan, A., Good, C. & Dweck, C. S. (2012). "It's ok—not everyone can be good at math": Instructors with an entity theory comfort (and demotivate) students. Journal of *Experimental Social Psychology*, *48*, 731 - 37.

Raver, C. C., Jones, S. M., Li- Grining, C., Zhai, F., Bub, K. & Pressler, E. (2011). CSRP's impact on low-income preschoolers' preacademic skills: Self-regulation as a mediating mechanism. *Child Development*, *82*, 362 - 78.

Ravitch, D. (2001). It is time to stop the war. In T. Loveless (Ed.), *The great curriculum debate* (pp. 210 - 28). Washington, DC: Brookings Institute.

Rayner, K., Foorman, B. R., Perfetti, C. A., Pesetsky, D. & Seidenberg, M. S. (2001). How psychological science informs the teaching of reading. *Psychological Science in the Public Interest*, *2*(2), 31 - 74.

Reader, M. J. & Dollinger, S. J. (1982). Deadlines, self-perceptions, and intrinsic motivation. *Personality & Social Psychology Bulletin*, *8*(4), 742 - 47.

Renninger, K. A. (1990). Children's play interests, representation, and activity. In R. Fivush & J. A. Hudson (Eds.), *Knowing and remembering in young children* (pp. 127 - 65). New York: Cambridge University Press.

Renninger, K. A. (1992). Individual interest and development: Implications for theory and practice. In K. A. Renninger, S. Hidi & A. Krapp (Eds.), *The role of interest in learning and development* (pp. 361 - 95). Hillsdale, NJ: Lawrence Erlbaum.

Renninger, K. A. (1998). Developmental psychology and instruction: Issues from and for practice. In I. E. Siegel & K. A. Renninger (Eds.), *Handbook of child psychology*, Vol. 4: *Child psychology in practice* (pp. 211 - 74). New York: Wiley

Renninger, K. A. & Bachrach, J. E. (2015). Studying triggers for interest and engagement using observational methods. *Educational Psychologist*, *50*, 58 - 69.

Renninger, K. A. & Hidi, S. (2011). Revisiting the conceptualization, measurement, and generation of interest. *Educational Psychologist*, *46*, 168 - 84.

Renninger, K. A., Hidi, S. & Krapp, A. (Eds.). (1992). *The role of interest in learning and development*. Hillsdale, NJ: Lawrence Erlbaum.

Renninger, K. A. & Wozniak, R. H. (1985). Effect of interest on attentional shift, recognition, and recall in young children. *Developmental Psychology*, *21*(4), 624 - 32.

Resnick, L. B., Bill, V. I., Lesgold, S. B. & Leer, M. N. (1991). Thinking in arithmetic class. In B. Means, C. Chelemer & M. S. Knapp (Eds.), *Teaching advanced skills to at-risk students* (pp. 27 - 53). San Francisco: Jossey-Bass.

Resnick, L. B. & Hall, M. W. (1998). Learning organizations for sustainable education reform. *Daedalus*, *27*, 89 - 118.

Rhodes, G., Geddes, K., Jeffery, L., Dziurawiec, S. & Clark, A. (2002). Are average and symmetric faces attractive to infants? Discrimination and looking preferences. *Perception*, *31*(3), 315 - 21.

Rice, T., Fulker, D. W., DeFries, J. C. & Plomin, R. (1988). Path analysis of IQ during infancy and early childhood and an index of the home environment in the Colorado Adoption Project. *Intelligence*, *12*(1), 27 - 45.

Richert, R. A. & Smith, E. I. (2011). Preschoolers' quarantining of fantasy stories. *Child Development*, *82*, 1106 - 19.

Rieser, J. J., Garing, A. E. & Young, M. F. (1994). Imagery, action, and young children's spatial orientation: It's not being there that counts, it's what one has in mind. *Child Development*, *65*(5), 1262 - 78.

Riggs, N. R., Greenberg, M. T., Kusché, C. A. & Pentz, M. A. (2006). The mediational role of neurocognition in the behavioral outcomes of a social-emotional prevention program in elementary school students: Effects of the PATHS curriculum. *Prevention Science*, *7*, 91 - 102.

Riggs, N. R., Jahromi, L. B., Razza, R. P., Dillworth-Bart, J. E. & Müeller, U. (2006). Executive function and the promotion of social-emotional competence. *Journal of Applied Developmental Psychology*, *27*, 300 - 309.

Roberts, M. S., Fulton, M. & Semb, G. (1988). Self-pacing in a personalized psychology course: Letting students set the deadlines. *Teaching of Psychology*, *15*(2), 89 - 92.

Robinson, S. R., Kleven, G. A. & Brumley, M. R. (2008). Prenatal development of interlimb motor learning in the rat fetus. *Infancy*, *13*, 204 - 28.

Rodin, J. (1976). Density, perceived choice, and response to controllable and uncontrollable outcomes. *Journal of Experimental Social Psychology*, *12*(6), 564 - 78.

Rogoff, B. (1981). Schooling and the development of cognitive skills. In H. C. Triandis & A. Heron (Eds.), *Handbook of cross-cultural psychology* (Vol. 4, pp. 233 - 94). Boston: Allyn & Bacon.

Rogoff, B., Bartlett, L. & Turkanis, C. G. (2001). Lessons about learning as a community. In B. Rogoff, C. G. Turkanis & L. Bartlett (Eds.), *Learning together: Children and adults in a school community* (pp. 3 - 17). New York: Oxford University Press.

Rogoff, B. & Mistry, J. (1990). The social and functional context of children's remembering. In R. Fivush & J. A. Hudson (Eds.), *Knowing and remembering in young children* (pp. 197 - 222). Cambridge: Cambridge University Press.

Rogoff, B., Turkanis, C. G. & Bartlett, L. (Eds.). (2001). Learning together: *Children and adults in a school community*. New York: Oxford University Press.

Roisman, G. I., Booth-LaForce, C., Cauffman, E., Spieker, S. & NICHD Early Child Care Research Network (2009). The developmental significance of adolescent romantic relationships: Parent and peer predictors of engagement and quality at age 15. *Journal of Youth and Adolescence*, *38*(10), 1294 - 303.

Ross, S. M. (1983). Increasing the meaningfulness of quantitative material by adapting context to student background. *Journal of Educational Psychology*, *75*(4), 519 - 29.

Rotgans, J. I. & Schmidt, H. G. (2014). Situational interest and learning: Thirst for knowledge. *Learning and Instruction*, *32*, 37 - 50.

Rothbart, M. K., Ahadi, S. A. & Hershey, K. L. (1994). Temperament and social behavior in childhood. *Merrill-Palmer Quarterly*, *40*(1), 21 - 39.

Röthlisberger, M., Neuenschwander, R., Cimeli, P. & Roebers, C. M. (2013). Executive functions in 5-to 8-year olds: Developmental changes and relationship to academic achievement. *Journal of Educational and Developmental Psychology*, *3*, 153 - 67.

Rovee-Collier, C. & Hayne, H. (2000). Memory in infancy and early childhood. In E. Tulving & F. I. M. Craik (Eds.), *The Oxford handbook of memory* (pp. 267 - 82). London: Oxford University Press.

Rovee-Collier, C., Hayne, H., Collier, G., Griesler, P. C. & Rovee, G. B. (1996). Diet selection by chicks. *Developmental Psychobiology*, *29*(3), 241 - 72.

Rowe, M. L. & Goldin- Meadow, S. (2009). Early gesture selectively predicts later language learning. *Developmental Science*, *12*, 182 - 87.

Rueda, M. R., Rothbart, M. K., McCandliss, B. D., Saccomanno, L. & Posner, M. I. (2005). Training, maturation, and genetic influences on the development of executive attention. *Proceedings of the National Academy of Science*, *102*, 14931 - 936.

Ruff, H. A. & Rothbart, M. K. (1996). *Attention in early development: Themes and variations*. New York: Oxford University Press.

Rumbaugh, D. M. & Washburn, D. A. (1996). Attention and memory in relation to learning: A comparative adaptation perspective. In G. R. Lyon & N. A. Krasnegor (Eds.), *Attention, memory, and executive function* (pp. 199 - 220). Baltimore: Brookes.

Russell, J. E. (1926). Thorndike and Teachers College. *Teachers College Record*, *27*.

Ryalls, B. O., Gul, R. E. & Ryalls, K. R. (2000). Infant imitation of peer and adult models: Evidence for a peer model advantage. *Merrill-Palmer Quarterly*, *46*(1), 188 - 202.

Ryan, R. M. & Deci, E. L. (2000). Self-determination theory and the facilitation of intrinsic motivation, social development, and well-being. *American Psychologist*, *55*(1), 68 - 78.

Ryan, R. M. & Grolnick, W. S. (1986). Origins and pawns in the classroom: Self-report and projective assessments of individual differences in children's perceptions. *Journal of Personality & Social Psychology, 50*(3), 550 - 58.

Ryan, R. M. & Laguardia, J. G. (1999). Achievement motivation within a pressured society. *Advances in motivation and achievement, 11*, 45 - 85.

Sackett, G. (2015). The human tendencies. Notes from Teacher Training Course 38. Portland OR: Montessori Institute Northwest. Downloaded from *static. squarespace. com/ static/.../t/.../1383937521585/**Human +Tendencies**+C38.pdf on 6 June 2016.*

Sadeh, A., Gruber, R. & Raviv, A. (2003). The effects of sleep restriction and extension on school-age children: What a difference an hour makes. *Child Development, 74* (2), 444 - 55.

Sansone, C. & Harackiewicz, J. M. (Eds.). (2000). *Intrinsic and extrinsic motivation: The search for optimal motivation and performance*. San Diego: Academic Press.

Santangelo, T. & Tomlinson, C. A. (2012). Teacher educators' perceptions and use of differentiated instruction practices: An exploratory investigation. *Action in Teacher Education, 34*, 309 - 27.

Sayeki, Y., Ueno, N. & Nagasaka, T. (1991). Mediation as a generative model for obtaining an area. *Learning & Instruction, 1*, 229 - 42.

Schiefele, U. & Csikszentmihalyi, M. (1994). Interest and the quality of experience in classrooms. *European Journal of Psychology of Education, 9*(3), 251 - 70.

Schiefele, U. & Csikszentmihalyi, M. (1995). Motivation and ability as factors in mathematics experience and achievement. *Journal for Research in Mathematics Education, 26*(2), 163 - 81.

Schiefele, U., Krapp, A. & Winteler, A. (1992). Interest as a predictor of academic achievement: A meta-analysis of research. In K. A. Renninger, S. Hidi & A. Krapp (Eds.), *The role of interest in learning and development* (pp. 183 - 212). Hillsdale, NJ: Lawrence Erlbaum.

Schlam, T. R., Wilson, N. L., Shoda, Y., Mischel, W. & Ayduk, O. (2013). Preschoolers' delay of gratification predicts their body mass 30 years later. *The Journal of Pediatrics, 162*, 90 - 93.

Schlip, P. (1949). *Albert Einstein: Philosopher-scientist*. Evanston, IL: Library of Living Philosophers.

Schnall, S. & Gattis, M. (1998). Transitive inference by visual reasoning. In M. A.

Gernshbacher & S. J. Derry (Eds.), *Proceedings of the 20th annual conference of the Cognitive Science Society* (pp. 929 - 34). Mahwah, NJ: Lawrence Erlbaum.

Schoenfeld, A. H. (1988). When good teaching leads to bad results: The disasters of "welltaught" mathematics courses. *Educational Psychologist*, *23*(2), 145 - 66.

Schunk, D. H. (1996). Goal and self-evaluative influences during children's cognitive skill learning. *American Educational Research Journal*, *33*(2), 359 - 82.

Schwartz, B. (2000). Self-determination: The tyranny of freedom. *American Psychologist*, *55*(1), 79 - 88.

Schwartz, B. (2004). *The paradox of choice*. New York: HarperCollins.

Schwartz, D. L. & Black, T. (1999). Inferences through imagined actions: Knowing by simulated doing. *Journal of Experimental Psychology: Learning, Memory & Cognition*, *25*(1), 116 - 36.

Scott, C. L., Harris, R. J. & Rothe, A. R. (2001). Embodied cognition through improvisation improves memory for a dramatic monologue. *Discourse Processes*, *31*(3), 293 - 305.

Sedlmeier, P., Eberth, J., Schwarz, M., Zimmermann, D., Haarig, F., Jaeger, S. & Kunze, S. (2012). The psychological effects of meditation: A meta-analysis. *Psychological Bulletin*, *138*, 1139 - 71. doi:10.1037 /a0028168

Seiler, B. (1989). How the West Was One + Three × Four. New York: Sunburst Communications.

Seligman, M. E. (1975). *Helplessness: On depression, development, and death*. San Francisco: W. H. Freeman.

Seymour, F. W., Brock, P., During, M. & Poole, G. (1989). Reducing sleep disruptions in young children: Evaluation of therapist-guided and written information approaches: A brief report. *Journal of Child Psychology & Psychiatry & Allied Disciplines*, *30*(6), 913 - 18.

Shaefer Zener, R. (2006). The secret of childhood: Normalization and deviations Lecture given in the AMI 3-6 course. Nakhon Pathon, Thailand. Retrieved 16 May, 2016, from www.michaelolaf.net/lecture_secret.html

Shamay-Tsoory, S. G. (2011). The neural bases for empathy. *The Neuroscientist*, *17*, 18 - 24.

Shapira, Z. (1976). Expectancy determinants of intrinsically motivated behavior. *Journal of Personality & Social Psychology*, *34*(6), 1235 - 44.

Shapiro, L. A. (2011). *Embodied cognition*. London: Routledge.

Sherman, L. J., Rice, K. & Cassidy, J. (2015). Infant capacities related to building internal working models of attachment figures: A theoretical and empirical review. *Developmental Review*. Advance online publication. doi:10.1016/j.dr.2015.06.001

Shoda, Y., Mischel, W. & Peake, P. K. (1990). Predicting adolescent cognitive and selfregulatory competencies from preschool delay of gratification: Identifying diagnostic conditions. *Developmental Psychology*, *26*, 978 - 86.

Shouse, R. (2001). The impact of traditional and reform-style practices on student mathematics achievement. In T. Loveless (Ed.), *The great curriculum debate* (pp. 108 - 33). Washington, DC: Brookings Institute.

Shutts, K., Banaji, M. R. & Spelke, E. S. (2010). Social categories guide young children's

Shutts, K., Kinzler, K. D., McKee, C. B. & Spelke, E. S. (2009). Social information guides preferences for novel objects. *Developmental Science*, *13*, 599 - 610. infants' selection of foods. *Journal of Cognition and Development*, *10*, 1 - 17.

Siegler, R. S. (1994). Cognitive variability: A key to understanding cognitive development. *Current Directions in Psychological Science*, *3*(1), 1 - 5.

Siegler, R. S. (1998). *Children's thinking* (2nd ed.). Upper Saddle River, NJ: Prentice-Hall.

Simon, H. A. (2001a). Learning to research about learning. In S. M. Carver & D. Klahr (Eds.), *Cognition and instruction: Twenty-five years of progress* (pp. 205 - 26). Mahwah, NJ: Lawrence Erlbaum.

Simon, H. A. (2001b). "Seek and ye shall find": How curiosity engenders discovery. In K. Crowley, C. D. Schunn & T. Okada (Eds.), *Designing for science: Implications from everyday, classroom, and professional settings*. Mahwah, NJ: Lawrence Erlbaum.

Simpson, M. L. & Randall, S. N. (2000). Vocabulary development at the college level. In R. F. Flippo & D. C. Caverly (Eds.), *Handbook of college reading and study strategy research* (pp. 43 - 73). Mahwah, NJ: Lawrence Erlbaum.

Singley, M. K. & Anderson, J. R. (1987). A keystroke analysis of learning and transfer in text editing. *Human-Computer Interaction*, *3*(3), 223 - 74.

Slavin, R. E. (1980). Cooperative learning. *Review of Educational Research*, *50*(2), 315 - 42.

Slavin, R. E. (1983). When does cooperative learning increase student achievement? *Psychological Bulletin*, *94*(3), 429 - 45.

Slavin, R. E. (1996). Research on cooperative learning and achievement: What we know, what we need to know. *Contemporary Educational Psychology*, *21*(1), 43 - 69.

Smith, C. L., Gelfand, D. M., Hartmann, D. P. & Partlow, M. E. (1979). Children's causal attributions regarding help giving. *Child Development*, *50*(1), 203 - 10.

Smith, S. M. & Manzano, I. (2010). Video context-dependent recall. *Behavior Research Methods*, *42*, 292 - 301.

Snow, C. E. (1990). Building memories: The ontogeny of autobiography. In D. Cicchetti & M. Beeghly (Eds.), *The self in transition: Infancy to childhood* (pp. 213 - 42). Chicago: University of Chicago Press.

Söderqvist, S., Matsson, H., Peyrard-Janvid, M., Kere, J. & Klingberg, T. (2014). Polymorphisms in the dopamine receptor 2 gene region influence improvements during working memory training in children and adolescents. *Journal of Cognitive Neuroscience*, *26*, 54 - 62.

Solomon, J. & George, C. (2015). The measurement of attachment security and related constructs in infancy and early childhood. In P. Shaver & J. Cassidy (Eds.), *Handbook of attachment: Theory, research, and clinical applications* (3 ed.). New York: Guilford.

Sommerville, J. A., Hildebrand, E. A. & Crane, C. C. (2008). Experience matters: The impact of doing versus watching on infants' subsequent perception of tool-use events. *Developmental Psychology*, *44*, 1249 - 56.

Sommerville, J. A. & Woodward, A. L. (2005). The relationship between action processing and action production in infancy. *Cognition*, *95*(1), 1 - 30.

Sommerville, J. A., Woodward, A. L. & Needham, A. (2005). Action experience alters 3-month-old infants' perception of others' actions. *Cognition*, *96*(1), B1 - 11.

Soundy, C. (2009). Young children's imaginative play: Is it valued in Montessori classrooms. *Early Childhood Education Journal*, *36*, 381 - 83.

Sowell, E. R., Thompson, P. M., Holmes, C. J., Jernigan, T. L. & Toga, A. W. (1999). In vivo evidence for post-adolescent brain maturation in frontal and striatal regions. *Nature Neuroscience*, *2*, 859 - 61.

Spearman, C. (1904). "General intelligence," objectively determined and measured. *The American Journal of Psychology*, *15*, 201 - 92.

Spelke, E. S. & Newport, E. L. (1998). Nativism, empiricism, and the development of knowledge. In R. Lerner (Ed.), *Handbook of child psychology, Vol. 1: Theoretical models of human development* (pp. 275 - 340). New York: Wiley.

Stallings, J. A. & Stipek, D. (1986). Research on early childhood and elementary school teaching programs. In M. C. Wittrock (Ed.), *Handbook of research on teaching* (3rd ed., pp. 727 - 53). New York: Macmillan.

Standing, E. M. (1957). *Maria Montessori: Her life and work*. London.

Stanovich, K. E. & Cunningham, A. E. (1993). Where does knowledge come from? Specific associations between print exposure and information acquisition. *Journal of Educational Psychology*, *85*(2), 211 - 29.

Steenari, M.-R., Vuontela, V., Paavonen, E. J., Carlson, S., Fjaellberg, M. & Aronen, E. T. (2003). Working memory and sleep in 6- to 13-year-old schoolchildren. *Journal of the American Academy of Child & Adolescent Psychiatry*, *42*(1), 85 - 92.

Steinberg, J. (2002, June 2). In commencement speeches, 9/11s a familiar theme. *The New York Times*. Retrieved from www.nytimes.com/200206/02/education

Steinglass, P., Bennett, L. A., Wolin, S. J. & Reiss, D. (1987). *The alcoholic family*. New York: Basic Books.

Stephenson, M. E. (2000). The human tendencies. *NAMTA Journal*, *25*, 5 - 22.

Stevenson, H. W., Lee, S.-y., Chen, C., Stigler, J. W., Hsu, C. C. & Kitamura, S. (1990). Contexts of achievement: A study of American, Chinese, and Japanese children. *Monographs of the Society for Research in Child Development*, *55* (1 - 2 serial no. 221), pp. 1-119.

Stevenson, M. B. & Lamb, M. E. (1979). Effects of infant sociability and the caretaking environment on infant cognitive performance. *Child Development*, *50*(2), 340 - 49.

Stickgold, R., James, L. & Hobson, J. A. (2000). Visual discrimination learning requires sleep after training. *Nature Neuroscience*, *3*(12), 1237 - 38.

Stigler, J. W. (1984). "Mental abacus": The effect of abacus training on Chinese children's mental calculation. *Cognitive Psychology*, *16*(2), 145 - 76.

Stigler, J. W., Gallimore, R. & Hiebert, J. (2000). Using video surveys to compare classrooms and teaching across cultures: Examples and lessons from the TIMSS video studies. *Educational Psychologist*, *35*(2), 87 - 100.

Stigler, J. W., Lee, S.-y. & Stevenson, H. W. (1987). Mathematics classrooms in Japan, Taiwan, and the United States. *Child Development*, *58*(5), 1272 - 85.

Stipek, D., Salmon, J. M., Givvin, K. B., Kazemi, E., Saxe, G. & MacGyvers, V. L. (1998). The value (and convergence) of practices suggested by motivation research and promoted by mathematics education reformers. *Journal for Research in Mathematics Education*, *29*(4), 465 - 88.

Stodolsky, S. S. & Karlson, A. L. (1972). Differential outcomes of a Montessori curriculum. *Elementary School Journal, 72*(8), 419 - 33.

Sullivan, P., Jorgensen, R., Boaler, J. & Lerman, S. (2013). Transposing reform pedagogy into new contexts: Complex instruction in remote Australia. *Mathematics Education Research Journal, 25*, 173 - 84.

Swann, W. B. & Pittman, T. S. (1977). Initiating play activity of children: The moderating influence of verbal cues on intrinsic motivation. *Child Development, 48*(3), 1128 - 32.

Swing, E. L., Gentile, D. A., Anderson, C. A. & Walsh, D. A. (2010). Television and video game exposure and the development of attention problems. *Pediatrics, 126*, 214 - 21.

Tandon, P. S., Zhou, C., Lozano, P. & Christakis, D. A. (2011). Preschoolers' total daily screen time at home and by type of child care. *The Journal of Pediatrics, 158*, 297 - 300.

Tang, Y.-Y., Hölzel, B. K. & Posner, M. I. (2015). The neuroscience of mindfulness meditation. *Nature Reviews Neuroscience, 16*, 213 - 25.

Tang, Y.Y., Ma, Y., Wang, J., Fan, Y., Feng, S., Lu, Q., … Posner, M. I. (2007). Short-term meditation training improves attention and self-regulation. *Proceedings of the National Academy of Sciences, 104*(43), 17152 - 56.

Tao, S. & Dong, Q. (1997). *Referential gestural communication and locomotor experience in urban Chinese infants.* Beijing: Normal University.

Tare, M., Chiong, C., Ganea, P. & DeLoache, J. (2010). Less is more: How manipulative features affect children's learning from picture books. *Journal of Applied Developmental Psychology, 31*(5): 395 - 400.

Taylor, C., Clifford, A. & Franklin, A. (2013). Color preferences are not universal. *Journal of Experimental Psychology: General, 142*, 1015 - 27. doi:10.1037/a0030273

Taylor, E. V. (2009). The purchasing practice of low-income students: The relationship to mathematical development. *The Journal of the Learning Sciences, 18*, 370 - 415.

Teasley, S. D. (1995). The role of talk in children's peer collaborations. *Developmental Psychology, 31*(2), 207 - 20.

Teper, R., Segal, Z. V. & Inzlicht, M. (2013). Inside the mindful mind: How mindfulness enhances emotion regulation through improvements in executive control. *Current Directions in Psychological Science, 22*, 449 - 54. doi:10.1177/0963721413495869

Thelen, E. (2001). Dynamic mechanisms of change in early perceptual-motor development. In J. L. McClelland & R. S. Siegler (Eds.), *Mechanisms of cognitive development:*

Behavioral and neural perspectives. Carnegie Symposia on Cognition (pp. 161 - 84). Mahwah, NJ: Lawrence Erlbaum.

Thoermer, C., Woodward, A., Sodian, B., Perst, H. & Kristen, S. (2013). To get the grasp: Seven-month-olds encode and selectively reproduce goal-directed grasping. *Journal of Experimental Child Psychology*, *116*, 499 - 509.

Thoman, D. B., Sansone, C., Fraughton, T. & Pasupathi, M. (2012). How students socially evaluate interest: Peer responsiveness influences evaluation and maintenance of interest. *Contemporary Educational Psychology*, *37*, 254 - 65.

Thomas, E. L. & Robinson, H. A. (1972). *Improving reading in every class: A sourcebook for teachers.* Boston: Allyn & Bacon.

Thompson, L. A., Fulker, D. W., DeFries, J. C. & Plomin, R. (1986). Multivariate genetic analysis of "environmental" influences on infant cognitive development. *British Journal of Developmental Psychology*, *4*(4), 347 - 53.

Thompson, R. A. (1999). Early attachment and later development. In J. Cassidy & P. R. Shaver (Eds.), *Handbook of attachment: Theory, research, and clinical applications* (pp. 265 - 86). New York: Guilford.

Thorell, L., Lindqvist, S., Nutley, S., Bohlin, G. & Klingberg, T. (2009). Training and transfer effects of executive functions in preschool children. *Developmental Science*, *12*, 106 - 13.

Thorndike, E. L. (1906/1962). The principles of teaching. In G. M. Jonich (Ed.), *Psychology and the science of education: Selected writings of Edward L. Thorndike* (pp. 55 - 69). New York: Teachers College Press.

Thorndike, E. L. (1917). *The Thorndike arithmetic, Book 1.* Chicago: Rand McNally.

Thorndike, E. L. (1921a). *The new methods in arithmetic.* New York: Rand McNally.

Thorndike, E. L. (1921b). *The teacher's word book.* New York: Columbia Teachers College.

Thorndike, E. L. & Woodworth, R. S. (1962). The influence of improvement in one mental function on the efficiency of other functions. In G. M. Jonich (Ed.), *Psychology and the science of education: Selected writings of Edward L. Thorndike* (pp. 48 - 55). New York: Teachers College Press. (Original work published in 1906.)

Tobias, S. (1994). Interest, prior knowledge, and learning. *Review of Educational Research*, *64*(1), 37 - 54.

Tomasello, M., Kruger, A. C. & Ratner, H. H. (1993). Cultural learning. *Behavioral and Brain Sciences*, *16*, 495 - 552.

Tomasello, M., Melis, A. P., Tennie, C., Wyman, E. & Herrmann, E. (2012). Two key steps in the evolution of human cooperation. *Current Anthropology*, *53*, 673 - 92.

Tomasello, M., Striano, T. & Rochat, P. (1999). Do young children use objects as symbols? *British Journal of Developmental Psychology*, *17*, 563 - 84.

Tomlinson, C. A. (2014). *Differentiated classroom: Responding to the needs of all learners* (2nd ed.). Alexandria, VA: ASCD.

Topping, K. & Ehly, S. (Eds.). (1998). *Peer-assisted learning*. Mahwah, NJ: Lawrence Erlbaum.

Treboux, D., Crowell, J. A. & Waters, E. (2004). When "new" meets "old": Configurations of adult attachment representations and their implications for marital functioning. *Developmental Psychology*, *40*(2), 295 - 314.

Treisman, A. M. & Gelade, G. (1980). A feature-integration theory of attention. *Cognitive Psychology*, *12*(1), 97 - 136.

Tucker, M. & Ellis, R. (2001). The potentiation of grasp types during visual object categorization. *Visual Cognition*, *8*, 769 - 800.

Turiel, E. & Rothman, G. R. (1972). The influence of reasoning on behavioral choices at different stages of moral development. *Child Development*, *43*(3), 741 - 56.

Urban, J., Carlson, E., Egeland, B. & Sroufe, L. A. (1991). Patterns of individual adaptation across childhood. *Development & Psychopathology*, *3*(4), 445 - 60.

Urry, H. L., Nitschke, J. B., Dolski, I., Jackson, D. C., Dalton, K. M., Mueller, C. J., … Davidson, R. J. (2004). Making a life worth living: Neural correlates of well-being. *Psychological Science*, *15*(6), 367 - 72.

Uttal, D. H., O'Doherty, K., Newland, R., Hand, L. L. & Deloache, J. S. (2009). Dual representation and the linking of concrete and symbolic representations. *Child Development Perspectives*, *3*, 156 - 59.

Vandell, D. L., Belsky, J., Burchinal, M., Steinberg, L. & Vandergrift, N. (2010). Do effects of early child care extend to age 15 years? Results from the NICHD study of early child care and youth development. *Child Development*, *81*, 737 - 56.

Van Driel, J. H. & Berry, A. (2012). Teacher professional development focusing on pedagogical content knowledge. *Educational Researcher*, *41*, 26 - 28.

Vasta, R., Haith, M. M. & Miller, S. M. (1999). *Child Psychology: The modern science*. New York: Wiley.

Vaughn, B. E. & Bost, K. K. (1999). Attachment and temperament: Redundant, independent, or interacting influences on interpersonal adaptation and personality development? In J. Cassidy & P. R. Shaver (Eds.), *Handbook of attachment: Theory, research, and clinical applications*. New York: Guilford Press.

Verdine, B. N., Golinkoff, R. M., Hirsh-Pasek, K. & Newcombe, N. S. (in press). Links between spatial and mathematical skills across the preschool years. *Monographs of the Society for Research in Child Development*.

Vohs, K. D., Redden, J. P. & Rahinel, R. (2013). Physical order produces healthy choices, generosity, and conventionality, whereas disorder produces creativity. *Psychological Science, 24*(9), 1860 - 67. doi:10.1177/0956797613480186

Vygotsky, L. S. (1978). *Mind in society*. Cambridge, MA: Harvard University Press.

Wachs, T. D. (1976). Utilization of a Piagetian approach in the investigation of early experience effects: A research strategy and some illustrative data. *Merrill-Palmer Quarterly, 22*(1), 11 - 30.

Wachs, T. D. (2000). *Necessary but not sufficient: The respective roles of single and multiple influences on individual development*. Washington, DC: American Psychological Association.

Wachs, T. D. & Gruen, G. E. (1982). *Early experience and human development*. New York: Plenum.

Wachs, T. D., Uzgiris, I. C. & Hunt, J. M. (1971). Cognitive development in infants of different age levels and from different environmental backgrounds: An explanatory investigation. *Merrill-Palmer Quarterly, 17*(4), 283 - 317.

Wallbott, H. G. (1991). Recognition of emotion from facial expression via imitation? Some indirect evidence for an old theory. *British Journal of Social Psychology, 30*(3), 207 - 19.

Walsh, B. A. & Petty, K. (2007). Frequency of six early childhood education approaches: A 10-year content analysis of early childhood education journal. *Early Childhood Education Journal, 34*, 301 - 305.

Wang, M. C., Haertel, G. D. & Walberg, H. J. (1993). Toward a knowledge base for school learning. *Review of Educational Research, 63*(3), 249 - 94.

Wang, M.-T. & Eccles, J. S. (2012). Social support matters: Longitudinal effects of social support on three dimensions of school engagement from middle to high school. *Child Development*, *83*, 877 - 95.

Wang, M.-T. & Eccles, J. S. (2013). School context, achievement motivation, and academic engagement: A longitudinal study of school engagement using a multidimensional perspective. *Learning and Instruction*, *28*, 12 - 23.

Wang, Y. & Su, Y. (2009). False belief understanding: Children catch it from classmates of different ages. *International Journal of Behavioral Development*, *33*, 331 - 37. doi:10.1177/ 0165025409104525

Wang, Z., Deater-Deckard, K., Petrill, S. A. & Thompson, L. A. (2012). Externalizing problems, attention regulation, and household chaos: A longitudinal behavioral genetic study. *Development and Psychopathology*, *24*, 755 - 69.

Want, S. C. & Harris, P. L. (2001). Learning from other people's mistakes: Causal understanding in learning to use a tool. *Child Development*, *72*(2), 431 - 43.

Ward, E. J. & Chun, M. W. (2016). Neural discriminability of object features predicts perceptual organization. *Psychological Science*, *27*, 3 - 11

Warneken, F., Chen, F. & Tomasello, M. (2006). Cooperative activities in young children and chimpanzees. *Child Development*, *77*, 640 - 63.

Warneken, F. & Tomasello, M. (2007). Helping and cooperation at 14 months of age. *Infancy*, *11*, 271 - 94.

Warneken, F. & Tomasello, M. (2008). Extrinsic rewards undermine altruistic tendencies in 20-month-olds. *Developmental Psychology*, *44*, 1785 - 88.

Waters, E. & Deane, K. (1985). Defining and assessing individual differences in attachment relationships: Q-methodology and the organization of behavior in infancy and early childhood. *Growing points of attachment theory and research. Monographs of the society for research in child development*, *50*, 41 - 65.

Waters, E., Merrick, S., Treboux, D., Crowell, J. & Albersheim, L. (2000). Attachment security in infancy and early adulthood: A 20-year longitudinal study. *Child Development*, *71*(3), 684 - 89.

Watson, J. S. (1971). Cognitive-perceptual development in infancy: Setting for the seventies. *Merrill-Palmer Quarterly*, *17*(2), 139 - 52.

Watson, J. S. & Ramey, C. T. (1972). Reactions to response-contingent stimulation in early infancy. *Merrill-Palmer Quarterly*, *18*(3), 219 - 27.

Wegner, D. M. (1989). *White bears and other unwanted thoughts: Suppression, obses-*

sion, and the psychology of mental control. New York: Elsevier.

Weinfield, N. S., Sroufe, L. A., Egeland, B. & Carlson, E. A. (2008). The nature of individual differences in infant-caregiver attachment. In J. Cassidy & P. R. Shaver (Eds.), *Handbook of attachment: Theory, research, and clinical applications* (2nd ed., pp. 78 - 101). New York, NY: Guilford

Weisberg, D., Sobel, D., Goodstein, J. & Bloom, P. (2013). Young children are realityprone when thinking about stories. *Journal of Cognition and Culture*, *13*, 282 - 407.

Weiss, I. R. (1995, April). *Mathematics teachers' response to the reform agenda*. Paper presented at the American Educational Research Association, San Francisco.

Weiss, I. R., Pasley, J. D., Smith, P. S., Banilower, E. R. & Heck, D. J. (2003). *Looking inside the classroom: A study of K - 12 mathematics and science education in the United States*. Chapel Hill, NC: Horizon Research.

Wellman, H. M. (2011). Reinvigorating explanations for the study of early cognitive development. *Child Development Perspectives*, *5*, 33 - 38.

Wellman, H. M. (2014). *Making minds: How theory of mind develops*. New York: Oxford.

Wellman, H. M., Cross, D. & Watson, J. (2001). Meta-analysis of theory of mind development: The truth about false belief. *Child Development*, *72*, 655 - 84.

Wellman, H. M. & Liu, D. (2004). Scaling of theory-of-mind tasks. *Child Development*, *75*, 523 - 541.

Wells, G. L. & Petty, R. E. (1980). The effects of overt head movements on persuasion: Compatibility and incompatibility of responses. *Basic & Applied Social Psychology*, *1* (3), 219 - 30.

Wentworth, R. A. L. (1999). *Montessori for the new millennium: Practical guidance on the teaching and education of children of all ages, based on a rediscovery of the true principles and vision of Maria Montessori*. Mahwah, NJ: Lawrence Erlbaum.

Wentzel, K. R. (2002). Are effective teachers like good parents? Teaching styles and student adjustment in early adolescence. *Child Development*, *73*(1), 287 - 301.

Wertheimer, M. (1959). *Productive thinking*. New York: Harper & Row.

White, J. M., Yussen, S. R. & Docherty, E. M. (1976). Performance of Montessori and traditionally schooled nursery children on tasks of seriation, classification, and conservation. *Contemporary Educational Psychology*, *1*, 356 - 68.

White, K. & Owen, D. (1970). Locus of evaluation for classroom work and the development of creative potential. *Psychology in the Schools*, *7*(3), 292 - 95.

Whitehurst, G. J. & Lonigan, C. J. (1998). Child development and emergent literacy. *Child Development*, *69*(3), 848 - 72.

Whitson, J. & Galinsky, A. (2008). Lacking control increases illusory pattern perception. *Science*, *322*, 115 - 17.

Wigfield, A. & Eccles, J. S. (1989). Test anxiety in elementary and secondary school students. *Educational Psychologist*, *24*(2), 159 - 83.

Williams, L. R., Degnan, K. A., Perez-Edgar, K. E., Henderson, H. A., Rubin, K. H., Pine, D. S., … Fox, N. A. (2009). Impact of behavioral inhibition and parenting style on internalizing and externalizing problems from early childhood through adolescence. *Journal of Abnormal Child Psychology*, *37*, 1063 - 75.

Willingham, D. B. (2001). *Cognition: The thinking animal.* Upper Saddle River, NJ: Prentice-Hall.

Willingham, D. T. (2006). How knowledge helps. *American Educator*, *30*, 31 - 37.

Wimmer, H. & Perner, J. (1983). Beliefs about beliefs: Representation and constraining function of wrong beliefs in young children's understanding of deception. *Cognition*, *13*, 103 - 28. doi:10.1016/0010-0277(83)90004-5

Wineburg, S. & Grossman, P. (2001). Affect and effect in cognitive approaches to instruction. In S. M. Carver & D. Klahr (Eds.), *Cognition and instruction: Twenty-five years of progress* (pp. 479 - 92). Mahwah, NJ: Lawrence Erlbaum.

Winning, A. P. & Boag, S. (2015). Does brief mindfulness training increase empathy? The role of personality. *Personality and Individual Differences*, *86*, 492 - 98.

Witt, J. K., Proffitt, D. R. & Epstein, W. (2004). *Remapping near space influences perceived distance*. Unpublished manuscript, University of Virginia.

Wohlwill, J. F. & Heft, H. (1987). The physical environment and the development of the child. In D. Stokols & I. Altman (Eds.), *Handbook of environmental psychology* (Vol. 2, pp. 281 - 328). New York: John Wiley.

Wompack, J. (1996). *Lean thinking.* New York: Simon and Schuster.

Wood, L. A., Kendal, R. L. & Flynn, E. G. (2012). Context-dependent model-based biases in cultural transmission: Children's imitation is affected by model age over model knowledge state. *Evolution and Human Behavior*, *33*, 387 - 94.

Wood, L. A., Kendal, R. L. & Flynn, E. G. (2013). Whom do children copy? Model-based biases in social learning. *Developmental Review*, *33*, 341 - 56.

Woodward, A. L. (1998). Infants selectively encode the goal object of an actor's reach. *Cognition*, *69*, 1 - 34.

Woodward, A. L. & Guajardo, J. J. (2002). Infants' understanding of the point gesture as an object-directed action. *Cognitive Development*, *17*(1), 1061 - 84.

Woolley, J. D., Boerger, E. A. & Markman, A. B. (2004). A visit from the candy witch: Factors influencing young children's belief in a novel fantastical being. *Developmental Science*, *7*, 456 - 68. doi:10.1111/j.1467-7687.2004.00366.x

Wright, S. & Cowen, E. L. (1985). The effects of peer-teaching on student perceptions of class environment, adjustment, and academic performance. *American Journal of Community Psychology*, *13*(4), 417 - 31.

Wright, W. (2007). *Spore: Birth of a game.* TED talk. Retrieved from: www.ted.com/talks/will_wright_makes_toys_that_make_worlds? language=en#t-42206

Xerri, C., Merzenich, M. M., Jenkins, W. & Santucci, S. (1999). Representational plasticity in cortical area 3b paralleling tactual-motor skill acquisition in adult monkeys. *Cerebral Cortex*, *9*(3), 264 - 76.

Xiao, Y., Ma, F., Lv, Y., Cai, G., Teng, P., Xu, F. & Chen, S. (2015). Sustained attention is associated with error processing impairment: Evidence from mental fatigue study in four-choice reaction time task. *PLoS one*, *10*, e0117837 - e0117837.

Yang, G., Lai, C. S. W., Cichon, J., Ma, L., Li, W. & Gan, W.-B. (2014). Sleep promotes branch-specific formation of dendritic spines after learning. *Science*, *344*, 1173 - 78.

Yeager, D. S. & Dweck, C. S. (2012). Mindsets that promote resilience: When students believe that personal characteristics can be developed. *Educational Psychologist*, *47*, 302 - 14.

Zajonc, R. B. (1960). The process of cognitive tuning in communication. *Journal of Abnormal & Social Psychology*, *61*, 159 - 67.

Zajonc, R. B. (1965). Social facilitation. *Science*, *149*(3681), 269 - 74.

Zajonc, R. B., Alderman, K. A., Murphy, S. T. & Niedenthal, P. M. (1987). Convergence in the physical appearance of spouses. *Motivation and Emotion*, *11*, 335 - 46.

Zajonc, R. B., Pietromonaco, P. & Bargh, J. A. (1982). Independence and interaction of affect and cognition. In M. S. Clark & S. T. Fiske (Eds.), *Affect and cognition: The 17th Annual Carnegie Symposium on Cognition*. Hillsdale, NJ: Lawrence Erlbaum.

Zelazo, P. D. & Lyons, K. E. (2012). The potential benefits of mindfulness training in early childhood: A developmental social cognitive neuroscience perspective. *Child Development Perspectives*, *6*, 154 - 60.

Zhang, T. & Meaney, M. (2010). Epigenetics and the environmental regulation of the genome and its function. *Annual Review of Psychology*, *61*, 439 - 66.

Ziegert, D. I., Kistner, J. A., Castro, R. & Robertson, B. (2001). Longitudinal study of young children's responses to challenging achievement situations. *Child Development*, *72*(2), 609 - 24.

Zigler, E. & Bishop-Josef, S. (2004). Play under siege: A historical overview. In E. F. Zigler, D. G. Singer & S. J. Bishop-Josef (Eds.), *Children's play: The roots of reading* (pp. 1 - 14). Washington, DC: Zero to Three.

Zilversmit, A. (1993). *Changing schools: Progressive education theory and practice, 1930 - 1960*. Chicago: University of Chicago Press.

Zimmerman, F. J. & Christakis, D. A. (2007). Associations between content types of early media exposure and subsequent attentional problems. *Pediatrics*, *120*, 986-92.

Zmyj, N. & Seehagen, S. (2013). The role of a model's age for young children's imitation: A research review. *Infant and Child Development*, *22*, 622 - 41.